方位盤

令和３年版「九星開運暦」日本占術協会

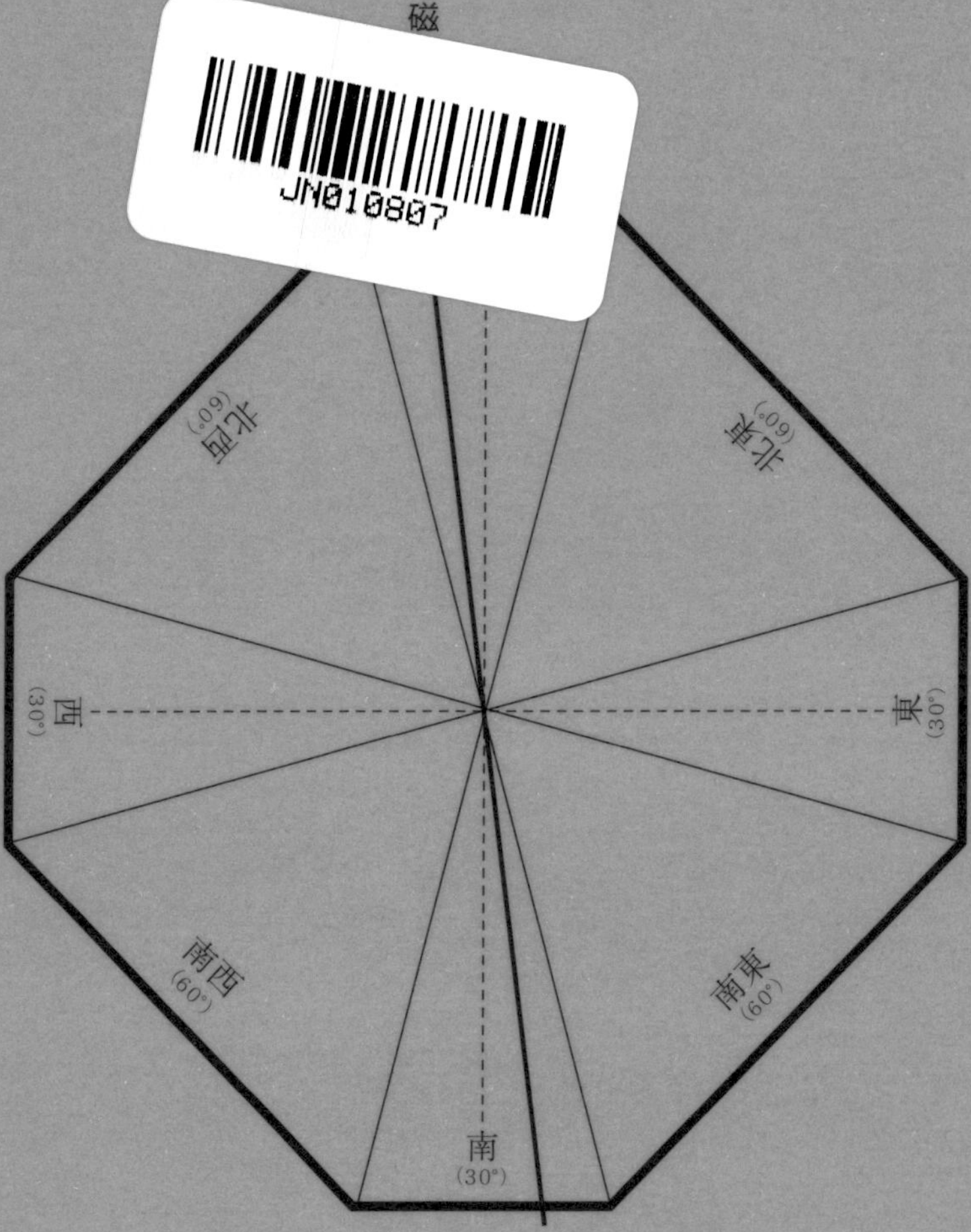

正確な方位の出し方：「磁北」のほうを北に合わせて下さい

方位盤

令和3年版「九星開運暦」日本占術協会

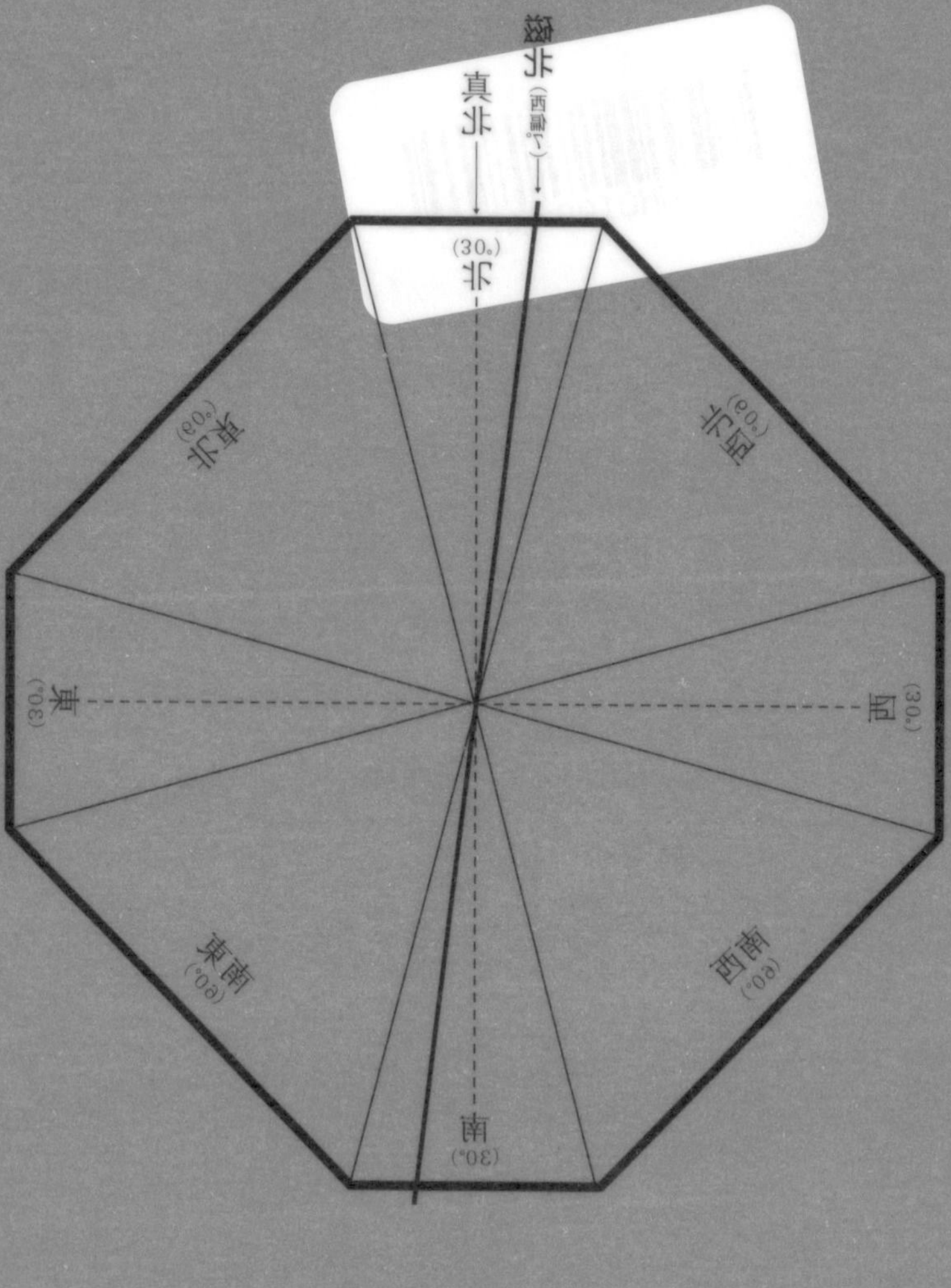

正確な方位の出し方：「磁北」のほうを北に合わせてください

●もくじ

新型コロナウイルスの時代

日本占術協会会長
福田有宵

ローマの歴史家の言葉に「歴史は繰り返す」と。約百年前に世界中で大流行したインフルエンザ（スペイン風邪）に続いて、昨年、新型コロナウイルスが世界中で猛威を振るい続けてきた恐怖は計り知れません。日本では二月のクルーズ船ダイヤモンド・プリンセス号内の集団感染により海上停泊措置。三月以降は一気に蔓延、そこで政府は四月七日に七都府県、十六日には全国に緊急事態宣言を発令。五月二十五日に解除。この四十九日間は前代未聞の外出自粛要請、都道府県をまたいだ移動の自粛要請。事業所では在宅勤務、時差出勤などで三密を回避するように。これでテレワークが一気に普及。日常生活が著しく変化しました。コロナ対策により社会に変革の波が起きましたが、経済損失からの復調は厳しく、各業種により復調には三～五年の期間が必要と思われます。

さて、コロナ禍に翻弄され手をこまねいていては益がないので、占術家として新型コロナ問題に取り組まなければならないと考えて、ご相談の事例を検討しました。

ウイルスの顔が見えない怖さから誰でも不安な状態が続いた時の一例です。三月中旬にご婦人からのご相談。ご主人（七〇代）が三十九度の高熱で救急車で入院。肺に影があり肺炎といわれたが、コロナの検査で隔離。面会も許されず、ご主人から早く家に帰りたいと泣き言を言われ、ほとほと困惑して逼迫した状況でのご相談でした。

さて、どうなるか？　早く退院できるかどうかの問いに対して、周易《しゅうえき》の占法で占いました。得卦《とくか》は、䷇。水地比《すいちひ》の六二《りくじ》でした。基本となる判断基準は易経《えききょう》です。易経の中の言葉は「これを比《ひ》すること内よりす、貞《てい》にして吉なり」。この文章には、誠意を尽くして接すれば願いが叶えられると判断できるので、期待できると考えられます。そこで、現在コロナ感染をしているかと易占に問いかけましたら、易卦《えきか》は、䷧。雷水解《らいすいかい》の九四《きゅうし》でした。九四の爻辞《こうじ》は「なんじの拇《おやゆび》を解く、朋至《ともいた》りてここに孚《まこと》あり」と示されていて、悩みを解き放す意味になるので、入院継続の中断となるでしょう。コロナ症状といえないので、直ぐ退院できる可能性を確信いたし、断じました。その後の報告はスムーズに処理ができたと大変な喜びようで感謝された次第でした。

四月の上旬、連日連夜の報道は厳しさを増すばかり。二例目は、飲食店に関する風評被害による騒ぎがあったもので、その店と同じビル内にコロナ患者が出たという噂を聞いて驚愕、興奮の様子でのご相談が舞い込んで来ました。まず真偽のほどを占ってみますと、得卦は、䷯。水風井《すいふうせい》の九三《きゅうさん》で「井は喪《うしな》うなく得るなし、往くも来るも井々たり」。この意味は、特に現状は変わらず日常生活を維持する状況です。心配事、災い事は起きないと回答。数日後、単なる噂で終わり被害も無く収まって安堵したとの一報があり、快い結果の水風井でした。

昨年の二～六月まで数多くの問題で、百年に一度といわれる社会変革を余儀なくさせられたわけですが、これからの時代を乗り切るために、歴史と文化を有する占術、豊かな知識と知恵を供えた占術の実力を、広い社会のために活用して参りましょう。人々と共に幸運の道を求めていきたいものです。

令和3年 辛丑六白金星 略暦

民間行事

節分	2月2日(火)
初午	2月3日(水)
旧正月	2月12日(金)
桃の節句	3月3日(水)
花まつり	4月8日(木)
メーデー	5月1日(土)
端午の節句	5月5日(水)
母の日	5月9日(日)
父の日	6月20日(日)
七夕	7月7日(水)
お盆	7月15日(木)
月遅れお盆	8月15日(日)
重陽の節句	9月9日(木)
十五夜	9月21日(火)
七五三	11月15日(月)
クリスマス	12月25日(土)

国民の祝祭日

元日	1月1日(金)
成人の日	1月11日(月)
建国記念の日	2月11日(木)
天皇誕生日	2月23日(火)
春分の日	3月20日(土)
昭和の日	4月29日(木)
憲法記念日	5月3日(月)
みどりの日	5月4日(火)
こどもの日	5月5日(水)
海の日	7月22日(木)
スポーツの日	7月23日(金)
山の日	8月8日(日)
振替休日	8月9日(月)
敬老の日	9月20日(月)
秋分の日	9月23日(木)
文化の日	11月3日(水)
勤労感謝の日	11月23日(火)

二十四節気と雑節

小寒	1月5日(火)
大寒	1月20日(水)
立春	2月3日(水)
雨水	2月18日(木)
啓蟄	3月5日(金)
春分	3月20日(土)
清明	4月4日(日)
穀雨	4月20日(火)
八十八夜	5月1日(土)
立夏	5月5日(水)
小満	5月21日(金)
芒種	6月5日(土)
入梅	6月11日(金)
夏至	6月21日(月)
半夏生	7月2日(金)
小暑	7月7日(水)
大暑	7月22日(木)
立秋	8月7日(土)
処暑	8月23日(月)
二百十日	8月31日(火)
白露	9月7日(火)
秋分	9月23日(木)
寒露	10月8日(金)
霜降	10月23日(土)
立冬	11月7日(日)
小雪	11月22日(月)
大雪	12月7日(火)
冬至	12月22日(水)

社日	己巳	庚申	甲子	土用入り	彼岸入り
3月21日(日)	1月21日(木)	1月12日(火)	1月16日(土)	1月17日(日)	3月17日(水)
9月27日(月)	3月22日(月)	3月13日(土)	3月17日(水)	4月17日(土)	9月20日(月)
	5月21日(金)	5月12日(水)	5月16日(日)	7月19日(月)	
	7月20日(火)	7月11日(日)	7月15日(木)	10月20日(水)	
	9月18日(土)	9月9日(木)	9月13日(月)		
	11月17日(水)	11月8日(月)	11月12日(金)		

三伏日	八専	十方暮	天一天上	天赦日
初伏 7月11日(日)	1月4日(月)	2月5日(金)	2月14日(日)	1月16日(土)
中伏 7月21日(水)	3月5日(金)	4月6日(火)	4月15日(木)	3月31日(水)
末伏 8月10日(火)	5月4日(火)	6月5日(土)	6月14日(月)	6月15日(火)
	7月3日(土)	8月4日(水)	8月13日(金)	8月28日(土)
	9月1日(水)	10月3日(日)	10月12日(火)	10月27日(水)
	10月31日(日)	12月2日(木)	12月11日(土)	11月12日(金)
	12月30日(木)			

3年大安吉日表

月	大安
1月	2(土)・8(金)・18(月)・24(日)・30(土)
2月	5(金)・11(木)・16(火)・22(月)・28(日)
3月	6(土)・12(金)・16(火)・22(月)・28(日)
4月	3(土)・9(金)・14(水)・20(火)・26(月)
5月	2(日)・8(土)・13(木)・19(水)・25(火)・31(月)
6月	6(日)・10(木)・16(水)・22(火)・28(月)
7月	4(日)・15(木)・21(水)・27(火)
8月	2(月)・12(木)・18(水)・24(火)・30(月)
9月	5(日)・10(金)・16(木)・22(水)・28(火)
10月	4(月)・8(金)・14(木)・20(水)・26(火)
11月	1(月)・6(土)・12(金)・18(木)・24(水)・30(火)
12月	4(土)・10(金)・16(木)・22(水)・28(火)

令和3年 辛丑六白金星 年方位図

前田龍徳

歳徳神（恵方）は
丙の方位
巳午の間（南南東）

六白金星生まれの人
一白、二黒、八白の方位吉
四緑、九紫の方位凶

一白水星生まれの人
四緑の方位吉
八白、九紫の方位凶
一白は本命殺凶
二黒は本命的殺凶

五黄土星生まれの人
二黒、八白、九紫の方位吉
一白、四緑の方位凶

三碧木星生まれの人
一白、四緑の方位吉
八白の方位凶
九紫は本命的殺凶

四緑木星
生まれの人
一白、九紫の方位吉
二黒の方位凶
四緑は本命殺凶
八白は本命的殺凶

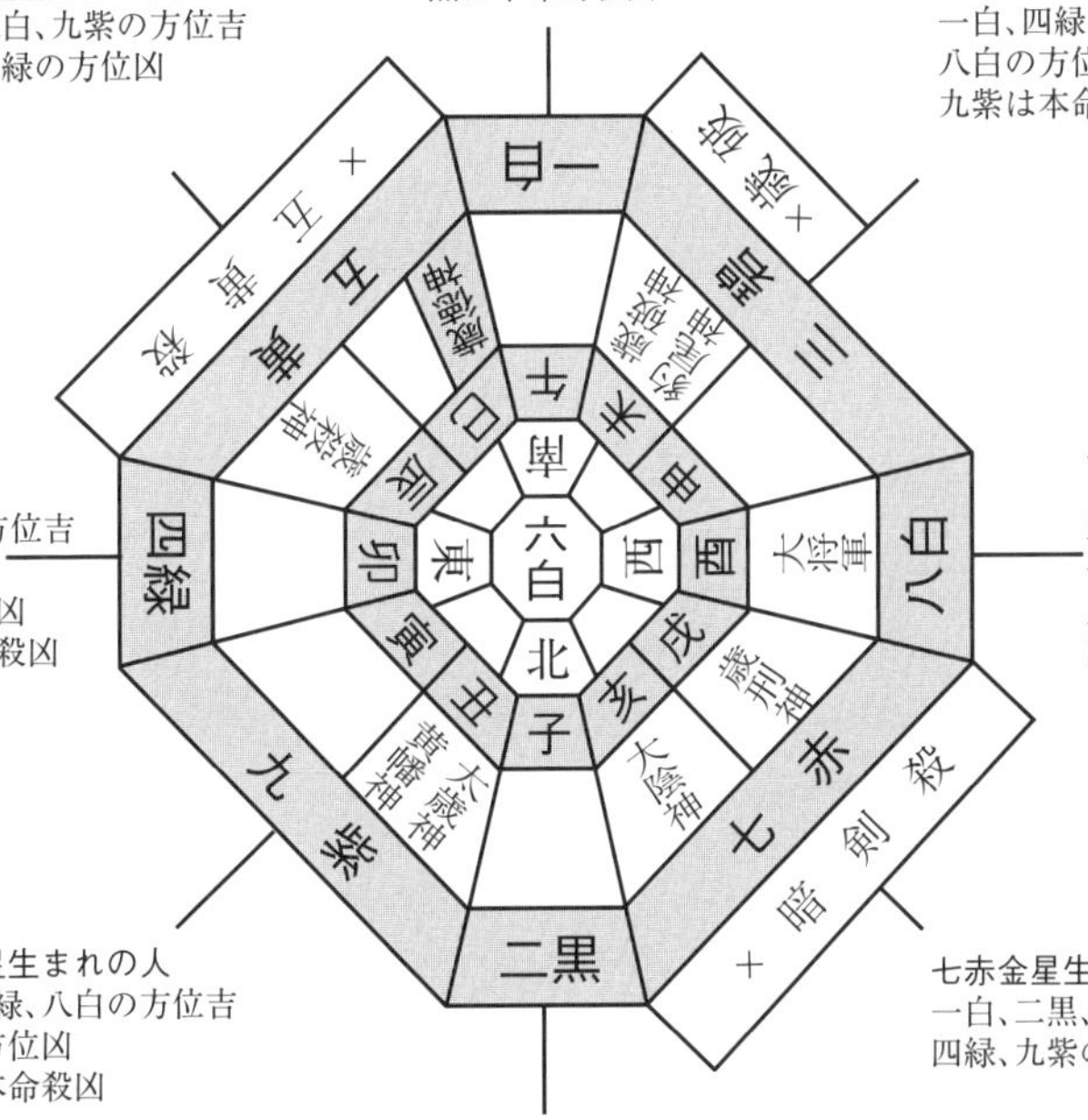

八白土星
生まれの人
二黒、九紫の方
一白の方位凶
八白は本命殺凶
四緑は本命的殺

九紫火星生まれの人
二黒、四緑、八白の方位吉
一白の方位凶
九紫は本命殺凶

七赤金星生まれの人
一白、二黒、八白の方位吉
四緑、九紫の方位凶

二黒土星生まれの人
八白、九紫の方位吉
四緑の方位凶
二黒は本命殺凶
一白は本命的殺凶

×暗剣殺・五黄殺・歳破の方位は、誰にでも大凶方位です。

混乱の中から新しい体制や国家が生まれることが多い年

浅野八郎

二〇二一年は、ヨーロッパ式のカバラ占星術では運命数「５」の年にあたり、運気が不安定になりがちだが、新しいチャンスも多い年に。社会的交流が活発化するので、新しい組織づくりにも適している。

また、十二支では「丑《うし》」年にあたっている。「丑」という文字は「糸」ヘンをつけると「紐《ひも》」になり、種が土の下で育ち、それが伸びる前の状態をあらわしている。丑年は、過去数年間つもりつもった苦悩やもめ事が、ようやく決着するという年。経済の動きも政治も、いよいよこれからが本格的なものになっていく。

前の年にいったん不安定になったものが倒れたり、変動が起こりやすく、もめ事もないわけではないが、混乱の中から新しいものが生まれ、明るい方向に向かっていく年といえそうだ。

●政治

混乱の中から、新しい組織を作り出すような力のある年で、とくに新しい国家が生まれることが多い年といえる。これまで政治や世の中に不正、不透明なことが続くと、それに対して抑えられない怒りや不満が表面化してくるといったことがある。たとえば、１８６８年に明治維新が始まり、１９２２年にはソビエト連邦が成立宣言をした。１９４９年には中華人民共和国が建国を宣言。アイルランドがイギリス連邦を離脱。

ただ新しいものが台頭してきても、なんとなくスッキリしない面もあって、新しい政治が誕生しても、リーダー不足になりやすいのも問題点。

●経済

運命数５の年には、前の年に収縮したものを再生する力があるとされている。過去の同じリズムの年では、１９５７年の鍋底《なべぞこ》景気の後、１９５８年から岩戸《いわと》景気で好況になった。

新しい組織が編成されて、経済が動くことも多い。たとえば１９６７年には、ＥＵの前身であるヨーロッパ共同体（ＥＣ）が誕生。１９８５年には、二つの公社が民営化されＮＴＴとＪＴが発足した。

そういった新しい動きが活発化するものの、政治が曖昧であるためその影響を受けて、経済にも勢いがなくなることもありそうだ。新しいことを考え出すことに興味を失う人も。廃業したり、転業する人も増えてくる。１９７６年に、アメリカでロッキード事件が発覚して、日本で大騒動に。造船不況で失業者が増大した。

新しい勢いに乗って明るい方向に向かうか、逆に勢いをなくすか、両極端になりやすいのが、運命数5の年の経済の特徴ともいえる。

ただ、暗い面に傾いても、一部には爆発的に成長する業種もあらわれ、さまざまな新会社も誕生している。1931年の5の年には、不況の中、世界一の高層ビル、エンパイアステートビルディングが完成した。不況の中では考えられないような豪華なものが現れやすいのも特徴。また、海外進出で大儲けする会社や新製品の開発でアイデア力を発揮し、急成長していく企業も増えそう。

●社会

いちばんの問題は金銭的に豊かな人と苦しむ人との差がはっきりし、そのためにイライラや社会不安が高まってくることが。そんな中、神秘的なもの、霊感や陰陽道的なものの人気が高まることが。また、古いものの中に新しい夢やロマンを求める気持ちも高まってきそう。

女性の活躍にも注目が集まることが多いが、とくに中高年女性の発言や言動が、世の中の流れに大きな影響を与える機会が増えそう。

また、頭脳ゲーム的なものが流行ることが。囲碁や将棋などは、近年、若い世代の活躍が注目されているが、一部の人だけでなく、さらに多くの世代から注目され愛されるようになることも。

●スポーツ・芸能

プロ野球が、今までとは違った盛り上がりを見せそう。メジャーリーグに移籍した選手の中から、さらなる活躍する人が出てくるかもしれない。野球以外でも世界で意外な活躍をするスポーツ選手が出てきそうだ。

エンターテインメントでは、白黒ハッキリした、過激で強力なものが流行ることが。同時に心にやさしい温和で夢のあるものにあこがれる気持ちが高まってくる、両極端なとき。

●自然・災害

運命数5の年で忘れてはならないことは、火災や事故が多発していること。しかも、その事故が想像以上に大きなものになり、社会問題にまで発展することも。さらに注意したいのは、大都市の事故、火災、災害。とりわけ東京周辺では平素からの事故への対応をさらに考えておく必要がありそう。トンネルや交通機関の事故、高層ビルや地下街での事故や火災にも用心が必要。

また、相変わらず異常気象が続きそう。さらに、これまであまり地震災害のなかったところに被害が出たり、火山の爆発による被害が甚大になる可能性もありそう。

2021年 日本国 春分図

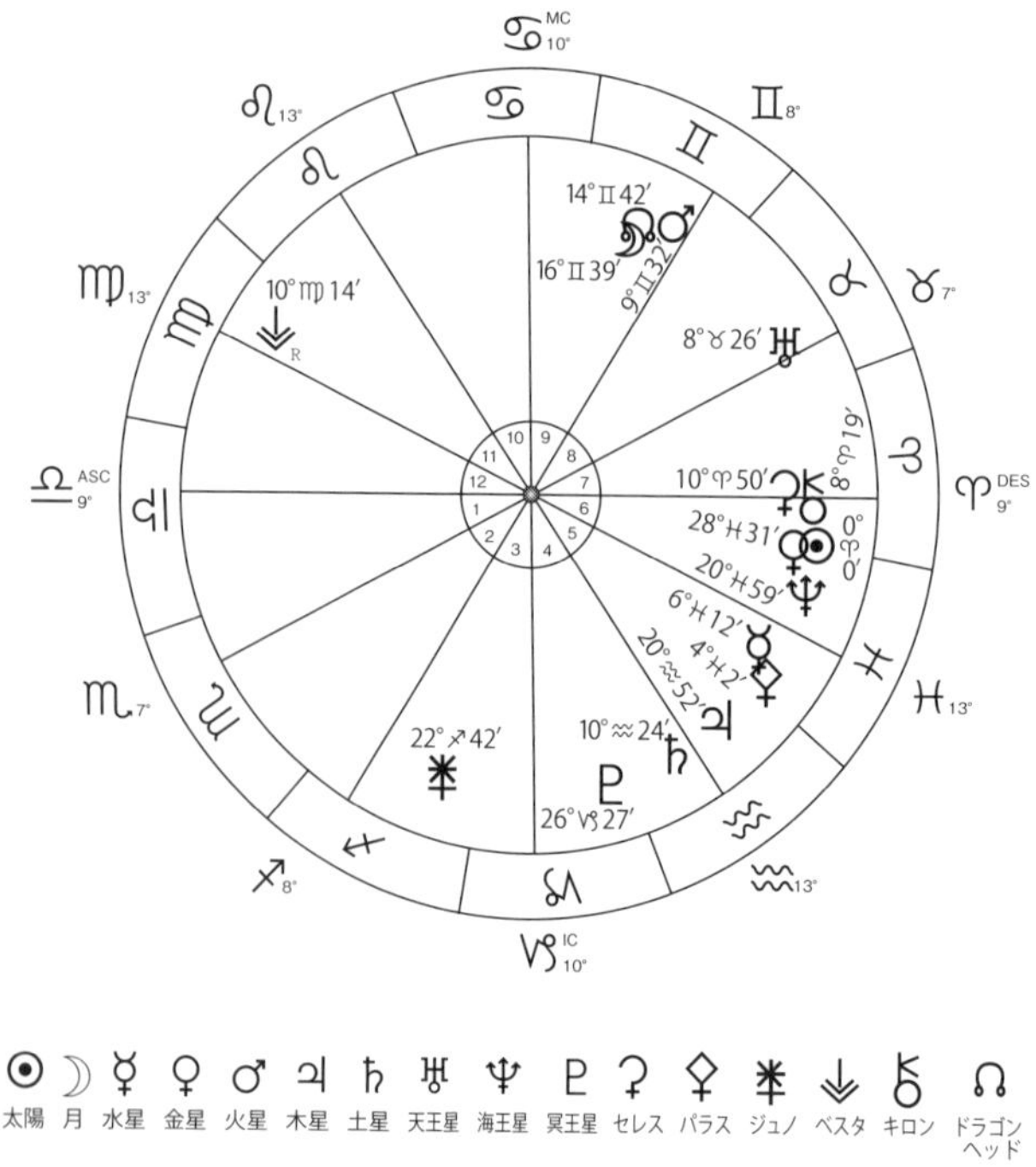

［資料提供］ルネ・ヴァン・ダール研究所

世界情勢が大きく影響して国内では揺らぎやすく、新しい概念やルール・システムが浸透へと

エミール・シェラザード（神野さち）

★総論★

世界的に未曽有《みぞう》の大変革を迎えた２０２０年。新型コロナウイルスの蔓延により、私たちの生活は大きく変わることを余儀なくされました。同年、年末には木星と土星の歴史的な会合を経験するため、２０２１年が明けても新しいシステムやルールが社会に浸透するまでしばらくの間は、心理的にも不安定な状況が続きそうです。

しかし、春分図を見ると、明るい兆しも見え始めました。全体的な星の配置は引き続き西寄りで、国内の状況は世界情勢から大きな影響を受けて揺らぎやすい傾向ですが、各星たちの位置関係はまずまず平穏です。

アセンダントは天秤宮、その守護星の金星は、第６ハウスで太陽、海王星とともにあります。

私たちは２０２０年の経験を経て、

自分たちのライフワーク・バランスについて、一層真剣に考えるようになるのかもしれません。そして、それは、これまで私たちが忘れかけていた理想を思い出させてくれたり、これまでとはちがう意味での豊かさをもたらしてくれることになるでしょう。

★社会★

政府を表す太陽は第6ハウスに。国全体のムードを表す金星と重なっているために政策は国民の意識と比較的ズレがなく、主に労働環境や金融政策、女性の権利保護には大きな前進が期待できます。

「仕事」という概念は、自由度の低いこれまでの常識から離れていくでしょう。老若男女、働きたい人は誰もがそれぞれのスキルを生かし、喜びを持って働くことができるような体制へ、一歩近づくことができます。

少し気になるのは第9ハウスの月と火星です。海外からやってくるさまざまな脅威には注意が必要で、特にオリンピック開催時のテロやウイルスの侵入には細心の注意を払う必要があります。第6ハウスの状況から鑑みても、水際での防御が甘くなりそうな気配があり、念には念を、の検査体制が必要になるでしょう。

★流行★

レジャーや喜びを表す第5ハウスには水星と木星が入宮しています。特にその年のムードを表す木星が概ね宝瓶宮《ほうへいきゅう》に滞在しますから、ロボット技術をはじめとする最先端の科学が私たちの遊びやコミュニケーション・ツールにも応用され、人気になりそうです。

ソーシャル・ディスタンスを保ちながら交流を図り、絆を深めることができるようなシステムが。健康を維持するためのゲームなどもバラエティー豊かに生まれ、選択肢が広がっていくでしょう。

ファッションは性別を分けないもの、エシカル（倫理的で人や環境に優しい）な製法のものがますます増えていきます。消費者も、それを意識して購入することが常識的になっていくでしょう。男性がスキンケアやメークをすることも、より一般的になるはずです。

その他全体的に、便利、簡単、合理的で、機能美を持ったものが、もてはやされる傾向にあります。

★天候★

IC《アイシー》は磨羯宮《まかつきゅう》にあり、支配星の土星が第4ハウスに。近年に比べると雨が少なく、気温も低めかもしれません。第4ハウスには冥王星も入宮していますから、地震や噴火、爆発事故などにも注意が必要でしょう。

九星開運暦とは

九星とは、一白から九紫までの星を指すものですが、なぜ、このように分けてあるのでしょうか?

　私たちがお母さんのお腹からこの世に生まれた瞬間に、赤ちゃんは初めて大気、すなわち胎内以外の空気を吸うことになります。これを運命学では「気を受ける」といいます。私たちの細胞は、生まれ出たその年月日、時間によって、酸素性・窒素性などのように、九つの種類に分けられた「気」を受けます。つまり、一人ひとり細胞のニュアンスが違ってくるわけです。

　人間は天と地の間に生存している生物の一つです。天と地の間には「時間」と「空間」があります。九星ではこの時間を「数」に当て、空間を「色」に当てて表現しました。そして、宇宙の森羅万象を五元素である「五行」に当てました。

　この三つを組み合わせてそれぞれ一白水星、二黒土星、三碧木星、四緑木星、五黄土星、六白金星、七赤金星、八白土星、九紫火星と名づけました。したがって、生まれた年の「気」を「本命星」といい、生まれた月の「気」を「月命星」といいます。細かくいうと、日にも時間にももちろん「気」があるわけですが、気学としては本命・月命を主にしてその性格や吉凶を判断していくのです。

　次に方位について。「気」が合わない大気が回っている方位、方角に行きますと、私たちの細胞が持っている気が低下します。つまり、乱れたり活発性がなくなるために、ついうっかりしたり、思わぬマイナスを受けやすく、年・月と気が合わない凶方位になります。

　逆に、相性のいい大気が回っている方位、方角に行けば、細胞の気が活発になり働く意欲が増してくるというわけです。本命星と月命星が合う方角へ行くのが吉としたのが、年・月と気が合う吉方位になります。

●九星の基本と暦の基礎知識

　この暦の運勢判断は、大部分が九星気学（方位を含む）によって作られています。また、太陰暦を使っていたころの生活の知恵からできたものなので、耳慣れない用語がたくさんあります。

　ここでは暦を正しく理解し活用していくために、ぜひとも知っておきたい「九星の基本」と「暦の基礎知識」について簡単に説明しておきます。

　九星とは、実際の空の星とは何の関係もなく、西洋占星術に対する東洋の占星術である九星の九つの「気」のことです。一から九の数字に、白、黒、碧、緑、黄、赤、紫の七色と、木、火、土、金、水の五行を組み合わせてできたもので、次の九つをいいます。

一白《いっぱく》水星《すいせい》
二黒《じこく》土星《どせい》
三碧《さんぺき》木星《もくせい》
四緑《しろく》木星《もくせい》
五黄《ごおう》土星《どせい》
六白《ろっぱく》金星《きんせい》
七赤《しちせき》金星《きんせい》
八白《はっぱく》土星《どせい》
九紫《きゅうし》火星《かせい》

九星は、十干十二支の循環と同じく、一定の規則で循環し、その生まれ年や生まれ月によって運勢が変わるとされています。

　九星の大きな特徴は、持って生まれた星「本命星」で先天運や先天的性格を示すと同時に、十干十二支や易《えき》の思想を導入して、そのときどき（月や年）の吉凶の方位を決める運命学となっている点です。この方位開運法を気学といいます。さらに、木星、火星、土星、金星、水星の五星は、それぞれ次の気質を持っています。

　木星―樹木が成長、発育する性質。
　火星―火のような灼熱の性質。
　土星―万物を育成、保護する性質。
　金星―金属のように冷徹、堅固、確実な性質。
　水星―生命の泉で、母体と霊性を兼ね備えた性質。

　この五星の間には相生（助け合う良い組み合わせ）と相剋（反発し合う悪い組み合わせ）があります。

○干支とは

●六十干支――十干と十二支を組み合わせて六十組を一周期としました。日を数えたり（暦に書いてある、きのえ戌、きのと亥などのこと）、月や年を記すのにも使われます。

　満六十歳を還暦というのは、六十一年目に干支が元に戻り、生まれた年と同じになるからです。東洋運命学では日取りや方位、人事諸般を占うのに大切です。

●十干――古代中国では「一日、二日、三日」というかわりに「甲日、乙日、丙日」といった漢字で表し、一ヵ月を三等分した旬（上旬・中旬・下旬）をそれぞれ、甲乙丙丁戊己庚辛壬癸の十字を当てはめて呼びました。

●十二支――一年十二ヵ月の月名として生まれたもので、一日十二刻にも当てはめられて、時刻を表したり方角にも用いられていました。

甲（コウ）＝木の兄（きのえ）
乙（オツ）＝木の弟（きのと）
丙（ヘイ）＝火の兄（ひのえ）
丁（テイ）＝火の弟（ひのと）
戊（ ボ ）＝土の兄（つちのえ）
己（ キ ）＝土の弟（つちのと）
庚（コウ）＝金の兄（かのえ）
辛（シン）＝金の弟（かのと）
壬（ジン）＝水の兄（みずのえ）
癸（ キ ）＝水の弟（みずのと）

中国では陰陽思想（天地自然の万物を陰と陽に分ける）や五行思想（万物を木火土金水の五つに分ける）という考え方があります。この陰陽五行観に十干を当てはめて日本風に呼ぶと前頁表のようになります。

そして、子（ね）は動物の鼠のことではなく、丑も牛ではありません。この読み方は、大昔に字の読めない人のために考え出されたものです。それぞれに深い意味があります。

子《ね》

分解すると「了」と「一」になり「終わりで初め」のこと。孳が「いつくしむ」を示すように、種が土の下で育まれる状態を示すの意。

丑《うし》

糸ヘンをつけると紐の字。まだグニャグニャしていて真っすぐ伸び切れないけれど、育ち始めた種が大きくなろうとする努力期の意。

寅《とら》

虫ヘンをつけると螾の字になるように、本来「うごめく」の意味。種子がやっと地上に芽を出そうとして、うごめいている状態。

卯《う》

卯の字は「双葉」の象形文字。やっと地上に芽を出したものの、まだ根が浅く、しっかりしていない不安定さが残る双葉の姿を示す。

辰《たつ》

手ヘンをつけると振の字になるように、双葉が若葉になって振れ動きながら成長してゆく状態を示す意。勢いよく育つ若葉の姿。

巳《み》

字の形は蛇が鎌首をもちあげた姿で、若葉がさかんな成長のあと、頂点に達する直前で静止したさまを示す。力をためている状態。

午《うま》

時間なら正午、季節に当てはめると夏の盛り、草木なら開ききった花であり、頂点を示す。陽と陰の境目で忤「さからう」の意。

未《ひつじ》

日ヘンをつけると昧になり「見えず、暗し」の意ですが、花盛りが終わり実を結ぼうとしている時。しかし、まだ実が見えない状態。

申《さる》

木の実が形づいてきて食べられる一歩手前の状態を示す。口ヘンをつけると呻「うめく」の意で、味が今一つつかない苦しさの時。

酉《とり》

醸の字で表されるように「かもす」意がある。すっかり熟して、おいしい木の実を食べて楽しむ、実りの季節のさまの表現。

戌《いぬ》

じゅつ、たもつ、まもるとも読み、熟しきって落ちた木の実を種の保存のために守る意味。納めて守る、種属保存の状態を表す。

亥《い》

木ヘンがつき核「種の中心」、門構えに入って閡「とじる」の意となり、守られた種子を土の中にしまう状態。発芽への準備の様子。

吉の相性（十二支と九星による相性のよい組み合わせ）

子の一白◎丑の三碧、丑の六白　◯辰の三碧、辰の六白
卯の一白◎戌の三碧、戌の六白　◯未の三碧、未の六白
午の一白◎未の三碧、未の六白　◯戌の三碧、戌の六白
酉の一白◎辰の三碧、辰の六白　◯丑の三碧、丑の六白
寅の二黒◯午の七赤、戌の六白、戌の九紫
巳の二黒◯酉の七赤、丑の六白、丑の九紫
申の二黒◯子の七赤、辰の六白、辰の九紫
亥の二黒◯卯の七赤、未の六白、未の九紫
丑の三碧◎子の一白、子の四緑　◯酉の一白、酉の四緑
辰の三碧◎酉の一白、酉の四緑　◯子の一白、子の四緑
未の三碧◎午の一白、午の四緑　◯卯の一白、卯の四緑
戌の三碧◎卯の一白、卯の四緑　◯午の一白、午の四緑
子の四緑◎丑の九紫、丑の三碧　◯辰の九紫、辰の三碧
卯の四緑◎戌の九紫、戌の三碧　◯未の九紫、未の三碧
午の四緑◎未の九紫、未の三碧　◯戌の九紫、戌の三碧
酉の四緑◎辰の九紫、辰の三碧　◯丑の九紫、丑の三碧
寅の五黄◯午の七赤、戌の九紫、戌の六白
巳の五黄◯酉の七赤、丑の九紫、丑の六白
申の五黄◯子の七赤、辰の九紫、辰の六白
亥の五黄◯卯の七赤、未の九紫、未の六白
丑の六白◎子の一白　◯酉の一白、巳の二黒、巳の五黄、巳の八白
辰の六白◎酉の一白　◯子の一白、申の二黒、申の五黄、申の八白
未の六白◎午の一白　◯卯の一白、亥の二黒、亥の五黄、亥の八白
戌の六白◎卯の一白　◯午の一白、寅の二黒、寅の五黄、寅の八白
子の七赤◯丑の六白、申の二黒、申の五黄、申の八白
卯の七赤◯戌の六白、亥の二黒、亥の五黄、亥の八白
午の七赤◯未の六白、寅の二黒、寅の五黄、寅の八白
酉の七赤◯辰の六白、巳の二黒、巳の五黄、巳の八白
寅の八白◯戌の九紫、戌の六白、午の七赤
巳の八白◯丑の九紫、丑の六白、酉の七赤
申の八白◯辰の九紫、辰の六白、子の七赤
亥の八白◯未の九紫、未の六白、卯の七赤
丑の九紫◯酉の四緑、巳の五黄、巳の二黒、巳の八白
辰の九紫◎酉の四緑、◯申の五黄、申の二黒、申の八白
未の九紫◎午の四緑、◯卯の四緑
戌の九紫◎卯の四緑、◯午の四緑、寅の二黒、寅の五黄、寅の八白

●凶方（きょうほう）

五《ご》黄《おう》殺《さつ》
五黄星のいる方位。五黄星は本来、中宮に定位して徳は大きいが、中宮を出ると凶方に変わる。凶意の現れ方はゆるやかだが、不摂生から病気、自宅から出火など、主に自分から生じる凶事が起きる。土を動かすことは特に大凶。

暗《あん》剣《けん》殺《さつ》
五黄殺の反対側の方位。凶意は強く早く現れ、盗難、ケガなど他動的な凶意が多い。

本《ほん》命《めい》殺《さつ》
自分の本命星の方向。思い違いや優柔不断のため失敗したり、健康面では大病を患う。

本《ほん》命《めい》的《てき》殺《さつ》
本命殺の反対側。概して、他動的作用ばかりでなく、自分の考え違いや、出しゃばりから大失敗する。交通事故やケガなどにも要注意です。

歳《さい》破《は》
九星の年盤に記された、その年の十二支の反対側の方位。すべてに破れる作用が働き挫折や破綻、病気を患ったりする。

月《げっ》破《ぱ》
九星の月盤で、その月の十二支の反対側の方位。歳破と同じように破れを意味し、災いを招来する。

●吉方（きっぽう）・吉神（きっしん）

太《たい》歳《さい》神《じん》
凶神である八将軍の一つでもあるが、万事を育成する神で、本来は吉神というべきとする説もあります。破壊ごと、もめごと（談判）には悪

いが、建築、移転、縁談など建設的なことによく、特に体によい影響を与えるとされています。

歳《さい》徳《とく》神《じん》

この方位は「明《あけ》の方」、「恵方」ともいい、建築、修理、結婚、旅行、事業と、すべてに良い方角です。

歳《さい》禄《ろく》神《じん》

その年の大吉方位とされ、旅行、移転、結婚、開店、談判など、すべてに吉の方位。

年の吉方

天地自然の順理の方向である天道、日の神である天徳、月の神である月徳などは、共に万物の成長に徳を持ち、すべてに大吉の方位です。

●凶神（きょうしん）

太《たい》歳《さい》神《じん》

その年の十二支の方位におり、普請、移転、縁談などにはよいが、木を切ることや取り壊し、話し合いなどにはよくないとされている。

大《だい》将《しょう》軍《ぐん》

建築、移転、伐採、井戸掘り、結婚と出産、葬儀など、すべて忌む方位を表す。

大《だい》陰《おん》神《じん》

学問や芸術などに関することにはよいが、結婚や出産をこの方向に向かってするのは凶とされている。

歳《さい》刑《けい》神《じん》

地神ともいい、耕作、種まき、木の植え替え、土を動かすことなどが凶とされる。

歳《さい》破《は》神《じん》

太歳神の反対側の方位。建築や結婚、旅行はいけないが、取り壊しや闘いには吉方。

歳《さい》殺《さつ》神《じん》

建築、旅行、結婚、雇い入れ、金談などが凶とされている。

黄《おう》幡《ばん》神《じん》

建築や移転、金銭的な問題がとくに凶とされている。

豹《ひょう》尾《び》神《じん》

不浄を嫌う神で、この方位での大小便や、家畜を求めることなどは凶意とされる。

●男と女の厄年（やくどし）

古くは中国から伝わった陰陽道によって、男女ともに13歳・25歳・37歳・49歳・61歳・73歳・85歳・99歳が「人の一生、厄に遭うべし」とする年とされていました。これらはすべて数え年ですから、満年齢では一年を引いた年となり、99歳を除くと全部、12の倍数であることがわかり、干支でいうとちょうど自分のえとに戻ってきた年にあたります。

後世になって、男は25歳・42歳・61歳、女は19歳・33歳・37歳（すべて数え年）というふうになり、33歳・42歳を大厄というようになりました。現代でも、十三参りといって虚空蔵菩薩を拝んだり、60歳の還暦祝いや男女の大厄払いなどの通過儀礼が行われます。

厄年には前年の大晦日やその年の年頭・節分・初午の日などに、神仏に参ったり、知人を招いて共同飲食することによって厄を分担してもらう、厄落としの行事をします。

《令和3年》の厄年に当たる男女は次の生まれの人。
男＝平成9年生まれ、昭和55年生まれ、同36年生まれ。
女＝平成15年生まれ、平成元年生まれ、昭和60年生まれ。

●二十四節気（にじゅうしせっき）

旧暦は、月の満ち欠けで一ヵ月を決める太陰暦でした。日付は太陽の位置、つまり季節とは無関係なので、毎年の「暖暑涼寒」にズレが生じました。これをカバーするために、太陽の位置に合わせて二十四の季節を決め、一年の気候の推移が正しくつかめるようにしたものが「二十四節気」です。太陽の黄道（通り道）３６０度を24等分した位置ごとに季節を設けたのです。

立《りっ》春《しゅん》 季節的には冬の盛りだが「春の気が立つ」時です。節分の翌日で、旧暦では正月になり、毎年2月4、5日頃。

雨《う》水《すい》 雪より雨が多くなり、氷が解けて水に変わるころで、草木に萌芽の兆しがみられます。2月18、19日頃。

啓《けい》蟄《ちつ》 冬籠りしていた虫たちが春の暖かさを感じて穴から這い出してくることを表します。3月5、6日頃にあたる。

春《しゅん》分《ぶん》 太陽が黄経0度に達した時刻が春分で、地球上の昼夜が等しくなる。この日から夜は短く昼は長くなっていく。彼岸の中日で3月20、21日頃。

清《せい》明《めい》 温暖になり、草木が萌え出るころで、清浄明潔なすがすがしさが肌に感じられます。4月4、5日頃にあたる。

穀《こく》雨《う》 春雨が多くなり、植物が成長する時期で、4月20、21日頃。

立《りっ》夏《か》 野山は新緑に覆われて、夏の気が立ちます。5月5、6日頃で、この日から立秋までが旧暦の夏になる。

小《しょう》満《まん》 野山の緑は実をつけはじめ、万物が徐々に満ちる時。5月21、22日頃。

芒《ぼう》種《しゅ》 麦のとり入れ、そして田植えが始まります。芒《のぎ》のある穀物（イネ科の植物）の種をまく季節で、6月5、6日頃。

夏《げ》至《し》 太陽が黄経90度にきた日が夏至で、一年中でもっとも昼が長く夜が短くなる日です。6月21、22日頃にあたる。

小《しょう》暑《しょ》 日照時間は短くなっていくが、暑さが次第に増してくる時期。7月7、8日頃。

大《たい》暑《しょ》 ようやく梅雨も明けて、本格的な夏の暑さの到来です。7月22、23日頃。

立《りっ》秋《しゅう》 実際にはまだまだ残暑の厳しい時ですが、夏の土用も明けて暦の上では秋に入ります。8月7、8日頃にあたる。

処《しょ》暑《しょ》　暑さもおさまり収穫期が近づきます。天候も台風など秋型へ変わり、8月22、23日頃。

白《はく》露《ろ》　秋の気も強まり、野草に露が宿って白く見える時期です。9月7、8日頃。

秋《しゅう》分《ぶん》　秋の彼岸の中日で、太陽が赤道上にあり、昼と夜の長さが同じになる日。この日を境に夜が長く昼が短くなってゆく。9月23、24日頃。

寒《かん》露《ろ》　秋も深まり、野草の露が霜に変わり、朝夕は肌寒さを感じる。10月8、9日頃。

霜《そう》降《こう》　秋も終わりに近づき、時折降りる霜が冬の近いことを知らせる。10月23、24日頃。

立《りっ》冬《とう》　日差しも弱くなり、北国からはもう雪の便りが届くころで、この日から暦は冬になる。11月7、8日頃にあたる。

小《しょう》雪《せつ》　寒い北風が吹き始め、日によっては雪の降ることも。11月22、23日頃。

大《たい》雪《せつ》　山などは雪に覆われて、野や街には風花が舞うこともしばしば。12月7、8日頃。

冬《とう》至《じ》　太陽が南半球の最も遠くに位置し、北半球の昼は最も短くなる。この日から日脚が延びる。12月22、23日頃にあたる。

小《しょう》寒《かん》　冬も本格的となり、強い北風に雪が吹き荒れるころ。1月6、7日頃。

大《だい》寒《かん》　雪よりも寒さの厳しい時期。そんな中で春の足音を待つ。1月20、21日頃。

●雑節（ざっせつ）

二十四節気のほかに、雑節と呼ばれる暦上の特別日があります。これは、生活中心の月日の区切りで、農業や信仰に根づいたものがほとんどです。

節《せつ》分《ぶん》　立春の前日で、旧暦では一年の最後の日となる。俗に年越し、年とり、追儺《ついな》といい、豆をまいて邪気を祓う行事が行われます。2月3、4日頃。旧暦を基準としている東洋占術では、この日までが前年度の生まれに入ることになります。

初《はつ》午《うま》　2月第一の午の日が初午、次いで二の午、三の午です。初午の日は稲荷神社の縁日とされています。

上巳《じょうし》の節句《せっく》　3月3日のお雛祭りの「桃の節句」。昔は3月初の巳《み》の日に雛人形を祭ったもので、女児の誕生と幸せを祈るための日です。

彼《ひ》岸《がん》　春分と秋分の前後三日ずつ計七日間が「春の彼岸」「秋の彼岸」です。その初日は彼岸の「入り」、当日が「中日」、最後の日が「明け」と呼ばれ、墓参りをして先祖の霊を供養し善を心掛ける日。

八十八夜《はちじゅうはちや》　立春から数えて88日目で、現在の5月2～3日頃。「八十八夜の別れ霜」といって、植物の種まきに最もよい時期とされます。

端午《たんご》の節句《せっく》

5月5日の節句で「菖蒲の節句」といいます。端ははじめ、午は午の日の意味。邪気を除くといわれる菖蒲を家の軒に挿したり、菖蒲湯に入ったり、五月人形を飾り柏餅を食べて、男児の出世を祈った日です。現在の「子どもの日」。

入《にゅう》梅《ばい》

かつては二十四節気の芒種の後の壬（みずのえ）を暦上の入梅とし、30日後の壬を梅雨明けとしたもの。しかし最近では、東京天文台が、太陽が黄経80度に達する日を暦の「入梅」と決定しており、だいたい6月11日頃に当たります。正確な入梅の日取りは気象庁の梅雨入り宣言によるのが一般的。

半《はん》夏生《げしょう》

半夏という名の薬草ができる時期の意味で、田植えも終わり南国は梅雨も明けようとする7月2～7日頃。

七夕《たなばた》祭《まつり》

五節句の一つ。7月7日の七夕を祭る日で、女子の裁縫や習字のお稽古ごとの上達を願って、五色の短冊を笹につるしたり、地方によっては祭りの行事も行います。

盂《う》蘭《ら》盆《ぼん》

ふつうは盆、お盆と略されて呼ばれ、7月13～16日に、墓参りや迎え火、送り火、棚経などの仏事が行われます。地方によっては月遅れで8月13～16日のところもあります。

《令和3年の年回忌表》

一周忌……令和2年亡
三回忌……令和元年亡
……平成31年亡
七回忌……平成27年亡
十三回忌……平成21年亡
十七回忌……平成17年亡
二十三回忌…平成11年亡
二十五回忌…平成9年亡
二十七回忌…平成7年亡
三十三回忌…平成元年亡
…昭和64年亡
三十七回忌…昭和60年亡
五十回忌……昭和47年亡
七十回忌……昭和27年亡
百回忌……大正11年亡
百五十回忌…明治5年亡
二百回忌……文政5年亡

中《ちゅう》元《げん》

今では、お中元といえば贈り物のことですが、もとは旧暦の7月15日をいい、中国の道教では1月15日の上元、10月15日の下元とともに、人間の贖罪《しょくざい》の日としました。

土《ど》用《よう》

二十四節気による四季（立春・立夏・立秋・立冬）の終わりの18～19日間が「土用」で、土を動かしたり、鍼灸したりを忌む習慣があります。現在では夏の土用だけがクローズアップされますが、これは夏が過ごしにくい季節なのと、夏と秋のみ「火剋金」と五行で相剋関係にあるからです。土用期間中の虫干しや、夏の土用には丑の日に鰻を食べてスタミナをつけるのも古人の知恵といえるでしょう。

二百《にひゃく》十日《とうか》

立春から数えて２１０日目をさし、9月1日ごろ。台風が多く農家の厄日です。

二百《にひゃく》二十日《はつか》

立春から数えて220日目をさします。同じく台風が多くて農家の厄日です。

菊《きく》の節句《せっく》

重陽《ちょうよう》の節句、九月節句ともいい、旧暦9月9日の節句のことです。菊の花をお酒に入れて飲み、不老長寿を祝います。

酉《とり》の日《ひ》

新暦11月の酉の日で一回目を一の酉、二回目を二の酉、三回目を三の酉とした、お酉様の日。鷲（おおとり）神社の祭りで商売繁盛を祈り、酉の市がたちます。

大《おお》祓《はらい》

6月30日、12月31日の半年ごとの晦日《みそか》に罪や穢れを祓う日です。12月31日は年越祓い、師走の大祓いと言い一般的です。

●選日（せんじつ）

日の吉凶を見て選ばれた日のことです。暦上、昔から伝わる特殊な日があり、その多くは六十干支の組み合わせによって吉凶の判断を占いました。

一粒《いちりゅう》万倍《まんばい》日《び》

一粒の種が万倍にも実る、という吉日です。仕事始めや開店、種まき、お金を出すなど、すべてのスタートにいいが、物を借りるにはいけない日です。

不成就《ふじょうじゅ》日《び》

万事が調いにくい日です。結婚、開店、子どもの命名、移転、契約など、事を始めるのによくない不浄日です。

八《はっ》専《せん》

もともとは軍事上の忌日で、築城や出陣を避けたものでした。今では仏事、結婚、家の造作などに悪い日とされます。

三隣亡《さんりんぼう》

十二支の活動状態が悪くなる日とされ、普請、棟上げ、移転、土起こしなど建築関係はとくに忌む日です。

天一《てんいち》天上《てんじょう》

戦闘を司る天一神が地上を離れ天上に帰っている期間をいう。みずのと巳〜つちのえ申までの16日間。この間はどこへ行っても自由だが、お産や交渉、争い事は凶です。

天赦《てんしゃ》日《び》

字の如く、天が許すから何を行ってもよく、暦のうちの大吉日です。ことに結婚や開業などのスタート、発明や研究の発表に最適です。

土《ど》用《よう》

立春、立夏、立秋、立冬の前の18〜19日間が土用です。この間に土を動かす土木工事は凶とされます。

十方《じっぽう》暮《ぐれ》

干と支の相性が悪いための凶日で、結婚や交渉ごとはすべてまとまりを見ず、旅行も凶とされます。きのえ申から10日間です。

三伏《さんぷく》日《び》

夏至後の第三の庚（かのえ）の日を初伏、次の庚を中伏、立秋後最初の庚を末伏といい、合わせて三伏です。種まきから結婚、旅行など和合することはすべてによくない日です。

大土《おおつち》・小土《こづち》

かのえ午から七日間が大つち、つちのえ寅から七日間を小つちといい、木や竹を切ってはいけない日です。

土公《どこう》神《じん》

土を守る神です。春は台所、夏は門、秋は井戸、冬は庭にさわることが凶です。

社《しゃ》日《にち》

春分とか秋分に最も近い戊（つちのえ）で、春には五穀の種を神前に供えて豊作を祈り、秋口には初穂を供えて収穫を感謝する日です。春は春社、秋は秋社と呼ばれます。

●六曜（ろくよう）

六輝ともいい、もともと時刻の吉凶占いでしたが、単に日の吉凶を知るのに用いるようになりました。

先《せん》勝《しょう》

「先んずれば勝つ」で、急ぐ願いごと、急用や訴訟、勝負ごとによく吉です。「八つより暮六つまで悪し」といい午後は凶になります。

友《とも》引《びき》

「進まず引かず」勝負がつかない暗示で、午前中と夕刻と夜は小吉です。ただし、昼は凶。弔事は凶で、結婚などめでたいことは吉です。

先《せん》負《ぶ》

「先んずれば負け」で、出しゃばらず静かにして吉です。午前が凶で、午後が吉ともいい、公用や急用は避ける日です。

仏《ぶつ》滅《めつ》

物滅ともいい「物を失う」凶の日で、仏教とは関係ない。移転、開店など事を始めるのに悪く、この日に病気すれば長びくという。

大《たい》安《あん》

「大いに安んず」で大安吉日です。陰陽道で移転、旅行、結婚など吉事を運んで、すべてが吉の日です。

赤《しゃっ》口《こう》

赤口神が衆生を悩まし、新しい事始めなどは多くの障害を招いて凶です。月替わりの正午は吉。時刻で午前9時から午後3時までは吉です。

六曜の記載順序は左記に示すように、「旧暦による各月の朔日（一日）からは、何からはじまる」という具合に定められています。

旧暦1月と7月の一日からは、いつでも「先勝」で始まる。
旧暦2月と8月の一日からは、いつでも「友引」で始まる。
旧暦3月と9月の一日からは、いつでも「先負」で始まる。
旧暦4月と10月の一日からは、いつでも「仏滅」で始まる。
旧暦5月と11月の一日からは、いつでも「大安」で始まる。
旧暦6月と12月の一日からは、いつでも「赤口」で始まる。

●十二直（じゅうにちょく）

十二客（かく）、十二建（けん）、あるいは江戸時代の暦で中段ともいいます。

真北を十二支の子として、各方位に十二支を配置し、北斗七星の様子と組み合わせて十二種の日の吉凶を占うことです。

たつ（健）　最吉日。祭祀、結婚、開店、移転、旅行、新規事業はすべてに吉です。土を動かすこと、蔵開きは凶です。

のぞく（除）　百凶を除き、神事、種まき、医師にかかるなど一切の吉日です。結婚と土を動かすことは凶になります。

みつ（満）　万事が充満する吉日です。建築、結婚、移転、祝いごと、土を動かすこと、金銭ごともすべて吉です。

たいら（平）　平安の意で地固め、旅行、種まき、結婚、祝いごと、すべてに吉です。池や穴掘りは凶となります。

さだん（定）　必定の日で、建築、移転、結婚、開店、種まきなどが吉。特に規則の制定や人事、任命に吉。訴訟、旅行、樹木の植え替え凶。

とる（執）　物を受けとる日で、物質の受け入れ、祝いごと、建築など万事が吉です。ただし、金銭の出し入れ、財産整理は凶となります。

やぶる（破）　破壊の日です。訴訟、談判などの争いごとは吉ですが、結婚や祝いごとは破れて凶となります。

あやぶ（危）　険悪の日で、すべて控えめが吉です。旅行、登山、高所や木を切ることは大凶です。酒造りのみ吉。

なる（成）　物ごとが成就する日で、種まき、仕込み、願かけ、開店など、新規ごとすべてに吉です。訴訟、談判は凶になります。

おさん（納）　宝を蔵にしまう日で、結婚、商品の買い入れなどが吉です。ただし、物を出すことは凶です。

ひらく（開）　法蔵が扉を開ける日で、蔵開き、建築、移動、結婚などすべて吉です。葬式などの不浄ごとは凶になります。

とず（閉）　法蔵に鍵をかけ、すべて閉鎖する意の日で、金銭収納、建墓などにはよいが、結婚、開店など出すものは凶です。

●二十八宿（にじゅうはっしゅく）

古代中国の天文学で、月がおよそ二十八夜で恒星の間を一周することに基づき、一夜ごとに宿する位置を区別して表示したものが二十八宿です。

各星宿は青龍、玄武、白虎、朱雀の四宮（四神）に分け、それぞれを七分割して二十八宿とし、日月を配して吉凶を占いました。

「干支」「九星」「六曜」など、占いの吉凶が日によって矛盾した現れ方をする日もあります。何をしてよしとするかは、各自の判断でよいかと思います。

二十八宿吉凶表

東方蒼竜七宿

宿	吉凶
角《かく》	衣類の仕立て、普請造作、結婚などは吉です。不祝儀は凶。
亢《こう》	物品購入、結納などは吉です。建築に関することは凶。
氐《てい》	新規に事を始めるのは吉です。衣類購入、着初めは凶。
房《ぼう》	結婚、移転、建造物、旅行などが吉です。
心《しん》	神仏の祭祀、移転、旅行は吉です。結婚、葬式、建造は凶。
尾《び》	結婚、開店開業などが吉です。衣類に関することは凶。
箕《き》	衣類購入や着初め、建造改造、新計画は大吉。不祝儀事凶。

北方玄武七宿

宿	吉凶
斗《と》	井戸や土掘りの土木関係、建造事は特に吉です。
牛《ぎゅう》	神仏への参詣、供養が大吉。できるだけ早めに進めること。
女《じょ》	芸事が大吉です。建造、移転、結婚、着初め、葬式は凶。
虚《きょ》	建造物、相談、契約など積極的に行うことは、すべて凶。
危《き》	造作や土を動かすこと吉。結婚、衣類の着初めや裁ち初め凶。
室《しつ》	建造、特に屋根の修繕、結婚などの祝い事すべてに吉。
壁《へき》	土地の購入、衣類の着初め、婚儀、不祝儀などすべて吉。

西方白虎七宿

宿	吉凶
奎《けい》	井戸掘り、植木植え替え、芸事開始、開店などすべて吉。
婁《ろう》	建造、庭園や門の造作、結婚、相談事などが吉です。
胃《い》	開店開業、求職、結婚など吉です。建造や修理事は凶。
昴《ぼう》	神仏参詣、相談事、新規事業などすべて吉です。
畢《ひつ》	棟上げ、屋根替えなど建造事が特に吉です。
觜《し》	芸事や学問の開始と終了、建造物も吉。仕立物と着初め凶。
参《さん》	結婚、仕立物、建造改造は吉です。旅行だけは凶。

南方朱雀七宿

宿	吉凶
井《せい》	神仏祭祀、種まき、建造は吉です。不祝儀事は凶。
鬼《き》	一般に大吉日。建造、開店、旅行など特に大吉。婚儀だけ凶。
柳《りゅう》	修繕ごとは吉です。結婚、開店、蔵造りは凶。
星《せい》	馬の乗初め、トイレの増改築は吉。結婚、葬式など儀式事凶。
張《ちょう》	建造、移転、新事業開始、結婚などすべてに吉です。
翼《よく》	耕作、樹木の植え替えは吉です。儀式事は凶。
軫《しん》	養子縁組み、結婚、移転、土地購入、田畑いじりなど吉。

一月の暦

睦月《むつき》

お年玉、初荷、年賀、雑煮
スキー、雪だるま、かざ花

己丑《つちのとうし》六白金星の月

新暦	七曜	干支	九星	暦の行事	旧暦	六曜	十二直	廿八宿	各地の行事	満潮	干潮
1日	金	つちのと酉	六白	[●]元日 初詣と年賀 恵方参り 旧三の酉 庚子年	十一月十八日	仏滅	おさん	婁	出雲大社御饌祭（島根） 伊勢神宮歳旦祭（三重）	6・52 17・37	0・05 12・18
2日	土	かのえ戌	五黄	皇居一般参賀 初荷 初夢 書初め	十九日	大安	ひらく	胃	安乗の三番叟（三重） 北野天満宮筆始祭（京都）	7・28 18・13	0・43 12・54
3日	日	かのと亥	四緑	初亥（摩利支天） 一粒万倍日	廿日	赤口	とず	昴	筥崎宮玉せせり（福岡） 鳳来寺田楽（愛知）	8・06 18・54	1・21 13・34
4日	月	みずのえ子	三碧	初子 官庁御用始め 一粒万倍日 不成就日 八専始	廿一日	先勝	たつ	畢	坂部の冬祭り（長野） 日光二荒山神社武射祭（栃木）	8・45 19・43	2・00 14・19
小寒 一二時二三分 六十七候／芹《せり》栄う 六十八候／泉水温を含む 六十九候／雉《きじ》初めて鳴く 1日の日の出6・51 日の入16・39											
5日	火	みずのと丑	二黒	小寒 初水天宮	廿二日	友引	たつ	觜	伏見稲荷大社大山祭（京都）	9・25 20・49	2・42 15・15
6日	水	きのえ寅	一白	◑下弦一八時三七分 六日年越し 初寅（毘沙門天） 東京消防庁出初式	廿三日	先負	のぞく	参	高崎だるま市（群馬） 郡上白山神社の花奪い祭（岐阜）	10・07 22・20	3・29 16・31
7日	木	きのと卯	九紫	初卯 七草（七草粥） 七日正月 松納め 一粒万倍日	廿四日	仏滅	みつ	井	太宰府天満宮鬼すべ（福岡） 三嶋大社田祭・武射祭（静岡）	10・52	4・28 18・05
8日	金	ひのえ辰	八白	初辰 初薬師 初鬼子母神 学校始業 事八日・針供養	廿五日	大安	たいら	鬼	浅草鳥越神社とんど焼き（東京）	0・17 11・43	5・46 19・22
9日	土	ひのと巳	七赤	初巳 宵えびす	廿六日	赤口	さだん	柳	会津美里高田の土俵引き（福島） 前橋の初市まつり（群馬）	2・18 12・41	7・11 20・21
10日	日	つちのえ午	六白	初金毘羅 十日えびす 一一〇番の日 三隣亡	廿七日	先勝	とる	星	天橋立の文殊堂十日えびす（京都） 金刀比羅宮初こんぴら（香川）	3・38 13・45	8・25 21・13
11日	月	つちのと未	五黄	[●]成人の日 鏡開き・蔵開き	廿八日	友引	やぶる	張	熱田神宮踏歌神事（愛知） 紀伊長島船だんじり（和歌山）	4・31 14・45	9・27 22・01
12日	火	かのえ申	四緑	初庚申（帝釈天） スキー記念日 不成就日	廿九日	先負	あやぶ	翼	伏見稲荷大社奉射祭（京都）	5・15 15・37	10・20 22・47
13日	水	かのと酉	三碧	●朔一四時〇〇分 初虚空蔵	十二月一日	赤口	なる	軫	足利徳正寺まゆ玉市（栃木） 住吉大社御結鎮神事（大阪）	5・53 16・21	11・06 23・30
14日	木	みずのえ戌	二黒	十四日年越し どんど焼き	二日	先勝	おさん	角	四天王寺のどやどや（大阪） 中之条の鳥追い祭り（群馬）	6・28 17・02	11・47

15日	金	みずのと亥	一白	小正月　小豆がゆ　八専終	三日	友引	ひらく	亢	東通村の田植え餅つき踊り（青森） 三浦海南神社チャッキラコ（神奈川）	7・00 17・40	0・10 12・24
16日	土	きのえ子	一白	**九星陽遁始**　初甲子（大黒天）　藪入り 賽日（えんま詣）　天赦日　一粒万倍日	四日	先負	とず	氐	上賀茂神社武射神事（京都）	7・30 18・16	0・46 13・00
17日	日	きのと丑	二黒	**土用**　防災とボランティアの日	五日	仏滅	たつ	房	太平山三吉神社ぼんでん祭（秋田） 福江のへとまと（長崎）	7・58 18・53	1・18 13・36
18日	月	ひのえ寅	三碧	初観音　不成就日	六日	大安	のぞく	心	浅草寺の亡者送り（東京）	8・25 19・33	1・48 14・14
19日	火	ひのと卯	四緑	一粒万倍日	七日	赤口	みつ	尾	西宮東光寺厄除大祭（兵庫） 鹿島の鮒市（佐賀）	8・53 20・20	2・16 14・57
大寒　五時四〇分　七十候／蕗《ふき》の薹《とう》花咲く　七十一候／水沢厚く堅し　七十二候／鶏鳥屋に就く　21日の日の出6・48　日の入16・57											
20日	水	つちのえ辰	五黄	大寒　二十日正月　えびす講　蠟日 旧事八日・旧針供養	八日	先勝	たいら	箕	毛越寺の延年の舞（岩手） 大江天満宮幸若舞（福岡）	9・23 21・21	2・43 15・54
21日	木	つちのと巳	六白	◐上弦六時〇二分　初己巳（弁財天） 初大師	九日	友引	さだん	斗	東寺初説法（京都）	9・57 22・48	3・18 17・17
22日	金	かのえ午	七赤	黙阿弥忌　飛行船の日　ジャズの日 大つち始　三隣亡	十日	先負	とる	牛	豊川稲荷東京別院大祭（東京） 四天王寺奥殿秘仏御開扉（大阪）	10・39	3・56 18・44
23日	土	かのと未	八白		十一日	仏滅	やぶる	女	大安寺癌封じ笹酒祭（奈良） 若草山の山焼き（奈良）	5・50 19・48	1・33 11・37
24日	日	みずのえ申	九紫	初地蔵　初愛宕	十二日	大安	あやぶ	虚	巣鴨のとげぬき地蔵尊大祭（東京） 亀戸天神うそ替え神事（東京）	3・31 12・55	7・41 20・37
25日	月	みずのと酉	一白	初天神　法然上人忌	十三日	赤口	なる	危	鎌倉柄柄天神筆供養（神奈川）	4・08 14・09	8・50 21・20
26日	火	きのえ戌	二黒	文化財防火デー　道元禅師誕生会 不成就日	十四日	先勝	おさん	室	永平寺道元禅師誕生会（福井）	4・38 15・02	9・40 22・00
27日	水	きのと亥	三碧	国旗制定記念日	十五日	友引	ひらく	壁	多田神社初権現祭（兵庫） 湯西川温泉かまくら祭（栃木）	5・06 15・44	10・22 22・39
28日	木	ひのえ子	四緑	初不動　大つち終　一粒万倍日	十六日	先負	とず	奎	川崎麻生不動尊だるま市（神奈川）	5・34 16・23	10・59 23・18
29日	金	ひのと丑	五黄	○望四時一六分	十七日	仏滅	たつ	婁	伊豆大島椿まつり（東京）	6・03 17・00	11・34 23・56
30日	土	つちのえ寅	六白	小つち始	十八日	大安	のぞく	胃	富士五湖西湖の樹氷まつり（山梨） 宇津神社大弓祭り（広島）	6・33 17・38	12・10
31日	日	つちのと卯	七赤	晦日正月　一粒万倍日	十九日	赤口	みつ	昴	おびひろ氷まつり（北海道）	7・03 18・17	0・33 12・45

二月の暦

如月《きさらぎ》

豆まき、薄氷、焼野、梅見
冴返る、猫の恋、三寒四温

庚寅《かのえとら》五黄土星の月

新暦	七曜	干支	九星	暦の行事	旧暦	六曜	十二直	廿八宿	各地の行事	満潮	干潮
1日	月	かのえ辰	八白	生活習慣病予防週間	十二月廿日	先勝	たいら	畢	鶴岡春日神社の黒川能（山形）　尾鷲ヤーヤまつり（三重）	7・33　19・00	1・08　13・22
2日	火	かのと巳	九紫	節分（豆まき）	廿一日	友引	さだん	觜	熊野花の窟神社祭（三重）　春日大社万燈籠（奈良）	8・03　19・48	1・44　14・01
立春	二三時五九分	一候／東風《こち》凍を解く　二候／うぐいす鳴く　三候／魚氷に上がる							10日の日の出6・33　日の入17・18		
3日	水	みずのえ午	一白	立春　初午　一粒万倍日　不成就日	廿二日	先負	さだん	参	伏見稲荷大社初午祭（京都）　笠間稲荷初午祭（茨城）	8・33　20・46	2・18　14・46
4日	木	みずのと未	二黒		廿三日	仏滅	とる	井	登別温泉湯まつり（北海道）	9・04　22・03	2・54　15・42
5日	金	きのえ申	三碧	◑下弦二時三七分　十方暮始　小つち終	廿四日	大安	やぶる	鬼	さっぽろ雪まつり（北海道）　神戸無動寺五日祭（兵庫）	9・39	3・35　17・06
6日	土	きのと酉	四緑		廿五日	赤口	あやぶ	柳	新宮神倉神社お燈まつり（和歌山）	0・08　10・23	4・41　18・46
7日	日	ひのえ戌	五黄	北方領土の日	廿六日	先勝	なる	星	明日香おんだ祭（奈良）　名張の八日戎はまぐり市（三重）	2・57　11・32	6・42　20・05
8日	月	ひのと亥	六白	事八日・針供養　三隣亡	廿七日	友引	おさん	張	大館のアメッコ市（秋田）　弘前城雪灯籠（青森）	3・59　13・22	8・24　21・06
9日	火	つちのえ子	七赤		廿八日	先負	ひらく	翼	風浪宮大祭（福岡）	4・37　14・47	9・32　21・57
10日	水	つちのと丑	八白	一粒万倍日	廿九日	仏滅	とず	軫	加賀石部神社竹割神事（石川）　信夫山暁参り（福島）	5・08　15・42	10・21　22・42
11日	木	かのえ寅	九紫	建国記念の日　文化勲章制定記念日　不成就日	卅日	大安	たつ	角	橿原神宮祭（奈良）　豊橋の鬼祭り（愛知）	5・36　16・24	11・00　23・21
12日	金	かのと卯	一白	●朔四時〇六分　旧正月　菜の花忌（司馬遼太郎忌）　辛丑年	一月一日	先勝	のぞく	亢	伊賀島ヶ原の大餅会式（三重）	6・03　17・02	11・35　23・56
13日	土	みずのえ辰	二黒		二日	友引	みつ	氐	宇佐神宮の鎮疫祭（大分）	6・27　17・36	12・08
14日	日	みずのと巳	三碧	バレンタインデー　天一天上始　十方暮終　不成就日	三日	先負	たいら	房	長谷寺だだ押し（奈良）　下呂の田の神神事（岐阜）	6・50　18・10	0・27　12・39

日	曜	干支	九星	行事	旧暦	六曜	中段	宿	各地の行事	満潮	干潮
15日	月	きのえ午	四緑	ねはん会 全国緑化キャンペーン 二の午 一粒万倍日	四日	仏滅	さだん	心	横手かまくら（秋田）	7・12 18・44	0・54 13・09
16日	火	きのと未	五黄	狩猟禁止	五日	大安	とる	尾	小湊誕生寺の宗祖御降誕会（千葉）	7・33 19・21	1・19 13・41
17日	水	ひのえ申	六白	アレルギー週間	六日	赤口	やぶる	箕	八戸のえんぶり（青森） 伊勢神宮祈年祭（三重）	7・54 20・02	1・42 14・14
雨水	一九時四四分	四候／土が潤い起こる 五候／霞《かすみ》初めてたなびく 六候／草木萌え動く		20日の日の出6・22 日の入17・28							
18日	木	ひのと酉	七赤	雨水 旧七草 禁煙運動の日 エアメールの日	七日	先勝	あやぶ	斗	松山椿祭（愛媛） 水沢黒石寺蘇民祭（岩手）	8・16 20・51	2・03 14・53
19日	金	つちのえ戌	八白	万国郵便連合加盟記念日	八日	友引	なる	牛	田村神社厄除大祭（滋賀）	8・41 21・57	2・23 15・47
20日	土	つちのと亥	九紫	◐上弦三時四七分 歌舞伎の日 三隣亡	九日	先負	おさん	女	西大寺会陽裸祭（岡山） 水戸偕楽園梅まつり（茨城）	9・10 23・57	2・39 17・16
21日	日	かのえ子	一白		十日	仏滅	ひらく	虚	石和のお天狗さん（山梨）	9・51	2・27 18・53
22日	月	かのと丑	二黒	世界友情の日 一粒万倍日 不成就日	十一日	大安	とず	危	四天王寺の太子二歳まいり（大阪）	3・53 11・15	7・12 20・02
23日	火	みずのえ寅	三碧	**⊙天皇御誕生日**	十二日	赤口	たつ	室	醍醐寺の五大力さん（京都）	4・03 13・42	8・50 20・56
24日	水	みずのと卯	四緑	南国忌（直木三十五忌）	十三日	先勝	のぞく	壁	大田原大田山地蔵尊春大祭（栃木）	4・23 14・52	9・39 21・41
25日	木	きのえ辰	五黄	斎藤茂吉忌	十四日	友引	みつ	奎	北野天満宮梅花祭（京都） 湯島天神白梅祭（東京）	4・45 15・38	10・15 22・23
26日	金	きのと巳	六白	旧小正月	十五日	先負	たいら	婁	河津桜まつり（静岡）	5・10 16・18	10・48 23・03
27日	土	ひのえ午	七赤	○望一七時一七分 三の午 一粒万倍日	十六日	仏滅	さだん	胃	鶴岡金峯山雪灯籠祭（山形） 宮古の十六夜祭（沖縄）	5・35 16・57	11・21 23・40
28日	日	ひのと未	八白	坪内逍遙忌	十七日	大安	とる	昴	熱海逍遙祭（静岡）	6・01 17・37	11・55

この暦に示してある日の出・日の入の時刻は東京におけるものです。

二十四節気、月の朔・弦・望の時刻と共に、東京天文台の資料によっています。

また、満潮・干潮の時刻は東京・晴海における数値で、海上保安庁書誌第781号「令和3年潮汐表第1巻」の資料より引用いたしました。各地の時刻が必要な時は、その地域をカバーしている機関へお問い合わせ下さい。
※「各地の行事」は新型コロナウイルスのため中止になっている場合があります。ご了承ください。

三月の暦

弥生《やよい》

受験、雛祭り、東風、卒業
雲雀、霞、つくし、鮎の子

辛卯《かのとう》四緑木星の月

新暦	七曜	干支	九星	暦の行事	旧暦	六曜	十二直	廿八宿	各地の行事	満潮	干潮
1日	月	つちのえ申	九紫	春の全国火災予防運動　天一天上終	一月十八日	赤口	やぶる	畢	東大寺二月堂修二会式（奈良）	6・28　18・18	0・16　12・29
2日	火	つちのと酉	一白	不成就日	十九日	先勝	あやぶ	觜	若狭のお水送り（福井）	6・53　19・02	0・50　13・03
3日	水	かのえ戌	二黒	桃の節句（雛祭り）　旧二十日正月　平和の日	廿日	友引	なる	参	浦佐神社の裸押合祭り（新潟）　淡嶋神社雛流し（和歌山）	7・19　19・50	1・23　13・39
4日	木	かのと亥	三碧	三隣亡	廿一日	先負	おさん	井	深大寺だるま市（東京）	7・44　20・46	1・55　14・20
啓蟄　一七時五四分　七候／巣籠《すごもり》の虫戸を開く　八候／桃初めて咲く　九候／菜虫蝶と化す　2日の日の出6・10　日の入17・37											
5日	金	みずのえ子	四緑	啓蟄　八専始	廿二日	仏滅	おさん	鬼	奥多摩川野の車人形（東京）	8・09　22・02	2・26　15・09
6日	土	みずのと丑	五黄	◑下弦一〇時三〇分	廿三日	大安	ひらく	柳	香椎宮古宮祭（福岡）	8・38	2・58　16・23
7日	日	きのえ寅	六白	消防記念日　一粒万倍日　三隣亡	廿四日	赤口	とず	星	長瀞の火まつり（埼玉）　住吉神社御田祭（福岡）	0・47　9・15	3・54　18・17
8日	月	きのと卯	七赤	国際婦人デー	廿五日	先勝	たつ	張	桐原わら駒祭り（長野）	3・17　10・34	6・58　19・54
9日	火	ひのえ辰	八白	記念切手販売記念日	廿六日	友引	のぞく	翼	鹿島神宮祭頭祭（茨城）　貴船神社雨乞祭（京都）	3・51　13・43	8・49　20・59
10日	水	ひのと巳	九紫	不成就日	廿七日	先負	みつ	軫	塩竈神社帆手祭（宮城）　法輪寺技芸上達祭（京都）	4・18　14・59	9・38　21・49
11日	木	つちのえ午	一白	パンダの日	廿八日	仏滅	たいら	角	土佐神社斎籠祭（高知）	4・42　15・46	10・14　22・29
12日	金	つちのと未	二黒		廿九日	大安	さだん	亢	東大寺二月堂お水取り（奈良）	5・05　16・23	10・46　23・04
13日	土	かのえ申	三碧	●朔一九時二一分　庚申	二月一日	友引	とる	氐	春日大社春日祭（奈良）　近江八幡左義長祭（滋賀）	5・27　16・57	11・16　23・34
14日	日	かのと酉	四緑	二日灸　ホワイトデー　キャンディの日　一粒万倍日　不成就日	二日	先負	やぶる	房	美濃輪稲荷大祭（静岡）	5・48　17・30	11・46

15日	月	みずのえ戌	五黄	所得税確定申告締切日	三日	仏滅	あやぶ	心	嵯峨釈迦堂お松明式（京都） 田縣神社豊年祭（愛知）	6・07 18・02	0・02 12・14
16日	火	みずのと亥	六白	国立公園指定記念日 八専終	四日	大安	なる	尾	西宮広田神社例祭（兵庫） 霧島神宮御田植祭（鹿児島）	6・26 18・35	0・28 12・42
17日	水	きのえ子	七赤	甲子 彼岸入り	五日	赤口	おさん	箕	藤守の田遊び（静岡）	6・45 19・11	0・51 13・10
18日	木	きのと丑	八白		六日	先勝	ひらく	斗	気多大社おいでまつり（石川） 金龍山浅草寺金龍の舞（東京）	7・04 10・49	1・14 13・39
19日	金	ひのえ寅	九紫	音楽の日 一粒万倍日 三隣亡	七日	友引	とず	牛	道後温泉湯祈祷まつり（愛媛）	7・23 20・34	1・34 14・11
春分 一八時三七分 十候／雀初めて巣くう 十一候／桜初めて開く 十二候／雷声を出す 22日の日の出5・43 日の入17・54											
20日	土	ひのと卯	一白	⦿春分の日 彼岸中日 旧事八日・針供養 上野動物園開園記念日	八日	先負	たつ	女	物部神社の真桑文楽（岐阜） 会津若松の彼岸獅子（福島）	7・44 21・31	1・54 14・51
21日	日	つちのえ辰	二黒	◐上弦二三時四〇分 社日 弘法大師忌	九日	仏滅	のぞく	虚	高野山金剛峯寺正御影供（和歌山）	8・05 23・06	2・11 15・55
22日	月	つちのと巳	三碧	己巳 NHK放送記念日 不成就日	十日	大安	みつ	危	法隆寺聖霊会（奈良）	8・30	2・18 17・45
23日	火	かのえ午	四緑	彼岸明け 旧初午 世界気象デー 大つち始	十一日	赤口	たいら	室	岩沼竹駒神社初午祭（宮城） 西本願寺春季彼岸会（京都）	3・26 9・31	7・32 19・20
24日	水	かのと未	五黄		十二日	先勝	さだん	壁	阿賀神社太郎坊宮大祭（滋賀）	3・28 13・25	8・57 20・25
25日	木	みずのえ申	六白	電気記念日	十三日	友引	とる	奎	道明寺天満宮菜種御供大祭（大阪）	3・47 14・40	9・28 21・15
26日	金	みずのと酉	七赤	一粒万倍日	十四日	先負	やぶる	婁	近江堅田の比良八講（滋賀）	4・09 15・28	9・57 21・59
27日	土	きのえ戌	八白	旧ねはん会 京都表千家利休忌	十五日	仏滅	あやぶ	胃	仙石原の湯立獅子舞（神奈川） 下田の唐人お吉供養祭（静岡）	4・32 16・10	10・28 22・40
28日	日	きのと亥	九紫	京都裏千家利休忌	十六日	大安	なる	昴	鎌数伊勢大神宮祭（千葉） 品川海雲寺千躰荒神祭（東京）	4・57 16・52	11・00 23・18
29日	月	ひのえ子	一白	○望三時四八分 八百屋お七の日 大つち終	十七日	赤口	おさん	畢	円乗寺八百屋お七忌（東京）	5・22 17・34	11・33 23・55
30日	火	ひのと丑	二黒	不成就日	十八日	先勝	ひらく	觜	薬師寺花会式（奈良）	5・47 18・18	12・07
31日	水	つちのえ寅	三碧	天赦日 会計年度末日 一粒万倍日 三隣亡 小つち始	十九日	友引	とず	参	中野のひな市（長野）	6・11 19・04	0・30 12・43

四月の暦

卯月《うづき》

入学、花見、長閑、紋白蝶
風光る、春眠、桜餅、朧月

壬辰《みずのえたつ》三碧木星の月

新暦	七曜	干支	九星	暦の行事	旧暦	六曜	十二直	廿八宿	各地の行事	満潮	干潮
1日	木	つちのと卯	四緑	新学年　新会計年度　エイプリルフール	二月廿日	先負	たつ	井	都をどり（京都）　大和ちゃんちゃん祭り（奈良）	6・36 19・55	1・03 13・19
2日	金	かのえ辰	五黄		廿一日	仏滅	のぞく	鬼	日光輪王寺強飯式（栃木）　谷地ひなまつり（山形）	7・01 20・55	1・36 14・00
3日	土	かのと巳	六白		廿二日	大安	みつ	柳	伊奈波神社神幸祭（岐阜）　小鹿野のオヒナゲエ（埼玉）	7・26 22・19	2・08 14・48
清明	二二時三五分	十三候／つばめ来たる	十四候／雁北に帰る	十五候／虹初めて見る	11日の日の出5・14	日の入18・11					
4日	日	みずのえ午	七赤	清明　◑下弦一九時〇二分　三隣亡　旧二の午　復活祭（イースター）	廿三日	赤口	みつ	星	香取神宮御田植祭（静岡）　龍田大社祭（奈良）	7・54	2・47 15・59
5日	月	みずのと未	八白		廿四日	先勝	たいら	張	輪島重蔵神社の曳山祭（石川）	0・57 8・31	4・18 17・52
6日	火	きのえ申	九紫	春の全国交通安全運動　十方暮始　小つち終	廿五日	友引	さだん	翼	若宮八幡宮御田植祭（大分）	2・36 10・41	7・36 19・32
7日	水	きのと酉	一白	世界保健デー　不成就日	廿六日	先負	とる	軫	美保神社の青柴垣神事（島根）	3・12 13・55	8・45 20・37
8日	木	ひのえ戌	二黒	花祭り（灌仏会）　高浜虚子忌	廿七日	仏滅	やぶる	角	祐徳稲荷神社卯月春祭（佐賀）　興福寺の甘茶会（奈良）	3・39 14・57	9・21 21・24
9日	金	ひのと亥	三碧		廿八日	大安	あやぶ	亢	笠間稲荷神社例祭（茨城）　長浜曳山祭（滋賀）	4・02 15・39	9・52 22・03
10日	土	つちのえ子	四緑	女性の日　駅弁の日　一粒万倍日	廿九日	赤口	なる	氐	糸魚川のけんか祭り（新潟）　平野神社桜花祭（京都）	4・24 16・15	10・22 22・36
11日	日	つちのと丑	五黄	メートル法公布記念日	卅日	先勝	おさん	房	吉野金峯山寺花供会式（奈良）　今宮やすらい祭（京都）	4・45 16・49	10・52 23・07
12日	月	かのえ寅	六白	●朔一一時三一分　世界宇宙飛行の日　科学技術週間　不成就日	三月一日	先負	ひらく	心	大津日吉大社山王祭（滋賀）	5・05 17・22	11・20 23・35
13日	火	かのと卯	七赤	水産デー　啄木忌　一粒万倍日	二日	仏滅	とず	尾	日光弥生祭（栃木）　嵯峨虚空蔵十三詣り（京都）	5・24 17・55	11・48
14日	水	みずのえ辰	八白	旧桃の節句（雛祭り）	三日	大安	たつ	箕	亀尾山神社解願祭（山口）　佐渡新穂の山王祭（新潟）	5・43 18・29	0・02 12・16

15日	木	みずのと巳	九紫	天一天上始　十方暮終	四日	赤口	のぞく	斗	下長磯操翁式三番叟（群馬）	6・02　19・04	0・27　12・44
16日	金	きのえ午	一白	三隣亡	五日	先勝	みつ	牛	長浜の曳山まつり（滋賀）	6・22　19・42	0・51　13・12
17日	土	きのと未	二黒	土用	六日	友引	たいら	女	氷見上日寺ごんごん祭（富山）	6・42　20・26	1・15　13・44
18日	日	ひのえ申	三碧	発明の日	七日	先負	さだん	虚	出雲大神宮風流花踊り（京都）	7・04　21・21	1・39　14・21
19日	月	ひのと酉	四緑		八日	仏滅	とる	危	飛騨の古川祭（岐阜） 松尾大社中酉祭（京都）	7・26　22・43	2・07　15・15
穀雨	五時三三分	十六候／葭《あし》初めて生ず　十七候／霜やみ苗生ず　十八候／牡丹《ぼたん》花咲く　21日の日の出5・01　日の入18・19									
20日	火	つちのえ戌	五黄	穀雨　◐上弦一五時五九分 郵政記念日　不成就日	九日	大安	やぶる	室	建仁寺の四頭式茶会（京都） 五箇山春祭（富山）	7・52	2・55　16・46
21日	水	つちのと亥	六白		十日	赤口	あやぶ	壁	隠岐島の蓮華会舞（鳥取）	1・00　9・20	7・16　18・28
22日	木	かのえ子	七赤	清掃の日　地球の日　一粒万倍日	十一日	先勝	なる	奎	多賀大社古例大祭（滋賀） 靖国神社春祭（滋賀）	2・15　12・57	8・24　10・42
23日	金	かのと丑	八白	みどりの週間　こどもの読書週間	十二日	友引	おさん	婁	高岡の築山行事（富山）	2・49　14・19	8・55　20・39
24日	土	みずのえ寅	九紫		十三日	先負	ひらく	胃	能生白山神社春季大祭（新潟）	3・17　15・12	9・26　21・27
25日	日	みずのと卯	一白	国連記念日　一粒万倍日	十四日	仏滅	とず	昴	河口浅間神社孫見祭り（山梨）	3・44　15・59	9・59　22・11
26日	月	きのえ辰	二黒		十五日	大安	たつ	畢	東大寺仏法興隆花まつり（奈良）	4・11　16・45	10・33　22・52
27日	火	きのと巳	三碧	○望一二時三一分	十六日	赤口	のぞく	觜	道成寺鐘供養（和歌山）	4・38　17・31	11・09　23・31
28日	水	ひのえ午	四緑	不成就日　三隣亡	十七日	先勝	みつ	参	秋保大滝不動尊大祭（宮城） 奥州日高火防祭（岩手）	5・05　18・19	11・46
29日	木	ひのと未	五黄	⊡昭和の日　春の叙勲	十八日	友引	たいら	井	米沢上杉まつり（山形） 壬生狂言（京都）	5・33　19・10	0・09　12・24
30日	金	つちのえ申	六白	図書館記念日　天一天上終	十九日	先負	さだん	鬼	浄閑寺荷風忌（東京） 有田陶器市（佐賀）	6・01　20・04	0・46　13・05

四月二十九日は昭和時代は「天皇誕生日」の祝日でした。昭和天皇崩御に伴い「みどりの日」という祝日になり、平成十九年より「昭和の日」に。「みどりの日」はそれまで「国民の休日」だった五月四日に移されました。

五月の暦

皐月《さつき》

菖蒲、新茶、そら豆、若菜
五月雨、母の日、初鰹、筍

癸巳《みずのとみ》二黒土星の月

新暦	七曜	干支	九星	暦の行事	旧暦	六曜	十二直	廿八宿	各地の行事	満潮	干潮
1日	土	つちのと酉	七赤	八十八夜　メーデー　白い羽根運動	三月廿日	仏滅	とる	柳	平泉春の藤原まつり（岩手） 高岡御車山祭（富山）	6・30 21・06	1・23 13・48
2日	日	かのえ戌	八白	郵便貯金の日	廿一日	大安	やぶる	星	下関赤間神宮先帝祭（山口） 飛騨一之宮水無神社例祭（岐阜）	7・02 22・23	2・04 14・39
3日	月	かのと亥	九紫	⊡憲法記念日	廿二日	赤口	あやぶ	張	博多どんたく（福岡） 七尾青柏曳山行事（石川）	7・40 23・58	2・59 15・45
4日	火	みずのえ子	一白	⊡みどりの日　◑下弦四時五〇分　八専始　一粒万倍日	廿三日	先勝	なる	翼	豊川稲荷春季大祭（愛知） 座間大凧祭（神奈川）	8・39	4・39 17・15
5日	水	みずのと丑	二黒	⊡こどもの日　立夏　端午の節句　児童福祉週間	廿四日	友引	なる	軫	府中のくらやみ祭（東京） 豊岡出石の幟まわし（兵庫）	1・20 11・13	6・56 18・45
立夏 一五時四七分				十九候／蛙初めて鳴く　二十候／みみず出ずる　二十一候／たけのこ生ず					11日の日の出4・40　日の入18・36		
6日	木	きのえ寅	三碧	不成就日	廿五日	先負	おさん	角	白山比咩神社梅枝餅神事（石川）	2・09 13・32	8・04 19・52
7日	金	きのと卯	四緑	一粒万倍日	廿六日	仏滅	ひらく	亢	生立八幡神社山笠（福岡） 下谷神社大祭（東京）	2・43 14・39	8・46 20・43
8日	土	ひのえ辰	五黄	世界赤十字デー　一粒万倍日	廿七日	大安	とず	氐	勝沼大善寺藤切会式（山梨）	3・11 15・25	9・20 21・25
9日	日	ひのと巳	六白	母の日　アイスクリームの日	廿八日	赤口	たつ	房	薬師祭縁日植木市（山形）	3・36 16・04	9・52 22・02
10日	月	つちのえ午	七赤	日本気象協会創立記念日　愛鳥週間	廿九日	先勝	のぞく	心	笠間稲荷御田植祭（茨城）	3・59 16・40	10・23 22・36
11日	火	つちのと未	八白	萩原朔太郎忌　炉塞ぎ	卅日	友引	みつ	尾	長良川鵜飼開き（岐阜）	4・21 17・15	10・53 23・08
12日	水	かのえ申	九紫	●朔四時〇〇分　庚申　海上保安の日　看護の日	四月一日	仏滅	たいら	箕	水戸常磐神社例大祭（茨城） 桧枝岐奉納歌舞伎（福島）	4・43 17・49	11・22 23・37
13日	木	かのと酉	一白		二日	大安	さだん	斗	小松日吉神社お旅まつり（石川）	5・06 18・24	11・52
14日	金	みずのえ戌	二黒		三日	赤口	とる	牛	出雲大社例大祭（島根） 当麻寺練供養（奈良）	5・28 19・00	0・06 12・22

15日	土	みずのと亥	三碧	沖縄本土復帰記念日　八専終　三隣亡　不成就日	四日	先勝	やぶる	女	葵祭（京都）　三条まつり（新潟）	5・52　19・39	0・34　12・54
16日	日	きのえ子	四緑	甲子	五日	友引	あやぶ	虚	大津三井寺千団子祭（滋賀）　伊豆下田黒船祭（静岡）	6・17　20・22	1・03　13・28
17日	月	きのと丑	五黄	世界電気通信記念日	六日	先負	なる	危	輪王寺延年の舞（栃木）　日光東照宮春季例大祭（栃木）	6・45　21・14	1・35　14・08
18日	火	ひのえ寅	六白	国際親善デー　ことばの日	七日	仏滅	おさん	室	万弘寺の市（大分）	7・18　22・18	2・15　14・59
19日	水	ひのと卯	七赤	旧灌仏会　一粒万倍日	八日	大安	ひらく	壁	唐招提寺うちわまき（奈良）	8・08　23・32	3・21　16・08
20日	木	つちのえ辰	八白	◐上弦四時一三分　東京港開港記念日　ローマ字の日　一粒万倍日	九日	赤口	とず	奎	酒田まつり（山形）　三国神社の三国祭（福井）	10・01	5・36　17・32
小満		四時三七分		二十二候／蚕《かいこ》起きて桑を食う　二十三候／紅花栄う　二十四候／麦秋至る　21日の日の出4・32　日の入18・44							
21日	金	つちのと巳	九紫	小満　己巳	十日	先勝	たつ	婁	浅草三社祭（東京）　青海神社乳母祭り（新潟）	0・41　12・19	7・17　18・50
22日	土	かのえ午	一白	大つち始	十一日	友引	のぞく	胃	豊川稲荷別院例大祭（東京）　札幌ライラックまつり（北海道）	1・32　18・49	8・07　19・54
23日	日	かのと未	二黒	不成就日	十二日	先負	みつ	昴	二尊院かるた忌（京都）	2・12　14・55	8・47　20・49
24日	月	みずのえ申	三碧		十三日	仏滅	たいら	畢	湊川神社楠公祭（兵庫）	2・48　15・50	9・26　21・38
25日	火	みずのと酉	四緑		十四日	大安	さだん	觜	鶴岡天満宮化物まつり（山形）　上野五條天神祭（東京）	3・22　16・42	10・06　22・25
26日	水	きのえ戌	五黄	○望二〇時一四分	十五日	赤口	とる	参	詩仙堂丈山遺宝展（京都）	3・55　17・33	10・46　23・09
27日	木	きのと亥	六白	三隣亡	十六日	先勝	やぶる	井	筥崎宮さつき大祭（福岡）　小田原道了尊大祭（神奈川）	4・29　18・24	11・28　23・52
28日	金	ひのえ子	七赤	堀辰雄忌　ゴルフ記念日　大つち終	十七日	友引	あやぶ	鬼	横浜善光寺身代わり不動尊祭（神奈川）	5・04　19・15	12・11
29日	土	ひのと丑	八白	エベレスト登頂記念日　呉服の日	十八日	先負	なる	柳	武蔵一宮氷川神社薪能（埼玉）	5・40　20・06	0・34　12・56
30日	日	つちのえ寅	九紫	文化財保護法公布記念日　消費者の日　小つち始	十九日	仏滅	おさん	星	三千院御懺法講（京都）	6・17　20・59	1・17　13・41
31日	月	つちのと卯	一白	世界禁煙デー　一粒万倍日　不成就日	廿日	大安	ひらく	張	堺方違神社ちまき祭（大阪）	6・59　21・53	2・03　14・30

六月の暦

水無月《みなづき》

梅雨、蝸牛、蛍、青田
紫陽花、夏服、風薫る

甲午《きのえうま》一白水星の月

新暦	七曜	干支	九星	暦の行事	旧暦	六曜	十二直	廿八宿	各地の行事	満潮	干潮
1日	火	かのえ辰	二黒	鮎漁解禁 気象記念日 電波の日 一粒万倍日	四月 廿一日	赤口	とず	翼	潮来水郷あやめ祭り（茨城） 初山ペタンコ祭り（栃木）	7・48 22・49	2・58 15・23
2日	水	かのと巳	三碧	◑下弦一六時二四分 横浜港開港記念日	廿二日	先勝	たつ	軫	高岡国泰寺開山忌（富山）	8・56 23・44	4・12 16・24
3日	木	みずのえ午	四緑	雑誌週間 測量の日	廿三日	友引	のぞく	角	荏原神社の牛頭天王祭（東京） 横浜生麦蛇も蚊も祭（神奈川）	10・40	5・45 17・35
4日	金	みずのと未	五黄	歯と口の健康週間 伝教大師（最澄）忌	廿四日	先負	みつ	亢	山代温泉菖蒲湯まつり（石川） 加賀百万石まつり（石川）	0・37 12・38	7・04 18・45
芒種	一九時五二分 二十五候／かまきり生ず 二十六候／腐草蛍となる 二十七候／梅の実黄ばむ 9日の日の出4・25 日の入18・56										
5日	土	きのえ申	六白	芒種 世界環境デー 十方暮始 小つち終	廿五日	仏滅	みつ	氐	熱田神宮尚武祭（愛知）	1・23 14・07	7・59 19・47
6日	日	きのと酉	七赤	楽器の日	廿六日	大安	たいら	房	鳥越神社例大祭（東京） とうかさん大祭（広島）	2・03 15・08	8・41 20・39
7日	月	ひのえ戌	八白		廿七日	赤口	さだん	心	日枝神社山王まつり（東京）	2・38 15・54	9・18 21・24
8日	火	ひのと亥	九紫	不成就日	廿八日	先勝	とる	尾	県神社大幣神事（京都）	3・10 16・34	9・53 22・05
9日	水	つちのえ子	一白		廿九日	友引	やぶる	箕	余市神社例大祭（北海道）	3・40 17・11	10・26 22・42
10日	木	つちのと丑	二黒	●朔一九時五三分 時の記念日 商工会の日	五月 一日	大安	あやぶ	斗	つきじ獅子祭（東京） 近江神宮漏刻祭（滋賀）	4・08 17・45	10・59 23・16
11日	金	かのえ寅	三碧	入梅 三隣亡	二日	赤口	なる	牛	高津宮比売古曾祭（大阪） 砺波夜高祭（富山）	4・37 18・20	11・33 23・49
12日	土	かのと卯	四緑		三日	先勝	おさん	女	チャグチャグ馬コ（岩手）	5・06 18・55	12・07
13日	日	みずのえ辰	五黄		四日	友引	ひらく	虚	湯沢の小町まつり（秋田） 箱根九頭龍神社縁結び祭（神奈川）	5・36 19・32	0・22 12・42
14日	月	みずのと巳	六白	天一天上始 旧端午の節句 十方暮終 一粒万倍日 不成就日	五日	先負	とず	危	住吉大社御田植祭（大阪）	9・09 20・12	0・56 13・19

15日	火	きのえ午	七赤	天赦日　弘法大師誕生会　一粒万倍日	六日	仏滅	たつ	室	北海道神宮例大祭（北海道） 佐渡つぶろさし（新潟）	6・45 20・55	1・33 14・00
16日	水	きのと未	八白	ケーブルテレビの日　菓子の日	七日	大安	のぞく	壁	柏崎えんま市（新潟） 気比神宮牛腸祭（福井）	7・29 21・42	2・17 14・45
17日	木	ひのえ申	九紫		八日	赤口	みつ	奎	率川神社ゆりまつり（奈良）	8・30 22・31	3・14 15・37
18日	金	ひのと酉	一白	◐上弦十二時五四分　海外移住の日	九日	先勝	たいら	婁	茅野の火とぼし祭（長野） 熱田神宮御田植祭（愛知）	9・59 23・21	4・32 16・40
19日	土	つちのえ戌	二黒	桜桃忌（太宰治忌）	十日	友引	さだん	胃	三鷹禅林寺桜桃忌（東京）	11・42	6・03 17・53
20日	日	つちのと亥	三碧	父の日	十一日	先負	とる	昴	鞍馬寺竹伐り会（京都）	0・10 13・21	7・13 19・05
夏至	一二時三二分	二十八候／乃東《なつかれくさ》枯れる　二十九候／菖蒲《しょうぶ》花咲く　三十候／半夏《はんげ》（薬草）生ず　20日の日の出4・25　日の入19・00									
21日	月	かのえ子	四緑	夏至	十二日	仏滅	やぶる	畢	近津神社御田植祭（茨城） 川崎大師縁日（神奈川）	0・59 14・44	8・07 20・10
22日	火	かのと丑	五黄	不成就日	十三日	大安	あやぶ	觜	姫路長壁神社ゆかた祭り（兵庫）	1・48 15・51	8・56 21・09
23日	水	みずのえ寅	六白	沖縄慰霊の日　オリンピックデー 三隣亡	十四日	赤口	なる	参	芝愛宕の千日詣り（東京） 大安寺癌封じ竹供養（奈良）	2・35 16・47	9・43 22・03
24日	木	みずのと卯	七赤	林檎忌（美空ひばり忌）	十五日	先勝	おさん	井	伊雑宮御田植祭（三重）	3・22 17・38	10・30 22・54
25日	金	きのえ辰	八白	○望三時四〇分　住宅デー	十六日	友引	ひらく	鬼	大曲の鹿島流し（秋田）	4・07 18・25	11・17 23・41
26日	土	きのと巳	九紫	国連憲章調印記念日　一粒万倍日	十七日	先負	とず	柳	湯原温泉露天風呂まつり（岡山） 五九郎まつり（徳島）	4・51 19・09	12・04
27日	日	ひのえ午	一白	一粒万倍日	十八日	仏滅	たつ	星	せたな太田山神社例大祭（北海道）	5・33 19・50	0・26 12・49
28日	月	ひのと未	二黒	貿易記念日　林芙美子忌	十九日	大安	のぞく	張	那須波切不動尊火祭り（栃木）	6・16 20・29	1・08 13・31
29日	火	つちのえ申	三碧	ビートルズ記念日　滝廉太郎忌 天一天上終	廿日	赤口	みつ	翼	氷川神社の茅の輪と植木市（埼玉）	7・00 21・05	1・51 14・11
30日	水	つちのと酉	四緑	夏越大祓い　不成就日	廿一日	先勝	たいら	軫	四天王寺の愛染まつり（大阪） 上加茂神社の夏越祓い（京都）	7・47 21・40	2・36 14・50

環境省と気象庁は熱中症対策として、①湿度、②日射・輻射、③気温を考慮した指標「暑さ指数」を採用、熱中症警戒アラートとして発表することにしました。

七月の暦

文月《ふづき》

ビール、冷奴、夏休み、蝉
炎天、暑中見舞い、ひまわり

乙未《きのとひつじ》九紫火星の月

新暦	七曜	干支	九星	暦の行事	旧暦	六曜	十二直	廿八宿	各地の行事	満潮	干潮
1日	木	かのえ戌	五黄	銀行の日　愛の献血運動 国民安全の日	五月廿二日	友引	さだん	角	富士山山開き（山梨）祇園祭（京都） 鳥越神社水上祭（東京）	8・44 22・16	3・29 15・29
2日	金	かのと亥	六白	◑下弦六時一一分　ユネスコ加盟記念日 半夏生	廿三日	先負	とる	亢	慶徳稲荷の御田植祭（福島） 博多祇園山笠（福岡）	9・56 22・55	4・34 16・16
3日	土	みずのえ子	七赤	八専始	廿四日	仏滅	やぶる	氐	信貴山毘沙門天大祭（奈良）	11・28 23・39	5・52 17・18
4日	日	みずのと丑	八白	米国独立記念日	廿五日	大安	あやぶ	房	塩竈神社の藻刈神事（宮城）	13・23	7・02 18・37
5日	月	きのえ寅	九紫	栄西禅師忌　三隣亡	廿六日	赤口	なる	心	長浜神社夏祭り（大分）	0・30 14・57	7・57 19・50
6日	火	きのと卯	一白	水防出初め式　サラダ記念日	廿七日	先勝	おさん	尾	入谷鬼子母神朝顔市（東京）	1・27 15・52	8・42 20・50
小暑		六時〇五分		三十一候／温風至る　三十二候／蓮初めて開く　三十三候／鷹技を習う					10日の日の出4・33　日の入18・59		
7日	水	ひのえ辰	二黒	小暑　七夕	廿八日	友引	おさん	箕	吉野の蛙飛び行事（奈良） 成田山祇園会（千葉）	2・19 16・32	9・23 21・40
8日	木	ひのと巳	三碧	不成就日	廿九日	先負	ひらく	斗	弘明寺観音四万六千日（神奈川）	3・05 17・06	10・02 22・23
9日	金	つちのえ午	四緑	森鷗外忌　一粒万倍日　三隣亡	卅日	仏滅	とず	牛	浅草寺ほおずき市（東京） 豊玉姫神社水車からくり（鹿児島）	3・44 17・38	10・40 23・01
10日	土	つちのと未	五黄	●朔一〇時一七分　国土建設記念日	六月一日	赤口	たつ	女	浅草観音四万六千日（東京） 志摩和具大橋潮かけ祭（三重）	4・20 18・10	11・18 23・37
11日	日	かのえ申	六白	庚申　初伏	二日	先勝	のぞく	虚	生国魂神社夏祭（大阪） 佐原の夏祭り大祭（千葉）	4・56 18・42	11・55
12日	月	かのと酉	七赤	人間ドックの日　草市の日　一粒万倍日	三日	友引	みつ	危	伊佐須美神社御田植祭（福島）	5・31 19・14	0・12 12・32
13日	火	みずのえ戌	八白	お盆迎え火　日本標準時刻制定記念日	四日	先負	たいら	室	靖国神社みたままつり（東京） 奥飛騨の郡上徹夜踊り（岐阜）	6・08 19・48	0・48 13・09
14日	水	みずのと亥	九紫	特許の日　パリ祭　八専終	五日	仏滅	さだん	壁	熊野那智の扇祭り（和歌山） 厳正寺の水止舞（東京）	6・49 20・23	1・25 13・46

15日	木	きのえ子	九紫	九星陰遁始 甲子 お盆（盂蘭盆会） 不成就日	六日	大安	とる	奎	遠州の大念仏（静岡） 羽黒山の花祭り（山形）	7・36 20・58	2・05 14・25
16日	金	きのと丑	八白	お盆送り火 藪入り 賽日（えんま詣）	七日	赤口	やぶる	婁	来宮神社例大祭（静岡）	8・33 21・34	2・51 15・06
17日	土	ひのえ寅	七赤	◐上弦一九時一一分 勤労青少年の日 あじさい忌（石原裕次郎忌）	八日	先勝	あやぶ	胃	祇園祭山鉾巡行（京都）	9・45 22・13	3・47 15・54
18日	日	ひのと卯	六白		九日	友引	なる	昴	松尾大社御田植祭（京都）	11・16 22・55	5・01 16・56
19日	月	つちのえ辰	五黄	土用	十日	先負	おさん	畢	秩父神社川瀬祭（埼玉）	13・09 23・47	6・22 18・17
20日	火	つちのと巳	四緑	己巳	十一日	仏滅	ひらく	觜	恐山大祭（青森） 津和野の鷺舞い（島根）	14・56	7・34 19・40
21日	水	かのえ午	三碧	中伏 自然公園の日 大つち始 三隣亡 一粒万倍日	十二日	大安	とず	参	郡頭神社の夏祭り（高知）	0・51 16・04	8・35 20・53

大暑 二三時二六分 三十四候／桐花を結ぶ 三十五候／土潤い蒸し暑し 三十六候／大雨時々降る 20日の日の出4・40 日の入18・55

22日	木	かのと未	二黒	⦿海の日 大暑	十三日	赤口	たつ	井	気比神宮総参祭（福井） 熊谷のうちわ祭り（埼玉）	2・04 16・54	9・30 21・55
23日	金	みずのえ申	一白	⦿スポーツの日 東京オリンピック2020開会式 不成就日	十四日	先勝	のぞく	鬼	宇和島和霊大祭（愛媛） 甲賀の大原祇園（滋賀）	3・09 17・35	10・23 22・48
24日	土	みずのと酉	九紫	○望一一時三七分 地蔵盆 一粒万倍日 かっぱ忌（芥川龍之介忌）	十五日	友引	みつ	柳	弥彦燈籠祭り（新潟） 河内御船祭（和歌山）	4・03 18・12	11・11 23・33
25日	日	きのえ戌	八白		十六日	先負	たいら	星	相馬野馬追い（福島） 大阪天満宮天神祭（大阪）	4・49 18・46	11・56
26日	月	きのと亥	七赤		十七日	仏滅	さだん	張	摩尼寺会式（鳥取）	5・32 19・16	0・14 12・35
27日	火	ひのえ子	六白	大つち終	十八日	大安	とる	翼	大山阿夫利神社夏季大祭（神奈川） 真鶴の貴船まつり（神奈川）	6・12 19・44	0・51 13・11
28日	水	ひのと丑	五黄	土用の丑 江戸川乱歩忌	十九日	赤口	やぶる	軫	阿蘇神社おんだ祭（熊本）	6・52 20・10	1・28 13・42
29日	木	つちのえ寅	四緑	小つち始	廿日	先勝	あやぶ	角	耶馬渓かっぱ祭り（大分）	7・34 20・36	2・05 14・11
30日	金	つちのと卯	三碧	明治天皇崩御日	廿一日	友引	なる	亢	住吉大社の住吉祭（大阪）	8・21 21・02	2・45 14・39
31日	土	かのえ辰	二黒	◐下弦二二時一六分 不成就日	廿二日	先負	おさん	氐	隅田川花火大会（東京） 芦ノ湖湖水祭（神奈川）	9・18 21・31	3・33 15・08

八月の暦

葉月《はづき》

花火、西瓜、盆踊り、残暑
甲子園、土用波、白粉の花

丙申《ひのえさる》八白土星の月

新暦	七曜	干支	九星	暦の行事	旧暦	六曜	十二直	廿八宿	各地の行事	満潮	干潮
1日	日	かのと巳	一白	八朔　水の日　観光の日	六月廿三日	仏滅	ひらく	房	弘前ねぷたまつり（青森）　諏訪のお舟祭り（長野）	10・31　22・05	4・36　15・44
2日	月	みずのえ午	九紫	学制発布記念日　一粒万倍日　三隣亡	廿四日	大安	とず	心	青森ねぶたまつり（青森）　八戸三社大祭（青森）	12・25　22・51	5・56　17・03
3日	火	みずのと未	八白		廿五日	赤口	たつ	尾	竿燈祭り（秋田）　西祖谷神代踊り（徳島）	15・06　23・59	7・09　19・07
4日	水	きのえ申	七赤	十方暮始　小つち終	廿六日	先勝	のぞく	箕	北野天満宮北野祭（京都）　水の祭典久留米まつり（福岡）	15・55	8・08　20・31
5日	木	きのと酉	六白	一粒万倍日	廿七日	友引	みつ	斗	花笠まつり（山形）	1・34　16・27	8・57　21・29
6日	金	ひのえ戌	五黄	広島平和記念日	廿八日	先負	たいら	牛	桐生八木節まつり（群馬）　仙台七夕まつり（宮城）	2・44　16・54	9・42　22・13
立秋		一五時五四分		三十七候／涼風至る　三十八候／ヒグラシ鳴く　三十九候／濃い霧昇降す					9日の日の出4・55　日の入18・38		
7日	土	ひのと亥	四緑	立秋　月遅れ七夕　三隣亡	廿九日	仏滅	たいら	女	郡上七日まつり（岐阜）　佃祭（東京）	3・32　17・21	10・23　22・51
8日	日	つちのえ子	三碧	●山の日　●朔二三時五〇分　一粒万倍日　東京オリンピック閉会式	七月一日	先勝	さだん	虚	新潟まつり（新潟）　下関忌宮神社数方庭祭（山口）	4・12　17・49	11・03　23・25
9日	月	つちのと丑	二黒	振替休日　長崎平和記念日	二日	友引	とる	危	清水寺千日詣り（京都）	4・50　18・16	11・41　23・59
10日	火	かのえ寅	一白	末伏　井原西鶴忌　不成就日	三日	先負	やぶる	室	津和野踊り（山口）　館山安房神社祭（千葉）	5・27　18・44	12・17
11日	水	かのと卯	九紫		四日	仏滅	あやぶ	壁	土佐よさこい祭（高知）	6・06　19・13	0・33　12・52
12日	木	みずのえ辰	八白	君が代記念日	五日	大安	なる	奎	阿波踊り（徳島）	6・48　19・41	1・08　13・26
13日	金	みずのと巳	七赤	月遅れお盆迎え火　天一天上始　十方暮終	六日	赤口	おさん	婁	郡上徹夜踊り（岐阜）	7・35　20・09	1・44　14・00
14日	土	きのえ午	六白	旧七夕　特許の日	七日	先勝	ひらく	胃	弥勒寺の葛城踊り（大阪）　春日大社中元万燈籠（奈良）	8・29　20・39	2・24　14・35

15日	日	きのと未	五黄	太平洋戦争終戦記念日　月遅れお盆 一粒万倍日	八日	友引	とず	昴	山鹿灯籠まつり（熊本） 鳥取しゃんしゃん祭（鳥取）	9・35 21・11	3・11 15・13
16日	月	ひのえ申	四緑	◐上弦〇時二〇分　月遅れお盆送り火 月遅れお盆藪入り	九日	先負	たつ	畢	大文字五山送り火（京都） 松島灯篭流し海の盆（宮城）	11・06 21・49	4・15 16・05
17日	火	ひのと酉	三碧		十日	仏滅	のぞく	觜	建部大社の船幸祭（滋賀）	13・40 22・43	5・44 17・42
18日	水	つちのえ戌	二黒	太閤忌（豊臣秀吉忌）　不成就日	十一日	大安	みつ	参	平戸のジャンガラ（長崎）	15・24	7・14 19・39
19日	木	つちのと亥	一白	家畜衛生週間　三隣亡	十二日	赤口	たいら	井	花輪ばやし（秋田）	0・16 16・11	8・27 21・01
20日	金	かのえ子	九紫	藤原定家忌　一粒万倍日	十三日	先勝	さだん	鬼	鎌倉宮例祭（神奈川） 若狭弥美神社の風祈能（福井）	2・07 16・46	9・27 21・58
21日	土	かのと丑	八白	献血記念日	十四日	友引	とる	柳	おはな踊り（滋賀） 毛馬内盆踊り（秋田）	3・16 17・16	10・17 22・42
22日	日	みずのえ寅	七赤	○望二一時〇二分　島崎藤村忌	十五日	先負	やぶる	星	高橋の水神祭り（鹿児島） 高岡流綱火（茨城）	4・06 17・44	11・01 23・20
処暑	六時三五分	四十候／綿のはなしべ開く　四十一候／天地初めて寒し　四十二候／禾《こくもつ》実る　19日の日の出5・03　日の入18・26									
23日	月	みずのと卯	六白	処暑	十六日	仏滅	あやぶ	張	化野念仏寺千灯供養（京都）	4・48 18・10	11・40 23・55
24日	火	きのえ辰	五黄	東京パラリンピック2020開会式 月遅れ地蔵盆	十七日	大安	なる	翼	新庄まつり（山形） 小張松下流綱火（茨城）	5・36 18・34	12・13
25日	水	きのと巳	四緑		十八日	赤口	おさん	軫	滝宮の念仏踊り（香川）	6・03 18・56	0・27 12・43
26日	木	ひのえ午	三碧	不成就日	十九日	先勝	ひらく	角	富士吉田の火祭り（山梨） 一色大提灯まつり（愛知）	6・39 19・16	0・59 13・10
27日	金	ひのと未	二黒	一粒万倍日	廿日	友引	とず	亢	おばなざわ花笠踊り（山形） 亀戸天神祭（東京）	7・18 19・37	1・31 13・34
28日	土	つちのえ申	一白	天赦日　道元禅師忌　天一天上終	廿一日	先負	たつ	氐	臼杵石仏火まつり（大分）	8・00 19・59	2・05 13・57
29日	日	つちのと酉	九紫		廿二日	仏滅	のぞく	房	城下町新発田ふるさと祭り（新潟）	8・49 20・22	2・42 14・18
30日	月	かのえ戌	八白	◑下弦一六時一三分	廿三日	大安	みつ	心	鉾田の夏祭り（茨城）	9・52 20・49	3・31 14・39
31日	火	かのと亥	七赤	二百十日　三隣亡	廿四日	赤口	たいら	尾	丹波熊野新宮神社八朔祭（兵庫）	11・34 21・24	4・43 14・56

九月の暦

長月《ながつき》

台風、十五夜、秋刀魚、梨
金木犀、霧、蜻蛉、天高し

丁酉《ひのととり》七赤金星の月

新暦	七曜	干支	九星	暦の行事	旧暦	六曜	十二直	廿八宿	各地の行事	満潮	干潮
1日	水	みずのえ子	六白	関東大震災記念日　防災の日　八専始 一粒万倍日	七月廿五日	先勝	さだん	箕	越中おわら風の盆（富山） 八朔牛突き大会（島根）	15・28 22・30	6・18 18・48
2日	木	みずのと丑	五黄	宝くじの日	廿六日	友引	とる	斗	気比神宮長祭り（福井）	15・46	7・34 20・40
3日	金	きのえ寅	四緑	不成就日	廿七日	先負	やぶる	牛	千歳神社例大祭（北海道）	1・09 16・07	8・33 21・29
4日	土	きのと卯	三碧	クラシック音楽の日	廿八日	仏滅	あやぶ	女	加茂神社の稚児舞（富山）	2・35 16・29	9・21 22・04
5日	日	ひのえ辰	二黒	東京パラリンピック閉会式	廿九日	大安	なる	虚	飛騨の数河獅子（岐阜）	3・23 16・52	10・04 22・36
6日	月	ひのと巳	一白	悠仁親王御誕生日	卅日	赤口	おさん	危	二戸まつり（岩手）	4・04 17・16	10・43 23・07
白露	一八時五三分	四十三候／草露白し　四十四候／せきれい鳴く　四十五候／つばめ去る		8日の日の出5・18　日の入17・59							
7日	火	つちのえ午	九紫	白露　●朔九時五二分　旧八朔 吉川英治忌　泉鏡花忌	八月一日	友引	おさん	室	岩木山お山参詣（青森） 角館飾山囃子（秋田）	4・42 17・40	11・20 23・39
8日	水	つちのと未	八白	二日灸　平和条約調印記念日 不成就日	二日	先負	ひらく	壁	野沢温泉の灯籠祭り（長野）	5・21 18・06	11・56
9日	木	かのえ申	七赤	庚申　重陽の節句　救急の日　一粒万倍日 世界占いの日（一社・日本占術協会）	三日	仏滅	とず	奎	法輪寺の重陽の節会（京都） 小千谷の片貝まつり（新潟）	6・02 18・31	0・12 12・30
10日	金	かのと酉	六白		四日	大安	たつ	婁	花巻まつり（岩手） 長門の赤崎祭り（山口）	6・45 18・56	0・45 13・03
11日	土	みずのえ戌	五黄	秋篠宮皇嗣妃御誕生日	五日	赤口	のぞく	胃	芝大神宮しょうが市（東京）	7・32 19・21	1・20 13・36
12日	日	みずのと亥	四緑	宇宙の日　八専終	六日	先勝	みつ	昴	寒水の掛踊り（岐阜） 筥崎宮放生会（福岡）	8・27 19・47	1・58 14・08
13日	月	きのえ子	三碧	甲子　世界の法の日	七日	友引	たいら	畢	上総一宮玉前神社裸祭り（千葉）	9・35 20・16	2・43 14・42
14日	火	きのと丑	二黒	◐上弦五時三九分 メンズバレンタインデー	八日	先負	さだん	觜	八月踊り（沖縄）	11・27 20・51	3・45 15・31

日	曜	干支	九星	行事	旧暦	六曜	中段	二十八宿	祭り		
15日	水	ひのえ寅	一白	老人の日　印刷文化週間　三隣亡	九日	仏滅	とる	参	石清水祭（京都）　安乗人形芝居（三重）	14・25　21・53	5・21　17・55
16日	木	ひのと卯	九紫	日本中央競馬発足記念日　一粒万倍日　不成就日	十日	大安	やぶる	井	鶴岡八幡宮大祭（神奈川）	15・21	7・07　20・11
17日	金	つちのえ辰	八白	若山牧水忌	十一日	赤口	あやぶ	鬼	藤崎八幡宮ぼした祭（熊本）	0・39　15・52	8・23　21・11
18日	土	つちのと巳	七赤	己巳	十二日	先勝	なる	柳	鎌倉の面掛行列（神奈川）　岸和田のだんじり（大阪）	2・27　16・19	9・19　21・52
19日	日	かのえ午	六白	正岡子規忌　大つち始	十三日	友引	おさん	星	遠野まつり（岩手）　谷地八幡宮どんが祭り（山形）	3・23　16・44	10・04　22・27
20日	月	かのと未	五黄	◉敬老の日　彼岸入り　動物愛護週間　空の日	十四日	先負	ひらく	張	お熊甲祭り（石川）	4・05　17・07	10・42　22・59
21日	火	みずのえ申	四緑	○望八時五五分　十五夜（中秋の名月）　秋の全国交通安全運動　一粒万倍日	十五日	仏滅	とず	翼	太宰府天満宮神幸式大祭（福岡）　下鴨神社名月管弦楽（京都）	4・42　17・28	11・16　23・30
22日	水	みずのと酉	三碧		十六日	大安	たつ	軫	山中温泉こいこい祭り（石川）	5・18　17・48	11・46
秋分		四時二一分		四十六候／雷声収む　四十七候／蟄虫《むし》戸に閉す　四十八候／水初めて涸る　18日の日の出5・26　日の入17・44							
23日	木	きのえ戌	二黒	◉秋分の日　秋分　彼岸の中日　川柳忌	十七日	赤口	のぞく	角	武雄の荒踊り（佐賀）　安倍晴明神社例祭（京都）	5・52　18・08	0・00　12・13
24日	金	きのと亥	一白	結核予防週間　不成就日　西郷南洲忌	十八日	先勝	みつ	亢	佐太神社の佐陀神能（島根）	6・27　18・27	0・30　12・39
25日	土	ひのえ子	九紫	大つち終	十九日	友引	たいら	氐	白山宮のこきりこ祭り（富山）　月夜野ヤッサまつり（群馬）	7・04　18・46	0・59　13・02
26日	日	ひのと丑	八白	彼岸明け	廿日	先負	さだん	房	日前神宮・國懸神宮祭（和歌山）　大山祇神社産須奈大祭（愛媛）	7・43　19・06	1・29　13・24
27日	月	つちのえ寅	七赤	社日　小つち始　三隣亡	廿一日	仏滅	とる	心	穂高神社御船まつり（長野）	8・29　19・26	2・02　13・45
28日	火	つちのと卯	六白	パソコンの日　一粒万倍日	廿二日	大安	やぶる	尾	須我神社例大祭（島根）	9・26　19・47	2・41　14・05
29日	水	かのえ辰	五黄	◑下弦一〇時五七分　クリーニングの日	廿三日	赤口	あやぶ	箕	恵那文楽（岐阜）　曹洞宗両祖忌	10・59　20・09	3・39　14・22
30日	木	かのと巳	四緑		廿四日	先勝	なる	斗	上宝村神明神社の鶏芸（岐阜）　氷室神社宵宮祭（奈良）	14・55	5・18

秋分の日は昼と夜の長さが同じですが、日の出は太陽が地平線から顔を出し始めた瞬間で、日の入は太陽が地平線に沈みきった瞬間を指します。

十月の暦

神無月《かんなづき》

松茸、柿、運動会、菊
そぞろ寒、紅葉、稔田

戊戌《つちのえいぬ》六白金星の月

新暦	七曜	干支	九星	暦の行事	旧暦	六曜	十二直	廿八宿	各地の行事	満潮	干潮
1日	金	みずのえ午	三碧	衣替え　共同募金　労働衛生週間	八月 廿五日	友引	おさん	牛	北野天満宮芋茎祭（京都）　横浜中華街国慶節（神奈川）	15・09	6・55　20・51
2日	土	みずのと未	二黒	不成就日	廿六日	先負	ひらく	女	上鴨川住吉神社お神事舞（大阪）　二本松の提灯祭（福島）	0・57　15・28	8・02　21・16
3日	日	きのえ申	一白	十方暮始　小つち終　一粒万倍日	廿七日	仏滅	とず	虚	鶴来金劔宮ほうらい祭（石川）　田立花馬踊り（長野）	2・22　15・49	8・53　21・43
4日	月	きのと酉	九紫	里親デー	廿八日	大安	たつ	危	小竹八幡神社の御坊祭（和歌山）	3・11　16・11	9・36　22・11
5日	火	ひのえ戌	八白	達磨忌	廿九日	赤口	のぞく	室	たけふの菊人形（福井）	3・52　16・34	10・16　22・42
6日	水	ひのと亥	七赤	●朔二〇時〇五分　国際文通週間　不成就日　亥の子餅	九月 一日	先負	みつ	壁	東かがわ白鳥神社神幸祭（香川）	4・33　16・58	10・54　23・14
7日	木	つちのえ子	六白		二日	仏滅	たいら	奎	長崎くんち（長崎）	5・15　17・23	11・31　23・47
寒露	一〇時三九分	四十九候／雁来たる　五十候／菊花開く　五十一候／キリギリス戸に在り	8日の日の出5・41　日の入17・15								
8日	金	つちのと丑	五黄	寒露　国定公園設立記念日	三日	大安	たいら	婁	豆比古神社の翁舞（奈良）　御蚊帳撤げ神事（香川）	5・58　17・48	12・06
9日	土	かのえ寅	四緑	世界郵便デー	四日	赤口	さだん	胃	人吉おくんち祭り（熊本）　秋の飛騨高山祭（岐阜）	6・44　18・13	0・22　12・40
10日	日	かのと卯	三碧	目の愛護デー　釣りの日	五日	先勝	とる	昴	金刀比羅宮大祭（香川）　阿寒まりも祭（北海道）	7・34　18・39	0・58　13・14
11日	月	みずのえ辰	二黒		六日	友引	やぶる	畢	池上本門寺お会式（東京）　神戸海神社祭（兵庫）	8・32　19・05	1・38　13・49
12日	火	みずのと巳	一白	芭蕉忌　天一天上始　十方暮終	七日	先負	あやぶ	觜	横浜総持寺御征忌会（神奈川）	9・49　19・35	2・25　14・28
13日	水	きのえ午	九紫	◐上弦一二時二五分　日蓮上人忌　さつまいもの日　一粒万倍日　三隣亡	八日	仏滅	なる	参	宇佐八幡神社お御供（徳島）　竈山神社祭（和歌山）	11・54　20・12	3・27　15・40
14日	木	きのと未	八白	旧重陽　鉄道の日　不成就日	九日	大安	おさん	井	灘のけんか祭り（兵庫）　白川郷どぶろく祭（岐阜）	13・55　21・47	5・06　18・39

15日	金	ひのえ申	七赤	グレゴリオ暦制定記念日	十日	赤口	ひらく	鬼	新宮熊野速玉大社祭（和歌山） 天理石上神宮例祭（奈良）	14・43	0・52 20・15
16日	土	ひのと酉	六白	一粒万倍日	十一日	先勝	とず	柳	新居浜太鼓祭り（愛媛） 釜石曳舟祭（岩手）	1・10 15・13	8・04 20・57
17日	日	つちのえ戌	五黄	貯蓄の日	十二日	友引	たつ	星	伊勢神宮神嘗祭（三重） 日光東照宮千人武者行列（栃木）	2・30 15・39	8・56 21・31
18日	月	つちのと亥	四緑	十三夜　統計の日	十三日	先負	のぞく	張	岩船大祭（新潟） 浅草観音菊供養（東京）	3・19 16・02	9・38 22・03
19日	火	かのえ子	三碧		十四日	仏滅	みつ	翼	日本橋べったら市（東京） 佐渡善知鳥神社相川まつり（新潟）	8・59 16・24	10・14 22・34
20日	水	かのと丑	二黒	土用 ○望二三時五七分　えびす講 上皇后御誕生日	十五日	大安	たいら	軫	八海山火渡大祭（新潟）	4・35 16・45	10・47 23・04
21日	木	みずのえ寅	一白		十六日	赤口	さだん	角	唐招提寺の釈迦念仏会（奈良） 宇都宮二荒山神社例祭（栃木）	5・10 17・05	11・17 23・33
22日	金	みずのと卯	九紫	中原中也忌　不成就日	十七日	先勝	とる	亢	平安神宮時代祭（京都） 鞍馬の火祭り（京都）	5・44 17・25	11・45

霜降 一三時五一分　五十二候／霜初めて降る　五十三候／小雨時々降る　五十四候／紅葉蔦《つた》黄ばむ　18日の日の出5・50　日の入17・02

23日	土	きのえ辰	八白	霜降　電信電話記念日	十八日	友引	やぶる	氐	亀岡祭山鉾行事（京都） 伊万里のトンテントン（佐賀）	6・18 17・44	0・02 12・12
24日	日	きのと巳	七赤	国連の日	十九日	先負	あやぶ	房	平戸おくんち（長崎） 伊賀上野天神祭（三重）	6・54 18・04	0・30 12・37
25日	月	ひのえ午	六白	一粒万倍日　三隣亡	廿日	仏滅	なる	心	伊雑宮調献式（三重）	7・33 18・25	1・00 13・01
26日	火	ひのと未	五黄	原子力の日	廿一日	大安	おさん	尾	宮崎神宮の神武さん（宮崎）	8・16 18・46	1・32 13・26
27日	水	つちのえ申	四緑	天赦日　読書週間　天一天上終	廿二日	赤口	ひらく	箕	あんば囃子の大杉祭本殿祭（茨城）	9・10 19・08	2・08 13・54
28日	木	つちのと酉	三碧	速記記念日　一粒万倍日	廿三日	先勝	とず	斗	目黒不動甘藷祭（東京） 宇和津彦神社秋祭り（愛媛）	10・28 19・29	2・58 14・39
29日	金	かのえ戌	二黒	◑下弦五時○五分	廿四日	友引	たつ	牛	香椎宮例大祭（福岡）	12・29	4・18
30日	土	かのと亥	一白	香りの日　尾崎紅葉忌　不成就日	廿五日	先負	のぞく	女	川合花の舞（静岡）	13・51	5・59 20・18
31日	日	みずのえ子	九紫	ハロウィン　世界勤倹デー　八専始	廿六日	仏滅	みつ	虚	高尾山滝じまい（東京）	0・26 14・26	7・16 20・43

十一月の暦

霜月《しもつき》

落葉、小春日和、息白し、味覚の旅

己亥《つちのとい》五黄土星の月

新暦	七曜	干支	九星	暦の行事	旧暦	六曜	十二直	廿八宿	各地の行事	満潮	干潮
1日	月	みずのと丑	八白	新米穀年度　教育文化週間　自衛隊記念日　計量記念日　灯台記念日	九月廿七日	大安	たいら	危	平泉秋の藤原まつり（岩手）　護王神社亥子祭（京都）	1・57　14・54	8・13　21・10
2日	火	きのえ寅	七赤	北原白秋忌	廿八日	赤口	さだん	室	唐津おくんち（佐賀）　鹿児島おはら祭（鹿児島）	2・53　15・20	9・01　21・41
3日	水	きのと卯	六白	文化の日　秋の叙勲	廿九日	先勝	とる	壁	談山神社けまり祭（奈良）　福徳稲荷社の稲穂祭（山口）	3・40　15・47	9・45　22・13
4日	木	ひのえ辰	五黄	消費者センター開設記念日	卅日	友引	やぶる	奎	富士宮浅間大社例祭（静岡）	4・25　16・14	10・26　22・48
5日	金	ひのと巳	四緑	●朔六時一五分　世界津波の日	十月一日	仏滅	あやぶ	婁	金峯神社の王神祭（新潟）　真如堂十日十夜別時念仏（京都）	5・10　16・41	11・05　23・24
6日	土	つちのえ午	三碧	宝井馬琴忌　一粒万倍日　三隣亡	二日	大安	なる	胃	設楽町津島神社参候祭（愛知）	5・57　17・10	11・44
立冬　十三時五九分　五十五候／椿咲き初む　五十六候／地初めて凍る　五十七候／キンセンカ香し　7日の日の出6・08　日の入16・41											
7日	日	つちのと未	二黒	立冬　ロシア革命記念日	三日	赤口	なる	昴	菅原神社いどり祭（石川）　保呂羽山霜月神楽（秋田）	6・47　17・39	0・02　12・22
8日	月	かのえ申	一白	庚申　世界都市計画日　不成就日	四日	先勝	おさん	畢	伏見稲荷火焚祭（京都）　ふいご祭（岐阜）	7・40　18・09	0・42　13・00
9日	火	かのと酉	九紫	一の酉　太陽暦採用記念日　一一九番の日　秋の全国火災予防運動	五日	友引	ひらく	觜	海南神社面神楽（神奈川）　壬生神社別府岩戸神楽舞（山口）	8・40　18・42	1・26　13・40
10日	水	みずのえ戌	八白	技能の日　一粒万倍日	六日	先負	とず	参	金刀比羅宮紅葉祭（香川）	9・52　19・19	2・15　14・31
11日	木	みずのと亥	七赤	◐上弦二一時四六分　旧亥の子餅　介護の日　八専終　三隣亡　炉開き	七日	仏滅	たつ	井	大洗磯前神社有賀祭（茨城）	11・20　20・12	3・15　15・55
12日	金	きのえ子	六白	天赦日　甲子	八日	大安	のぞく	鬼	小湊誕生寺の七つ子詣で（千葉）	12・44　22・16	4・36　18・13
13日	土	きのと丑	五黄	うるしの日	九日	赤口	みつ	柳	須賀川松明あかし（福島）	13・40	6・08　19・39
14日	日	ひのえ寅	四緑	十日夜《とおかんや》（収穫祭）　パチンコの日	十日	先勝	たいら	星	空也堂開山忌（京都）　嵐山もみじ祭（京都）	0・56　14・48	7・22　20・26

15日	月	ひのと卯	三碧	七五三　狩猟解禁	十一日	友引	さだん	張	志賀海神社山誉漁猟祭（福岡）	2・17 14・48	8・18 21・02
16日	火	つちのえ辰	二黒	録音文化の日　不成就日	十二日	先負	とる	翼	新居浜太鼓祭り（愛媛）	3・10 15・14	9・02 21・36
17日	水	つちのと巳	一白	将棋の日	十三日	仏滅	やぶる	軫	津峯神社秋祭り（徳島）	3・52 15・39	9・41 22・07
18日	木	かのえ午	九紫	大つち始	十四日	大安	あやぶ	角	胡子神社胡子祭（広島）	4・30 16・03	10・17 22・38
19日	金	かのと未	八白	○望一七時五七分　一茶忌　農協記念日	十五日	赤口	なる	亢	豊後高田の若宮八幡裸祭（大分）	5・06 16・26	10・50 23・08
20日	土	みずのえ申	七赤		十六日	先勝	おさん	氐	佐太神社の神在祭（島根）	5・40 16・49	11・21 23・38
21日	日	みずのと酉	六白	二の酉　歌舞伎の日　一休禅師忌　近松門左衛門忌　一粒万倍日	十七日	友引	ひらく	房	飽塩人形浄瑠璃祭（愛知）　東本願寺報恩講（京都）	6・14 17・12	11・50
小雪　一一時三四分　五十八候／虹隠れて見えず　五十九候／北風木の葉を払う　六十候／橘黄ばむ　17日の日の出6・18　日の入16・33											
22日	月	きのえ戌	五黄	小雪　一粒万倍日	十八日	先負	とず	心	八代妙見祭（熊本）	6・49 17・36	0・09 12・19
23日	火	きのと亥	四緑	⦿ **勤労感謝の日**　農業祭　三隣亡　Jリーグの日	十九日	仏滅	たつ	尾	正覚庵の筆供養（京都）　高家神社の包丁式（千葉）	7・25 18・01	0・40 12・47
24日	水	ひのえ子	三碧	旧えびす講　大つち終　不成就日　旧誓文払い	廿日	大安	のぞく	箕	羽黒山梵天祭（栃木）	8・06 18・28	1・13 13・17
25日	木	ひのと丑	二黒	憂国忌（三島由起夫忌）	廿一日	赤口	みつ	斗	日光の子供強飯式（栃木）　大神神社御鉾祭（栃木）	8・53 18・57	1・50 13・54
26日	金	つちのえ寅	一白	ペンの日　小つち終	廿二日	先勝	たいら	牛	大津建部大社の鎮火祭（滋賀）	9・51 19・36	2・34 14・50
27日	土	つちのと卯	九紫	◑下弦二一時二八分　更生保護法の日　ノーベル賞制定記念日	廿三日	友引	さだん	女	藤澤遊行寺の一ツ火（神奈川）　防府天満宮御神幸祭（山口）	10・59 21・02	3・33 16・49
28日	日	かのえ辰	八白	親鸞聖人忌　税関記念日	廿四日	先負	とる	虚	海雲寺千躰荒神祭（東京）	12・07 23・35	4・52 19・02
29日	月	かのと巳	七赤		廿五日	仏滅	やぶる	危	薫的神社秋祭り（高知）	13・02	6・14 19・53
30日	火	みずのえ午	六白	秋篠宮皇嗣御誕生日　カメラの日	廿六日	大安	あやぶ	室	香取神宮大饗祭（千葉）	1・23 13・45	7・23 20・31

太陽暦は明治五年から採用。多くの行事は太陰暦を基に受け継がれてきましたが、近年、祭りなどは特定の日から近日の土日祝日への移行が多くなりました。

十二月の暦

師走《しわす》

年忘れ、熱燗、歳暮
ボーナス、御用納め

庚子《かのえね》四緑木星の月

新暦	七曜	干支	九星	暦の行事	旧暦	六曜	十二直	廿八宿	各地の行事	満潮	干潮
1日	水	みずのと未	五黄	歳末助け合い運動 映画の日 鉄の日	十月廿七日	赤口	なる	壁	北野天満宮献茶会（京都）	2・35 14・22	8・21 21・08
2日	木	きのえ申	四緑	日本人宇宙飛行士の日 十方暮始 小つち終 不成就日	廿八日	先勝	おさん	奎	山北のぼたもち祭り（新潟）	3・32 14・57	9・11 21・46
3日	金	きのと酉	三碧	障害者週間 一粒万倍日	廿九日	友引	ひらく	婁	秩父神社夜祭（埼玉） 美保神社の諸手船神事（島根）	4・23 15・32	9・58 22・25
4日	土	ひのえ戌	二黒	●朔一六時四三分 人権週間 一粒万倍日	十一月一日	大安	とず	胃	野木神社の提灯もみ祭（栃木） 香取神宮内陣神楽（千葉）	5・13 16・07	10・43 23・07
5日	日	ひのと亥	一白	納め水天宮 三隣亡	二日	赤口	たつ	昴	奥能登のあえのこと（石川） 防府小俣の笑い講（山口）	6・02 16・43	11・27 23・49
6日	月	つちのえ子	九紫		三日	先勝	のぞく	畢	小田原秋葉山火防祭（神奈川）	6・51 17・19	12・09
大雪 六時五七分 六十一候／空寒く冬となる 六十二候／熊穴に籠《こも》る 六十三候／鮭魚群がる 7日の日の出6・37 日の入16・28											
7日	火	つちのと丑	八白	大雪	四日	友引	のぞく	觜	千本釈迦堂の大根焚き（京都）	7・41 17・57	0・34 12・52
8日	水	かのえ寅	七赤	納め薬師 事八日・針供養 不成就日 三隣亡	五日	先負	みつ	参	一之宮貫前神社鹿占神事（群馬）	8・31 18・37	1・19 13・37
9日	木	かのと卯	六白	皇后御誕生日 夏目漱石忌	六日	仏滅	たいら	井	鳴滝了徳寺の大根焚き（京都） 練馬関のボロ市（東京）	9・23 19・23	2・05 14・27
10日	金	みずのえ辰	五黄	納め金比羅 世界人権デー	七日	大安	さだん	鬼	さいたま氷川神社大湯祭（埼玉）	10・16 20・21	2・54 15・33
11日	土	みずのと巳	四緑	◐上弦一〇時三六分 沢庵禅師忌 十方暮終 天一天上始	八日	赤口	とる	柳	池ノ上みそぎ祭（岐阜） 湯布院霧島神社甘酒まつり（大分）	11・11 21・53	3・49 17・04
12日	日	きのえ午	三碧	児童福祉法公布記念日	九日	先勝	やぶる	星	最上稲荷お火たき祭（岡山） 八幡神社の鉄砲祭り（埼玉）	12・04	4・55 18・39
13日	月	きのと未	二黒	正月事始 煤払い	十日	友引	あやぶ	張	銀鏡神社米良神楽（宮崎） 神魂（かもす）神社御釜神事（島根）	0・02 12・55	6・11 19・42
14日	火	ひのえ申	一白		十一日	先負	なる	翼	高輪と赤穂で義士祭（東京・兵庫） 堺のやっさいほっさい（大阪）	1・54 13・40	7・22 20・28

15日	水	ひのと酉	九紫	納め妙見 旧一の酉 年賀郵便特別取扱開始	十二日	仏滅	おさん	軫	世田谷のボロ市（東京）	3・04 14・19	8・20 21・06
16日	木	つちのえ戌	八白	電話創業の日 不成就日	十三日	大安	ひらく	角	七尾気多大社の鵜祭り（石川）	3・53 14・55	9・09 21・42
17日	金	つちのと亥	七赤	一粒万倍日	十四日	赤口	とず	亢	浅草観音歳の市（東京） 春日大社若宮おん祭（奈良）	4・31 15・27	9・81 22・15
18日	土	かのえ子	六白	納め観音 東京駅落成記念日 一粒万倍日	十五日	先勝	たつ	氐	白糸の寒みそぎ（福岡） 小田原飯泉観音だるま市（神奈川）	5・06 15・57	10・29 22・48
19日	日	かのと丑	五黄	○望一三時三六分	十六日	友引	のぞく	房	岩見一宮物部神社の庭火祭（島根）	5・38 16・26	11・03 23・21
20日	月	みずのえ寅	四緑	三隣亡	十七日	先負	みつ	心	下田爪木崎水仙まつり（静岡）	6・10 16・54	11・36 23・54
21日	火	みずのと卯	三碧	納め大師	十八日	仏滅	たいら	尾	東寺終い弘法（京都）	6・42 17・23	12・07
冬至	〇時五九分	六十四候／冬生じ夏枯る 六十五候／鹿角おつる 六十六候／雪下りて麦のびる		17日の日の出6・44 日の入16・30							
22日	水	きのえ辰	二黒	冬至（ゆず湯） 儒家年筮	十九日	大安	さだん	箕	穴八幡冬至祭（東京） 小平神宮星祭（東京）	7・15 17・53	0・28 12・38
23日	木	きのと巳	一白	上皇御誕生日	廿日	赤口	とる	斗	大原三千院托鉢寒行（京都）	7・50 18・26	1・02 13・12
24日	金	ひのえ午	九紫	納め地蔵 クリスマスイブ 不成就日	廿一日	先勝	やぶる	牛	伊勢大神楽（三重）	8・28 19・03	1・37 13・50
25日	土	ひのと未	八白	納め天神 クリスマス 与謝蕪村忌	廿二日	友引	あやぶ	女	亀戸天神納め天神（東京） 北野天満宮終い天神（京都）	9・10 19・50	2・15 14・38
26日	日	つちのえ申	七赤	天一天上終	廿三日	先負	なる	虚	安房神社神狩祭（千葉）	9・55 21・03	2・59 15・45
27日	月	つちのと酉	六白	◑下弦一一時二四分 プロ野球誕生の日 旧二の酉	廿四日	仏滅	おさん	危	薬研堀不動院歳の市（東京） 神戸生田神社杉盛づくり（兵庫）	10・43 22・49	3・53 17・21
28日	火	かのえ戌	五黄	納め不動 官庁御用納め	廿五日	大安	ひらく	室	成田山新勝寺納め不動（千葉）	11・33	5・03 18・49
29日	水	かのと亥	四緑	一粒万倍日	廿六日	赤口	とず	壁	薬師寺御身ぬぐい（奈良） 羽田神社大祓い（東京）	0・45 12・25	6・24 19・48
30日	木	みずのえ子	三碧	証券取引所大納会 八専始 一粒万倍日	廿七日	先勝	たつ	奎	黒沼神社羽山ごもり（福島） 神田明神防災大祓（東京）	2・25 13・18	7・39 20・38
31日	金	みずのと丑	二黒	大晦日・大祓い 除夜の鐘 年越しそば	廿八日	友引	のぞく	婁	王子稲荷狐の行列（東京） 八坂神社をけら詣り（京都）	3・38 14・08	8・43 21・24

一白《いっぱく》水星《すいせい》

○

吉運

光芒一閃
愛別離苦

令和3年 辛丑六白金星
方位盤

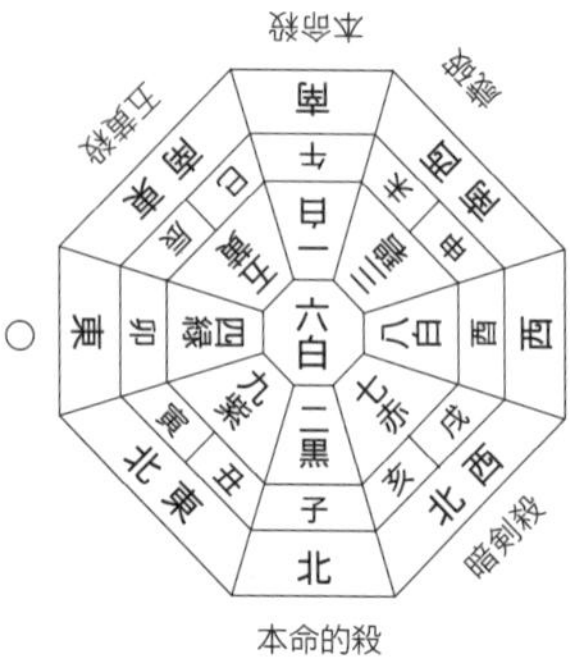

吉方→東
凶方→北西・南東・南西・南・北

「**東**」を吉方として活用すると、気持ちが明るくなって何事にもポジティブ思考になります。今まで気づかなかった斬新なアイデアが閃いて、これを切っ掛けに新ジャンルへの門戸を開くことが可能になります。新規事業や開業につながるビジネスチャンスに恵まれます。また、結婚に迷っていた人は一気に加速して、華燭《かしょく》の典を目指します。移転、引っ越し、海外、長期旅行は二月、十月、十一月節の年盤、月盤を重ねた最大吉方がお勧めです。

性格と人生

辛抱強く我慢強い性質で、必ずしも積極的とは言えず、大胆に行動することは少ないでしょう。しかし、本質的には陽気さを持っています。自分から他人に本音を打ち明けることが少ないために誤解を招きやすい一面がありますが、人を見る目を持ち、真の友を得られるでしょう。また、表立って目立つタイプではありませんが、芯が強く、やさしさや冷静な思考力を持っています。マイナス面としては、苦労性で細かいことにこだわりが強く、秘密主義。不平不満が多くなりがちです。

全般的な運の流れとしては、若い頃には思うようにいかないことも多いのですが、目標を絞り忍耐強さと才知ある処世術を生かして流れに乗っていけば、苦労と努力の甲斐ある後半生を送ることが出来るでしょう。

周囲に対して意識して心を開いていくように心掛けましょう。時に応じ環境に従う水のように、順応性を発揮していくこと。こだわりを手放す決断も開運の秘訣です。情にもろいので、酒色の問題には注意が必要です。

一白水星生まれ

平成29年丁酉
〃 20年戊子
〃 11年己卯
〃 2年庚午
昭和56年辛酉
〃 47年壬子
〃 38年癸卯
〃 29年甲午
〃 20年乙酉
〃 11年丙子

2月4日以前生まれの人は二黒生まれで見ます

あなたの今年の運勢　一白水星

長年の功績が認められスポットライトを浴びて名声を博したり、昇進や昇給にも期待が膨らむ。ただし、妬みや焼き餅からトラブルに巻き込まれないよう注意が大切。

◎商売運……表面的には明るく華やかで活気に満ち溢れていますが、内面は人事や管理体制の問題がクローズアップしそう。書類のチェック押印は例年以上に慎重に。

◎職場運……今まで地道に研鑽を重ねてきた人はその努力が報われ称賛を得ることが多いが、有頂天になっての自慢話や派手な言動は反感を買うので控えたほうが賢明。

◎家庭運……派手で刺激のある生活に心を奪われて、自然に自己中心的になりがち。不協和音の原因はあなた自身が招いた結果かも。家庭内は穏やかに労《いたわ》り合いが吉。

◎恋愛運……出会いに恵まれ交際範囲が広がる一方、今年は離合集散の年。かりそめの恋に発展しかねないので冷静な判断が大切。再婚を考えている方には吉報が届く。

◎金　運……不必要な買い物や見えを張っての散財は自分自身を苦しめます。リボ払いでのカード決済は要注意。

◎健康運……パソコンやスマホなどのデジタル家電の影響から目の病気や心臓病、精神的な病気に注意が必要。

子の一白の運勢／**13歳**は、成績が上下して好・不調の波が激しい時。自分の好きなことに夢中になりやすい傾向。メンタル面を強化して。**49歳**は、企画が採用されたり持ち前のセンスが光る時で日々の研鑽の賜物。自意識過剰になり過ぎると逆運を招く。

卯の一白の運勢／**22歳**は、新しい交流から出会いのチャンスに恵まれます。ボランティア活動などにも積極的に参加してみましょう。**58歳**は、過去の実績が高く評価される気運に恵まれますが、脚光を浴びる時だけに、言動にも細心の注意が必要です。

午の一白の運勢／**31歳**は、地道な活動が評価される反面、隠し事が露見する恐れも。ミスをしても慌てず臨機応変に対処。火傷《やけど》に注意。**67歳**は、持病の悪化に注意して、日頃から体力・免疫力の強化に努めましょう。また、アイケアや熱中症対策を万全に。

酉の一白の運勢／**40歳**は、今まで刻苦勉励を重ねてきた人は脚光を浴びて昇給や栄誉を得ることがありますが、オーバーワークに注意。**76歳**は、金運も良好ですが、リスクを伴う資金運用は控えたほうが賢明。カード詐欺に遭わないよう注意しましょう。

一白　1月の運勢○吉運

吉方↓なし
小吉方↓なし
己丑六白金星の月

吉方○小吉方ともになし。氏神様に参詣して清々しく。凶方●北西＝目上ともめ事を起こす。投資で損失。南東＝信頼を失って取引低迷。悪縁に悩む。南西＝家庭内でいざこざが。意欲を失い勤務態度が悪化。南＝勘が鈍り決断ミス。秘密が露見。北＝異性関係のトラブル。

運勢／一年の目標や計画に向けて期待がふくらむ。自信過剰に陥りやすいので周囲から浮かぬよう自制を。即断を避け冷静に進めて。おだてられても舞い上がらず堅実な方針が評価につながる。書類不備がないよう確認怠らず。見え出費厳禁。目や血圧、心臓疾患に注意。

歳破→南
年で暗剣殺→西
年で五黄殺→東
年で本命殺→北東
年で本命的殺→南西

1㊎ ○氏神様に詣でて一年の幸せ祈願
2土 ●初売り混雑履き慣れた靴で安心
3㊐ ○前に出るより一歩下がるのが吉
4月 ⦶新規計画を実行に移す好機到来
5火 ◎人との和を心掛ければ万事順調
6水 ◐先を急ぐより足元を固めたい日
7木 ⦶一年の無病息災を願い七草粥を
8金 ⦶食事と会話で盛り上げ人気者に
9土 ◐柔軟に考えれば解決のヒントが
10㊐ ○華やかな色彩のお洒落《しゃれ》で心弾む
11㊊ ●即断即決せずに慎重に検討して
12火 ○懐かしい人や古い顧客を大切に
13水 ⦶閃《ひらめ》きを信じて一直線に行動して
14木 ◎遠方の人との連絡で好情報入手
15金 ⦶先延ばしせず速やかに片付ける
16土 ◐見込み違いや自信過剰に要注意
17㊐ ◎人気運に恵まれ社交が楽しい日
18月 ⦶夢実現のために行動スタートを
19火 ○要領の良さより誠実さを大事に
20水 ●注意力散漫ストレッチで回避を
21木 ○迷い吹っ切れ光り輝く未来実現
22金 ◐住まいに関する問題すぐ着手を
23土 ⦶食事や買い物で心身リラックス
24㊐ ⦶ボランティア活動で汗を流そう
25月 ◐他人を反面教師にして行い反省
26火 ○交友関係が広がり協力者が出現
27水 ⦶髪型や持ち物を変えて気分一新
28木 ○地道な仕事が評価され運気上昇
29金 ◐早めに帰宅し睡眠で脳が活性化
30土 ○映画館や美術館で幸福感を満喫
31㊐ ◐部屋の換気を心掛ければ運開く

一白

2月の運勢◐自重運

吉　方↓東
小吉方↓西
庚寅五黄土星の月

吉方○東＝心身共に活力が満ちて新規開拓の気運が高まる。西＝小吉方。交際上手になる。飲食の喜びあり。凶方●南西＝怠け心が起きて作業能率低下。飽きっぽくなる。失職。北＝体調不良。親しい間柄で関係不和に。南＝注意力散漫でミス。訴訟問題に巻き込まれる。

運勢／低空飛行の今月、家族や内々に悩みを抱えやすい。腐らず焦らずに内面の充実を図り、時間をかけて取り組んで。気迷いや誤解招かぬよう思慮深い判断を。金銭面質素に節約第一。情の絡む物事、入れ込まずほどほどに。色情問題ご用心。冷え、血行不良、腎臓注意。

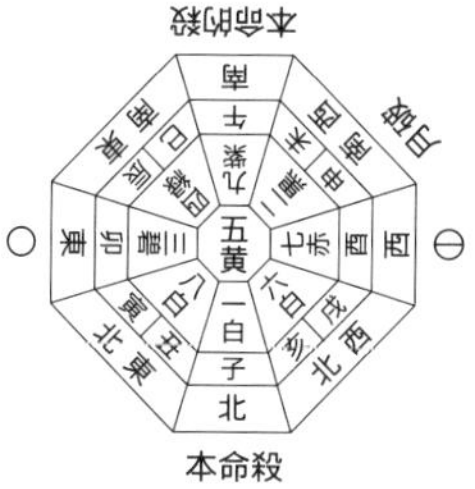

歳破→南西
年で暗剣殺→北西
年で五黄殺→南東
年で本命殺→南
年で本命的殺→北

1月　⦶ランチのカレーでやる気アップ
2火　◐上から目線の言葉遣い注意して
3水　◐予定変更になっても柔軟に対応
4木　◎欲しかった情報が入手できそう
5金　⦶アイデア口に出せば実現可能に
6土　○炊き込みご飯で家族が和気藹々
7㊐　●柑橘系の入浴剤で心身が元気に
8月　○見通しがつき足取りも軽やかに
9火　◐思い込みをなくせば順調に進む
10水　⦶ショッピングで掘り出し物発見
11㊍　⦶目上への礼儀が引き立てを招く
12金　◐手の広げ過ぎ収拾がつかず不安
13土　◎社交運好調で良い出会いに期待
14㊐　⦶サプライズな演出が功を奏する
15月　⦶新しい場より馴染みの場所が吉
16火　●無理をせずに体力温存を図って
17水　○努力が実り注目を浴びる喜びが
18木　◐問題解決を望むなら意地は禁物
19金　⦶金銭管理中でも買い物楽しんで
20土　⦶適度な運動で一週間の疲れ解消
21㊐　◐過信せず何事も謙虚に振る舞う
22月　◎面接や商談で好印象を与える日
23㊋　⦶テキパキした動きで幸運ゲット
24水　○年配女性のアドバイス実行して
25木　●焦らずに安全運転で家族も安心
26金　○頭が冴え斬新なアイデア浮かぶ
27土　●部屋を春らしく整えて運を開く
28㊐　⦶皆との飲食で明日への英気養う

一白水星　☆めくっておみくじ【七十八番】――**大吉**　自信を持ち公平な道を歩んでいけば実績を積み、松や柏の緑のように吉。

☆めくっておみくじ【八十三番】――凶　希望を願っても叶わない。苦労しても報われず、失意は状況が変わるまで。

一白

3月の運勢○吉運

吉　方↓なし
小吉方↓なし
辛卯四緑木星の月

吉方○小吉方ともになし。春旅はその方位が吉方になるリーダーに従って無難。
凶方●南東＝信用を失う。悪い噂を流される。北西＝不遜な態度で目上から反感を買う。西＝予定外の出費がかさむ。南西＝愚痴が増えて怠惰になる。北東＝身内とお金のもめ事が発生。

運勢／先頭に立つより支える側に回って、実力以上に背伸びをしないこと。何事も手堅く足元を固めて万全の状態で取り組んで。周囲に耳を傾けて協調路線でいけば順調な流れに。見えを張ると散財が心配。食生活を見直し偏食をなくすように。胃炎や慢性疾患に注意。

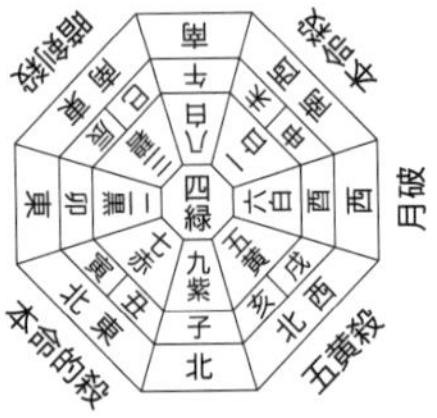

歳破→南西
年で暗剣殺→北西
年で五黄殺→南東
年で本命殺→南
年で本命的殺→北

1 月 ◑向学心高まり教養を深める好機
2 火 ◐流れが滞ったら部屋を換気して
3 水 ○朗報も幸運も遠方から訪れる日
4 木 ◑語尾を明確にすると運気アップ
5 金 ○買い物は見栄《ば》えより実用性重視
6 土 ●スキンケアで肌トラブルを克服
7 ㊐ ○話題の映画を鑑賞して感性磨く
8 月 ◐花粉症の症状防止にマスク着用
9 火 ◑相手の長所を褒めると場が和む
10 水 ◑身銭を切って自分投資を始めて
11 木 ◐すべて抱え込まず取捨選択して
12 金 ◎朗らかな態度で好感度が急上昇
13 土 ◑木々を見つめ心身リフレッシュ
14 ㊐ ○家族団らん心掛ければ絆深まる
15 月 ●寒暖の差を考慮して冷え対策を
16 火 ○隠れた能力が開花し注目の的に
17 水 ◐焦って動くより冷静に情報収集
18 木 ◑楽しい会食で暴飲暴食は避けて
19 金 ◑目上に信頼されてチャンス到来
20 ㊏ ◐先祖に感謝し心から手を合わす
21 ㊐ ◎未婚の人は積極的に相手探しを
22 月 ○名案が浮かんだら迷わず挑戦を
23 火 ○丁寧な仕事ぶり周囲から信頼が
24 水 ●無理せず出来る事からコツコツ
25 木 ○華やかな服装で表情も生き生き
26 金 ◐頭ごなしに否定せず歩み寄って
27 土 ◑思いやりの一言で社交運が開花
28 ㊐ ◑プチ贅沢の外食で運気を活性化
29 月 ◐うっかりミスを防ぐ工夫をして
30 火 ◎人付き合いから良運が舞い込む
31 水 ○春らしい色を着こなして運上昇

一白

4月の運勢⦶小吉運

吉　方→なし
小吉方→北東
壬辰三碧木星の月

吉方○北東＝小吉方。後継者問題が有利に。独立に向けての良きチャンスを得る。**凶方**●東＝注意力散漫でケガ。詐欺に遭ったり物を無くしたりする。西＝金回り悪くなり困窮する。欲深くなる。北西＝多忙でありながら実り無し。引き立ての人脈を失い出世が頭打ちに。

運勢／意気揚々と活動を展開。独断的な行動は誤解を招く因。周囲への気配り大切に足並みを揃える心掛けで何事も順調に進む。ただし頑固な相手の言いなりになると予算がオーバー。私的な事情が露見しやすいので言動に気を付けて。精神的ストレス、体力消耗注意。

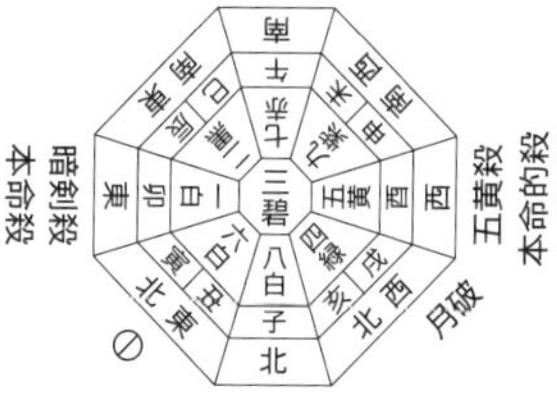

歳破→南西
年で暗剣殺→北西
年で五黄殺→南東
年で本命殺→南
年で本命的殺→北

1木　○チェック柄のハンカチが吉招く
2金　●根を詰めず適度に休む事も必要
3土　⦶見えを張らず自然な姿を見せて
4㊐　◐身内だからこそ言葉を選び話す
5月　⦶会食や会合での出会いに注目が
6火　⦶頼られてリーダーシップを発揮
7水　◐独断行動型は周囲の反感を買う
8木　○相手を立てれば対人運も好調に
9金　◐新規オープンの場所にツキあり
10土　○ご無沙汰ぎみの人に近況報告を
11㊐　●疲れを溜めぬよう早めに就寝を
12月　○今日の決断に自信を持ってＯＫ
13火　⦶視点を変えれば突破口が開く時
14水　◐美味しい食事と笑いが福を呼ぶ
15木　◐不遜な態度取って評判落とすな
16金　◐優先順位をつけ行動に着手して
17土　◎人気店を仲間と訪ねて開運期待
18㊐　⦶新しいシューズでウオーキング
19月　○周囲と足並み揃えれば心穏やか
20火　●物忘れはメモを取りミスを防ぐ
21水　○能力が認められ意欲さらに増す
22木　◐マンネリ打破する方法を考える
23金　⦶時間にゆとり持って行動しよう
24土　⦶親しい関係でも礼儀わきまえて
25㊐　◐食あたりせぬよう賞味期限確認
26月　◎ラッキー情報入手で笑み溢《こぼ》れる
27火　⦶旬の野菜料理でパワーアップを
28水　○栄養バランス取れた食事楽しむ
29㊍　●相手の話鵜呑みにせず確認して
30金　◎連休前に体をメンテナンス安心

一白水星　☆めくっておみくじ【十六番】——**吉**　家庭の安心は親子や孫と愛情深い対話から生まれる。数日先に朗報あり。

一白

5月の運勢◎大吉運

吉　方→なし
小吉方→西
癸巳二黒土星の月

吉方○西＝小吉方。社交運順調。良縁に恵まれて異性運あり。金銭面にゆとりが。**凶方**●南西＝家庭内に波風立つ。築いた基礎が崩れる。北東＝欲深くなり周囲との関係悪化。北西＝勇み足的な言動で目上と対立。南東＝悪評から評判を落とし信頼を失う。風邪をこじらす。

運勢／追い風を受けて意気揚々。大きな実りも期待できる。人気運上昇し人や物が集まる。欲をかいて深追いすると運を逃すので、協調性を持って周りと共に繁栄を目指す方針で。連絡ミスや失言に警戒。不意の失費が痛い。交際費は多めに計上。腸疾患や感染症注意。

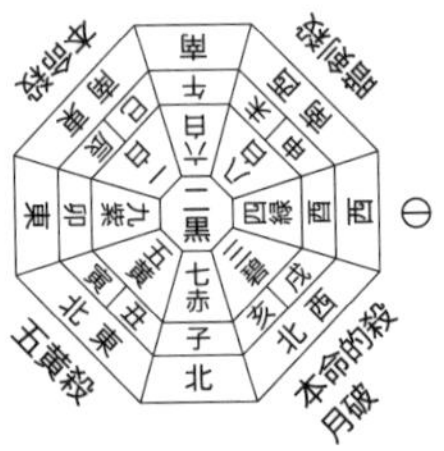

歳破→南西
年で暗剣殺→北西
年で五黄殺→南東
年で本命殺→南
年で本命的殺→北

1 土 ◐心境の変化あっても現状維持を
2 ㊐ ⦶気の緩みからの慣れ合いに注意
3 ㊊ ⦶相手を立てる言葉を選び話して
4 ㊋ ◐一喜一憂せず謙虚な姿勢で臨む
5 ㊌ ◎積極的な行動が開運につながる
6 木 ⦶感情を抑えいつも笑み忘れずに
7 金 ○温かな家族の愛情を再認識して
8 土 ●アロマに囲まれのんびり過ごす
9 ㊐ ○華やかな場所で幸運が舞い込む
10 月 ◐急な予定変更も受け入れ万全に
11 火 ○食事会で注目を浴び好感度ＵＰ
12 水 ⦶頑張り過ぎのストレスに注意を
13 木 ⦶トラブル静観し焦って行動せず
14 金 ○気持ち通じて物事が良い方向へ
15 土 ○アイデアすぐ飛びつかず検討を
16 ㊐ ○苦手な相手との会話に発見あり
17 月 ●信頼し過ぎて意外な落とし穴が
18 火 ◎積極的に自分の意見を発表して
19 水 ◐環境が悪化してもじっと耐えて
20 木 ⦶周囲の目を意識して誠実な姿勢
21 金 ⦶意欲的すぎた行動で混乱が発生
22 土 ◐寛大な気持ちで成り行きを注視
23 ㊐ ◎交渉事がスムーズに進み一安心
24 月 ○若者との交流で良い刺激を吸収
25 火 ○自分へのご褒美たまには贅沢を
26 水 ◐思わぬ落とし穴に注意して行動
27 木 ◎自分に自信を持てばやる気暴発
28 金 ⦶部屋の模様替えで気分転換図る
29 土 ○気の合う仲間とカラオケで発散
30 ㊐ ⦶パワースポット巡りで英気養う
31 月 ◐意欲がわかぬ日は早めに帰宅を

一白 6月の運勢◐自重運

吉　方↓なし
小吉方↓西・北東
甲午一白水星の月

吉方○西＝小吉方。若手との交流がプラスに。金回り良くなる。北東＝小吉方。現状を好転させる情報入手。凶方●北＝投機で大きな損失出す。上司から疎まれる。パワハラにあう。南＝決断ミスから立場を悪くする。法的トラブルに巻き込まれる。価値のない物に散財。

運勢／何かと声がかかり頼りにされやすいとき。昔の話が蒸し返されることも多く、安請け合いをしないで慎重に行動。欲を出して動き回るより現状維持で乗り切って。金銭は計画性を持てば安心。疲れがたまりやすいので休息を十分に。内臓や血圧。持病再発に注意。

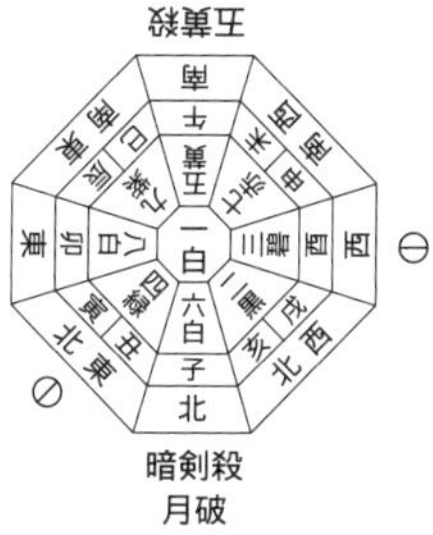

歳破→南西
年で暗剣殺→北西
年で五黄殺→南東
年で本命殺→南
年で本命的殺→北

1火　◎遠方からの有益情報が飛び込む
2水　⦶ネット通販での衝動買い慎重に
3木　○老舗の味に満足パワーアップが
4金　●ミスを素直に認め早めに挽回を
5土　○華やかな服装に視線が集中する
6㊐　◐トラブルすぐ対応して実力発揮
7月　⦶ビュッフェがラッキースポット
8火　⦶身勝手になりやすく言動に注意
9水　◐平常心で些細《ささい》なこと気にしない
10木　◎ひらめき信じて実力を発揮して
11金　⦶方針転換急がずに先に延ばして
12土　○臨時収入はご褒美として贅沢を
13㊐　●誘惑は無視して気を緩めないで
14月　○物事がスムーズに進み満足感が
15火　◐神社仏閣へ参拝し心を浄化して
16水　⦶親しい会でもはしゃぎ過ぎ厳禁
17木　⦶先走らず足元をしっかり固めて
18金　◐意欲的に振る舞えば混乱が発生
19土　⦶誤解を生むような言動は慎んで
20㊐　◐優柔不断な相手とは距離を置く
21月　○目上の女性から協力が得られる
22火　●十分に休息を取り凡ミス防いで
23水　○活発に動いて有益な人脈広がる
24木　◐就寝前のストレッチで軽やかに
25金　⦶急な予定変更も臨機応変に対応
26土　◐収入と支出を見直して節約する
27㊐　◐理不尽でも頭を下げて穏やかに
28月　◎新たな出会いで新風が吹き込む
29火　⦶素敵な音楽とアロマで疲労回復
30水　○流行りのスイーツで運気アップ

☆めくっておみくじ【二十四番】――凶　このみくじは三人の女に逢うという。思いがけない異性に慎むこと。

一白　7月の運勢◐自重運

吉　方→東
小吉方→なし
乙未九紫火星の月

吉方○東＝吉方。周囲からの応援や口添えが期待でき躍進。金銭面でツキあり。
凶方●南＝悪い評判を立てられて名誉に傷。北＝不摂生から健康を害する。北東＝身の上に良くない変化が起きる。北西＝自信過剰から失敗する。南東＝頼りにする相手の信頼を損ねる。

運勢／巧みな誘い文句や儲け話には乗らないこと。強気で進むと痛手が大きい。謙虚に自らの力量を受け止めて取り組むことで好結果に繋がる。目上からの引き立てに感謝の心を忘れずに。金運はギャンブル不可。気を引き締めて散財を防ぐ。ケガや頭痛、骨折に注意。

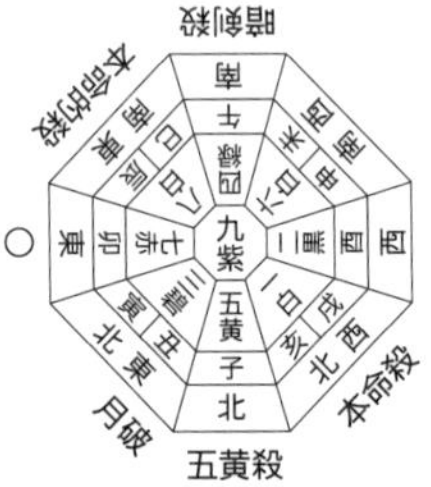

歳破→南西
年で暗剣殺→北西
年で五黄殺→南東
年で本命殺→南
年で本命的殺→北

1木　●間違いに気付けばすぐ軌道修正
2金　○目上の引き立てで万事吉慶盛運
3土　◐一呼吸おく心のゆとりが安泰へ
4㊐　○弁当持参のデートで気分も新鮮
5月　◐油断せずにアドバイスを謙虚に
6火　◐順調な時こそ足元の見直し重要
7水　◎堅実さ冷静な対処で信用を得る
8木　⦶隠忍自重し好機到来待てば向上
9金　○良きパートナー得て物事順調に
10土　●執着が世間を狭く心を解放して
11㊐　○家計考え家族サービス工夫して
12月　◐偶然の出会い気が迷い心揺れる
13火　⦶外観より中身を磨き背伸びせず
14水　⦶交渉は和順愛語で人間関係作る
15木　⦶甘い言葉には乗らず慎重に対応
16金　⦶暑気払い深酒やめて体力を温存
17土　◐毅然たる姿勢で臨めば信頼回復
18㊐　○思いがけず誤解とけて幸せ実感
19月　●気が緩み窮地に陥るので注意を
20火　○果報は寝て待つゆとりが吉運ぶ
21水　⦶急ぎの仕事ほど慎重に対処して
22㊍　◎去る者追わず来る者は拒まずで
23㊎　◐状況の成り行き観察する目養う
24土　⦶いざ決断したら貫いて願望近し
25㊐　⦶日焼け後の肌のケア万全にして
26月　◐一歩後退二歩前進で取り組んで
27火　○友達と助け合って自他共に向上
28水　●願望は一日でならず入念に準備
29木　⦶子育て口の出し過ぎが悪影響を
30金　⦶天才とは努力する才能を持つ人
31土　◎親切が思いもせぬ形で戻り幸せ

一白

8月の運勢⦶小吉運

吉　方→なし
小吉方→なし
丙申八白土星の月

吉方○小吉方ともになし。お盆休みには親戚知己と絆深めご先祖様に感謝の心を。
凶方●北東＝欲が災いして物事が停滞。身内との関係悪化。南西＝職場内のトラブルや家庭不和。西＝遊興費がかさみ金運低迷。収入の当てが外れる。東＝右往左往させられて実り無し。

運勢／誘い誘われて良縁に繋がる実りの月。レジャーや飲食の集いなどで大いに盛り上がれそう。オンとオフを上手に切り替えて節度ある生活を。多忙でも家庭への気配り大切。意地を張らずに臨機応変に。財布の紐しっかり締めて。過食傾向なので腹八分で健康維持。

歳破→南西
年で暗剣殺→北西
年で五黄殺→南東
年で本命殺→南
年で本命的殺→北

1 ㊐ ◐予定は皆の希望を聞き実行して
2 月 ⦶雑音に耳を傾けず己の道を進む
3 火 ⦶仲間から外れて好結果になる日
4 水 ●強冷房は夏風邪の元温度調節を
5 木 ○人も物も金も充実満足感味わう
6 金 ●焦らず熟慮して現状維持に努力
7 土 ○相手の作戦に乗らぬ態度身守る
8 ㊐ ⦶休日仲間とBBQ《バーベキュー》で楽しい一日
9 ㊊ ◎日常のペース焦らず自然体が吉
10 火 ◐願望も良き協力者得て成就する
11 水 ⦶我を張らず子に従いうまく行く
12 木 ⦶相手の喜ぶ顔で笑顔がこぼれる
13 金 ◐背伸びせずマイペースが結果吉
14 土 ○夏休み思い出作りに家族旅行へ
15 ㊐ ●感謝の心が先祖に通じ運気好転
16 月 ○努力と忍耐で自己の立場を守る
17 火 ◐自分から歩み寄れば親交深まる
18 水 ○実るほど頭を下げる謙虚さ必要
19 木 ◐新規の事に手出しせず現状維持
20 金 ⦶気分一新し全力投球で運気上昇
21 土 ⦶食べ放題胃袋に合わせて八分で
22 ㊐ ◐安定調和を心掛ける意識が大切
23 月 ◎目立ち過ぎは妬《ねた》まれる危険性が
24 火 ●リズム狂わす恋愛身引き締めよ
25 水 ○縁の下の行動で隠れた能力発揮
26 木 ⦶高過ぎる願望一段下げると叶う
27 金 ◎誤解招くが終わり良くて全て吉
28 土 ◐自信を持った行動が共感を呼ぶ
29 ㊐ ⦶一人よりも複数の力で無限大に
30 月 ○余裕ある仕事のやり方で好結果
31 火 ◐失敗も早期に修正し汚名返上へ

☆めくっておみくじ【八十一番】――**吉**　仁の思いやりを周囲に示す。一家に和を図るのが幸いをもたらすとき。

一白　9月の運勢⦶小吉運

吉　方→なし
小吉方→なし
丁酉七赤金星の月

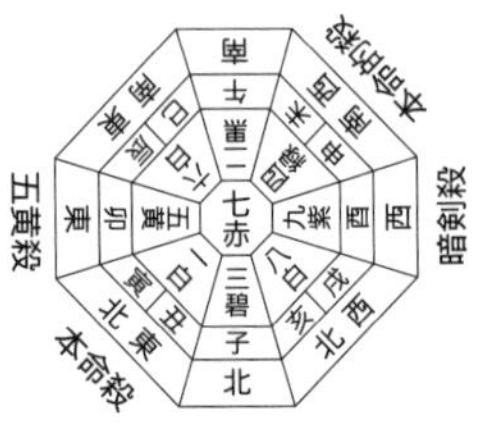

歳破→南西
年で暗剣殺→北西
年で五黄殺→南東
年で本命殺→南
年で本命的殺→北

吉方○小吉方ともになし。上手に気分転換し毎日の生活を生き生きと過ごして。凶方●西＝生活が華美になり浪費する。対人トラブル。東＝向上心無く何をやっても不調に終わる。北東＝親戚関係とのもめ事。関節痛。南西＝仕事に身が入らず能率低下。あきっぽくなる。

運勢／季節の変化と共に新規に目が向くものの、守りに徹して熟考を。思い通りにならぬ展開でも時機を待つ心のゆとりを持って。他者をうらやむことなく、謙虚に学ぶ姿勢で。家のことで出費が増えそう。金銭は今後に備えて予算を立てて。足腰、関節、腫れ物に注意。

1水　⦶気持ち切り替え新たなスタート
2木　●相手の我が儘制御すれば進展へ
3金　⦶誠実さと努力評価され運気上昇
4土　⦶無理のない体力作りを継続して
5㊐　◎神社仏閣散策デートで心を結ぶ
6月　◐先走らず周囲との協調に努めて
7火　⦶仕切りうまくても相手も立てて
8水　⦶甘味の食べ過ぎは肥満虫歯の因
9木　◐人の意見を取り入れ穏便に処理
10金　○諦めた片思いから努力で逆転を
11土　●深追い程々にプライドが傷つく
12㊐　○手料理で家族サービス点数稼ぐ
13月　⦶押して駄目なら引いて方向転換
14火　◎時流に乗る臨機応変さが開運へ
15水　◐周囲の感謝忘れぬ心が人望得る
16木　○不義理しない行動気配りが大切
17金　⦶内助の功認められやる気も倍増
18土　◐猿も木から落ちる譬《たと》え油断大敵
19㊐　○思いっ切り羽を伸ばして休息日
20㊊　●目下への注意は自分への戒めに
21火　○地道な努力の後は成り行き任せ
22水　◐急がば回れで安全確実な方法を
23㊍　◎目上と信頼関係深まり願望成就
24金　◐焦り禁物感謝の気持ちが吉運に
25土　⦶ボロ隠し見ても素知らぬ顔も愛
26㊐　⦶相手の美点を伸ばして夫婦円満
27月　◐益のない忙しさでも耐え忍んで
28火　○上がったら下がるが自然の摂理
29水　●規律乱す者には厳しい指導必要
30木　○スタミナ食で体力増強を図って

一白

10月の運勢○吉運

吉方→東
小吉方→なし
戊戌六白金星の月

吉方○東＝迷いが晴れて進む道が開ける。積極的に活動して交際範囲が広がる。凶方●北西＝不用意な発言で目上の怒りを買う。口論や喧嘩。南東＝欲深い言動から誤解を招き信用を失う。南＝法的なトラブル引き起こす。眼病を患う。北＝身近な友人と疎遠になり孤立。

運勢／周囲からも注目を集め実力発揮のタイミング。これまでの努力の結果が出せる時。好き嫌いを出さず、先輩や年長者に相談しながら孤立しないように進めて。読書の秋。芸術の秋、知的好奇心を満たし豊かな実りを。カード使用ご用心。立ちくらみや頭痛、血圧注意。

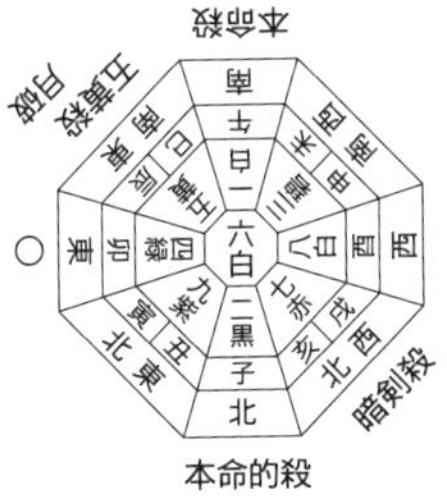

歳破→南西
年で暗剣殺→北西
年で五黄殺→南東
年で本命殺→南
年で本命的殺→北

1金 ⦶上司のミスをフォローし株上げ
2土 ◎思いがけぬプロポーズに胸躍る
3㊐ ◐暗くても努力の後には光が輝く
4月 ⦶ない時の辛抱ある時の節約の心
5火 ⦶無茶せず慣れたペースで淡々と
6水 ◐隠忍自重していれば誠意通じる
7木 ○良き協力者が得られ物事順調に
8金 ●図に乗り過ぎ自分を見失う恐れ
9土 ○気の合うグループで交友深めて
10㊐ ○良くも悪くもありのままの姿で
11月 ◎天の恵みで願望叶う先祖に感謝
12火 ◐繁栄の基礎は自分の役割完璧に
13水 ⦶目下の人材上手に使い目標達成
14木 ⦶苦労知らずは財布の紐甘くなり
15金 ◐親戚知人の相談聞き信頼を得る
16土 ○運気上昇の兆し気を引き締めよ
17㊐ ●ハイキング弁当作り気合が入る
18月 ○ダメなものは早く切り上げ退散
19火 ○開運の道は良き指導者で決まる
20水 ◎仕事や恋愛もリズムに乗れる日
21木 ◐病は口より入り災い口から出る
22金 ⦶難関に全力傾け正面から向かう
23土 ○包装ラベルより中身を検討して
24㊐ ◐行楽シーズンよそ見運転に注意
25月 ○元の仕事を復活して好結果得る
26火 ●部下への優しさ意見聞く寛大さ
27水 ○積極的行動は不利に現状固めて
28木 ⦶思いもかけぬ出会い理性保って
29金 ○目先の利より後の損得を考えよ
30土 ◐肩こり解消は体をメンテナンス
31㊐ ⦶不用品はリサイクル活用で処分

☆めくっておみくじ【九十三番】――半吉　魚は水があって生きるが、人は家業と技に打ち込むが中の位で満足を。

☆めくっておみくじ【十一番】――大吉　人気よし、才能よし、家業など成果多いとき。師や先輩の支援得る。

一白

11月の運勢●警戒運

吉　方↓東
小吉方↓西
己亥五黄土星の月

吉方○東＝新計画が発展する。意欲的になる。西＝小吉方。社交性を発揮し出会いが広がる。異性との縁も。
凶方●南東＝腐れ縁を断ち切れず。曖昧な態度で信用を失う。北＝悩みを抱えて引きこもる。健康を害する。南＝感情的になって失敗する。文書や印鑑のミスが。

運勢／諸事が思うように運ばずモヤモヤしがち。日常生活や仕事に手抜きをせず踏ん張って。背伸びしないで守りを固めて平穏無事に。家庭や親近者の世話苦労がのしかかるが辛抱を。心通う人間関係を育む好機。金銭面はやり繰り上手に。冷えに警戒。睡眠を十分に。

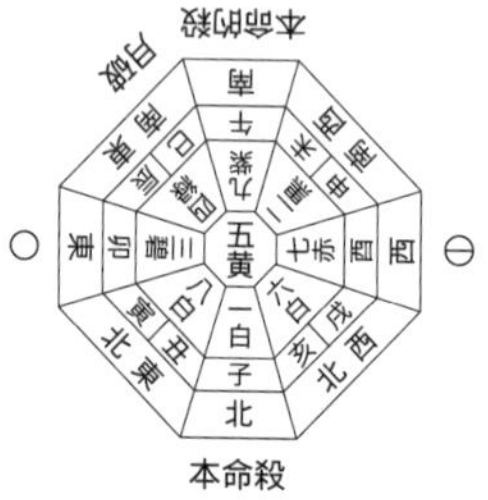

歳破→南西
年で暗剣殺→北西
年で五黄殺→南東
年で本命殺→南
年で本命的殺→北

1月　⦶新規の計画は見合わせるのが吉
2火　◐逆風克服強風を追い風に変えて
3㊌　○恋はじっくりチャンス到来待つ
4木　●健康管理には十分な気配り大切
5金　○遜《へりくだ》る気持ちがあれば運気も上昇
6土　◐現状に甘えず努力と和を心掛け
7㊐　◎ラブコール気軽に乗らぬ覚悟で
8月　●自惚《うぬぼ》れ強すぎると思惑外れそう
9火　⦶親しき仲でも礼節忘れれば破綻
10水　⦶一言多くて纏《まと》まる交渉ご破算に
11木　◐迷い決断できぬ時は視野広げて
12金　⦶目先にとらわれず方向転換せよ
13土　●人の振り見て自分の短所を矯正
14㊐　○子供と遊ぶ休日仕事の疲れ飛ぶ
15月　◐一獲千金を夢見ず地道な努力を
16火　◎運気の花が咲き実を結ぶ好調日
17水　◐一時の好調に驕らず心引き締め
18木　◐何事も程々にして手を打つべし
19金　⦶逆境は自分を磨くチャンスなり
20土　◐安請け合いは後に悔い残すのみ
21㊐　○一家団らんわが家でグルメ三昧
22月　●過労は一に睡眠二に食事で回復
23㊋　○ありがとうの一言が心和む癒し
24水　◐過度な期待は心焦る普通が一番
25木　○目上の引き立てあるも気緩めず
26金　●神仏に手を合わせ心落ち着けて
27土　⦶相手の言い分を聞く姿勢が大切
28㊐　⦶疲労回復には家でゴロゴロ充電
29月　◐独走を慎み周囲と和合を大切に
30火　⦶満つれば欠ける行き過ぎ戒めて

一白 12月の運勢⦶小吉運

吉　方→なし
小吉方→西
庚子四緑木星の月

吉方○西＝小吉方。飲食に恵まれる。目上との交際運ありビジネスチャンスも。**凶方**●南東＝誤解から評判を落とす。早合点で失敗。北西＝貴重品を無くす。南＝カード使用でトラブル。南西＝怠けグセがついて生活習慣が乱れる。北東＝見込み甘く変化の波に乗れず。

運勢／年の瀬で、雑用が多く気が急いても手抜きをしないで丁寧に取り組んで。独りで抱え込まず周囲にも声をかけ協力体制で正月準備を。頭を柔らかく臨機応変な思考でストレス軽減。リサイクル精神取り入れて。食事は規則正しく食休みとる。胃腸炎、持病再発注意。

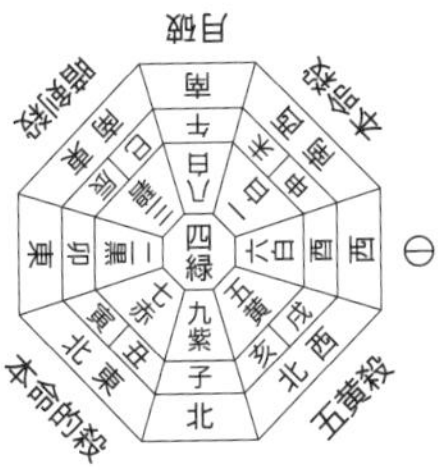

歳破→南西
年で暗剣殺→北西
年で五黄殺→南東
年で本命殺→南
年で本命的殺→北

1水　●一歩譲るスマートさ好感度UP
2木　○待つ身のつらさも修業と心得て
3金　⦶赤信号守らぬ飛び出し危険信号
4土　○備えあれば憂いなしで準備万端
5㊐　◐スクラム組む相手次第で運変化
6月　⦶防御は最大の武器なり忘れずに
7火　⦶あれこれ欲張らず常識を守って
8水　◐前途は山あり谷あるが目的達成
9木　○目移り気移りせず現状維持が吉
10金　●詐欺陰謀かからぬよう警戒注意
11土　○人望と好感度アップ嬉しい週末
12㊐　⦶流行品の衝動買い家計が火の車
13月　◎好調風吹くが維持する努力大切
14火　◐ボランティア予想できぬ収穫が
15水　⦶先祖のご加護に感謝込め合掌を
16木　⦶余計な事に手を出さず内部充実
17金　◐忘年会の二次会欠席で夫婦円満
18土　⦶変化移動は軽率に動かず慎重に
19㊐　●大掃除家族で分担早めに済ます
20月　○進退に迷ったら留まって安全策
21火　⦶表面平穏に見えて競争相手多し
22水　◎苦しみも人の協力得て悩み解消
23木　◐驕らない姿勢が信頼度アップに
24金　◐クリスマス酔いしれミスに注意
25土　⦶宴会で調子に乗り胃の負担増大
26㊐　◐心も届ける手作り年賀状仕上げ
27月　○急進は転倒の恐れ健全な着想で
28火　●一年の仕事締めきちんと終える
29水　○年末バーゲン無駄な買い物注意
30木　○奮発したお節が届き家族が感激
31金　◎家族揃って健康を祈る除夜の鐘

☆めくっておみくじ【三十一番】――**末吉**　鯤鯨《こんげい》（大魚）は時至れば鵬《オオトリ》になるという。大望あれどまだ遠い話。

二黒《じこく》土星《どせい》

●

警戒運

艱難辛苦
堅忍不抜

令和3年 辛丑六白金星
方位盤

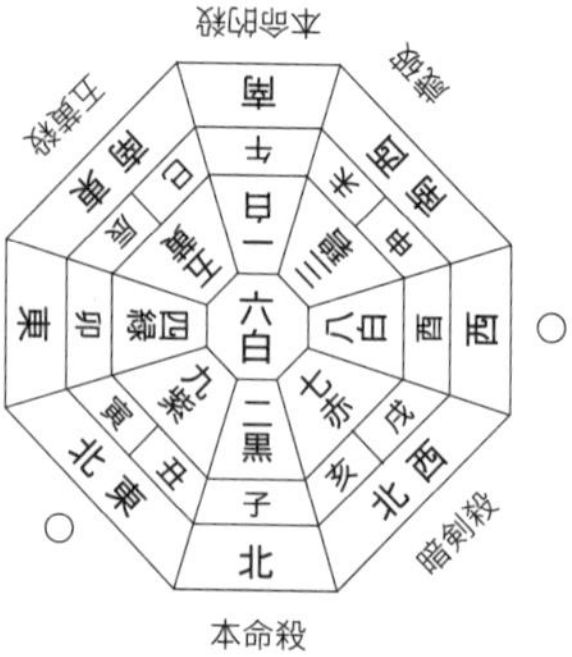

吉方→北東・西
凶方→北西・南東・南西・北・南

「北東」を吉方として活用すると、身内や親族間の蟠《わだかま》りが改善され、家庭内が明るくなります。土地や建物などの良い物件に巡りあって、不動産を手に入れることが可能になります。また、経験豊富な社交場が見つかります。**「西」**は、お金のことに関連して変化が起きます。貯蓄に目覚めて経済状態が見違えるほど好転。恋愛運も快調で、友達や身内の紹介でロマンスに発展。転居、引っ越し、海外、長期旅行は二月、十月、十一月節がお勧め。

性格と人生

堅実で真面目な性格で、陰ひなたなくコツコツと働くタイプです。奉仕精神があり、頼りになる補佐役として必要とされることも多いでしょう。温和で他人を押しのけても自分が出ていくようなことはありませんが、現実的な地に足のついた安定感を大切にするので、欲が強いと思われてしまうこともあります。しかし、決して利己主義的な欲ではなく、社会生活を営んでいく上で必要な欲と言えるでしょう。マイナス面としては、ときに依存心が強く決断力に欠ける場合があります。また、運気により事なかれ主義的な一面が強まります。

全般的な運の流れとしては、小を積んで大を為《な》す精神の粘り強い努力から、徐々に大成します。早くから芽が出るタイプではありませんが、しっかりと根差して上昇運に乗るでしょう。太陽の恵みを受けてはぐくみ育てる大地のように、人を立てて支えていく中で自らの土台を築いていくことができます。自分と他人を引き比べて焦ることなく、地道に歩んでいきましょう。

二黒土星生まれ

平成28年丙申
〃 19年丁亥
〃 10年戊寅
〃 元年己巳
昭和55年庚申
〃 46年辛亥
〃 37年壬寅
〃 28年癸巳
〃 19年甲申
〃 10年乙亥

2月4日以前生まれの人は三碧生まれで見ます

あなたの今年の運勢　二黒土星

衰運の極みを迎えて気力・体力が伴わず、藻搔《もが》けば藻搔くほど深みにはまります。水難、盗難に要警戒の年回りです。スキルアップに、資格取得や習い事に挑戦を。

◎商売運……積極策より安全策で様々なトラブルを回避しましょう。現状維持を得策とし、来年以降の飛躍のため、内部での技術革新や管理体制が功を奏する時です。

◎職場運……警戒運の影響から様々な障害が立ちはだかりそう。あれこれと試行錯誤を重ねても思うように行きません。派手な行動や不用意な発言には細心の注意を。

◎家庭運……無い物ねだりをしたり、取り越し苦労をして自分から負の波風を立てることに。問題解決は家族との会話。心を落ち着かせ冷静な姿勢で臨む心構えが大切。

◎恋愛運……出会いのチャンスも多いが、「帯に短し襷《たすき》に長し」。理想と現実のギャップを痛感する。高望みは本命との出会いを失うことに。現実を受け入れるのが吉。

◎金　運……低調です。想定外の出費に苦労が絶えません。高額な出費は止めて、質素倹約を心掛けましょう。

◎健康運……腎臓病、前立腺、膀胱炎に注意が必要です。悪化の恐れもあるので軽視せずに、早めのケアが得策。

寅の二黒の運勢／**23歳**は、自己啓発を心掛け、地道な精励を重ねていくことが肝要です。決して努力は裏切りません。継続は力なり。**59歳**は、生活のリズムが変わって体調にも変化が。身体を冷やし過ぎないように。お風呂にゆったり浸かりリラックス。

巳の二黒の運勢／**32歳**は、誤解を招くような行動に注意。善かれと思った事が却って仇になる時も。物質面より精神的な喜びに恵まれる。**68歳**は、対人関係を円滑に保ち、新しい趣味を見つけて生活にメリハリを。体力強化を図り、下半身の病気に要注意。

申の二黒の運勢／**41歳**は、体調管理を怠らない一年に。痛風や肝臓病の人は、過度のアルコール摂取は控えて、休肝日を設けましょう。**77歳**は、詐欺に用心しましょう。甘い話ほど疑ってかかり家族に相談を。交渉は、必ず第三者の立ち会いが必須条件です。

亥の二黒の運勢／**14歳**は、様々な問題や悩みからつい感情的に走りやすい傾向です。短気を起こさず、行動する前に深呼吸をして所作。**50歳**は、アクシデントに見舞われても冷静に対処することで、ピンチをチャンスに変えることが出来ます。裏取引は厳禁。

二黒

1月の運勢◐自重運

吉　方→なし
小吉方→北東
己丑六白金星の月

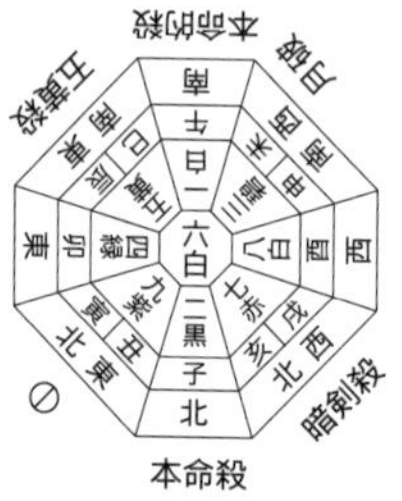

歳破・年で本命殺→南
年で暗剣殺→西
年で五黄殺→東
年で本命的殺→北

吉方○北東＝小吉方。現状や人間関係の好転が図れる。凶方●北西＝目上の反感を買い引き立てを失う。南東＝対応誤り取引き不調。信用をなくす。南西＝空回りばかりで実利無し。北＝冷えから体調不良。異性問題。南＝不正やごまかしから名誉を失う。文書のトラブル。

運勢／新春、素早いスタートを切りたいが手堅く慎重に進めて。計画を立てて努力を積み重ねる心構えで。単独行動より家族や友人と過ごす時間を大切にして心豊かに。焦らずに早めの行動で落ち着いて。金銭は予算を立てて倹《つま》しく。冷えは万病のもと。足元に注意。

1㊎　●夢大きく一年の計を文字で表現
2土　○開運の始まり氏神様への初詣で
3㊐　⦶外出は交通機関の状況確認して
4月　◎公私共に気分一新し活動を開始
5火　◐軽い運動で運動不足を解消して
6水　⦶仕事モードに脳のスイッチＯＮ
7木　◐健康と幸運を願い七草粥食して
8金　◐勘よりデータ重視で方針決めて
9土　○七福神巡り神仏の地縁で心豊か
10㊐　●人間関係も断捨離しスッキリと
11㊊　⦶新成人に愛を込めエールを送る
12火　○雑用を一気に片付け一日が充実
13水　◎絶好調日なので脇の甘さに注意
14木　◐健康維持に検査も必要と自覚を
15金　⦶何事にも責任感の強さで評価大
16土　⦶大黒様の笑顔真似して運を招く
17㊐　◐自分の身を守る防災グッズ点検
18月　◎ネット駆使し世界から情報収集
19火　○冒険心持って新しい世界へ挑戦
20水　⦶書類等の古い記録の管理が重要
21木　●防寒は下半身のケアが効果的に
22金　○新年会参加華やかメークで主役
23土　◐防火対策には常に意識を向けて
24㊐　⦶地方の銘品取り寄せ散財に注意
25月　⦶行動力より知恵を生かし勝負を
26火　◐好きな楽曲に没頭ストレス解消
27水　⦶紅茶緑茶ウイルス予防に期待が
28木　○アイデア浮かんだら即メモして
29金　◐コツコツ地味な努力が実を結ぶ
30土　●時には子供の意見聞き心通わす
31㊐　○神経質にならず明るい笑顔が吉

二黒

2月の運勢◐自重運

吉　方↓西
小吉方↓なし
庚寅五黄土星の月

吉方○西＝金回りが良くなり金銭的な余裕ができる。交際運が上昇して飲食の機会が増える。良縁に期待が。
凶方●南西＝落ち着きが無くなり途中で挫折。親しい間柄でギクシャクする。胃腸炎。北東＝親戚関係とのもめ事が発生。不動産や財産の管理運用で損失を出す。

運勢／早春、気分も上向き。新方針に意気揚々。独り合点では立ちいかずに投げ出す心配が。じっくりと自分を見つめ直して方向性の確認を。経験を生かし足元の基礎固めをして安泰。商品購入は要検討して。リフォームやリサイクル上手く取り入れ納得。胃腸疾患注意。

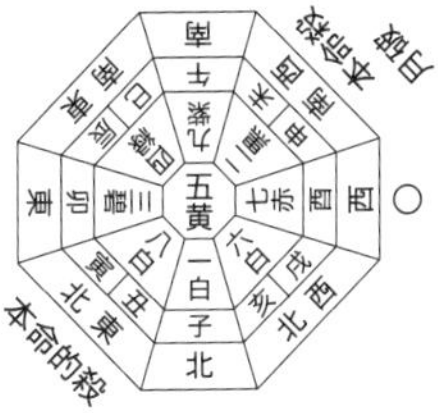

歳破→南西
年で暗剣殺→北西
年で五黄殺→南東
年で本命殺→北
年で本命的殺→南

1月　◐予定の変更は慎重な検討が必要
2火　◐豆まき厄を払って福を呼び込む
3水　⦶立春で気持ちを新たに心が躍る
4木　◐思いやりと感謝を態度で表して
5金　◎友達は財産仲間の支え幸運の鍵
6土　⦶ゲームや脳トレで若返り図って
7㊐　⦶肌の乾燥が心配保湿の手入れを
8月　●ひと呼吸おくと判断ミス予防に
9火　⦶スマホ使い過ぎ眼精疲労に注意
10水　◐迷ったら諦める選択もありそう

11㊍　⦶暴飲暴食止め腹八分で健康体に
12金　⦶驕りが運気低下の因に控えめに
13土　◐冬スポーツ観戦でパワーを吸収
14㊐　◎チョコの大盤振る舞い楽しんで
15月　○SNS発信は内容チェック必須
16火　⦶鍋料理で体感温度上げ体力強化
17水　●焦らず急がず丁寧に事を進めて
18木　○嫌な事ははっきりとNOサイン
19金　◐状況の変化を敏感に見極めよう
20土　○笑顔の対応が想定外の福を呼ぶ
21㊐　⦶観梅ツアー積極的に参加しよう
22月　◐花粉症と風邪予防にマスク必須
23㊋　◎行動力を生かし嬉しい情報あり
24水　○納税義務果たして心身が軽やか
25木　⦶ありがとうの一言運の低下防ぐ
26金　●シングルタスクで脳の疲労軽減
27土　○価値観の違う友との会話も大事
28㊐　●朝寝坊も良し十分な睡眠が必要

一点収集術

☆めくっておみくじ【五十八番】――凶　前途に邪魔者あり。強気の姿勢は進退が窮まりやすく、くれぐれも自重に。

◎大吉運　○吉運　⦶小吉運　◐自重運　●警戒運

二黒　3月の運勢○吉運

吉　方→北東
小吉方→なし
辛卯四緑木星の月

吉方○北東＝改革や転身の切っ掛けを得る。貯蓄に関する専門家の情報を活用。
凶方●南東＝信頼を失い悪い噂を流される。焦ってミスをする。北西＝自己過信から目上の反感を買う。貴重品紛失。西＝気が大きくなって散財する。東＝準備不足なのに手を付けて失敗。

運勢／積極性が増し活躍の時。これまで培《つちか》ってきた実力発揮のチャンス。迷わずに信念を持って進んで。周囲との交流が盛んになり良き仲間と足並みを揃えれば結果もより大きく。金銭面は計画性を持ち見えからの出費に警戒。ストレスやアレルギー、花粉症に注意。

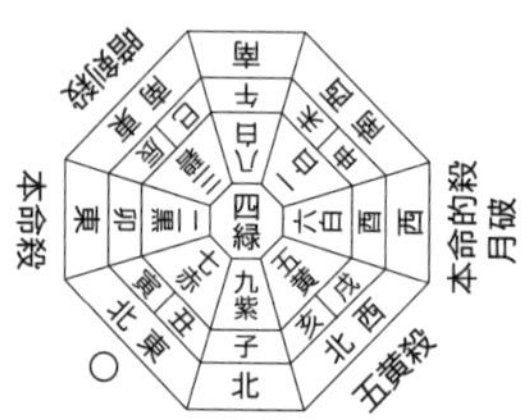

歳破→南西
年で暗剣殺→北西
年で五黄殺→南東
年で本命殺→北
年で本命的殺→南

1 月　○第一印象の爽やかさを意識して
2 火　⦶感謝を込めて恩師にプレゼント
3 水　◐ひな膳の華やかさほろ酔い気分
4 木　○積極的な外出で異性運上昇の日
5 金　○自信を持って新規企画の提案を
6 土　⦶春休み計画は家族の希望も考慮
7 ㊐　●困り事は早く相談しスッキリと
8 月　○サバの日サバメニュー楽しんで
9 火　◐自分の主張は論理的に説明して
10 水　⦶痛い出費は将来への先行投資と
11 木　⦶勝負運強いがギャンブルはＮＧ
12 金　◐過去にとらわれてはマイナスに
13 土　◎吉方位のプチ旅行で運の強化を
14 ㊐　⦶笑顔でチョコ倍返しに期待する
15 月　○映画や絵画の鑑賞で感性を磨く
16 火　●嫌な事も楽しむ工夫で半減して
17 水　⦶感情抑えた行動で無欲の勝利が
18 木　◐無理な要求は受け流すのが賢明
19 金　⦶式典は友人と共に喜び楽しんで
20 ㊏　⦶ご先祖様に花を供えて感謝の念
21 ㊐　◐ガーデニングで豊かな心が育つ
22 月　◎仕事も恋愛も良縁ありの良い日
23 火　○威力が増して良いアイデア続出
24 水　○力になる家族や友人に感謝示す
25 木　●若い世代と触れ合い意外な発見
26 金　○ＳＮＳアプリ活用で視野を拡大
27 土　◐生活習慣を見直しリセット図る
28 ㊐　◐グルメと花見で楽しさがダブル
29 月　⦶パワー全開発進前に準備が必要
30 火　◐結果よりプロセスの説明明確に
31 水　◎人との信頼関係が悩み解決の鍵

二黒

4月の運勢⦶小吉運

吉　方→北東
小吉方→なし
壬辰三碧木星の月

吉方○北東＝相続問題解決。実力ある後継者が見つかる。知識や技術を生かして転職。
凶方●東＝秘密が露見。周囲から孤立して馴染めない。西＝金運低下して困窮する。北西＝曖昧な態度で信用無くし引き立てを失う。南東＝傲慢な対応で取引不調、営業不振。腐れ縁トラブル。

運勢／夢や目標を胸に羽ばたくタイミング。仕事や人間関係も拡大傾向。進んで人の輪に入ってみて。わがままを出さずに協調性を持てば順調に。周りに流されず自己管理が必要。交際費を考慮して収支のバランスを図って。胃もたれ警戒して腹八分に。皮膚炎に注意。

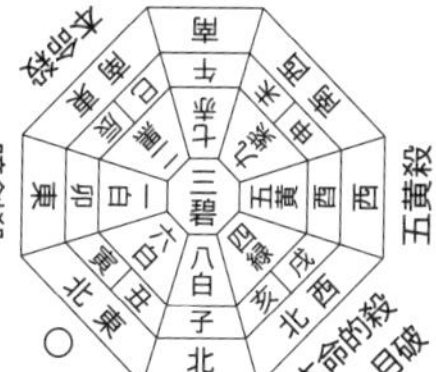

歳破→南西
年で暗剣殺→北西
年で五黄殺→南東
年で本命殺→北
年で本命的殺→南

1 木　◎挨拶は大きな声と笑顔を心掛け
2 金　○子供の入学式新学期の準備完了
3 土　●夜の外出コート持参すれば安心
4 ㊐　○木々の芽吹きに命の躍動感受信
5 月　◐スマホの住所録追加削除し整理
6 火　○投資の話は安易に乗らず熟考を
7 水　⦶楽しんでは運が逃げる努力が必要
8 木　◐不快感は笑いで追い払い平常心
9 金　○目的達成念願が叶う予感期待大
10 土　○全体運良好少しタフに動いて吉

11 ㊐　⦶連休の計画は穴場探して具体化
12 月　●スローペースの日足元を固めて
13 火　○口と頭の回転良すぎて警告あり
14 水　◐猪突猛進せず周囲と共同歩調で
15 木　⦶決断に迷ったらしばし静観せよ
16 金　⦶責任を最後まで果たし評価ＵＰ
17 土　◐挑発に乗らずに現状維持が大切
18 ㊐　◎友人仲間の輪広げ楽しい時間を
19 月　⦶予定を細かくチェックして動く
20 火　○交渉は成立するまで気を抜かず
21 水　●ダラダラせず早めに切り上げて
22 木　⦶目上に対し言葉遣い注意が必要
23 金　◐猿も木から落ちる油断大敵注意
24 土　⦶金運のツキあり貯蓄にまわして
25 ㊐　⦶自分流のスポーツ楽しみ春満喫
26 月　◐連休前に行うべき事早めに着手
27 火　◎優れた指導力で能力発揮し打開
28 水　○慌しい日丁寧な対応心掛けて吉
29 ㊍　○家族友人と森林浴が至福の時間
30 金　◐疲労回復は体と足をマッサージ

二黒土星　☆めくっておみくじ【四十五番】――**大吉**　世間を渡るには知恵と度胸がほしい。名を上げ地位を得るなど見込みあり。

☆めくっておみくじ【十八番】――吉　万事に旧事や旧弊を改める。夏から秋にかけて進展し蓄財の好機です。

二黒

5月の運勢◐自重運

吉　方→なし
小吉方→東
癸巳二黒土星の月

吉方○東＝小吉方。勘が冴え斬新なアイデアが生まれる。知性豊かになり学業成績が向上。新たな良縁あり。**凶方**●南西＝家族や身近な人間関係でもめ事。過去の問題が蒸し返す。北東＝目先の欲から親戚とトラブル。北西＝言葉に配慮を欠き目上と対立。注意不足で怪我。

運勢／世話苦労が多いとき。多方面への気配りや責任を課せられて気持ちが重い。周囲のお気楽さに何かとイライラさせられるが、忍耐強く現状維持で。何事も控えめに過ごして心身の疲れを軽減。金銭はやり繰りを心掛けて予算内に抑える。十分な休息をとり体力温存。

歳破→南西
年で暗剣殺→北西
年で五黄殺→南東
年で本命殺→北
年で本命的殺→南

1土 ○苦手なプレー反復練習で壁破る
2㊐ ◐渋滞覚悟の道路状況でも安全に
3㊊ ⦶外遊び後は紫外線ケア実行して
4㊋ ⦶地域の安全防災マップで街点検
5㊌ ◐菖蒲湯につかり疲れた体を癒す
6木 ◎仕事モードにスイッチ切り替え
7金 ○メディア情報は真偽の確認必要
8土 ○家族の問題でイライラしないで
9㊐ ●手作り筍《たけのこ》ご飯で母の笑顔に感謝
10月 ○上司にはノーと言いにくい一日
11火 ●他人には口出しせずに傍観して
12水 ⦶バランス良い食事で体調管理を
13木 ⦶興味があればすぐチャレンジを
14金 ◐心穏やかに天の声に耳を澄ませ
15土 ○仲間や友人に支えられて幸運日
16㊐ ◎アートに触れ若い感性が刺激的
17月 ⦶主張を整理して発言すると通る
18火 ●独りの時間落ち着く余裕が大事
19水 ○努力が実る日自信ある行動が鍵
20木 ◐甘く見ると失敗招き痛い思いを
21金 ⦶和菓子と新茶の香りで幸せ気分
22土 ◐若者のペースだと負担が大きい
23㊐ ◐体型チェックし夏に向けて準備
24月 ◎公私共に多忙アプリ活用好結果
25火 ⦶デマに惑わされず冷静な判断を
26水 ○梅雨を迎える準備と点検怠らず
27木 ●集中力欠けがち忘れ物に要注意
28金 ⦶一点集中的《まと》を絞ると好結果出る
29土 ◐家具の移動で風通し良くしよう
30㊐ ⦶たまには衝動買いで気を紛《まぎ》らす
31月 ◐目下を当てにせず自力で解決を

二黒

6月の運勢◐自重運

吉　方↓なし
小吉方↓東
甲午一白水星の月

吉方○東＝小吉方。創意工夫のヒント得る。改革精神で物事に取り組んで進展。
凶方●北＝投機で損失を抱える。パワハラに遭う。南＝高圧的な態度で立場を悪くし、悪目立ちする。北西＝強気で暴走し反感を買う。南東＝考え方や金銭感覚が異なる人間関係に苦労する。

運勢／意気盛んに強気で押していきたいが、落とし穴ありご用心。目上には真心と誠意を尽くし、耳の痛い助言も謙虚に受け止めて。自分の事ばかりでなく他人の事も思いやれるよう心に余裕を。金銭面は散財傾向。ギャンブルにツキ無し。頭痛やケガ、交通事故に注意。

1火　◐片意地を張らず大らかに過ごす
2水　◎知識より知恵生かして難題解決
3木　○善は急げスピード感が好結果に
4金　○夏向きクールビズで動きが快調
5土　●何事にも時間の余裕考えて行動
6㊐　○エアコン掃除でカビの防止対策
7月　◐友人同僚の好意は素直に喜んで
8火　⦶見えを張り出費大きく後悔残る
9水　⦶全て順調も脇の甘さが落とし穴
10木　◐人を当てにすれば悩みが尽きず

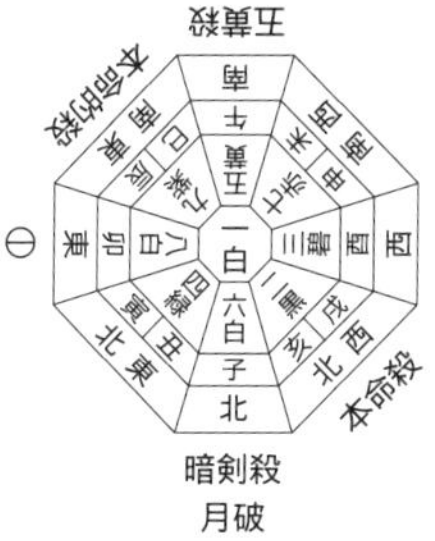

歳破→南西
年で暗剣殺→北西
年で五黄殺→南東
年で本命殺→北
年で本命的殺→南

11金　◎先頭に立って指導力を発揮する
12土　○未知の体験できるイベント参加
13㊐　○紫陽花スマホでパチリと大傑作
14月　●行き詰まり感じたら初心に戻る
15火　⦶おしゃれ楽しみ梅雨の不快排除
16水　●お金や人が不足に現状維持守る
17木　⦶季節の食材積極的に食して元気
18金　⦶アニメの世界に触れ異次元体験
19土　◐冷蔵庫の過信注意食中毒に警戒
20㊐　○優しい笑顔でハグして父へ感謝
21月　○ユニークなアイデアで実力発揮
22火　⦶やるべき事は丁寧に手を抜かず
23水　●寝具を除湿して心地よい睡眠を
24木　⦶上司先輩の言葉受け流して安泰
25金　◐計画を詳細に見直し無駄を省く
26土　◐人との触れ合い思いやりが大切
27㊐　⦶趣味楽しみ心身をリフレッシュ
28月　◐自慢話はＮＧ楽しい話題を提供
29火　◎プレゼンで実力以上の能力発揮
30水　⦶晴れ間に一歩外へ体力作り実行

☆めくっておみくじ【七十四番】――凶　みくじに蛇と虎の交わり、牛の二尾など異例の驚事で、争いと損失に用心か。

☆めくっておみくじ【三十七番】――末吉　霧や雲が去るのを待つが、心に迷いがあり、問題抱えて長引く見通し。

二黒　7月の運勢⦶小吉運

吉　方→なし
小吉方→なし
乙未九紫火星の月

吉方○小吉方ともになし。旅行先が吉方位になる人に従って充実した夏旅を。

凶方●南＝良くない噂を流されて名誉失墜。北＝表沙汰に出来ないトラブルに巻き込まれる。北東＝時期尚早な見切り発車で停滞する。西＝金銭面で困窮する。東＝気の緩みから失敗する。

運勢／ホッとひと息、プライベートを充実させて夏を楽しんで。交際面は実り多いが、他人をうらやむことが無いよう我欲を制して。周りとの絆が育ち有力者との縁も期待できる。和の精神で。腐れ縁的な異性関係には警戒。流されずに。偏食せずに腹八分で健康管理。

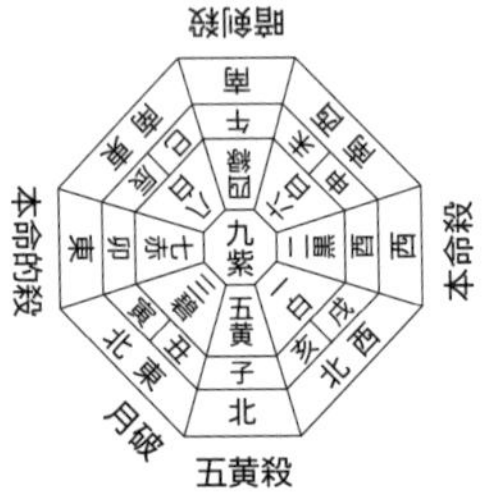

歳破→南西
年で暗剣殺→北西
年で五黄殺→南東
年で本命殺→北
年で本命的殺→南

1木　○見た目も涼しげなインテリアを
2金　●思いがけぬトラブル発生の予感
3土　⦶目の疲れアイマスクで緩和して
4㊐　◐家族との外出でイライラは禁物
5月　⦶財布の紐を引き締め堅実生活を
6火　⦶柔和な態度で円滑な人間関係を
7水　◐個々の能力を分析して業務分担
8木　◎公平な判断力に信望が集まる日
9金　○難しいノルマ達成で気持ち充実
10土　○胃腸に負担の少ない食品を摂取
11㊐　●認められなくても努力継続して
12月　○上司のアドバイスが打開への鍵
13火　◐無理な投資が自らを追い詰める
14水　⦶状況を正確に判断して失言慎む
15木　⦶仕事を甘く見ず真摯に向き合う
16金　◐飲み会より子供との交流を優先
17土　○さり気ない優しさが心を癒やす
18㊐　●鍛錬を積み重ねてこその満足感
19月　○ドライブかたがたグルメ巡りに
20火　○一駅前から歩く習慣で肥満防止
21水　◎感じが良い接客で売上げも上々
22㊍　◐意見が相違しても直球勝負NG
23㊎　⦶暑さで体力消耗もビールで爽快
24土　⦶楽しい会話と食事でデート満喫
25㊐　◐大きな買い物は独断で決めずに
26月　○カッカせず気を長く持って対応
27火　●不測の事態に備え内部を固めて
28水　⦶交渉は用意周到に複数プランを
29木　○やる気満々でも慌てずじっくり
30金　◎積極的に交流を深めて婚活開始
31土　◐空に舞う花火の競演に心も踊る

二黒

8月の運勢◐自重運

吉　方↓なし
小吉方↓東
丙申八白土星の月

吉方○東＝小吉方。活気づき堂々と実力発揮。周囲からも慕われて応援される。凶方●北東＝物事が行き詰まって停滞。マンネリ化して堂々巡りに。縁故関係の不和。南西＝身近な相手に横柄な態度でもめ事発生。古い問題が再浮上してゴタゴタが長引く。胃腸の不調。

運勢／身辺に変化の波あり落ち着かない。性急に行動に移したくなるがグッとこらえ守りの姿勢でいく。現状を見直して将来展望を再構築。上から目線は周囲との軋轢に。親戚問題に深入りするとトラブル心配。家のことで出費が多い。腰痛や段差のつまずきに注意。

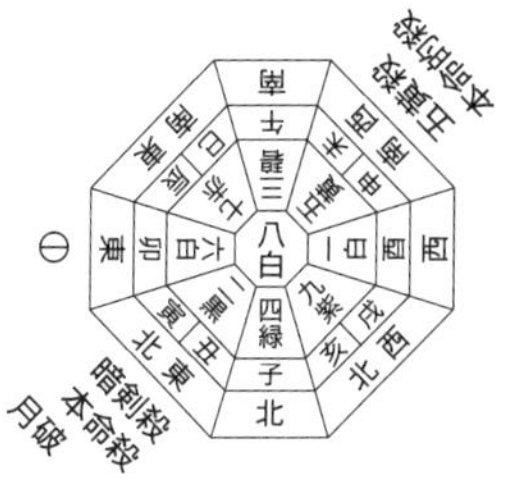

歳破→南西
年で暗剣殺→北西
年で五黄殺→南東
年で本命殺→北
年で本命的殺→南

1 ㊐ ◐多忙でも救いの手を差し伸べて
2 月 ⦶緊張感を持って誘惑には乗らず
3 火 ◐頑固を自重し穏やかに家族会議
4 水 ⦶目線を下げて周囲と親和を図る
5 木 ●悩むより失敗を糧とする逞しさ
6 金 ○早暁に白湯を飲み消化力を強化
7 土 ○赴任先からの手土産で一家団欒
8 ㊐ ◎訓練を積んで山ガールデビュー
9 ㊊ ●言葉と裏腹な行動の人にご用心
10 火 ⦶社内では目上と歩調を合わせて
11 水 ◐趣向を変え恋人とナイトプール
12 木 ◐暑い時期デオドラントで快適に
13 金 ○お盆前に書類チェック念入りに
14 土 ●帰省の渋滞に巻き込まれて閉口
15 ㊐ ⦶故郷で旧友と再会して喜色満面
16 月 ○自然の中で学ぶ子供の姿に感慨
17 火 ◎ＳＮＳで有益情報キャッチして
18 水 ◐オンオフの切り替えしっかりと
19 木 ⦶長い目で部下の成長を見守って
20 金 ⦶一致団結して情実人事に不同意
21 土 ◐出費が重なったら贅沢は控えて
22 ㊐ ○サングラスで目の負担和らげて
23 月 ●体調の悪化はクーラー病が一因
24 火 ⦶プレゼンにはあと一捻り工夫を
25 水 ○顧客データを活用して営業活動
26 木 ◎基礎の蓄積で応用力を発揮して
27 金 ◐親戚との付き合いを大切にして
28 土 ⦶外出時は紫外線ケア欠かさずに
29 ㊐ ⦶ヘアスタイルを変えて気分一新
30 月 ◐足腰の痛み緩和に冷シップして
31 火 ○日暮れの早さに秋の足音感じる

二黒土星　☆めくっておみくじ【五番】――**凶**　目前に難問が横たわるが上手に回り道、人の助言に救われて喜ぶ。

二黒

9月の運勢⦶小吉運

吉　方→なし
小吉方→なし
丁酉七赤金星の月

吉方○小吉方ともになし。思い付きで行動せずにプランを練り余裕のある日程で。**凶方**●西＝約束の不履行で口論に。生活が派手になり多額の出費。東＝行き詰まって先細りに。挫折する。南＝分を弁えず調子に乗って悪目立ち。頭痛。北＝うまい話に踊らされて失敗。

運勢／日々の努力の結果に手応えあり。真面目な取り組みが周囲から評価される。秘密主義は運を落とす一因。正々堂々と裏表ない言動を。書類や契約事には細心の注意を払って。金銭面はカード購入で予算オーバー警戒。明細チェックを。帽子で残暑除け。血圧、眼病注意。

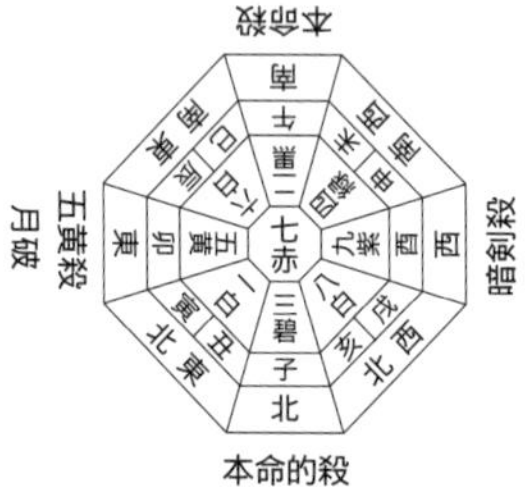

歳破→南西
年で暗剣殺→北西
年で五黄殺→南東
年で本命殺→北
年で本命的殺→南

1水　●先方から返事が来なくても我慢
2木　○妻への気遣いが家庭円満の秘訣
3金　○焦らずミスのない資料作成して
4土　◎会話に花を咲かせ女子会ランチ
5㊐　◐つまらぬ一言から口論に発展へ
6月　◐強気も度が過ぎると自身の損失
7火　⦶下準備を万全にして具体案提示
8水　◐頑固を慎み協調する姿勢が大事
9木　○繰り返しの作業が腕を磨く礎に
10金　●即決せず実情を鑑《かんが》みて決断して
11土　○食生活を見直して健全な体作り
12㊐　⦶大人数キャンプで家族サービス
13月　◎育てた人材が実力発揮し大活躍
14火　◐虫歯の痛みは早めの手当て必要
15水　⦶異を唱える発言も言葉は慎重に
16木　◐思い込まず報連相で確実に回答
17金　◐筋力アップし基礎代謝を上げる
18土　○スキンシップが争い回避に一役
19㊐　●勝って驕らず負けて腐らぬ精神
20㊊　○祖父母の好きなお酒で食卓囲む
21火　⦶寛大な心が後輩に好かれる所以《ゆえん》
22水　◎面倒な交渉を纏めて評価アップ
23㊍　◐ご先祖様のご加護に感謝し合掌
24金　⦶気力が満ち溢れて公私共に充実
25土　⦶趣味のお菓子作りにチャレンジ
26㊐　◐半身浴でお手軽デトックス実践
27月　○付かず離れずの距離感を大切に
28火　●万策尽きても焦らず腐らず努力
29水　○細く長い積立貯金を始める好機
30木　⦶周囲に流されず信念を貫く志を

二黒

10月の運勢●警戒運

吉　方↓北東・西
小吉方↓なし
戊戌六白金星の月

吉方○北東＝運を切り替える改革のヒントを得る。西＝交流が盛んになり実力者との縁が。お金に余裕が。
凶方●北西＝話に乗って損害。言いがかりを付けられ喧嘩に。南東＝不注意なミスで信用を失う。北＝悩み深くストレス過多。南＝ねたみや裏工作から争いに。

運勢／気苦労が多く弱気になりやすい。無理やり頑張ろうとせず普段通りの生活を大切に。協調精神で家族や身近な人との心通う絆を育てて。読書の秋、外に向かうより自己充実のひと時を。金銭面は内々の儲け話に警戒。騙されぬよう用心。足腰の冷え、耳の不調注意。

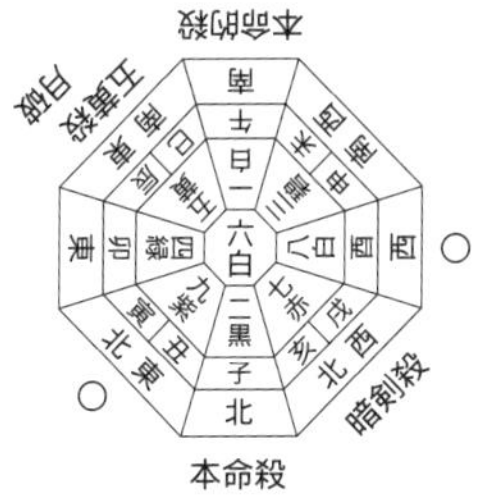

歳破→南西
年で暗剣殺→北西
年で五黄殺→南東
年で本命殺→北
年で本命的殺→南

1金 ◎調和を図って着実に前進をする
2土 ◐心配性を克服しノンビリ子育て
3㊐ ⦶行楽プランは女性主体がベスト
4月 ◐高をくくっていると痛手を負う
5火 ◐落ち着いて仕事を確実に丁寧に
6水 ○個人情報管理に指紋認証を導入
7木 ●一つ対処を誤れば総崩れの危機
8金 ⦶花金の夜は仲間と語らい食事会
9土 ○母娘との喧嘩はスイーツが仲裁
10㊐ ◎噂話を聞き流し堂々と振る舞う
11月 ◐運動嫌い返上し成人病封じ込め
12火 ◐意固地にならず同僚と結束して
13水 ⦶厳しい叱責にもめげず一念発起
14木 ●不平不満は感謝の気持ち欠如で
15金 ○意中の人に勇気もちアプローチ
16土 ●煩《わずら》わしい指摘はやんわり伝えて
17㊐ ⦶本音で話し合って蟠《わだかま》り解消して
18月 ○蓄えた知識に称賛が集まる好日
19火 ○誰にでも同じ態度で好感度ＵＰ
20水 ◐作業手順は現状維持を厳に守る
21木 ⦶辛い職務も逃げずに立ち向かう
22金 ◐アイコンタクトが二人の会話術
23土 ◐減量メニューで膝の動きも軽快
24㊐ ⦶目上の忠告で改善点の糸口掴む
25月 ●成果を上げられず実力不足露呈
26火 ⦶少額でもお金を有効に活用して
27水 ○時間にゆとりを持って取引先へ
28木 ○日々の営業努力で課題をクリア
29金 ●親しい仲でも金銭貸借は控えて
30土 ◐通販で不要な物品購入は控えて
31㊐ ⦶美食より粗食を旨とする心掛け

二黒土星　☆めくっておみくじ【二十三番】――**半吉**　矢は真っ直ぐに的を貫く。高望みは手に届かない、小さく的を絞る。

二黒　11月の運勢⦶小吉運

吉　方→西
小吉方→なし
己亥五黄土星の月

歳破→南西
年で暗剣殺→北西
年で五黄殺→南東
年で本命殺→北
年で本命的殺→南

吉方○西＝交際が広がり趣味活動が充実。異性との良縁。金銭にゆとり生まれる。
凶方●南東＝迷いが多くチャンスを逃す。信頼関係に傷がつく。南西＝やる気を無くし怠惰な生活に。勤務態度が悪化する。北東＝欲が絡んで親族とゴタゴタ。不動産や相続のトラブル。

運勢／堅実にコツコツと積み重ねて将来に備える。後方支援の地味で目立たぬ立場だが、必ず見ている人はいる。基礎作りを怠らずに時機を待って。金銭は節約第一で衝動買いに警戒。食事はおふくろの味的メニューを増やしてバランス良く。胃炎や古い病気の再発注意。

1月　◐柔軟な考え方が視野を広げる元
2火　⦶PCのタッチミスで書類不備に
3㊌　●措置が後手に回り被害が再拡大
4木　○向上心を保ち地道な研究を継続
5金　○お得意様から高い評価受け安堵
6土　◎美術館を巡って芸術に親しんで
7㊐　◐段取りスムーズに運ばず苦戦に
8月　⦶融資の決め手は返済能力の有無
9火　⦶食欲旺盛でも暴飲暴食は慎んで
10水　◐現状見つめ創意工夫で再起誓う
11木　○印鑑の取り扱い保管管理厳重に
12金　●オレオレ詐欺撃退は家族で相談
13土　⦶温暖化の影響受け紅葉も一休み
14㊐　⦶和やかな雰囲気の中で読書堪能
15月　◎長年の修業で技のスキルアップ
16火　◐ベテラン社員と時間かけて融和
17水　◐煩雑な時も攻撃的言葉は控えて
18木　⦶伝達事項は要点を纏めて簡潔に
19金　◐改革案提出も現状では時期尚早
20土　○アロマの香りで心身リラックス
21㊐　●調子に乗ると足元をすくわれる
22月　○肩書に左右されず偏らず審査を
23㊋　○不自由ない生活の有り難さ実感
24水　◎試行錯誤を繰り返し新商品開発
25木　◐個人の適性を生かして人員配置
26金　⦶謙虚な態度が幸運生かす原動力
27土　⦶天地が育んだ食物を大切に頂く
28㊐　◐有酸素運動で痩せやすい体質に
29月　○細かい事も手抜きせず目標達成
30火　●独りで悩まず家族と話し合って

二黒

12月の運勢○吉運

吉方→北東
小吉方→なし
庚子四緑木星の月

吉方○北東＝蓄財に弾みがつく。親戚関係との話し合いで関係改善、問題解消。
凶方●南東＝誤解が重なり信頼関係を損ねる。北西＝自信過剰になり目上との関係にひび。南＝我欲から周囲と摩擦。東＝優柔不断で失敗。西＝尊大な態度で周囲から疎まれる。金運低下。

運勢／多忙な年の瀬、早めの計画と準備で波に乗る。独走せずに周りと歩調を合わせれば結果も上々。不明瞭な点をはっきりさせて情報の共有を。知恵者のアドバイスに耳を傾けて。金銭面、迷ったら購入を見送り吉。通販を上手に利用する。のどの痛み、肝臓に注意。

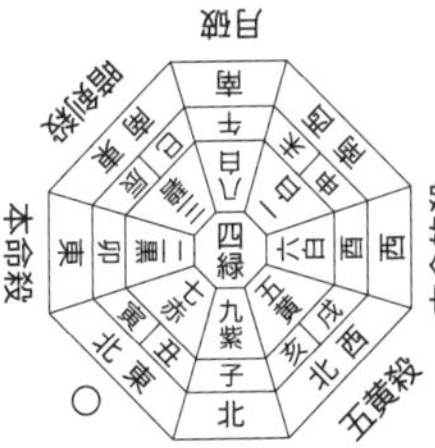

歳破→南西
年で暗剣殺→北西
年で五黄殺→南東
年で本命殺→北
年で本命的殺→南

1 水 ○無駄な支出より教育費に重点を
2 木 ○効率を重視し事務作業を細分化
3 金 ○風邪予防に手洗いウガイを徹底
4 土 ◐夫婦水入らずでスポーツ観戦へ
5 ㊐ ⦶相手の好みを考えてお歳暮選び
6 月 ○安請け合いせず断る勇気も必要
7 火 ◐階段で足を踏み外さぬよう注意
8 水 ⦶有価証券の売買リサーチ入念に
9 木 ●目下との意思疎通は忍耐力要す
10 金 ○苦労を共にし仲間と一献味わう
11 土 ⦶子の求めに応じ外食とカラオケ
12 ㊐ ◎年賀状の準備は早めにして安心
13 月 ◐窓から漏れる灯にほっこり気分
14 火 ⦶自ら手本を示して指導力を発揮
15 水 ⦶アイデア分け隔てなく採用して
16 木 ◐柔軟に思考を取り入れ職務遂行
17 金 ◐質の良い睡眠と食事で健康管理
18 土 ●悔しくても我慢我慢で上昇運に
19 ㊐ ○妻の号令に従って家族で大掃除
20 月 ○フットワークの良さ人気の的に
21 火 ◎一年の謝意を込めた挨拶回りを
22 水 ◐南瓜《カボチャ》を食し柚子《ゆず》でリフレッシュ
23 木 ◐ながらスマホは交通事故の一因
24 金 ⦶イブの夜は予約のケーキと帰宅
25 土 ◐枕元にそっとプレゼントを置く
26 ㊐ ⦶生姜スープで体の芯から温めて
27 月 ●自由過ぎる部下の手綱を締めて
28 火 ○勤勉な戦士も一息つく仕事納め
29 水 ○人波に押され正月用品買い出し
30 木 ◎おせち料理は母の教えを参考に
31 金 ◐除夜の鐘声《しょうせい》に一年の煩悩を反省

☆めくっておみくじ【九十七番】——凶　目の前に霧が出るが後晴れるまで待つのが利口。人の誤解と不利益用心。

三碧《さんぺき》木星《もくせい》

小吉運

一簣《いっき》之功《のこう》
勤倹力行

令和3年 辛丑六白金星
方位盤

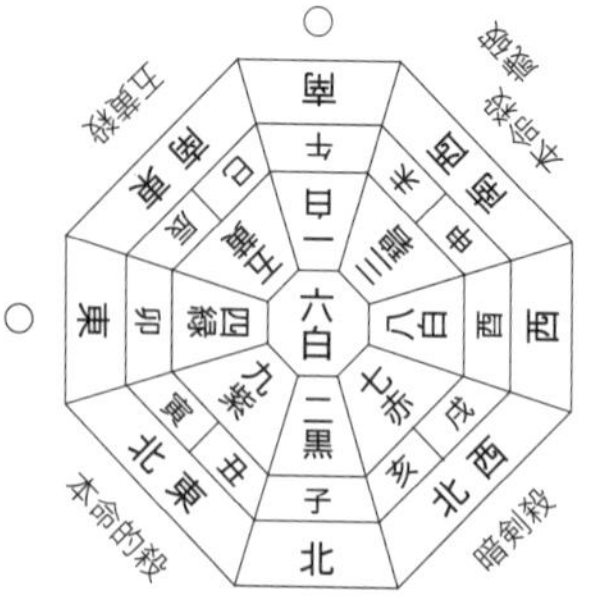

吉方→東・南
凶方→北西・南東・南西・北東

「東」を吉方として活用すると、活力が生まれ気持ちが前向きになり、躍動感に満ち溢れます。今年の東は、物事を整える四緑木星が回座しているので、恋人募集中の方はぜひ有効に活用して下さい。転居、引っ越し、海外、長期旅行は、五月、十月節の最大吉方が◎。

「南」は、頭脳明晰になって活動力に目覚めます。感性が豊かになり芸術性が高まり美を極めるには大変効果があります。昇進試験や資格取得試験にも有効な方位です。

性格と人生

明るく積極的な性質で、成長していく樹木のように元気よく活発なタイプです。好奇心旺盛で頭の回転が早く、人に先んじて進みます。親切ですが潔癖で几帳面な一面も。自分のペースで進もうとするので、自我を出しすぎると対人面で波風を立てたり軽率な一面が出ることがあります。マイナス面としては、寂しがりやのくせに好き嫌いが激しく、無愛想で短気に接する面が。周りの反感を買わぬように口の災いにも注意が必要です。

全般的な運の流れとしては、冒険心と若さ、行動力を持っているため、若いうちから好機を得て頭角を現します。早くから成功する人もいるでしょう。また、その一方で、一足飛びに成果を求めていくので運勢に好不調の波がはっきり出がちです。社会的には有能さが評価されて一目置かれますが、財より名を得ます。初年運タイプなので、四十七歳頃までに基礎を固める方針で後半生の安泰を図りましょう。

周囲との和を大切にして才能を開花させましょう。

三碧木星生まれ

平成27年乙未
〃 18年丙戌
〃 9年丁丑
昭和63年戊辰
〃 54年己未
〃 45年庚戌
〃 36年辛丑
〃 27年壬辰
〃 18年癸未
〃 9年甲戌

2月4日以前生まれの人は四緑生まれで見ます

あなたの今年の運勢　三碧木星

低迷期を抜け出し漸《ようや》く運勢も好転する兆しが見え始めましたが、本年は歳破神が同体する影響で、成就間際で暗礁に乗り上げる事案も。最後まで手綱を緩めないで。

◎商売運……地味でありながらも足元を固める時。今年の頑張りが来年、再来年の更なる飛躍に。人材派遣も積極的に、手腕のある人を探すことが出来るかが鍵になる。

◎職場運……勤労意欲が高まり、地道な取り組みが功を奏する。自分の進むべき方向性をしっかり見定めて、情報収集を怠らず、どう分析出来るかが成功への礎になる。

◎家庭運……身近な事に煩わされる時なので、実家・家族の中で様々な問題に直面しますが、みんなで話し合って解決することで、より一層家族の団結力が高まります。

◎恋愛運……好調です。友達からの紹介や、旅行先での運命的な出会いに期待が膨らむ。上手にアピールしましょう。長い間交際を重ねてきた人は、ゴールも間近。

◎金　運……全般的に概ね安定していますが、浪費は自粛。旅行などの遊興費を確保するためにも日頃から節約。

◎健康運……消化器系疾患、アレルギーやウイルス性の感染症に要注意。ちょっとした油断から大病に、用心。

丑の三碧の運勢／**24歳**は、下積みの苦労が今後のステップアップの足掛かりになる年。縁の下の力持ちに徹して実力を養いましょう。**60歳**は、母親や妻の問題がクローズアップしそう。独りで悩まず見識者のアドバイスをチョイスして問題解決の糸口に。

辰の三碧の運勢／**33歳**は、労働意欲が旺盛になりしっかりとした土台作りが大切な一年に。チームワークを心掛け来年以降さらなる躍進。**69歳**は、ボランティア活動や地域活動に力を注ぎましょう。慈愛の精神が高評価に。胃腸病、皮膚病の悪化に要注意。

未の三碧の運勢／**6歳**は、遊びに夢中になって危険が伴うので、怪我に用心。**42歳**は、対人関係に注意を払いましょう。変なうわさ話や誹謗中傷に惑わされないように。自分のペースで堅実に。**78歳**は、呼吸器疾患に気をつけ、持病の再発に楽観視せず。

戌の三碧の運勢／**15歳**は、前半より後半に成績が伸びてきます。今の踏ん張りがやがて大輪の花へと導きます。玉磨かざれば光なし。**51歳**は、過度なストレスや暴飲暴食から胃腸に負担をかけ過ぎています。健康を最優先とし早めに人間ドックがお勧め。

☆めくっておみくじ【六十五番】——末吉 まだ苦労があるが一陽来復を待てばよく、先々にいくほど花開くもの。

三碧

1月の運勢◐自重運

吉　方→なし
小吉方→なし
己丑六白金星の月

歳破→南
年で暗剣殺→西
年で五黄殺→東
年で本命殺→北
年で本命的殺→南

吉方○小吉方ともになし。夢や計画の実現を願って、家族や親しい仲間と初詣。

凶方●北西＝投機事で大損。目上に疎まれて辛く当たられる。南東＝信頼を損ない取引不調。婚活が不調。南西＝話に実が伴わない。やる気を無くす。北東＝邪魔が入って停滞。身内と喧嘩。

運勢／初春、新スタートへ胸が弾む。情報過多でアレコレ目移りしやすいので目標を絞って、着実に準備を進める。周りとの人間関係を大切にして信頼を損なわないように。実家や親の問題避けて通れぬ。金銭面は交際費節約。貸借は避けて安心。胃腸や風邪に注意。

1 ㊎ ○夢や希望など家族で話し合おう
2 土 ○新玉《あらたま》の決意のほどを書き初めに
3 ㊐ ⦶遠来からの音信に感慨ひとしお
4 月 ◐課題をクリアして次の目標設定
5 火 ⦶辛口意見も参考にし反省材料に
6 水 ⦶衝動的な浪費過多は後悔のもと
7 木 ◐偏食を補い栄養をバランスよく
8 金 ○元気いっぱい良いことありそう
9 土 ●胃腸障害は疲労から油断せずに
10 ㊐ ○我を通す前に周りの空気を察知
11 ㊊ ◎信用あり理性を働かせ前向きに
12 火 ○柳に雪折れなし柔軟対応が吉に
13 水 ◐責任転嫁されるので手出し無用
14 木 ⦶意固地にならず歩み寄れば解決
15 金 ⦶闇雲に競争しがち言動が災いを
16 土 ⦶欲張らず内容の充実が何よりに
17 ㊐ ⦶賭け事など金銭トラブルに注意
18 月 ◐机上プランで盛り上がるは尚早
19 火 ○後悔せぬよう意見や要望伝える
20 水 ◎順を踏みつつ仲間と歩調合わせ
21 木 ○中途半端に関わるより細く長く
22 金 ●立つ瀬なくも縁の下で気働きを
23 土 ○家族ゲーム競うは体力より知力
24 ㊐ ●偏見と頑固さなくし整理上手に
25 月 ◐主婦の労にねぎらいの声掛けを
26 火 ⦶ライバル多くても誠実さで貢献
27 水 ◐勇み足を抑えて周囲の状況判断
28 木 ○相手の気持ちを察して和やかに
29 金 ◎助け合いの精神に運も味方する
30 土 ⦶善行も積み上げてこそ認知され
31 ㊐ ●片意地張らず時には妥協も必要

三碧　2月の運勢○吉運

吉方→南
小吉方→北
庚寅五黄土星の月

吉方○南＝勘が冴える。華やかさに注目集中。研究成果上がる。北＝小吉方。家族や身近な間柄の情愛深く。凶方●南西＝根気が無くなり落ち着かない。仕事が続かない。東＝軽率な行動で迷走。考えがまとまらずに悩み深し。西＝酒席で失敗。良くない人間関係に悩む。

運勢／積極策で大いに活躍の気運。気迷いから身勝手に振る舞うと信用を失う。周囲と連携しながら足並みを揃えれば順風満帆。これまでの積み重ねや人間関係を大切にして常識を逸脱せずに。金銭面は予算を立てて気紛《まぐ》れな出費に警戒。過労やストレス性疾患に注意。

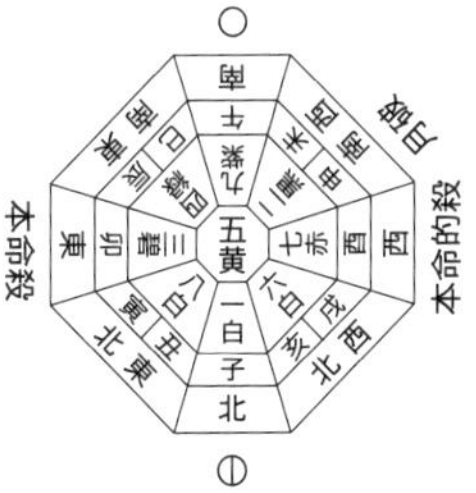

歳破・年で本命殺→南西
年で暗剣殺→北西
年で五黄殺→南東
年で本命的殺→北東

1月　⦶狙いが高過ぎぬよう予定見直し
2火　◐鬼に向けて打つ豆コントロール
3水　⦶片付けがアダになりそうな気配
4木　⦶時は金なり磨けば光るを信条に
5金　◐無理すれば道理引っ込む厄介日
6土　○信頼や信用を得て交友が広がる
7㊐　◎好アタックでチャンスをつかむ
8月　○直接より人を介してうまくいく
9火　●性急短慮が災いしてトラブルに
10水　○アイデアに恵まれる自信持って
11㊍　◐出不精より好奇心生かす算段を
12金　◐弁護のつもりが要らぬお節介に
13土　⦶交通機関の移動は時間に余裕を
14㊐　◐本命か義理か成り行きで判断を
15月　○大仰に駆け引きせず素直に表現
16火　◎有言実行やり抜くことに意義が
17水　○気苦労でも脇役に徹し守備固め
18木　●先が読めず立ち止まり再検討を
19金　○試練を乗り越え迫真の大真打に
20土　◐いったん休憩して改善策を探る
21㊐　⦶エピソード爽やかな話術大好評
22月　⦶多忙日もメリハリ大切に成果を
23㊋　◐好事魔多し何事も深入りは禁物
24水　○小さな喜び分かち合って共鳴を
25木　◎モチベーション上々動きに期待
26金　○平穏も周囲と調和が保ててこそ
27土　●暗い夜道の独り歩きは警戒して
28㊐　○お洒落《しゃれ》上手に自惚《うぬぼ》れは不似合い

三碧木星　☆めくっておみくじ【六十六番】――凶　飛鳥の軽い羽が水面に落ちても波は立つ。小さな心配に思い悩みやすい。

三碧　3月の運勢○吉運

吉　方↓なし
小吉方↓北
辛卯四緑木星の月

吉方○北＝小吉方。知恵が深まりプライベートが充実する。異性関係の出会いが。**凶方**●南東＝欲を出して相手に騙される。対人関係トラブルで取引不調。北西＝不遜な態度で目上の反感を買う。ギャンブルで大失敗。西＝気が大きくなり浪費する。尊大な振る舞いで孤立。

運勢／行動が広がり多方面に人脈が広がる。対人面では関わる相手を精査してトラブルに巻き込まれないよう。噂に振り回されないで。損得抜きの信頼で結ばれた人間関係が実りをもたらす。金銭面は交際費を多めに計上。気温の変化や冷えに警戒。流行り風邪や腸に注意。

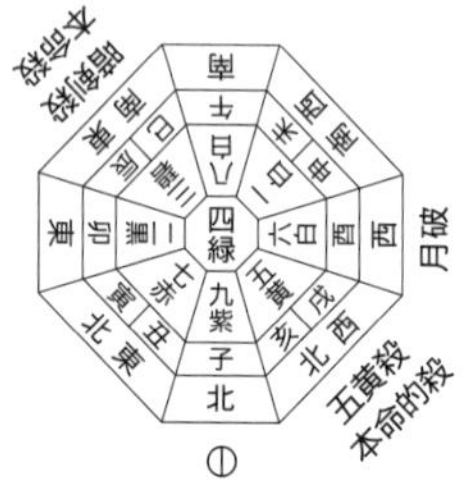

歳破・年で本命殺→南西
年で暗剣殺→北西
年で五黄殺→南東
年で本命的殺→北東

1月　◐引き継ぎ書面を作成して万全に
2火　⦶趣味娯楽に熱中も節度を持って
3水　⦶雛飾り子の成長に期待が膨らむ
4木　◐足手まといは馴れ合いが誘因に
5金　○手焼かせるいたずらも愛嬌の内
6土　◎平常心をベースに新たな挑戦を
7㊐　⦶面倒事も片付いた後のホッと感
8月　●スランプ時は休息して気分転換
9火　○一獲千金より安定維持に努めて
10水　◐勝手に変更し協力要請は無神経
11木　⦶話し上手より聞き上手が有効に
12金　⦶熱血漢も状況考慮し摩擦を避け
13土　◐世話事の良否は結果を見て判断
14㊐　○出会いを生かして自分を豊かに
15月　◎仲間の手本になるべく奮起一番
16火　○損得抜きで自分の仕事を確実に
17水　●核心を見誤りがち下調べ丁寧に
18木　○理詰めでは推し量れぬことあり
19金　◐方向転換の気運も順序良く進め
20㊏　⦶義理絡みのお付き合い御免蒙《こうむ》る
21㊐　⦶地域の奉仕活動が交流の場にも
22月　◐独り善がりを慎んで揉め事回避
23火　○一目惚れ的衝動抑え徐々に接近
24水　◎理論プラス経験が生きて実益に
25木　○種苗に水やり忘れず愛情注いで
26金　●ピンチ招かぬよう収支を見直し
27土　○景気づけにと奮発し皆で慰労会
28㊐　◐親切心も度が過ぎありがた迷惑
29月　⦶誠意ある行動で周囲の信を問う
30火　⦶急がず慌てず心身リフレッシュ
31水　◐心機一転で早寝早起き習慣づけ

三碧

4月の運勢◐自重運

吉　方→なし
小吉方→なし
壬辰三碧木星の月

吉方○小吉方ともになし。周囲との関わり多く多忙。旅行はその方位が吉方になる人のリードに従って。
凶方●東＝秘密が露見して難儀する。気迷い多く鬱々《うつうつ》する。西＝金回りが悪くなり困窮。金遣いが荒くなる。北西＝目上の援助や引き立てを失う。株売買で損失。

運勢／運気に波あり。周りに頼られて肩に背負い込む重荷が辛い。八方美人にならないで、イエスノーをはっきりさせて。進んで対外的に挑戦するより何事も手堅くいく。バランス感覚を大切に。金銭はやり繰り上手に予算内に収める。過労や血圧、持病再発に注意。

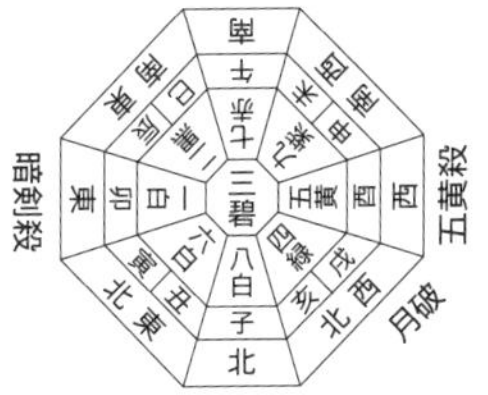

歳破・年で本命殺→南西
年で暗剣殺→北西
年で五黄殺→南東
年で本命的殺→北東

1木　○こざっぱりした装いフレッシュ
2金　◎仲間と共に気後れせず出発進行
3土　○家族の応援で事前準備ソツなく
4㊐　●明日の行程に配慮し早めに就寝
5月　⦶理屈より楽観的で緊張をほぐす
6火　●無理な計画立てずマイペースで
7水　⦶欲張らずスタンドプレー程々に
8木　⦶情報収集の丁寧さが先見の明に
9金　◐仲間と交わす話題に作り事不要
10土　○遠回りも皆と一緒なら許容範囲
11㊐　◎アフターケアの良さがモノ言う
12月　⦶経験を重ねた人の逸話に重みが
13火　●ギックリ腰ムリせず暫《しばら》く休養を
14水　⦶追従でなく正々堂々意見を発表
15木　◐ハードル高いと小回りが利かず
16金　⦶穏当さを欠き適当が批難の的に
17土　⦶幹事役サービス過剰で自業自得
18㊐　◐家で勉強遅れの補習に精を出す
19月　○身近に相談相手が知恵を借りて
20火　◎保守的でよい初心忘れず着実に
21水　⦶勤勉さが好感度アップに繋がる
22木　●肩の荷を減らして小休止で楽に
23金　⦶贅沢は敵なり腹八分で自己管理
24土　◐頭を柔らかく気分転換を上手に
25㊐　◐選り好み激しく秩序を乱しがち
26月　◐疑心暗鬼に陥らず素直に判断を
27火　◐おだてに乗り後悔せぬよう自重
28水　○キャッチボールの長さが縁の証
29㊍　○企画の出来が予想以上の成果に
30金　○責任を分担し合ってより緊密化

☆めくっておみくじ【七十七番】――凶　諸事停滞しているので飛躍は期待できない。小禍を大禍にしないこと。

三碧

5月の運勢◐自重運

吉　方↓東
小吉方↓西
癸巳二黒土星の月

吉方○東＝先見の明あり新規計画が進展。才能が認められる。西＝小吉方。交流の機会が増えて縁が広がる。
凶方●南西＝雇用状態が悪化し生活が不安定に。家庭不和。北東＝物事が悪い方へ転がる。相続問題トラブル。北西＝ケガや事故注意。南東＝誤解から信用失墜。

運勢／やる気満々に結果を出したいが、強気な態度が敵を作る一因。はやる気持ちを抑えて周りとの話し合いを重視。短気にならずに紛争を避けて。目上を立てて謙虚に教えを乞う姿勢を持つ。生活が派手になりやすく無駄遣いに警戒。過労やケガ、呼吸器疾患に注意。

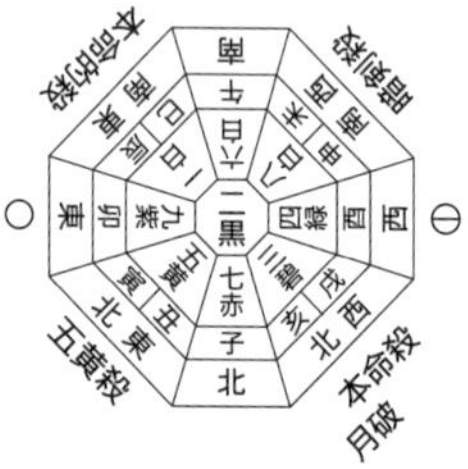

歳破・年で本命殺→南西
年で暗剣殺→北西
年で五黄殺→南東
年で本命的殺→北東

1 土 ●体調管理の重要さを改めて認識
2 ㊐ ⦶趣味に興じつつも観察眼アップ
3 ㊊ ◐立場上やむなく身銭切るハメに
4 ㊋ ⦶懐かしの友らと談笑し情報交換
5 ㊌ ⦶迷いが判断鈍らす目上に相談を
6 木 ◐便乗しての胸算用は話にならず
7 金 ○努力の成果が周囲からも高評価
8 土 ◎抜け駆けせずチーム力に貢献を
9 ㊐ ○補佐役はハードも手際の良さで
10 月 ●見えを張るほど後々に禍根残す
11 火 ○周りの意見を尊重し受け入れて
12 水 ◐我を張らず親族のトラブル回避
13 木 ⦶人当たりも良好ゆとりに感謝を
14 金 ⦶臨機応変な対応次第で難を逃る
15 土 ◐余計なお節介がもめ事の誘因に
16 ㊐ ○和を大切にする心配りで円滑に
17 月 ◎データのおかげで実務力アップ
18 火 ⦶責任転嫁されても毅然と対応を
19 水 ●人にケチをつけず我が身を反省
20 木 ○名よりも実をの姿勢が好印象に
21 金 ◐有事の時の備え万全なら一安心
22 土 ⦶仲介で思わぬ副収入も出過ぎず
23 ㊐ ⦶百聞は一見に如かず体験は貴重
24 月 ◐自分の足元を見つめ直す機会に
25 火 ○ご縁にあやかって楽しさ倍増に
26 水 ◎視界が開け自信みなぎり満足感
27 木 ○内外に限らず意思の疎通が大切
28 金 ●体調維持には食生活を見直して
29 土 ○人の目を意識せずに積むが陰徳
30 ㊐ ◐御託を並べず環境整備に心して
31 月 ◐買い物は計画的に浪費を避けて

三碧

6月の運勢⦶小吉運

吉　方→なし
小吉方→なし
甲午一白水星の月

吉方〇小吉方ともになし。遠方への所用は時間に余裕を持って手短に済ませて。**凶方**●北＝目上と摩擦が。自転車や車のトラブル。南＝契約関係がこじれる。書類不備や判断ミス。西＝失言から対人不和。衝動買いで無駄金になる。東＝想定外の邪魔で足止めがっかり。

運勢／交友広がり仕事やプライベートも活気づく。良縁のきっかけ作りも。ただし、わがままな言動や欲深く調子づくと愛想をつかされて孤立。マナー上手に振る舞って。金銭面は遊興費を締めていく。生活のリズムが狂いがち。栄養バランスと腹八分。口腔ケアを。

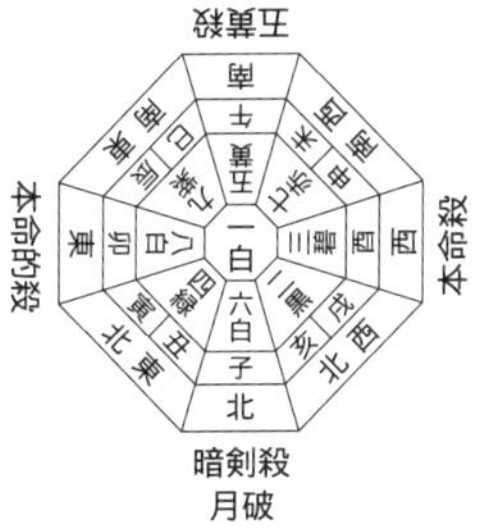

歳破・年で本命殺→南西
年で暗剣殺→北西
年で五黄殺→南東
年で本命的殺→北東

1火　⦶経験があっても努力を惜しまず
2水　◐生半可に関わると後腐れの恐れ
3木　〇軽々に変化求めずやりくり上手
4金　◎パワーを上手に使って充実日に
5土　〇ケースバイケースの先憂後楽日
6㊐　●外出時は出会い頭の事故に注意
7月　〇チームワークの良さで高評価に
8火　◐物入りも致し方なし損得抜きで
9水　⦶無意識に発した一言取り消せず
10木　⦶単独行動より共同方針に分あり
11金　◐義理を欠かさぬ程度に倹約して
12土　〇秩序を守って進めば功徳も大に
13㊐　◎心機一転の成果得て気分は格別
14月　〇油断せず目標達成にあと一押し
15火　●防災グッズの整備補充を怠らず
16水　〇付かず離れずの距離感が程良い
17木　●良くも悪くも中立の立場を守る
18金　⦶交流広がる自然体でオープンに
19土　⦶頼れる先輩の一言が大きな力に
20㊐　◐巻き添え食わぬように足元用心
21月　〇情に負けない姿勢も時には大事
22火　◎仲介者の恩恵で先手必勝の余裕
23水　⦶落ち着いて損して得取れ方針で
24木　●当たらず触らず内輪もめを回避
25金　〇何事もプラス思考で積極果敢に
26土　◐風通し良くしてマンネリを打破
27㊐　⦶損得抜きの付き合いを楽しんで
28月　⦶多忙日こそ本来の仕事を手堅く
29火　◐過去にとらわれず割り切り必要
30水　〇対抗意識より実力向上を目指す

三碧木星　☆めくっておみくじ【三十三番】――吉　冬の厳しさ春の暖かさで運気は上向く、気分躍動。対人関係は良好なり。

三碧　7月の運勢◐自重運

吉　方↓なし
小吉方↓なし
乙未九紫火星の月

吉方○小吉方ともになし。転居や転職などのタイミングは慎重に計画を練って。凶方●南＝あらぬ嫌疑をかけられて不名誉を被る。北＝生活が乱れて健康を害する。色情問題。北東＝何をやっても悪い方に転がる。関節痛。南西＝勤労意欲を失い、だらしがなくなる。

運勢／勘違いや誤算で予定変更あり。状況に応じて臨機応変に対処する柔軟さを持って。目上の人のアドバイスがプラスに。夏の計画など思い付きで我を通さずに皆の意見を取り入れて。義理の付き合いは見えを張らずに予算内で。関節炎や出会いがしらの事故に注意。

歳破・年で本命殺→南西
年で暗剣殺→北西
年で五黄殺→南東
年で本命的殺→北東

1木　◎自分を信じて勝敗を決する覚悟
2金　○半夏生《はんげしょう》タコを食べて気力を回復
3土　●低迷期は努力を積み時機を待つ
4㊐　⦶商運良くても慎重な行動が必要
5月　◐心が動きやすい時は即答を回避
6火　⦶訪問より友を招待して喜び多し
7水　⦶天の川に願いを託して七夕飾り
8木　◐揉め事は時が解決してくれそう
9金　○好調なときほど妬《ねた》みに注意して
10土　◎意見を発信して認められるとき
11㊐　○頑張った努力の成果が出る気配
12月　●言葉が過ぎて口論に発展の恐れ
13火　⦶白黒つけるより曖昧さが救いに
14水　◐発想の転換が可能性を広げる時
15木　◐ご仏壇に手を合わせ心も穏やか
16金　⦶開運メークで幸運を引き寄せる
17土　●軌道修正が思うに任せず苦戦に
18㊐　○行うべき事を粛々と処理して吉
19月　◎新しい出会いあるも色難に用心
20火　○準備を怠りなく整え業務に集中
21水　◐リーダーシップで道を切り開く
22㊍　⦶強い信念がトラブル解決に一役
23㊎　⦶スポーツで気分を変えて爽快に
24土　◐喜びを共有して絆が強くなる時
25㊐　⦶積極的な姿勢が難問解決の鍵に
26月　●優先順位を考慮して作業を指示
27火　○ムリに進むより留まる事が賢明
28水　○土用丑のウナギ食べて元気満々
29木　○自己主張より和を保つ事が先決
30金　◐金銭問題は専門家に任せて安心
31土　⦶本音で話し合い人間関係円滑に

三碧 8月の運勢〇吉運

吉　方→なし
小吉方→西
丙申八白土星の月

吉方〇西＝小吉方。誘い誘われ交際関係が活発に。飲食の喜びあり親交を深めて。凶方●北東＝近親者との折り合いが悪くなり孤立する。南西＝怠惰になり生活が安定しない。意欲喪失。南＝自信過剰になり人と張り合う。日射病。北＝表沙汰に出来ない異性関係にはまる。

運勢／自分なりに信念を持って取り組んできたことが評価される。陰からの援助も期待できそう。うぬぼれて理屈っぽくなると運を落とす。折り目正しく誠実に。金銭は細かい無駄を省いて。資格取得や自己実現のための出費惜しまず。冷房など温度差対策を。睡眠十分に。

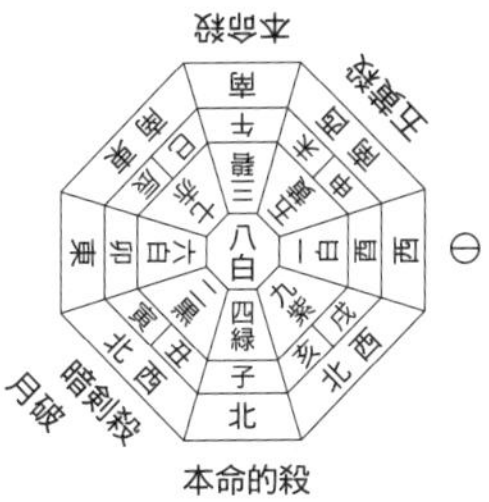

歳破・年で本命殺→南西
年で暗剣殺→北西
年で五黄殺→南東
年で本命的殺→北東

1	㊐	⦶お洒落《しゃれ》すると異性の視線が熱い
2	月	◐地位や財産の損失に注意する事
3	火	〇出る杭は打たれる危険を念頭に
4	水	◐成り行き任せの自然体でいて吉
5	木	〇増やすより削る事を考えて倹約
6	金	◎研究やアイデアが運を開く道標
7	土	〇思い切った決断が難問の突破口
8	㊐	◐自信満々でも強引さは反感招く
9	㊊	⦶損して得取れ縁の下の力持ちに
10	火	⦶好きな事や楽しい事で気分転換
11	水	◐人に影響を受けて移り気は禁物
12	木	〇見えを張らず分相応を心掛ける
13	金	●反対勢力が強いので時機を待つ
14	土	〇一念発起し資格取得の情報収集
15	㊐	〇お墓参りと先祖供養で心安らか
16	月	◎良好な人間関係が福を呼び込む
17	火	◐安請け合いして後で苦労しそう
18	水	⦶頑固さより柔軟さで幅を広げる
19	木	⦶楽を追うと苦労の種を蒔く事に
20	金	◐優柔不断で詰めが甘くなりそう
21	土	〇離合集散のとき去る者は追わず
22	㊐	●争っても勝ち目無し避けて無難
23	月	〇仕事や立場に自信を持って対処
24	火	◎自分の意見を会議で発表が大事
25	水	〇周囲の協力を得て大型顧客獲得
26	木	◐油断大敵足元のぬかるみに留意
27	金	⦶親しい人ほど気遣いを忘れずに
28	土	⦶意中の人との初デートで胸躍る
29	㊐	◐物事を甘く見ると失敗の憂いが
30	月	〇有終の美を飾って名を上げる日
31	火	●静かなる撤退が損失を防止する

三碧

9月の運勢●警戒運

吉　方↓なし
小吉方↓なし
丁酉七赤金星の月

吉方○小吉方ともになし。周囲と共同歩調を。近親者との墓参が心の安定剤に。**凶方**●西＝予算外の多額の出費でダメージ。失言からケンカに。東＝挫折して低迷。スランプに陥る。北＝冷えや睡眠不足で体調崩す。家族と気持ちのすれ違いが。南＝同じミスを繰り返す。

運勢／思うようにならない事が多くモヤモヤしがち。新規に手を付けたくても時期尚早。くじけぬように根気強く努力して現状維持。将来に備えてしっかり基盤を作ることで後に花開く。家族内に秘密を作らないよう。金銭面コツコツ貯めて手堅く。足や腸疾患に注意。

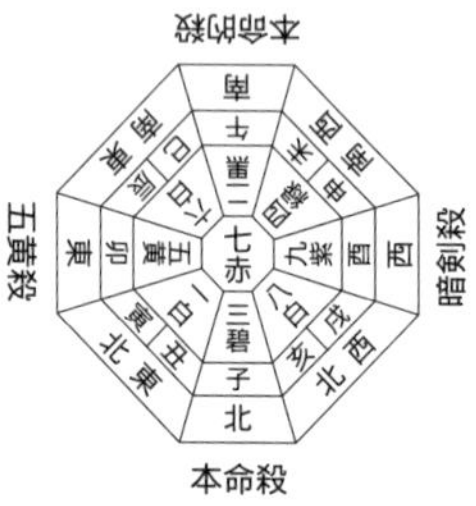

歳破・年で本命殺→南西
年で暗剣殺→北西
年で五黄殺→南東
年で本命的殺→北東

1水　⦶防災や非常食の備えあれば万全
2木　○SNSは正しく活用すれば有益
3金　○素早い行動で願い事を叶える時
4土　◐調子に乗り言い過ぎ自己嫌悪に
5㊐　⦶プライド高い人にも優しく接遇《せつぐう》
6月　◐相手の心変わりは歯止め利かぬ
7火　◐高過ぎる望み捨てて無理は禁物
8水　○体験を生かして新しい活路模索
9木　●占いで自身を顧み気持ちを整理
10金　○準備や計画を立て効率よく旅を
11土　◎奮発した家族サービス感謝され
12㊐　⦶トラブルあるも動揺せず冷静に
13月　●煽《おだ》てられて裸の王様にならぬ事
14火　◐理想を押し付けても部下は反発
15水　◐心やすく近づく相手に用心せよ
16木　◐状況悪く臨機応変な対応が大事
17金　○心強い味方が現れて気力が回復
18土　●運気低迷の時は基礎固めに専念
19㊐　⦶時間かけ丁寧に接客おもてなし
20㊊　◎お年寄りの経験談を参考にする
21火　⦶家族で名月を愛でて和やかな夜
22水　●交渉を進めても無駄骨になる日
23㊍　◐ご先祖様に手を合わせ清々しく
24金　◐同僚との親睦にはお酒が潤滑剤
25土　◐相手に寄り添い信頼関係を築く
26㊐　○快眠できるアイマスクで元気に
27月　●内部の不和が安定感を崩す原因
28火　⦶気ばかり焦っての空回りを反省
29水　⦶やる気より実行力の有無が問題
30木　○強運なれど腹八分目で満足が吉

三碧　10月の運勢⦶小吉運

吉　方↓東・南
小吉方↓なし
戊戌六白金星の月

吉方○東＝企画が認められて皆に支持される。縁談話が進む。南＝頭脳明晰になる。陰ながら積み上げてきたことがやっと認められる。
凶方●北西＝勝負に負けてダメージを負う。南東＝腐れ縁を引きずる。営業不振。南西＝覇気を無くして堕落。北東＝親戚知己とトラブル。

運勢／一歩ずつ足元を固めて着実に。急がば回れの精神で将来への態勢を整える。表に立つより支える側に回って吉。人への気配りから信頼を培《つちか》って。衝動買いに注意。少額ずつでも貯蓄するクセをつける。食欲の秋、慣れ親しんだ味で胃腸ケア。ストレス解消に心掛けて。

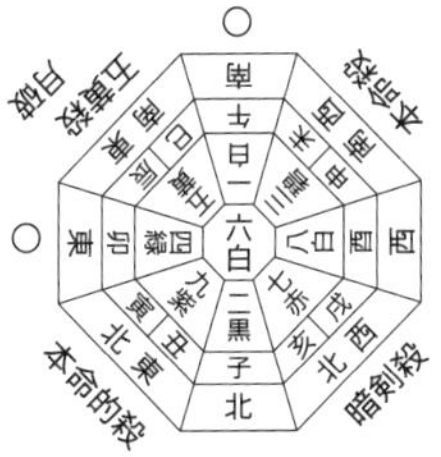

歳破・年で本命殺→南西
年で暗剣殺→北西
年で五黄殺→南東
年で本命的殺→北東

1金 ◐衣替えで服を新調リフレッシュ
2土 ⦶妻の意見に耳を傾け難を逃れる
3㊐ ⦶ノリの良い日は運動で汗を流す
4月 ◐人の思惑より自分の考え貫いて
5火 ○上司からの抜擢で新事業に参加
6水 ●勢いあっても改革には時期尚早
7木 ○英気を養い創意工夫でプレゼン
8金 ◎明るい未来を夢見て力を蓄える
9土 ○子供の応援が力になり勇気倍増
10㊐ ◐お山の大将では足を掬われる元
11月 ⦶先ず貯金をして金運を強化する
12火 ⦶楽しい誘いもお小遣いの範囲で
13水 ◐飽きたり迷いから決断力が鈍る
14木 ○友人に気持ち伝えて誤解を解く
15金 ●わがまま通せば孤立が深まる時
16土 ○スクワットが筋肉増強する近道
17㊐ ◎楽しい会話が信頼の絆を強める
18月 ○家族で栗名月を眺め食卓を囲む
19火 ●身近に争いあり様子を見て行動
20水 ⦶上からの物言いが嫌われる原因
21木 ⦶目上の後押しで諸事スムーズに
22金 ◐雨降って地固まるで焦りは禁物
23土 ○疲労回復には食生活を見直して
24㊐ ●八方塞がり障害多く発生し苦慮
25月 ⦶独り黙々と仕事した努力が結実
26火 ◎生みの苦しみ乗り越えて達成感
27水 ○相手の目線に合わせ好感度ＵＰ
28木 ◐理想と現実の区分けしっかりと
29金 ⦶上昇気流に乗っても控えめが吉
30土 ⦶英気を養う時は時機を待つこと
31㊐ ◐子供とハロウィンを楽しみ仮装

三碧木星　☆めくっておみくじ【八十六番】——**大吉**　美しい花咲くときで喜びが続く。芸術の才能を発揮するでしょう。

三碧

11月の運勢◎大吉運

吉　方↓南
小吉方↓北
己亥五黄土星の月

吉方○南＝学業・芸術の才能発揮。地位昇進や出世が。名誉ある立場に立つ。北＝小吉方。副業成功し波に乗る。身近な人間関係が順調。凶方●南東＝噂に振り回されて不利益を被る。東＝浮き足立ち頓挫する。神経過敏になる。西＝甘言につられて失費。誘惑に乗り後悔。

運勢／追い風を受けて順調運気。周囲との調和を大切にしながら実力発揮。復縁の可能性あり、慎重に。交通費や活動費がかさみそう。賢く金銭管理を。流行を追い過ぎず、クチコミやネット情報を上手に活用して。気遣いが多く疲弊気味に。神経性疲労や腸疾患に注意。

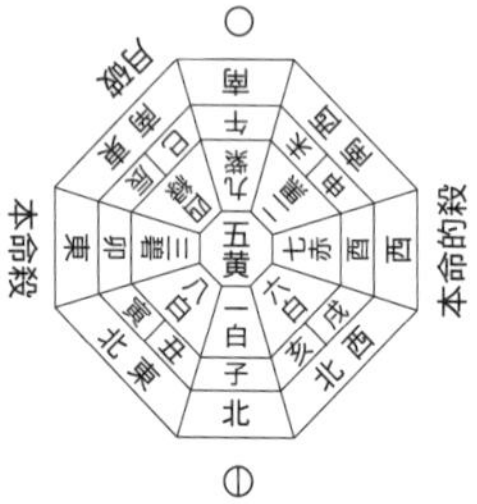

歳破・年で本命殺→南西
年で暗剣殺→北西
年で五黄殺→南東
年で本命的殺→北東

1月　○習い事で隠れた才能が開花する
2火　●結束力を高めて職務遂行に励む
3㊌　○芸術や文化に親しんで心の保養
4木　◎感動する感性で古い体質を改善
5金　○人の噂話は聞き流すのがベスト
6土　◐先人の教えを学び目からウロコ
7㊐　◐自律神経を整え体調不良が回復
8月　◐労を惜しまず狭き門より進む事
9火　◐心を開けば人との関係も良好に
10水　○自分の都合で本末転倒は筋違い
11木　●気分が落ち込んでも無理は禁物
12金　○今は充電期間と心得て修練積む
13土　◎ウオーキング兼ね夫婦で外食へ
14㊐　○運気上昇十日夜の月を愛でて吉
15月　◐七五三の子と神社を詣でる喜び
16火　◐相手を思う優しさ人望が高まる
17水　◐喜び事多し安寧秩序を守って吉
18木　◐家族でボジョレを味わう季節に
19金　○異性からの人気あり色難に用心
20土　◐身体の中から温めて冷え性克服
21㊐　○努力を重ね千里の道も一歩から
22月　◎支出を省いて家計のダイエット
23㊋　○勤労に感謝し体の手入れ入念に
24水　◐流れに任せて先行きを見守って
25木　◐思い込みの強さが偏見を生じる
26金　◐早めに帰宅し料理の手腕を発揮
27土　◐難問解決法は家族会議で決断を
28㊐　○先見の明ありプラン通りに行動
29月　●見掛け倒しのとき短気は損気に
30火　◎多忙中の努力した結果が出る日

三碧

12月の運勢⦶小吉運

吉　方→なし
小吉方→北
庚子四緑木星の月

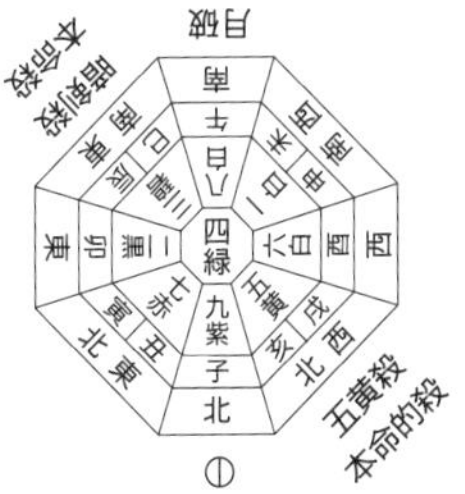

歳破・年で本命殺→南西
年で暗剣殺→北西
年で五黄殺→南東
年で本命的殺→北東

吉方○北＝小吉方。自分の時間を有意義に活用できる。良き出会い運に恵まれる。**凶方**●南東＝口車に乗せられ失敗。風邪をひく。北西＝貴重品紛失のトラブル。強気な言動がアダになり非難される。南＝わがままな態度で支援者との縁が切れる。高額品購入で予算超過。

運勢／年末、慌ただしく用事が山積。急な依頼や誤った情報に右往左往することも。自己流にこだわらないように。素直に助けを乞い皆と協力し合う姿勢が吉と出る。年末年始準備に余裕のあるスケジュールで。金銭は早めに予算を計上。風邪は万病の因。睡眠十分に。

1水 ◎変化を求める時は根回しが必要
2木 ○一つ一つ順を追って手応え掴む
3金 ◐見えを張っての付き合いは禁物
4土 ⦶不明な事は時間をかけ吟味する
5㊐ ⦶厳しさと柔軟さのバランス保つ
6月 ◐相手によって考え変える必要が
7火 ○恩人にお歳暮を贈る手続き完了
8水 ●友人と卓を囲んで鍋奉行に変身
9木 ⦶生みの苦しみあり決断力が必須
10金 ◎ノドの痛みにはウガイが効果的
11土 ○焦らずにデンと構えて威風堂々
12㊐ ◐本音と建前の違いを敏感に察知
13月 ⦶煤《すす》払いで心の煤も払い清らかに
14火 ⦶親類への年賀状は手書きが一番
15水 ◐身内への甘えや身勝手を抑える
16木 ○期待に実力が伴わず能力相応に
17金 ●力不足で願い叶わず研鑽《けんさん》を積む
18土 ⦶人を交えて争いあり単独で行動
19㊐ ◎焦らず手順を守って秩序を保つ
20月 ○年の瀬のご挨拶は誠実さが大事
21火 ◐動くよりも引いて全体を見渡す
22水 ⦶ゆず湯で疲れ落として元気回復
23木 ⦶飲食を楽しみながら結論を待つ
24金 ◐イブのデートで相思相愛の好機
25土 ○強気な行動で障害を打破する時
26㊐ ●不満多く友に愚痴り憂さ晴らし
27月 ⦶大切な人に尽くせば運気も上昇
28火 ○職務に区切りをつける仕事納め
29水 ○年始の準備で多忙を極める年末
30木 ●八方塞がりで孤立深めぬ選択を
31金 ◐家族揃っての大晦日は感慨深し

三碧木星　☆めくっておみくじ【十九番】——**末小吉**　バラの花に棘あり、人は言葉の棘を慎む。急がば回れの方針が吉。

四緑《しろく》木星《もくせい》

○

吉運

進取果敢
前途洋々

令和3年 辛丑六白金星
方位盤

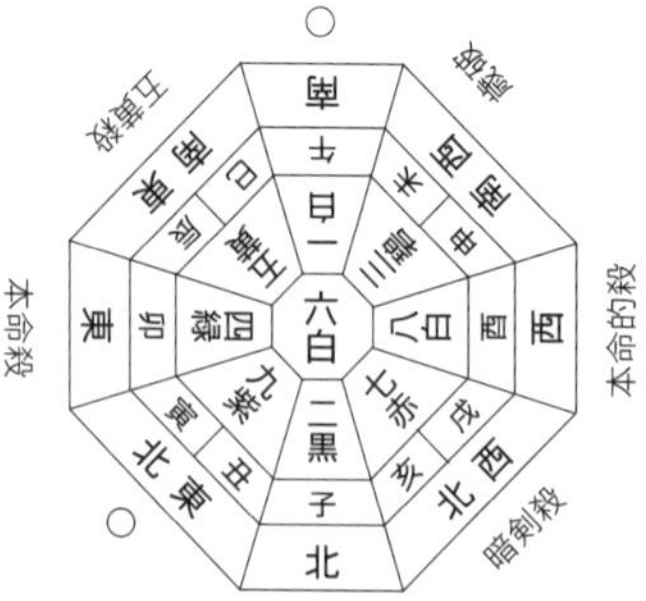

吉方→北東・南
凶方→北西・南東・南西・東・西

「北東」を吉方として活用すると、先を見通すことが出来、方針転換が順調に運びます。ファッションセンスも大きく変わります。また、よい医者に巡り合えたり、処方薬の問題点も改善されます。転居、引っ越し、長期旅行、海外旅行は、十月節の最大吉方がベスト。

「南」は、何事にもアグレッシブになります。集中力が高まり学力が向上し頭の回転がよくなります。表現力も備わり自然と自信に変わります。また、対人運も良好に。

性格と人生

優しく温和で物腰も穏やか、周囲の人に好かれる性質です。交際範囲が広く、行動的。自分のことより他人のために努力することが多いでしょう。物事を取りまとめたり仲裁役的な役割に才能を発揮し、交際上手に社会的な信用を築いていきます。信用が財産になるタイプです。マイナス面としては、優柔不断な一面があり、決断力不足で好機を逃すことがあります、また、男性は少々覇気が弱い傾向があります。

全般的な運の流れとしては、若いときから芽を出して認められます。持ち前の人当たりの良さで世間一般の波をうまく泳いでいきます。他人のために尽くして奮闘した結果、得た信用や縁から自分が繁栄していくことができます。必要以上に求め過ぎることなく、現実を見据えた判断力と行動力が吉運を維持するポイントです。

ロマンチストですが夢を追い過ぎると迷いや不満が多くなり、結婚についてもまとまるのが遅れがち。地に足をつけた現実感覚を持ちましょう。

四緑木星生まれ

平成26年甲午
〃 17年乙酉
〃 8年丙子
昭和62年丁卯
〃 53年戊午
〃 44年己酉
〃 35年庚子
〃 26年辛卯
〃 17年壬午
〃 8年癸酉

2月4日以前生まれの人は五黄生まれで見ます

あなたの今年の運勢　四緑木星

好調な運気に後押しされ念願の夢の実現に向けて専心しましょう。消極策より積極策が功を奏する時。ただし、思い付きや勢いに任せての行動は墓穴を掘るので要注意。

◎商売運……事業の拡張や予め準備されていた新ジャンルへの開拓は余裕を持って漸進。本年は、顕現作用の影響であらゆることが表面化します。税務対策を万全に。

◎職場運……行動力と実行力が伴う時。それ相応に成果が期待できる反面、つい天狗になって粗雑な振る舞いや横柄な態度が折角築き上げた運を損なうので厳重注意。

◎家庭運……口先ばかりで大風呂敷を広げていると家族に疎まれます。忙しくても時間調整して家族サービスを。家族団欒から仕事もスムーズに。ビックリする朗報も。

◎恋愛運……活躍の場が広がり交際範囲も広がるため、嬉しい出会いに期待が膨らみますが、秘密が露見する年回りなので人目を忍ぶ恋は避けたほうが賢明でしょう。

◎金　運……概ね順調ですが、とにかく詐欺に用心しましょう。甘い言葉や誘惑にご注意。自己投資は惜しまず。

◎健康運……肝臓病や激痛を伴う病気、突発的な病に用心しましょう。リスクを伴う食生活を見直し体質を改善。

子の四緑の運勢／**25歳**は、自己の錬磨に励むことにより、その経験が今後の人生のプラスに繋がります。独善は逆運を招くので要警戒。**61歳**は、積年の計画を実行に移すには最適ですが、思い立ったが吉日の猛進は支障をきたす。細かいことほど念入りに。

卯の四緑の運勢／**34歳**は、運勢も上り調子。温存してきたプランを実行に移しましょう。日々培ってきた努力が開花し称賛を受けます。**70歳**は、一日10分でも身体を動かして免疫機能を向上させましょう。生活習慣病を予防したり、脳を活性化させます。

午の四緑の運勢／**7歳**は、自損のケガに気をつけ何事にも挑戦しましょう。**43歳**は、活動的で自分の描いた青写真通りに漸進出来ますが、些細《ささい》なルール違反を犯すと報いを受ける結果に。**79歳**は、体調管理を疎かにせず。運転はペダルの踏み間違いに注意。

酉の四緑の運勢／**16歳**は、新しい交友関係に希望が膨らみます。何事もプラス思考で、日頃出来ないことにチャレンジしましょう。**52歳**は、独断的にならなければ自ずから結果が付いてきます。金運も良好です。目標は、運動不足解消と休肝日を設定。

☆めくっておみくじ【三十四番】―― 大吉　温故知新、古い習慣改め新しく切り替える。諸事にわたり全てに良い。

四緑

1月の運勢○吉運

吉方→なし
小吉方→なし
己丑六白金星の月

吉方○小吉方ともになし。一年の目標を胸に氏神様に初詣。早めに家を出て安心。凶方●北西＝頼りの支援を打ち切られる。南東＝非常識な言動で信用を無くす。南西＝やる気を無くして不安を抱える。東＝挫折する。前方不注意で転ぶ。西＝義理の付き合いで散財する。

運勢／新年、スタートが決め手。明るく溌剌と前向きに発進。張り切り過ぎて欲が出ると周りと対立する。和を大切に歩調を合わせて。若々しい装い好評。靴の手入れ足元の気配りが福を呼ぶ。飲食交際費ほどほどにバランス取る。神経過敏になりやすく健康を過信せず。

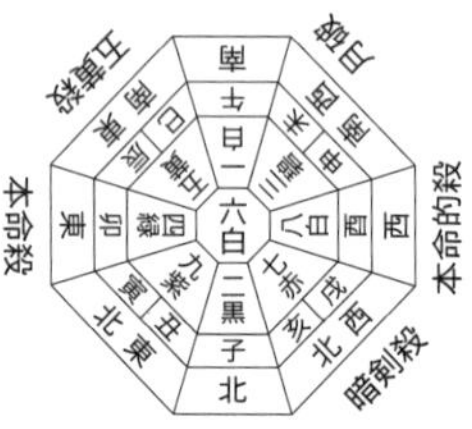

歳破→南
年で暗剣殺→西
年で五黄殺→東
年で本命殺→南西
年で本命的殺→北東

1㊎ ⦶元旦に目標立て真っ直ぐ進む年
2土 ○初心を忘れず事始めを見つけて
3㊐ ●お互いの思いやりが家内安泰に
4月 ⦶お金に拘泥せず正道歩めば達成
5火 ⦶交際第一印象が良ければ進めて
6水 ◐親族の話は和やかに一歩引いて
7木 ⦶節制は最良の薬なりと実行して
8金 ●仲間の新年会でも言葉には注意
9土 ○帰省土産には優しい心も添えて
10㊐ ○宿題ためずに少しずつ片付ける

11㊊ ◎ご縁はじっくり育てると効果的
12火 ●迷ったら結論を急がず経過見て
13水 ⦶金運弱く買い物メモで計画的に
14木 ◐過去を反省して未来に生かして
15金 ◐高い山は一気に登らず休憩して
16土 ◐二兎追うより得意分野を極めて
17㊐ ⦶環境問題は自らの行動で改善へ
18月 ⦶早寝早起きは三文の徳と実感を
19火 ◐他人の意見に右往左往せず判断
20水 ◎後輩の世話で幸運が巡って来る
21木 ○気負わず流れで進めば高評価に
22金 ○故郷は遠きにありて名詩を鑑賞
23土 ●やりかけの仕事は素早く処理を
24㊐ ⦶見掛けと共に中身を磨けば万全
25月 ◐動き過ぎは効率悪し休息も必要
26火 ⦶古い物を整理して心もスッキリ
27水 ◐大仕事は仲間の手を借りて成功
28木 ◐腹も身の内を忘れずに楽しんで
29金 ◎女子会は年長者を立てて楽しく
30土 ○一歩ずつ確実に進むことが近道
31㊐ ○家族総出で実家で鍋パーティー

四緑

2月の運勢○吉運

吉方→南
小吉方→北
庚寅五黄土星の月

吉方○南＝称賛を得て注目される。勘が冴える。北＝小吉方。家族や友人と心が通い合う。異性と出会い運。凶方●南西＝根気が無くなり結果が出せない。安物を買って失敗。南東＝優柔不断で信頼関係にひびが入る。北西＝目上の反感を買って重荷を負う。投機で損失。

運勢／周囲からの応援や協力もあり好調の波に乗る。人脈が広がり意気揚々と活躍できるが、傲慢さが出ると玉にキズ。細やかな心遣いと誠意ある言動で協力体制を。金銭面では気が大きくなって出費が嵩《かさ》みやすく、自重。野菜不足にならぬよう栄養バランスで風邪対策。

歳破→南西
年で暗剣殺→北西
年で五黄殺→南東
年で本命殺→東
年で本命的殺→西

1月 ◐親しい仲間とおしゃべりタイム
2火 ⦶節分に家族で豆まき邪気を払う
3水 ◐仕事のミスを反省し挽回に努力
4木 ○街中散歩でストレスを解消して
5金 ⦶部下とチームを組み一歩前進へ
6土 ◐異質の世界は遠くから見学して
7㊐ ○気持ちの焦りを抑え冷静に判断
8月 ◎イベント会場で笑顔が咲き交流
9火 ○親しき仲にも礼儀ありを忘れず
10水 ●日々の行い目標を定めて実行を
11㊍ ⦶自分を見失うと人の信頼も失う
12金 ◐親子問題は家族で話し合い解決
13土 ⦶年配の女性を思いやり見守って
14㊐ ⦶年下と切磋琢磨し能力を高めて
15月 ◐息詰まったら深呼吸して再考を
16火 ◎趣味の会が仲間と楽しい時間に
17水 ◎未知の分野の扉を開けスタート
18木 ○努力を重ねて次に繋がる行動を
19金 ●次のチャンスに備え情報を分析
20土 ⦶約束事はメモ作成し度忘れ防ぐ
21㊐ ○家族で食べ放題スタミナつけて
22月 ○衝動買い防止に買い物リストを
23㊋ ⦶健康のために時間おき換気して
24水 ◐二度あることは三度あることも
25木 ◎婚活パーティーでアドレス交換
26金 ○ぶれずに仕事を確実にこなして
27土 ○古い書類を片付けて春の大掃除
28㊐ ●憶測でなく現実を踏まえ計画を

四緑木星　☆めくっておみくじ【六十八番】——吉　さて吉夢を見たが、まだ我がものにならない。実現のために工夫と努力を。

四緑 3月の運勢◐自重運

吉　方→なし
小吉方→北
辛卯四緑木星の月

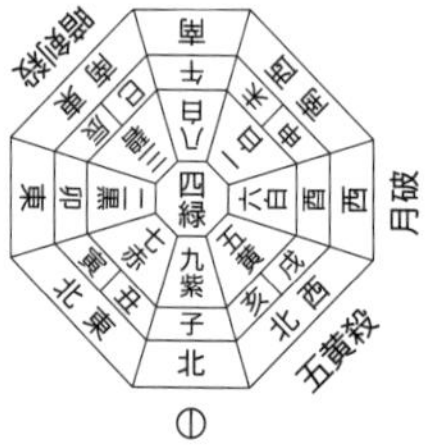

歳破→南西
年で暗剣殺→北西
年で五黄殺→南東
年で本命殺→東
年で本命的殺→西

吉方○北＝小吉方。過去の交際や人間関係が復活する。副業が見つかり収入を得る。凶方●南東＝悪い噂から誤解を受け信用を無くす。取引先から迷惑を被る。北西＝強気な言動がトラブルを招く。上司と対立して折り合いが悪化。西＝気が大きくなり人におごって出費増。

運勢／人との関わりが多くせわしない。頼りにされても解決まで時間のかかる案件には関わらないこと。現状維持が無難ながらも内面を磨いて自己研鑽に励むと今後に役立つ。注意力が散漫になりやすいので集中力を。金運どんぶり勘定では下降。過労やストレス注意。

1 月　⦶一目惚れに注意して気持ち確認
2 火　◐友人と和合して趣味を楽しんで
3 水　⦶相談事には適切なアドバイスを
4 木　⦶高価な買い物は慎重に検討して
5 金　◐仲間と昼食会は和やかに笑顔で
6 土　◎季節の変わり目は気管支に注意
7 ㊐　○卒業後は次の目標を決めて出発
8 月　○親族との関わりを密にして吉運
9 火　●計画すぐ実行せず時機を待って
10 水　⦶突飛な行動を慎み平常心で対応
11 木　◐人との接触は深入りせず流して
12 金　◐言葉に留意し相手を労る心大事
13 土　⦶後輩達を指導して共に運気上昇
14 ㊐　◐身内とは優しく接して家族円満
15 月　○頂上でなく八分で妥協して安泰
16 火　◎自然の流れで私心を無くし良好
17 水　○旧友との再会で昔話に花が咲く
18 木　●疲労回復に芸術鑑賞も効果あり
19 金　⦶親族の問題は話し合って温和に
20 ㊏　◐ご先祖のお墓参り家内安全祈る
21 ㊐　○仕事の不安は焦らず時を待って
22 月　●異性問題は理性的な解決が有効
23 火　◐新年度の前に古物の整理が必要
24 水　◎今までの実績が認められる吉日
25 木　○夜桜見物は女性と一緒で心和む
26 金　○ストレス水辺の散歩で発散して
27 土　●悩み事は年長者に相談して解決
28 ㊐　⦶森林浴で心身リフレッシュ爽快
29 月　◐表面のみで判断せず内容確認を
30 火　⦶自分の役目果たしバトンタッチ
31 水　⦶騙されずに自信があっても注意

四緑

4月の運勢◐自重運

吉　方→なし
小吉方→なし
壬辰三碧木星の月

吉方○小吉方ともになし。公私共に多忙。外出は用件を済ませたら寄り道せず。凶方●東＝詐欺の被害にあう。裏工作をされて計画が頓挫。西＝放蕩で身を持ち崩す。金回りが悪くなり金銭的に困窮する。北西＝事故やケガの恐れ。南東＝友人と仲違いして疎遠になる。

運勢／リーダーシップを発揮して活躍の気運。ただし強引さが過ぎると人間関係に波風が。対話路線で聞く耳を持って。目上からのアドバイスを素直に受け入れて冷静に進める。金銭面は投資や財テク行動にツキなし。気を緩めず予算を守る。ケガや突発的事故に注意。

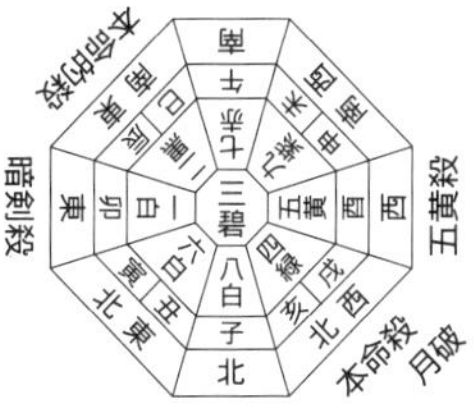

歳破→南西
年で暗剣殺→北西
年で五黄殺→南東
年で本命殺→東
年で本命的殺→西

1 木 ◐計画もう少し熟考して時を待つ
2 金 ◎思わぬところで良い知らせ届く
3 土 ○地道な努力の結果が花開くとき
4 ㊐ ○家族一緒に賑やかに花畑ツアー
5 月 ●君子危うきに近寄らずが賢明策
6 火 ⦶モテ期到来でも清濁を見極めて
7 水 ◐仲間と共にプランを実行して吉
8 木 ⦶衝動買いは後悔へ予定を守って
9 金 ◐肩の力を抜き経過を見れば安心
10 土 ◐邪魔が入っても意志貫く強さを
11 ㊐ ◎素敵な出会い環境を整えて前進
12 月 ○今のつまずきも時がたてば解決
13 火 ○趣味の会の新企画で盛り上がり
14 水 ●静かな音楽を聞き心身を清めて
15 木 ⦶笑顔で寄って来る人には要注意
16 金 ◐難航していた問題が徐々に好転
17 土 ⦶言葉を選びながら応対して無事
18 ㊐ ◐金運弱く高価な買い物は控えて
19 月 ◐何事も誠意を尽くし深入りせず
20 火 ○対人関係は聞き役に回ればＯＫ
21 水 ○迷った時は若い人に相談して吉
22 木 ○勤勉な日々が自分の身を助ける
23 金 ●家族揃って楽しいハイキングを
24 土 ⦶人に従って行動すれば快適な日
25 ㊐ ◐趣味に没頭し心身共に満足感が
26 月 ⦶仕事をそつなく終え早めに帰宅
27 火 ●ストレス解消は湯船に浸かって
28 水 ◐上司の指示に従い無心で働いて
29 ㊍ ◎お見合い決断は中身を重視して
30 金 ○隠し事がバレる暗示あり注意を

☆めくっておみくじ【四番】——吉　志あり将来への期待が高まるが、まず実力をつけることを第一とする。

☆めくっておみくじ【五十六番】―― **末吉** 人生は一喜一憂ありという。最近の辛苦と波乱があれば漸《ようや》く落ち着くとき。

四緑

5月の運勢⦶小吉運

吉　方↓なし
小吉方↓なし
癸巳二黒土星の月

吉方○小吉方ともになし。交通手段など詳細を確認して余裕あるスケジュールで。凶方●南西＝わがままな相手とゴタゴタする。北東＝我が物顔な振る舞いでトラブルに。北西＝せっかち過ぎて大失敗。西＝八方美人で交際費がオーバー。東＝感情的になって判断誤る。

運勢／社交性を発揮。交友関係が広がり行楽や飲食の機会も多い。頑なにマイペースを打ち出すよりこだわりを捨てて融通性を大切に。仲間との情報交換から得るもの多い。金銭管理はマメなレシート管理で安心。食事は腹八分でバランス良く。暴飲暴食や口内炎に注意。

歳破→南西
年で暗剣殺→北西
年で五黄殺→南東
年で本命殺→東
年で本命的殺→西

1土　○迷い心は深呼吸して吹き飛ばす
2㊐　●はしゃぎ過ぎな行動に注意して
3㊊　⦶焦らず相手の気持ちを優先して
4㊋　◐新緑の中大切な人と会話楽しむ
5㊌　⦶子供の幸せ願い皆で柏餅を食す
6木　⦶揉め事に深入りせず冷静に対処
7金　◐努力を続けて結果もう少し後に
8土　◎自然の中で心身休めリラックス
9㊐　○母の日感謝の言葉と手作り料理
10月　○友人たちとランチで盛り上がり
11火　●近場の日帰り温泉で疲れを解消
12水　⦶対人関係は穏便に一歩下がって
13木　◐恋人との別れ話もう一度考えて
14金　⦶初めはゆっくり後半に期待する
15土　⦶新規事業は慎重に計画性を持つ
16㊐　◐休肝日を決め体調にも気配りを
17月　◎仲良しグループで小旅行を計画
18火　○お祭りイベント参加で元気充電
19水　○山積みの課題は手分けして作業
20木　●考え込まず当たって砕け打開へ
21金　⦶軽はずみな言動を慎んで堅実に
22土　◐正しいウオーキングで健康維持
23㊐　⦶温和な態度でパーティー楽しく
24月　⦶誠心誠意な態度が相手に通じる
25火　◐ブックカフェで休憩し気分一新
26水　○家族で外食は栄養バランス考慮
27木　◎日頃の努力で実力がつき高評価
28金　○噂は気にせずマイペースで進む
29土　●押し入れこまめに掃除し整頓を
30㊐　⦶笑顔と相手を思う心が家庭円満
31月　◐新たな出会いが心境の変化生む

四緑

6月の運勢⦶小吉運

吉　方→なし
小吉方→なし
甲午一白水星の月

吉方○小吉方ともになし。転居や不動産購入などはタイミングと方位を検討して。凶方●北＝諸事邪魔が入り孤立して不調。南＝思い込み強く判断力低下。立場が悪くなる。北東＝方針変更するも優柔不断になり道が開けず。関節炎。南西＝気の緩みからさぼりグセつく。

運勢／身辺に変化の波があり心が落ち着かない。生活や仕事を切り替えたい願望が強まるが時期尚早。準備不足の冒険は危険。家族や周囲との協力体制を大切に。解決策へ向け問題点を整理して。金銭は義理絡みの出費が出そう。資産管理チェックを。足腰や関節痛注意。

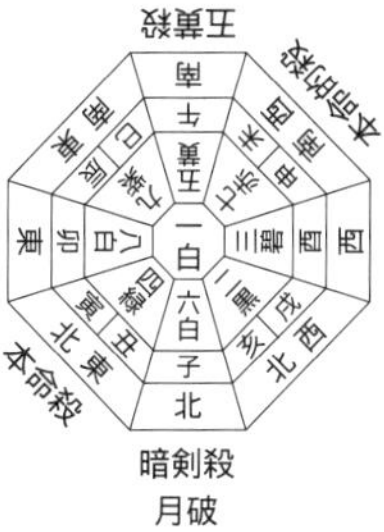

歳破→南西
年で暗剣殺→北西
年で五黄殺→南東
年で本命殺→東
年で本命的殺→西

1 火 ⦶入梅前に湿気対策を万全にして
2 水 ◐低姿勢が無難にトラブル避けて
3 木 ●規則正しい生活で成人病予防を
4 金 ◎直感が冴え楽しい交流の予感が
5 土 ○ぶらり旅を満喫し運を呼び込む
6 ㊐ ○気の合う友と食事で会話が弾む
7 月 ●意地張らず相手の意見も参考に
8 火 ⦶家族に日頃の感謝を言葉で表現
9 水 ◐面倒がらず約束事きちんと守る
10 木 ⦶誠実さが良き人との出会い生む
11 金 ⦶年下の意見を採用して仕事順調
12 土 ◐雨上がりのアジサイに心も和む
13 ㊐ ◎会話での気づき後からメモして
14 月 ○意外な方面から嬉しい知らせが
15 火 ○頑張った人には充実感のご褒美
16 水 ●予防は治療に勝る常に身体ケア
17 木 ⦶甘い話には落とし穴よく考えて
18 金 ◐互いの気遣いが家庭円満の秘訣
19 土 ⦶キャッシュレス金銭感覚が麻痺
20 ㊐ ⦶父親への感謝さりげなく伝える
21 月 ◐新規事は流れに任せ様子を見て
22 火 ◎追い風に乗って交渉成立で前進
23 水 ○目上の人から信用されて心躍る
24 木 ○霧の晴れるが如く物事が好転へ
25 金 ●自己反省し相手に求めず対処を
26 土 ⦶梅の実の健康パワーで疲労回復
27 ㊐ ◐軽率な行動とらず地に足着けて
28 月 ⦶見かけより実とる方針が好結果
29 火 ○備えあれば憂いなしの構え大事
30 水 ◐日々を振り返り心身を整え安泰

☆めくっておみくじ【十七番】――**凶**　諸事の悩みは優柔不断で決心がつかない。今日は控え目な態度で待つ。

☆めくっておみくじ【五十一番】――吉　努力が実らなくともなお努力。立身は一朝にならず、日々の精進あるのみ。

四緑

7月の運勢⦶小吉運

吉　方↓なし
小吉方↓なし
乙未九紫火星の月

吉方○小吉方ともになし。即断即決がトラブルの因。周囲からの助言受け入れて。
凶方●南＝中傷される。頭に血が上り売り言葉に買い言葉のいざこざに。北＝表沙汰には出来ない色情問題。盗難や詐欺にあう。北東＝勇み足で失敗し身内に迷惑をかける。不本意な異動。

運勢／これまでにしっかり積み上げてきた物事が花開く。焦りは禁物。先人の知恵を借りて慎重に判断を。能ある鷹は爪を隠して。文書や契約関係の扱いは慎重に。自意識過剰になり必要のない見えを張りがち。噂や甘言につられての購入に警戒。目や血圧に注意して。

歳破→南西
年で暗剣殺→北西
年で五黄殺→南東
年で本命殺→東
年で本命的殺→西

1 木 ⦶暑中見舞いの準備は余裕持って
2 金 ◎温めてきた事を始めると良い日
3 土 ○社交性が生かされて仕事も順調
4 ㊐ ●高額品紛失せぬよう気をつけて
5 月 ◐過度な名誉心は信用を傷つける
6 火 ⦶変化のある日周囲と調和図って
7 水 ⦶祖父母を交えて一家団欒の食卓
8 木 ⦶金銭管理に注意を散財の兆しが
9 金 ◐言動に慎重を期しトラブル回避
10 土 ○援助者との出会いご縁を大切に

11 ㊐ ◎新規の活動に取り組むと良い日
12 月 ○意欲的に取り組めばスムーズに
13 火 ●取り越し苦労やめチャンス待つ
14 水 ◐才を誇る心が周囲から妬《ねた》み買う
15 木 ◐十分に水分補給し熱中症予防を
16 金 ●苦労を重ねて考えた知恵は本物
17 土 ⦶努力が認められても気を緩めず
18 ㊐ ◎出会いは貴重チャンスを逃さず
19 月 ○信用高める謙虚な気持ち大切に
20 火 ◐物事に変化が起きやすい一日に
21 水 ⦶信頼を損ねぬよう行動は熟考を
22 ㊍ ⦶友と楽しい会食で親睦を深めて
23 ㊎ ◐スポーツに勤しみ健康に過ごす
24 土 ◐水分と部屋の換気で熱中症対策
25 ㊐ ●運は心掛け次第で千変万化する
26 月 ○地道な努力が評価され嬉しい日
27 火 ○社交性が発揮され将来に繋がる
28 水 ○鰻を食し夏バテ防止体調管理を
29 木 ⦶知性が自然に出ての摩擦自制を
30 金 ◐誠実な心で取り組めば成就する
31 土 ⦶勇気づける言葉が部下を育てる

四緑

8月の運勢●警戒運

吉　方↓なし
小吉方↓なし
丙申八白土星の月

吉方○小吉方ともになし。旅行はその方位が吉方になる人のリードに従って吉。
凶方●北東＝相続や不動産問題でもめ事。親しい間柄の相手と険悪に。南西＝ばかばかしくなって意欲を無くす。北＝異性との不倫や浮気関係で悩み抱える。南＝隠し事がばれ非難の的に。

運勢／行楽シーズン、身内や義理絡みの付き合い多く疲弊しがち。支える側に回って吉。自分のペースを守るも孤立せぬよう穏やかに。家族とは思いやりと心の絆を大切に。金銭面は節約第一で少額でも貯めていく習慣を。冷房温度調節して寝冷えや過労、ストレス注意。

1 ㊐ ●現状維持で新規事項は様子みて
2 月 ◐仕事ほどほどに協調性を保って
3 火 ●幸福感は心の持ち方次第で激変
4 水 ○交渉が上手に進展し成果上がる
5 木 ⦶節度ある行動を出足はゆっくり
6 金 ⦶勘違い起こさぬよう冷静沈着に
7 土 ◐立秋とは名ばかり熱中症に注意
8 ㊐ ◐控えめな行動で事なき得て安泰
9 ㊊ ⦶長崎原爆投下の日恒久平和祈る
10 火 ◐滞っていた事に起死回生の転機

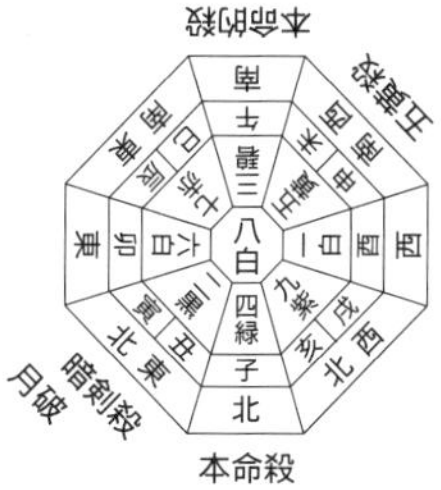

歳破→南西
年で暗剣殺→北西
年で五黄殺→南東
年で本命殺→東
年で本命的殺→西

11 水 ⦶受け身に徹して思わぬ評価受け
12 木 ●先達の艱難辛苦と努力に感謝を
13 金 ⦶傲慢さが目立ち関係修復を図る
14 土 ○結束力で目的達成のチャンスが
15 ㊐ ○御先祖様へ墓参し心も穏やかに
16 月 ◐気のゆるみが生じ時間の浪費に
17 火 ⦶努力が実を結び大きな成果得る
18 水 ○指針を守って慎重に品定めして
19 木 ◐沈んだ気持ちも家庭で元気回復
20 金 ⦶夏風邪に気をつけて手洗い励行
21 土 ●堅実な目標と準備で着実に前進
22 ㊐ ◐驚き事が続く対人関係に注意を
23 月 ◎上手くいっている時こそ自重を
24 火 ◎周囲の意見を取り入れて好結果
25 水 ◐金銭管理注意こまめに働くと吉
26 木 ⦶こだわり捨てて争い事は避けて
27 金 ○金銭面の計画しっかりと準備を
28 土 ◐環境の変化を望むも旧態を守る
29 ㊐ ⦶謙虚な姿勢を貫いて危機回避を
30 月 ●思うに任せぬ時は休息を取って
31 火 ○コツコツと地道な作業成果得る

☆めくっておみくじ【八十二番】——**凶**　猛火が天を焦がすのは人の怒りの姿。過去の古傷を断ってみると一安心。

☆めくっておみくじ【二十九番】―― 吉 長い間の悩みが消えていく。日々の家計は遣り繰り上手でうまくいく。

四緑

9月の運勢○吉 運

吉　方→なし
小吉方→北
丁酉七赤金星の月

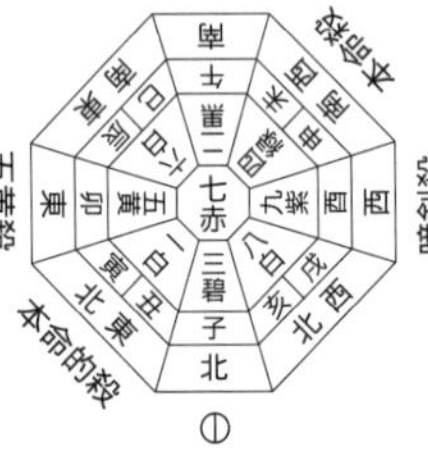

歳破→南西
年で暗剣殺→北西
年で五黄殺→南東
年で本命殺→東
年で本命的殺→西

吉方○北＝小吉方。会話やスポーツ通じ家族関係良好に。良い副業話が舞い込む。凶方●西＝集まりの場で口論に。東＝多方面に手を付けると収拾がつかず尻すぼまりに。南西＝優柔不断で周囲から愛想を尽かされる。胃炎。北東＝縁故関係との気持ちのすれ違いが。腰痛。

運勢／意欲的になり活動を展開するも今ひとつ力不足。性急な思い込みから一方的に歩を進めると失敗の因。奉仕精神と柔軟性を持って気配り上手に。目新しい物に惹かれやすいがリフォームやリサイクル精神で。物もお金も大切に。病気のぶり返しや急性胃炎に注意。

1水 ○創意工夫や積極的な行動が奏功
2木 ◎持ち前の気遣いで対人関係良好
3金 ◐傲慢になりがち慎みを忘れずに
4土 ⦶信用第一で金銭トラブルに注意
5㊐ ○喜ばしい事が次々と起きる兆し
6月 ◐夫婦喧嘩をなくせば家庭円満に
7火 ⦶文書の内容は入念にチェックを
8水 ●今の粘りと努力が今後へ繋がる
9木 ○何事も過剰になりがち一呼吸を
10金 ⦶準備は入念に始動は慎重にして
11土 ⦶高飛車な心持ちは人望をなくす
12㊐ ◐交通関係で変化が起きやすい日
13月 ⦶広い視野を持ち人材育成に励む
14火 ◐高すぎるプライドが邪魔になる
15水 ○新しい友との出会いに恵まれる
16木 ⦶独り善《よ》がりの頑張り不評を買う
17金 ●栄枯盛衰は常として希望を持つ
18土 ○地道な貢献は人を育て信頼得る
19㊐ ◐横柄な態度を抑えれば終わり吉
20㊊ ◎幼き日々の思い出祖父母に感謝
21火 ◐強欲は明徳を失う自我を捨てて
22水 ⦶自己主張するより共感を深めて
23㊍ ◐有頂天にならず気を引き締めて
24金 ○誠実な姿勢が重大な転機を齎《もたら》す
25土 ⦶物事の処理は的確迅速にして吉
26㊐ ●逆境乗り越えてこそ人格は完成
27月 ⦶忍耐と奉仕の精神を大切にして
28火 ○初物を食して秋の実りに感謝を
29水 ◎協調性が発揮されとても良い日
30木 ◐何事も謙虚に取り組むのが一番

四緑

10月の運勢◎大吉運

吉　方↓北東・南
小吉方↓なし
戊戌六白金星の月

吉方○北東＝嫌な関係を改善改革。南＝これまで培ってきたことが日の目を見る。凶方●北西＝口論から目上の支援を失う。南東＝損得勘定で動き相手の信頼を失う。タチの悪い交友関係に悩む。東＝決断力を欠きタイミングを逃す。西＝欲に目がくらんで不利益を被る。

運勢／実り多き秋。これまで準備してきたことを行動に移す好機。自己アピールや仲間づくり積極的に。目的を明確にして取り組んで。紹介話や売り込みなどには十分に注意して誤解やトラブル招かぬように。出費がかさみがちに。気を引き締めて。気疲れや咳風邪用心。

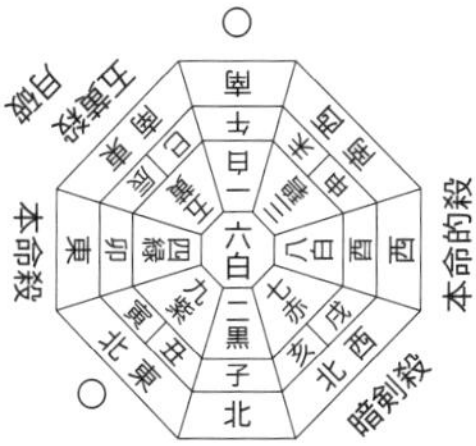

歳破→南西
年で暗剣殺→北西
年で五黄殺→南東
年で本命殺→東
年で本命的殺→西

1 金 ⦶急いては事を仕損じる焦らずに
2 土 ◐気高さと傲慢さを履き違えずに
3 ㊐ ◐筋力アップを図り足腰を鍛えて
4 月 ⦶奉仕の精神も過剰は不快を招く
5 火 ●八方塞がり初心に戻って努力を
6 水 ○様子を見ながらゆっくり進んで
7 木 ⦶勢いに任せずに自制心を持って
8 金 ○意見を取り入れて好結果を得る
9 土 ◐落ち着いて対処すれば好転する
10 ㊐ ◐正常な金銭感覚で消費は慎重に
11 月 ○軽率な言動で行き違いに注意を
12 火 ⦶夫婦仲良く思いやりの気持ちを
13 水 ⦶名誉心みせれば思わぬ妬み買う
14 木 ●ありがとう感謝の言葉で幸せに
15 金 ◎持ち前の協調性が発揮され成果
16 土 ○謙虚な心掛けが人の心を動かす
17 ㊐ ⦶誤解を招く言動慎んで信用第一
18 月 ◐迷いが生じて決断に精彩を欠く
19 火 ⦶責任感が希薄になりがち休息を
20 水 ○金銭運が充実でも投資は慎重に
21 木 ○変化を望むが現状維持心掛けて
22 金 ⦶隠し事が表面化する危険性あり
23 土 ●受け身に徹して無事に過ごせる
24 ㊐ ◎前向きな心掛けが幸せに通じる
25 月 ◎平穏無事な日常で周囲に感謝を
26 火 ○遠方から便りが旧交を懐かしむ
27 水 ◐気分の低下は考え方次第で好転
28 木 ◐口達者でなく実行力を発揮して
29 金 ○金銭の出入り多く支出を抑えて
30 土 ○問題解決の兆しが方針転換も可
31 ㊐ ⦶拘《こだわ》りが強過ぎて物事が滞りがち

四緑木星　☆めくっておみくじ【八十五番】――**大吉**　初めより途中から地位向上、名誉、上級の試験など効果と成就の力あり。

四緑

11月の運勢⦶小吉運

吉　方↓南
小吉方↓北
己亥五黄土星の月

吉方○南＝認められて名誉や地位が確立する。決断力がつき物事の白黒がつく。北＝小吉方。目下から慕われる。専門性が深まる。
凶方●南東＝婚活や縁談が不調。安請け合いをして失敗。北西＝株や投資で大損し、手痛いダメージを負う。車や自転車の事故に注意。

運勢／出会い運あり交流が広がる。調子に乗り自己中心的にならぬよう。信用第一に協調性持って。深く関わる相手は情に捉われず冷静に判断。周囲から良き助言あり開運に。収入支出のバランスチェック。発酵食品を取り入れて健康増進。腸疾患や流行り風邪に注意。

歳破→南西
年で暗剣殺→北西
年で五黄殺→南東
年で本命殺→東
年で本命的殺→西

1 月 ◐停滞気味の仕事に好転の兆しが
2 火 ⦶満つれば欠ける自然に逆らうな
3 ㊌ ◎スムーズな流れで万事好転する
4 木 ○親しき仲にも礼儀あり節度大切
5 金 ◐思わぬ噂で状況変化淡々と対処
6 土 ⦶緊張感の欠如がミスを誘発する
7 ㊐ ○旬の食材を生かして会話も弾む
8 月 ◐優柔不断が災いして物事が停滞
9 火 ⦶上辺に魅せられ判断に精彩欠く
10 水 ●人は逆境で鍛えられ順境で堕落
11 木 ○地道な仕事が認められ成果得る
12 金 ◎終日穏やかな気分で積極策も可
13 土 ○多忙になっても本筋に力を注ぐ
14 ㊐ ◐対人関係に注意を行動自重して
15 月 ⦶多忙な日なるも柔和な対応で吉
16 火 ○専門的な話題で会食が弾みそう
17 水 ◐問題の本質を客観視して捉える
18 木 ○後輩を育てる気持ちで共同作業
19 金 ●困難な時こそ笑顔を絶やさずに
20 土 ○奉仕の精神は周りを感動させる
21 ㊐ ○速やかに動けるよう準備万全に
22 月 ⦶欲を慎み感情コントロールして
23 ㊋ ◐働く事ができる幸せ勤労に感謝
24 水 ⦶誠実な姿勢が行き違いの解消に
25 木 ○素直な人柄は人々の心和ませる
26 金 ◐温故知新伝統学び現代に生かす
27 土 ⦶才を誇るは哀れ尊敬を得られず
28 ㊐ ●厳冬の後は春到来運気上昇間近
29 月 ◎魔法の言葉は生きがいを与える
30 火 ○統率力が冴えるも風評に注意を

四緑

12月の運勢◐自重運

吉　方→なし
小吉方→北
庚子四緑木星の月

吉方○北＝小吉方。身近に良き人脈を得る。内職、在宅ワークのチャンスを得る。凶方●南東＝悪い相手と関わって騙されたり中傷されたり。善かれと思ってしたことが誤解を招いてトラブルに。北西＝自分本位の行動で運を落とし挫折。南＝欲深さ頑固さで周囲と摩擦。

運勢／年末、世話事多く、自分の事まで手が回らず。年越し準備は家庭や身近なところから手を付けて。良い顔をして無理をすると疲労困憊。気張らず協力し合って役割分担を。金銭面は義理を欠かさぬよう。金銭貸借は避けて無難。過労や風邪をこじらせぬよう注意。

歳破→南西
年で暗剣殺→北西
年で五黄殺→南東
年で本命殺→東
年で本命的殺→西

1水　○アドバイス取り入れて好結果に
2木　◐年の瀬の大掃除早めに段取りを
3金　⦶過信は禁物で分外の事は慎んで
4土　○高額商品の購入は計画を立てて
5㊐　◐猛進は禁物一歩引いて対処して
6月　○手洗いでインフルエンザ予防を
7火　●自宅でゆっくり過ごし読書三昧
8水　⦶偏った信念や正義感は害になる
9木　◎多欲を持たなければ上手くいく
10金　⦶口舌が過ぎて反感を買わぬよう

11土　◐先んずれば目上に従い吉を得る
12㊐　◐敬神すれば災いから逃れられる
13月　⦶前向きな気持ちが湧き楽しい日
14火　●和やかな家族関係心の平安生む
15水　○志を明らかにし才は深く秘めて
16木　●運気アップは健全な食生活から
17金　○趣味から交友関係が広がりそう
18土　◎決断力のある日も始動は慎重に
19㊐　⦶落ち着いて対処すれば問題解決
20月　◐ゆったりした気持ちで過ごして
21火　◐イライラせずに穏やかな対応を
22水　○柚《ゆ》子《ず》湯で身体を温めて無病息災
23木　◐家族で団欒会話も弾み和気藹々
24金　⦶プライドは表に出さず控えめに
25土　●笑いはこの上ない福を呼び込む
26㊐　◎慈しむ心は何にも代え難い宝物
27月　○暴飲暴食を抑えて体を労ること
28火　⦶正月用品の買い出しは手際良く
29水　◐火の用心日頃の防災意識省みて
30木　◐神棚や仏壇を磨き新年の準備を
31金　○来る年に希望を抱き一年に感謝

四緑木星　☆めくっておみくじ【二十六番】——半吉　力づくより徳をもって人に接する。リーダーとして活躍の場あり。

五黄《ごおう》土星《どせい》

◎

大吉運

安寧秩序
好機到来

令和3年 辛丑六白金星
方位盤

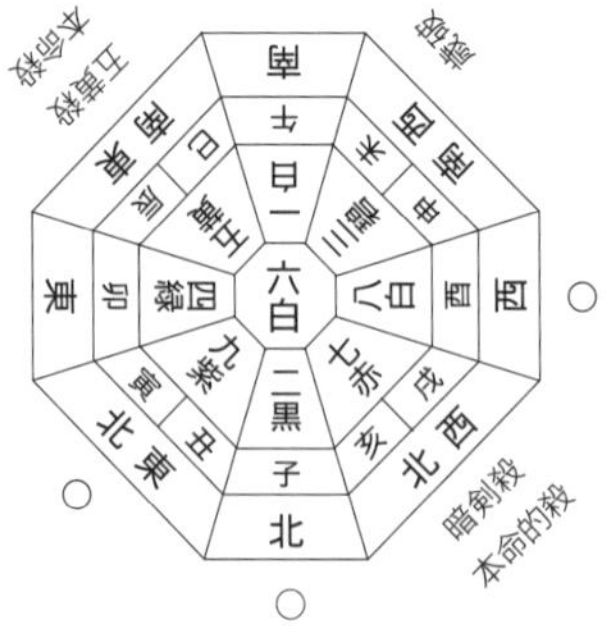

吉方→北東・北・西
凶方→北西・南東・南西

「北東」を吉方として活用すると、新しい交際が始まり良い友人に恵まれたり、名誉職や人も羨むような良いポストを手中にすることが可能に。また、長引いている学校問題や裁判に是か非かを明確にすることが出来ます。

「北」は、物事に対する意欲が出て粘り強く、努力を惜しまないようになります。子供、部下との関係も良好に。

「西」は、アルバイトやサイドビジネスで予想以上の収入に恵まれたり、趣味などで一定の成果が得られます。

性格と人生

人はいいのですが、気が強く負けず嫌いでお世辞を言うのが苦手なので、第一印象が悪く誤解されやすいタイプです。時に言動が荒っぽく強引に物事を推し進めるようなマイナス面がありますが、意外に情にもろいところがあり、頼まれごとが嫌とは言えません。そのため対人面で頼られたり相談事を持ち掛けられたりすることが多く、世話苦労が多いでしょう。女性は男勝りのタイプが多いです。時に争いごとに巻き込まれて、周りの責任を自分が背負って苦労することもあります。

全般的な運の流れとしては、上下の波があり、極端に運勢が分かれやすい傾向があります。しかし、運が落ち込んでも、生来の頭の良さと行動力、強い信念で立ち上がり復活する力強さを持っています。大小を問わず、グループのリーダー的立場になることが多いでしょう。晩年運タイプで、若年期に苦労をしても、一生懸命に努力をした結果、一国一城の主となれるような大器晩成型です。あきらめなければ最後に勝ちをつかみ取ります。

五黄土星生まれ

平成25年癸巳
〃 16年甲申
〃 7年乙亥
昭和61年丙寅
〃 52年丁巳
〃 43年戊申
〃 34年己亥
〃 25年庚寅
〃 16年辛巳
〃 7年壬申

2月4日以前生まれの人は六白生まれで見ます

あなたの今年の運勢　五黄土星

思惑通りに進展する成就宮に入りました。人の世話をすることで更に社会的な信頼を勝ちとれます。ただし、好調さに甘えて優柔不断は折角の運を損なうので要注意。

◎商売運……順風に後押しされ物事がスムーズに進展します。設備投資も少しハードルを高く設定してもクリア出来そう。どんなニーズにも対応できる情報収集が鍵。

◎職場運……頼りにされる時で依頼事も増えそう。神対応を心掛ければ信用度も更にアップしますが、あまり抱え込み過ぎると却って信頼を失う。見識者に要相談を。

◎家庭運……多忙を極めるので、家族とのすれ違いからコミュニケーション不足に。家族への感謝を忘れず家庭サービスを。ワンランク上の旅行を計画してみましょう。

◎恋愛運……物事を整える作用が強いので独身者には絶好の気運。上司や先輩からのバックアップを受け、より良い出会いに期待。ゴールを目指して頑張りましょう。

◎金　運……外出の機会も増えて交際費が嵩み、リフォームなどで更に大きな資金が動きそう。緻密な計画を。

◎健康運……インフルエンザ、感染症などの流行性の病気に用心して。消化器系疾患は人間ドックがお勧め。

寅の五黄の運勢／**35歳**は、日々の研鑽の成果が如実に現れ信用が得られます。この機会に人脈を広げ、信頼度もアップさせましょう。**71歳**は、依頼や世話事などで多忙を極めるが人徳と思って対処しましょう。気分転換に郊外を散策してリフレッシュ。

巳の五黄の運勢／**8歳**は、運動前のストレッチ欠かさずに。熱中症にも注意。**44歳**は、大きなプロジェクトを任されたり、今までの経験を生かすことが。単独行動よりも共同作業で更なる成果が。**80歳**は、迷いがある時はリスクの少ないほうをチョイス。

申の五黄の運勢／**17歳**は、自分の目標をキチッと定めてひたすら精進することで道は開ける。周囲の状況に惑わされず信念を貫くこと。**53歳**は、父親や夫の問題が顕在化しそう。問題が大きくなる前に早めに対処すること。ちょっとした変化も見逃さず。

亥の五黄の運勢／**26歳**は、独身者は恋愛の好機到来。思いもよらぬ展開に、もはや運命を感じる時。人生のパートナーを射止めよう。**62歳**は、加齢とともに体力が少しずつ落ちていますので、体力強化、健康管理と健康診断は忘れずに実行しましょう。

☆めくっておみくじ【六十四番】――凶　ままにならぬは浮世の習い。難問は賢い人からの知恵と助言を借りる。

五黄

1月の運勢◎大吉運

吉　方→なし
小吉方→北東・北
己丑六白金星の月

吉方○北東＝小吉方。状況が好転して良い流れに乗る。北＝小吉方。後輩や仲間との人間関係良好。家庭円満。凶方●北西＝言葉遣いから支援者を失う。頼りにしていた融資を断られる。南東＝不注意から約束や取引が不調になる。南西＝やる気を無くして投げやりになる。

運勢／新年、交際が広がり快調にスタート。引き立てを期待できる人脈を得るチャンス。謙虚な姿勢で誰に対しても分け隔てなく公平に。聞き上手になれば良い情報を入手できるはず。異性運紹介運好調。交際費が手痛く、見えを張らぬように。風邪や気管支炎に注意。

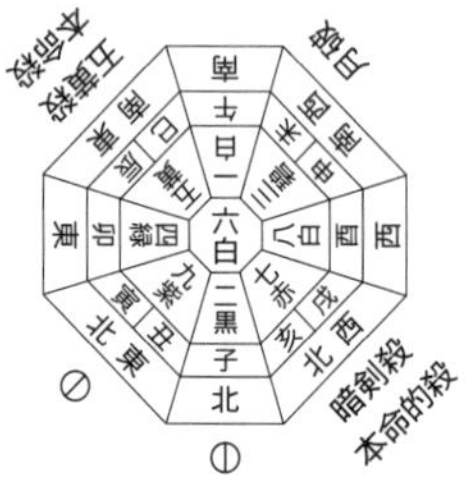

歳破→南
年で暗剣殺・本命的殺→西
年で五黄殺・本命殺→東

1㊎ ◎笑顔溢れる年を初日の出に誓う
2土 ⦶お正月家族の集まる大切な時間
3㊐ ⦶お年玉つい見えを張り予算超過
4月 ⦶目上への挨拶は気を引き締めて
5火 ◐固執やめるとアイデアが浮かぶ
6水 ○別れの後には新しい出会いあり
7木 ●熱めのお湯で身体の冷えを解消
8金 ○土地購入は焦らず十分調査して
9土 ○新年会楽しく盛り上げ人気上昇
10㊐ ◎遠方より嬉しい知らせ心が躍る
11㊊ ◐自信過剰な言動避けて和やかに
12火 ⦶法定スピードを守り安全運転を
13水 ⦶趣味の集い仲間との交流楽しみ
14木 ◐部屋の整理整頓でイライラ解消
15金 ○怪しいサイトにアクセスしない
16土 ⦶秘密事が露見しやすく用心して
17㊐ ◐足腰の衰え毎日の運動が効果的
18月 ⦶会話の中からいいヒント浮かぶ
19火 ⦶目上を立てサポート役に徹して
20水 ◐面倒なことに深入りせずが無難
21木 ◎アイデアと企画力が光る順調日
22金 ○焦る心を抑え計画の見直し大事
23土 ○家庭の平穏は妻の笑顔から生ず
24㊐ ●失敗は成功の元と捉え悔やまず
25月 ○カードで買い物予算守れば安心
26火 ◐運動不足は足腰のケガに鍛えて
27水 ⦶話し上手より聞き上手で協調を
28木 ⦶ギャンブルで得た金はあぶく銭
29金 ●ミス連発で収束に奔走の低迷日
30土 ◎交際相手との仲が深まる上昇運
31㊐ ○風林火山の如く素早い行動が吉

五黄

2月の運勢⦶小吉運

吉　方→北東・西
小吉方→南
庚寅五黄土星の月

吉方○北東＝改革成功。行き詰まりを打開して運気向上。西＝金回りが良くなり不自由しない。社交運や恋愛運が上がり異性との良縁あり。南＝小吉方。努力が認められて高く評価される。凶方●南西＝無気力になりダラダラした生活態度に。覇気無く失業や休業もあり。

運勢／早春、焦らず腹を据えて時機を待つ。今のうちに先々の計画の再確認を。ボランティア精神は大切でも滅私奉公にならずに。周囲からの協力を得て気配り上手に進める。先輩を立てる心掛け吉。金銭面はリスクを避け無謀な投資はＮＧ。過労や古い病気再発に注意。

歳破→南西
年で暗剣殺・本命的殺→北西
年で五黄殺・本命殺→南東

1 月 ○派手に振る舞うより堅実姿勢で
2 火 ●恒例の豆まきで無病息災を祈る
3 水 ○風邪の予防は十分な睡眠が一番
4 木 ●親戚付き合い適度な距離おいて
5 金 ⦶流行物に思わず財布の紐が緩む
6 土 ⦶のんびり休養を取り英気を養う
7 ㊐ ◐外出は時間に余裕を持ち行動を
8 月 ○交際はじっくりと時間をかけて
9 火 ◎手順を踏み計画通り実行で順調
10 水 ⦶古い問題の先送りがぬかるみに
11 ㊍ ●運動や食事を改善し健康を保つ
12 金 ○スマホで不明な点を検索有効に
13 土 ◐子供と共に過ごす時間を大切に
14 ㊐ ⦶仕事は見通しを立て緻密に計画
15 月 ⦶入試時期のインフル万全対策を
16 火 ◐目上に意見は通らぬものと覚悟
17 水 ◎他人の目を気にせず意志を貫く
18 木 ⦶好き嫌いの感情なしで纏め役に
19 金 ○手料理で家族サービス笑顔満開
20 土 ●週末は日帰り温泉で疲労回復を
21 ㊐ ⦶外出時の財布カード盗難に注意
22 月 ◐不要なもの思い切って処分して
23 ㊋ ⦶リップサービスより真心が大切
24 水 ⦶近くても急がば回れ安全運転を
25 木 ◐朝食は味噌汁と納豆の発酵食で
26 金 ◎日頃の努力の積み重ねが花開く
27 土 ○噂は聞き流し真実を見て行動を
28 ㊐ ○お年寄りの話に耳を傾け参考に

☆めくっておみくじ【九十四番】――**半吉**　自分に良くしても相手に嫌がられる言動は慎む。上には上があるもの。

五黄

3月の運勢◐自重運

吉　方↓北東・北
小吉方↓東・南
辛卯四緑木星の月

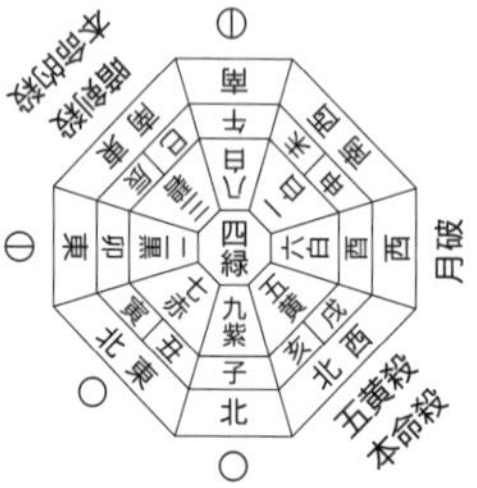

歳破→南西
年で暗剣殺・本命的殺→北西
年で五黄殺・本命殺→南東

吉方○北東＝親戚知己との関係が和やかに。貯蓄を増やす好機。北＝良い副業が見つかる。東＝小吉方。日々の努力が実を結ぶ。南＝小吉方。支援と名誉を得る。
凶方●南東＝中傷され痛手を負う。北西＝多忙で体力消耗。ケガ注意。西＝交際費かさみお金に不自由する。

運勢／気力充実。勢いづいて進みやすいが状況を見極めて。調子良い言葉に乗ると空回りして損失。自己過信せず緊張感を持って。かっとしてケンカになりやすく、平常心を守って。金銭面は手堅く、一獲千金を夢見るより計画的に。呼吸器疾患、交通事故やケガ注意。

1 月　●悩んだ後は公園散歩し気分転換
2 火　○ヘアスタイル変えお洒落《しゃれ》楽しむ
3 水　◐ひな祭り桃の花に娘の成長願う
4 木　⦶気の合う仲間とランチ楽しんで
5 金　⦶出勤前に神社参拝し心引き締め
6 土　◐遠方への家族旅行で絆を深めて
7 ㊐　◎仕事運良好に年長者の意見尊重
8 月　○早起きは三文の徳一日を有効に
9 火　○古着をリメークし旧友とお茶会
10 水　●家庭安泰が仕事の安定に繋がる
11 木　○年配者の知恵を借りて問題解決
12 金　◐日頃の不摂生が体調不良に直結
13 土　⦶不足不満はあっても口に出さず
14 ㊐　⦶自分が折れて目上に従えば無事
15 月　◐背伸びせず等身大で行動して吉
16 火　○花粉症対策をきっちりして外出
17 水　◎テレビや雑誌で有益な情報入手
18 木　⦶出る杭は打たれる脇役に徹して
19 金　●疲労は静かな音楽聴いて解消を
20 ㊏　○ご先祖様に日頃の感謝を伝える
21 ㊐　◐家族と美術館巡りでパワー充電
22 月　⦶上辺だけの付き合い長続きせず
23 火　⦶上から目線の言動を避け温和策
24 水　◐古い病気の再発など健康に留意
25 木　◎多忙でも子供の様子をよく観察
26 金　⦶高額な買い物は即断即決やめて
27 土　○こま切れ時間を有効に活用して
28 ㊐　●睡眠不足は免疫力を低下させる
29 月　⦶ネット通販海外の粗悪品に用心
30 火　◐自信があっても運転は油断大敵
31 水　⦶問題は知者に相談し無事に解決

☆めくっておみくじ【八十七番】――吉　美しい玉を得て運が開かれていく。計画は急がず持久型が効果的。

五黄

4月の運勢○吉運

吉　方→北・北東
小吉方→南
壬辰三碧木星の月

吉方○北＝家族との絆固く円満に。内証の預貯金が増える。北東＝後継者を得て安泰。条件の良い転職先が見つかる。南＝小吉方。愛嬌ある魅力で人気を集める。凶方●東＝情の絡む問題で悩みを抱える。西＝どんぶり勘定のツケで資金不足に。北西＝決断力を欠き挫折。

運勢／春を満喫。人間関係の輪が広がり飲食の機会も増える。公私のバランス良く。人には我欲からの押し付けにならないように歩み寄りを大切に。名より実を取る。行楽や家庭サービスは予算内に抑えて楽しむ。腹八分で栄養バランス留意。口腔ケア、歯槽膿漏に警戒。

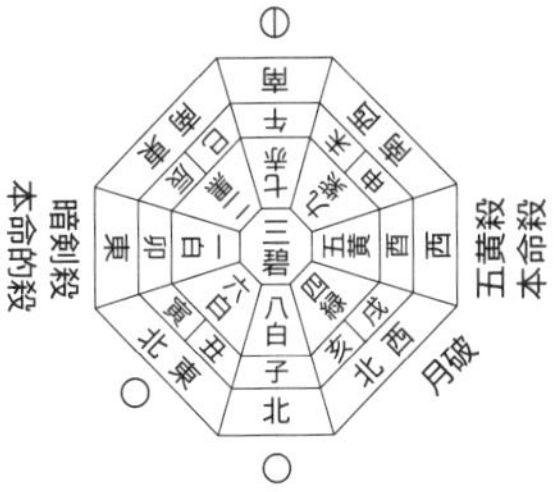

歳破→南西
年で暗剣殺・本命的殺→北西
年で五黄殺・本命殺→南東

1木　⦶自分への先行投資は将来の財産
2金　◐お金の貸し借りトラブルの要因
3土　◎桜の下お弁当を囲み楽しい日に
4㊐　○焦ると空回り落ち着いて行動を
5月　○用事が山積み簡単な事から処理
6火　●辛い時優しい言葉が心に染みる
7水　○明るい色の服で気持ち前向きに
8木　◐花冷えの日暖かくして腰痛予防
9金　⦶コーヒーの香りで癒しの一時《ひととき》を
10土　⦶スポーツで汗流し運動不足解消
11㊐　◐土用前に排水口や庭木を手入れ
12月　◎日頃の努力が実り営業成績向上
13火　○ＳＮＳでの言葉の表現は慎重に
14水　○節約生活でリサイクル品を活用
15木　●落ち込んだ日は神仏に神だのみ
16金　○確かな眼力で高級品を安く入手
17土　◐掃除と風水で場を清め開運効果
18㊐　⦶子供と共に過ごす時間を大切に
19月　⦶礼儀正しく目上に従い控えめに
20火　◐叱るよりもホメ言葉が効果的に
21水　○身に覚えのない噂は悠然と無視
22木　○問題が即解決し次のステップへ
23金　⦶高慢な態度は周囲から反感買う
24土　●食事と睡眠と運動が健康の原点
25㊐　○学問を始めスキルアップを図る
26月　◐転職はじっくり能力発揮の場を
27火　⦶旧友とのお喋《しゃべ》り口の災いご用心
28水　⦶オーバーワークで身体に赤信号
29㊍　◐損得抜きで奉仕すれば心が充実
30金　◎地道な努力が報われ信頼を得る

五黄

5月の運勢○吉運

吉　方→北
小吉方→東・南
癸巳二黒土星の月

吉方○北＝プライベートが充実。異性との良縁あり。東＝小吉方。才能が花開く兆し。南＝小吉方。公的な活動が認められ称賛される。**凶方**●南西＝親族間のゴタゴタに巻き込まれて身銭を切る。北東＝相続関係でトラブル。北西＝目上と言い争いが。交通事故の危険。

運勢／安易に決断するより深入りしないで様子見の姿勢。周囲に影響されて気合やモチベーションが高まる。冷静に状況を判断し時機を待って。自己分析する心のゆとり大切に。義理や家族関係への出費多い。カード買い避けて。足元の段差に警戒。肩こり、関節痛注意。

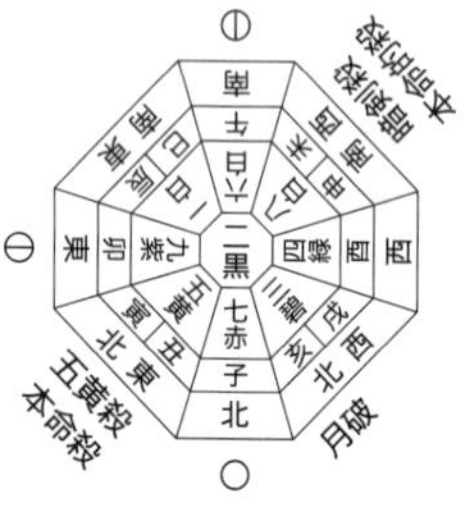

歳破→南西
年で暗剣殺・本命的殺→北西
年で五黄殺・本命殺→南東

1 土 ⦶若者との交流や会話で脳活性化
2 ㊐ ○仲間とバーベキューで気分転換
3 ㊊ ●二年使わない品物は断捨離して
4 ㊋ ⦶書類は再度チェックでミス防止
5 ㊌ ◐ネットの危険から子供の身守る
6 木 ⦶音楽を通じて出会いのチャンス
7 金 ⦶最後まで見通しを立てて決断を
8 土 ◐親族の厄介事は深入りせず静観
9 ㊐ ◎プレゼント喜ぶ母の笑顔眩《まぶ》しい
10 月 ○難問題は早めに取り組み解決へ
11 火 ○ダイエット運動と食事の改善で
12 水 ●子育ては大きな気持ちで親成長
13 木 ○眼鏡フレーム変えてイメチェン
14 金 ◐生活習慣改め健康寿命を延ばす
15 土 ⦶情けは人の為ならずを肝に銘じ
16 ㊐ ⦶車の出し入れ前後左右の確認を
17 月 ◐旅行は履き慣れた靴で安心快適
18 火 ◎決心に追い風が吹き笑顔で前進
19 水 ○芸術と親しみ心からリラックス
20 木 ○お年寄りを大切に自分も通る道
21 金 ●夜中の暴飲暴食が糖尿病の要因
22 土 ○目上の人に認められ嬉しい日に
23 ㊐ ◐冷蔵庫を過信せず食中毒に注意
24 月 ⦶笑う門には福来るで笑顔で開運
25 火 ⦶多忙でも丁寧な仕事が身のため
26 水 ◐夫婦円満で子供は健やかに育つ
27 木 ○ギャンブルはお小遣いの範囲で
28 金 ◎遠方より嬉しい便り心が躍る日
29 土 ⦶老後に備えて積立て運用考えて
30 ㊐ ●たったひと言が人の心を温める
31 月 ○ライフプランで家計を見直して

五黄

6月の運勢○吉運

吉方→なし
小吉方→東
甲午一白水星の月

吉方○東＝小吉方。改革方針が周囲から支持されて好発進。停滞気味の問題に新風が吹きこんで前途洋々。
凶方●南＝書類や機密事項が暴露されて名誉毀損、法的トラブルに巻き込まれる。北＝パワハラを受けて心身共にダメージ。表沙汰に出来ない仕事や金銭トラブル。

運勢／これまでの経験や積み上げた結果が成果としてあらわれる時。対人面では相手を尊重した配慮を。感情が顔に出やすいので本音と建前を上手に使い分けて。当てが外れても平常心。契約関係、文書類の扱いは慎重に。生活の華美は慎んで。血圧や眼病、頭部に注意。

歳破→南西
年で暗剣殺・本命的殺→北西
年で五黄殺・本命殺→南東

1 火 ◐外反母趾が腰痛の原因甘く見ず
2 水 ⦶安物買いの銭失い量より質重視
3 木 ⦶年長者のアドバイスで結果良好
4 金 ◐新規計画やめて現状維持で無難
5 土 ◎地域の行事に参加し親睦深めて
6 ㊐ ⦶早めの行動で流れがスムーズに
7 月 ○実るほど頭を垂れる謙虚さ大切
8 火 ●見込み違い生じやすく再確認を
9 水 ⦶約束事は必ずメモ取りミス防ぐ
10 木 ◐整理した財布はお金に縁がつく
11 金 ⦶仕事も遊びも一生懸命やり充実
12 土 ⦶車や大きな買い物は吉方選んで
13 ㊐ ◐階段の上り下り足元に注意して
14 月 ◎婚活パーティー楽しんで好結果
15 火 ○八方美人な態度は信用を無くす
16 水 ○ボランティア活動が生き甲斐に
17 木 ●儲け話や詐欺に注意周りに相談
18 金 ○明るい服で梅雨空を吹き飛ばす
19 土 ◐鬼門や水回りの掃除で開運効果
20 ㊐ ⦶遊び過ぎて散財多しヒモ締めて
21 月 ⦶目下の意見に耳傾けて信頼築く
22 火 ◐夫婦間の問題は会話不足が原因
23 水 ◎親しき仲も礼儀を忘れず交友会
24 木 ○コミュニティーで情報交換有益
25 金 ○老いては子に従う方針で円満に
26 土 ●エアコンの温度こまめに調節を
27 ㊐ ○強い紫外線対策に帽子と眼鏡を
28 月 ◐時は金なり上手に使い悔いなし
29 火 ⦶笑いは病気を和らげ希望に繋ぐ
30 水 ⦶仕事の悩み父に相談ヒント貰う

☆めくっておみくじ【七十二番】――**末吉**　わが家の平穏を守るために努める。祝儀は半ばよく、遠出は避けること。

五黄

7月の運勢●警戒運

吉　方→西
小吉方→東
乙未九紫火星の月

吉方○西＝タナボタ的金運あり。金回りが良くなり生活が楽になる。東＝小吉方。周りを味方につけて新展開。**凶方**●南＝評判を落として取引や契約が不調に。北＝無理を通して墓穴を掘る。疲労蓄積して体調不良に。北東＝見切り発車の改革で挫折する。身内ともめる。

運勢／表に立つより身近な人間関係や家族を大切にして平穏無事。新規の事には手を付けず地味な方針で。異性との色情問題を引き起こす恐れあり、気を引き締めて。コツコツと小銭を貯めて吉。空調温度を調節して冷房病を予防。不摂生を慎み体調管理に留意して。

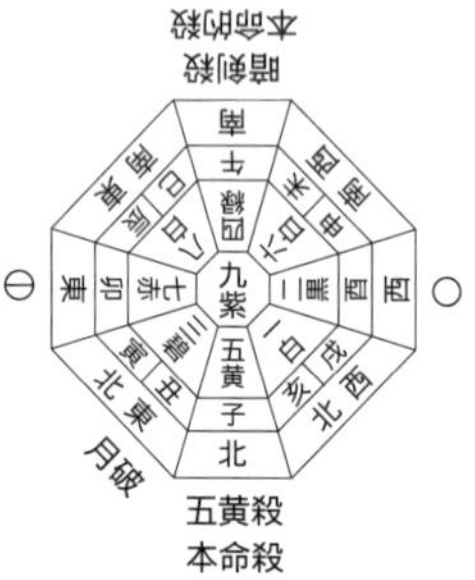

歳破→南西
年で暗剣殺・本命的殺→北西
年で五黄殺・本命殺→南東

1 木 ◐あれこれ手を出しても結果出ず
2 金 ○異性との出会いは慎重にすべし
3 土 ○思い切った方針転換で道が開く
4 ㊐ ⦶人に振り回されストレス溜まる
5 月 ●他人の話に口を挟んで誤解生む
6 火 ○突発的な問題は静観して無難に
7 水 ◐笹の葉に願い込め短冊を吊るす
8 木 ⦶目移りしやすく買い物は控える
9 金 ⦶現状に感謝し人間関係を円満に
10 土 ◐情けをかけると却って仇になる
11 ㊐ ◎趣味仲間と協力し合い絆深める
12 月 ⦶悦楽にひたっても浪費は慎んで
13 火 ○自己中心的な行動は慎んで安泰
14 水 ●流れかみ合わずトラブルの暗示
15 木 ●積極的な行動よりも他人に配慮
16 金 ⦶気になる体調まず情報を集めて
17 土 ○仲間と和合し徐々に運気が向上
18 ㊐ ○内面に磨きをかければ開花する
19 月 ◐チャンス到来を快楽優先で逃す
20 火 ◐去る者は追わず自然に身を任せ
21 水 ⦶心配事が解決に向かい安堵する
22 ㊍ ●旅行の計画は二転三転変更あり
23 ㊎ ⦶適度なスポーツ睡眠の質が向上
24 土 ●口舌問題で相手の大切さを痛感
25 ㊐ ○新しい道を選択し未練断ち切る
26 月 ○地道な努力で徐々に成果を得る
27 火 ◎皆で協力すれば勝利を手に開運
28 水 ◐まとまりかけた話は気を抜かず
29 木 ⦶夫婦の揉め事は一日冷戦状態に
30 金 ⦶不安は胸の内に収めて現状維持
31 土 ◐気の緩みから親しい関係に亀裂

五黄　8月の運勢○吉運

吉　方→なし
小吉方→東
丙申八白土星の月

吉方○東＝小吉方。積極性が増してプランを実行に移す。評価を得て自信がつく。ボランティア活動などに使命感を持ってまい進する。

凶方●北東＝相続問題がもつれて親戚関係とも不和に。運気が暗転して投げやりに。

南西＝不平不満が多く意欲を失う。消化器系の不調。


運勢／躍動感あふれる夏、気持ちも上向き勇み足になりやすい。目新しさに心惹かれても本筋を守り我が道を行く。人の和を大切にして対人関係が実りあるものに。基本は日常の挨拶から。遊興費に余裕があれば安心。胃腸の調子を整えて、睡眠を十分にとり夏バテを予防。

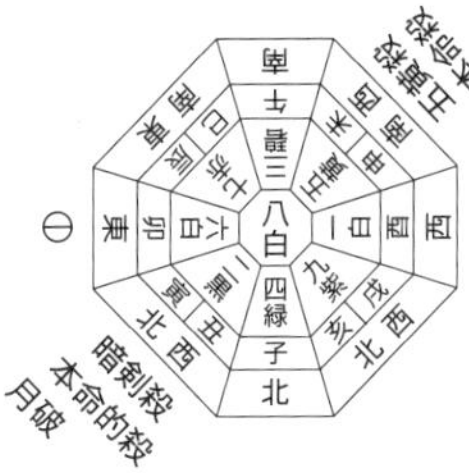

歳破→南西
年で暗剣殺・本命的殺→北西
年で五黄殺・本命殺→南東

1㊐ ⦶悩みは専門家に相談し答え導く
2月 ●聞く耳を持つ事で道が開かれる
3火 ○柔軟な態度で人間関係が広がる
4水 ○初心を貫けば大過なく無事進展
5木 ◎才能が認められ努力が報われる
6金 ◐異性問題で誤解が生じやすい日
7土 ⦶若手起用は好結果を生む打開策
8㊐ ⦶行き違い起こりやすく再確認を
9㊊ ◐朗報あるが謙虚に協調性を持つ
10火 ○最初は困難を伴うが忍耐して吉
11水 ●持病の悪化は早めに診断手当て
12木 ○毎日の生活リズムを崩さず維持
13金 ○思いがけぬ喜び事に胸が高鳴る
14土 ◎気力が溢れ流れに便乗して行動
15㊐ ◐実力以上の事には手出しをせず
16月 ⦶変わらぬ努力で堅実に基礎作り
17火 ⦶前進力は出るが結果は考えずに
18水 ◐楽しくても飲み過ぎに注意して
19木 ○一歩引いた接し方で関係が修復
20金 ◐腐れ縁はためらわず断ち切ろう
21土 ○積極的な行動より受け身が無難
22㊐ ○癒しを求めて気ままな独り旅へ
23月 ◎方針を大幅に変更すれば大成功
24火 ◐拘《こだわ》りが強すぎて逆に敬遠される
25水 ◐練習不足では恥をかく可能性が
26木 ⦶迷いがある時は冷静に判断する
27金 ◐情勢が次第に悪化していく予感
28土 ○徐々に運気が上昇し始める好機
29㊐ ●自分が目立つより裏方に徹する
30月 ○カラオケで熱唱すれば人気上昇
31火 ○実力発揮が評価され自信になる

☆めくっておみくじ【四十九番】――吉　中秋の名月を喜ぶ。十二分に求めず、欲は七分止まりが賢い心得。

☆めくっておみくじ【九十八番】——凶　関わる糸がもつれて絡む。話し合いは深入りしないで静観したり遠回り。

五黄

9月の運勢⦶小吉運

吉　方→なし
小吉方→南
丁酉七赤金星の月

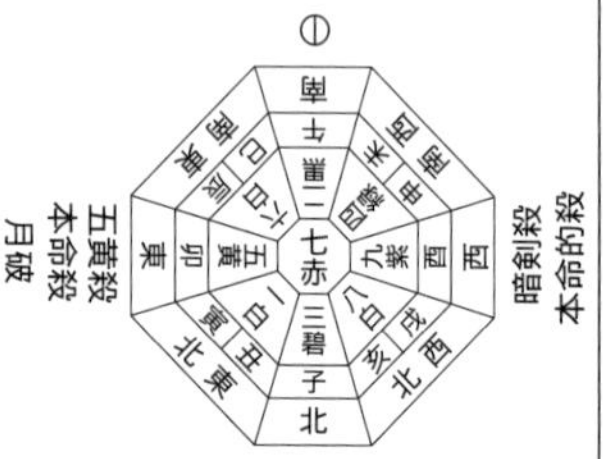

歳破→南西
年で暗剣殺・本命的殺→北西
年で五黄殺・本命殺→南東

吉方○南＝小吉方。根気よく諦めずに取り組んできた事が花開く。誠実さや実直さが注目されて人気者に。**凶方**●西＝身の程知らずの華美な生活でカード支払いが高額に。集まりの場で対人トラブル。東＝物事を甘く見て停滞し評判を落とす。ストレスで神経とがらせる。

運勢／見通しが甘くなりやすい。やる気満々で突っ走ると迷路に陥る。個人プレーは失敗の因。信頼できる人との繋がりを大切に協調性を発揮して。欲張り過ぎず八分で満足する心掛けが道を開く。金銭、本当に必要かどうか熟考して無駄を省く。ストレス神経症注意。

1水　◎人の意見取り入れて順調に進む
2木　◐事が大きくなる前に和解に着手
3金　⦶偉ぶらず感謝の気持ちを大切に
4土　◐適度に体を動かしストレス解消
5㊐　●出来ないことは丁寧にお断りを
6月　○相手のためを思うなら心を鬼に
7火　●食べ過ぎによる胃もたれに注意
8水　○神仏のご加護ありてツキを実感
9木　⦶友のSOS損得抜きですぐ対応
10金　○危ない橋避けて通れば安心安全
11土　◐指導にメリハリやる気引き出す
12㊐　⦶体の不調放置せずしっかり治療
13月　⦶予定通りにならない歯痒さあり
14火　◐発想の転換で仕事の効率アップ
15水　○勉強は友と一緒が相乗効果生む
16木　●多くを望まず信望と努力のとき
17金　○誠心誠意な対応が好印象を生む
18土　⦶初心を胸にチャンス到来を待つ
19㊐　◎楽に流れずやるべき事に集中を
20㊊　◐敬老祝い遠慮せずに受け取って
21火　⦶色眼鏡外し外見より中身を重視
22水　⦶困った時は早めに助言を求める
23㊍　◐ご先祖様へ感謝込めおはぎ作り
24金　○自己投資に励んで未来を豊かに
25土　●変に欲を出せば判断を誤るとき
26㊐　⦶伸びぬ成績基礎からやり直して
27月　○押してもダメならひとまず休止
28火　◎ゆっくり距離を縮めて恋愛成就
29水　◐仕事のピンチ後輩の助け借りて
30木　◐要不要を見極め無駄遣いを省く

五黄

10月の運勢○吉運

吉方↓北東・西・北
小吉方↓なし
戊戌六白金星の月

吉方○北東＝物事が刷新されて良い流れに。資格取得に有利。西＝金運がついて貯金が増える。異性との良縁が期待できる。北＝家庭円満。家族の絆が強くなる。凶方●北西＝金銭トラブルで互いに傷つけ合うギスギスした関係に。南東＝自己中心的な態度から信用失墜。

運勢／行楽シーズン、誘い合って秋を堪能して。羽目を外して仕事や家庭をおろそかにすると信用を無くす因。誠実に責任を果たし偽りの情報に踊らされぬように。婚活や縁談にツキあり。節度を持ち腐れ縁的な付き合いはご法度。金銭面は慎重に。流行性感冒に注意。

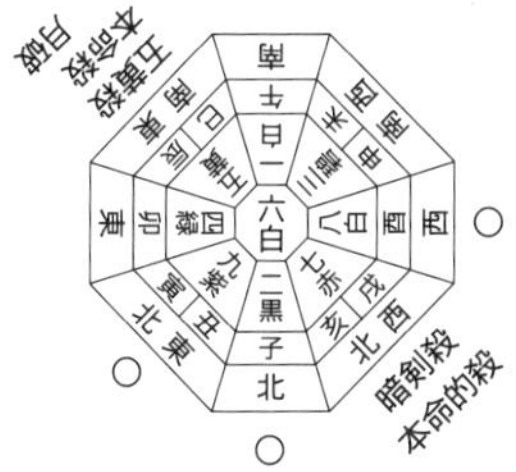

歳破→南西
年で暗剣殺・本命的殺→北西
年で五黄殺・本命殺→南東

1金 ⦶悪い交友関係見直し良友求めよ
2土 ◐気長に頑張れば何とかなるとき
3㊐ ○ワンランクアップの旅に大満足
4月 ●火の粉を払ってライバル退けよ
5火 ○手助け申し出てしわ寄せが己に
6水 ◎苦労の甲斐あり感慨もひとしお
7木 ○厚い信頼を得て責任ある立場に
8金 ◐人が勧める縁談素直に応じて吉
9土 ⦶秋の装い好みより似合うか優先
10㊐ ◐実力をつけライバルの追従阻止
11月 ◐楽しい食事も暴飲暴食に注意を
12火 ○美容と健康を考え無茶しないで
13水 ●念には念を入れ火の元チェック
14木 ○仕事や勉強の弱点を今こそ克服
15金 ◎人の輪に入り談笑し親近感増す
16土 ○辛い症状は鍼灸治療で早期改善
17㊐ ◐コロコロ変わる方針部下が困惑
18月 ⦶自覚のないパワハラ発言に注意
19火 ⦶嘘や偽りのない心が人を動かす
20水 ◐子の良い手本になる大人目指す
21木 ○意地張らず賢者の知恵借り安泰
22金 ●長い説教モチベーション下げる
23土 ○袖を通さない服思い切って処分
24㊐ ◎無駄遣いを抑えて適度に倹約を
25月 ○労して功なし方針変え結果よし
26火 ◐欲を出せば痛い目に地道が一番
27水 ⦶去る者は追わず被害が最小限に
28木 ⦶誠実であれば人から助けられる
29金 ◐親が否定せず努力する子育てる
30土 ○小さな積み重ねの上に成功あり
31㊐ ◐強情を改めなければ争いに発展

五黄土星　☆めくっておみくじ【九十九番】――**大吉**　朝日がわが家に輝くので順調。身近なところから恵みをいただく。

五黄

11月の運勢◐自重運

吉　方→北東・西
小吉方→南
己亥五黄土星の月

吉方○北東＝生き方を刷新し逆転好転させるチャンスに。転職先が見つかる。西＝社交運が向上。異性との出会いや楽しい交際に。南＝小吉方。頭脳明晰になる。感性が磨かれて魅力が増す。**凶方**●南東＝タイミングを逃し取引不調で関係悪化。誤解が生じて信用問題に。

運勢／周囲との関わりが多くなり気負いすぎると肩の荷が重く。面倒見良くあちこちに首を突っ込みもめ事に巻き込まれる。中立の立場を守り振り回されないよう心して。金銭面は義理や付き合いの出費ほどほどに。古い病気の再発に用心。過労や胃腸疾患に注意して。

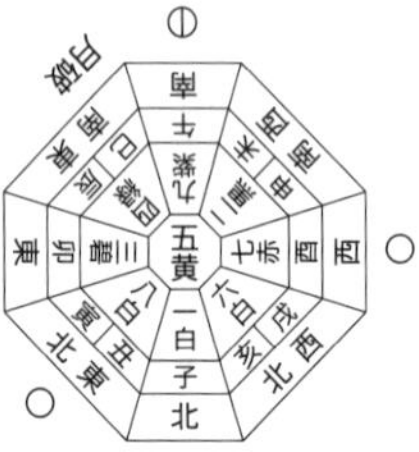

歳破→南西
年で暗剣殺・本命的殺→北西
年で五黄殺・本命殺→南東

1 月 ⦶やる気が空回り分限を守り行動
2 火 ◎希望が形になり手応え感じ上昇
3 ㊌ ○苦労の後に喜びチャンスを掴む
4 木 ◐目が節穴に事前のチェック大切
5 金 ◐心地良い微風が突然大風に変化
6 土 ⦶道は険しくとも全うする覚悟を
7 ㊐ ●不可能と方針変えて苦労が増す
8 月 ○自己の力量知り現状維持に努力
9 火 ●四面楚歌じっと耐え時機を待つ
10 水 ○衝動買いは後悔のもと一呼吸を
11 木 ○闇雲に動かず計画に従って行動
12 金 ○内面の充実を図り心身共に成長
13 土 ◐認識が甘く安易な行動が失敗に
14 ㊐ ⦶目上に素直に従って技術を習得
15 月 ◐周囲の忠告に従い危機を脱する
16 火 ◐軽い気持ちで付き合い痛手負う
17 水 ○古い物や使わない物を整理整頓
18 木 ●将来にプラス苦労は買ってでも
19 金 ○先行投資が実りやり甲斐感じる
20 土 ○本分を忘れずに集中力で無事に
21 ㊐ ◎好調と自信を見せず徳を積んで
22 月 ◐誠意と努力で動けば風穴が開く
23 ㊋ ⦶家族揃っての団欒絆強める機会
24 水 ⦶身体に良い食品を工夫し食する
25 木 ◐目先の欲で動いて損に情報収集
26 金 ⦶汗して働いて得る金は身に付く
27 土 ●あれこれ手を出すと失敗の恐れ
28 ㊐ ○足元不安定に現状を把握し行動
29 月 ◎準備万端でも注意怠らず成果に
30 火 ○見込み違い事前調査しっかりと

五黄

12月の運勢◐自重運

吉方↓北東・西・北
小吉方↓東
庚子四緑木星の月

吉方○北東＝縁故関係から資金援助。生活が楽に楽しく変化。西＝金回り良く余裕ができる。北＝能力ある応援者がつく。東＝小吉方。培ってきた実力を発揮する。
凶方●南東＝油断大敵。交渉事不調。北西＝活力低下し精彩を欠く。南＝我を通して孤立する。家庭内不和。

運勢／年末、公私共に多忙で余裕を失いがち。イライラとして売り言葉に買い言葉では気持ちが荒む。張り切って疲労が蓄積しやすいので、自分にも他人にも甘さが必要。正月用品は値段よりも品質重視。安物買いの銭失いにならぬよう。歯痛や車の事故、切り傷注意。

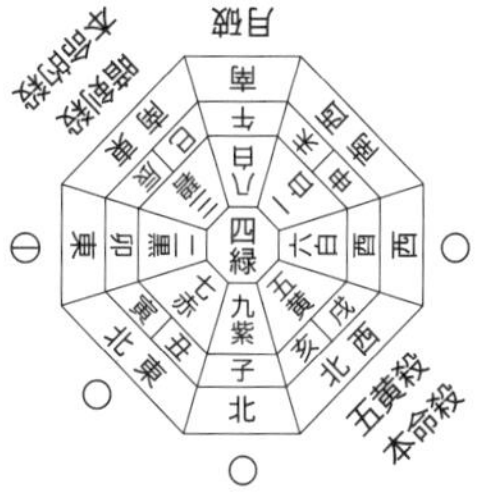

歳破→南西
年で暗剣殺・本命的殺→北西
年で五黄殺・本命殺→南東

1 水 ◐功成り名遂《と》げた人ほど頭が低い
2 木 ⦶忠告に従わず失敗相手を信じて
3 金 ⦶うまい話に手を出すとトラブル
4 土 ◐苦労の中で実力発揮し上昇気流
5 ㊐ ○前方に灯りが援助を受け道開く
6 月 ●実力不足で失敗事前準備が大切
7 火 ⦶人間関係低調独断で動かず和を
8 水 ◎拘束から逃れ自由を満喫の幸せ
9 木 ○盛運に向かい希望達成も慎重に
10 金 ◐苦難の中で努力が実り心通じる
11 土 ◐気だけ逸るが余計な手出し危険
12 ㊐ ⦶悩みが解決し一安心も油断大敵
13 月 ◐障害多く順調に進めず一旦停止
14 火 ○順調と手を抜かず一段と精進を
15 水 ●迷い多くも自分の分を堅く守る
16 木 ○節度を保つ行動で無難な一日に
17 金 ◎実力発揮し周囲に認められ満足
18 土 ○転職や転居で再出発のチャンス
19 ㊐ ◐問題山積も先送りせず解決図る
20 月 ⦶恋愛や結婚互いの好意から発展
21 火 ◐目上の意見を尊重し堅実に働く
22 水 ◐前途多難道が開けるまで待機を
23 木 ⦶利を求めず誠実に無謀行為せず
24 金 ●イブと浮かれ飲食で失敗に注意
25 土 ○運気良好も仕える人次第で苦労
26 ㊐ ◎流行を追わず旧事を守って達観
27 月 ○もう少しと欲出さず節度が大切
28 火 ◐方針が定まらず知恵を集め安定
29 水 ⦶自分を知り出過ぎずに安泰得る
30 木 ⦶表に立たず黒子でいれば無事に
31 金 ◐今年を振り返り新年に夢を託す

☆めくっておみくじ【七十五番】――**凶** 波が荒く向こう岸に渡れず。強腰は叩かれる、無理をしないで柔軟に。

六白《ろっぱく》金星《きんせい》

◐

自重運

吉凶禍福
因果応報

性格と人生

活気があり行動力も抜群です。気位が高く冷静で完璧主義的な傾向があり、決して交際上手ではありませんが、内面には優しさを持っています。目下への思いやりがあり面倒見が良いタイプです。権力者や父親の意味を持つ星で「天の星」とも言われます。マイナス面としては、生まれ持った風格と気品がありますが、自我が強く人からの指図を受けることを好みません。時に協調性を欠いて目上に反発しやすい一面があるでしょう。

全般的な運の流れとしては、目上運があり、目上や上司からの信頼や引き立てを受けて基盤を築いていきます。大多数の人は中年期には基礎が固まっていくでしょう。統率力があり、人の下につくことが嫌いで、上位を目指して進んでいきます。苦労に耐えて成功する運があり、名誉や地位を得ます。

プライドが高く自信過剰に陥りやすいので注意が必要です。敵を作らないよう対人面の和を図りましょう。勝負事に熱中しすぎて運を落とさないように自重して。

六白金星生まれ

令和 3 年辛丑
平成24年壬辰
〃 15年癸未
〃 6 年甲戌
昭和60年乙丑
〃 51年丙辰
〃 42年丁未
〃 33年戊戌
〃 24年己丑
〃 15年庚辰

2月4日以前生まれの人は七赤生まれで見ます

令和3年 辛丑六白金星
方位盤

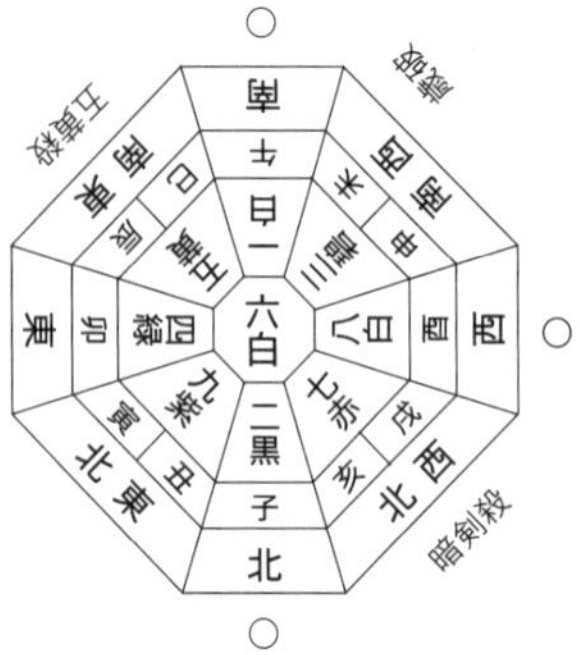

吉方→北・西・南
凶方→北西・南東・南西

「北」は、リクルート中の方は安定した就職先が見つかります。地道な働きが評価され、経済状態も徐々に改善されるでしょう。また、睡眠不足の解消にも効果的です。

「西」を吉方として活用すると、社交運がアップし新たな人脈とコラボが可能になり、生活が豊かになります。サークル活動や講演会などに積極的に参加しましょう。

「南」は、何事も前向きに捉え、物事の本質を見極めることが可能になります。日頃の精進が漸《ようや》く認められます。

あなたの今年の運勢　六白金星

本命が真ん中に入ったので非常に注目され、一目置かれる中心的な存在になります。良い事も悪い事も誇張される時だけに、私欲を出し過ぎるとマイナス傾向に。

◎商売運……努力の集大成。昨年からの好調さをいかにキープさせるかが最大のテーマになる。ここで落ち込むと、来年以降に影響が拡大します。人員整理も視野に。

◎職場運……対人関係は、ちょっとしたことで衝突したり、少し波乱含みです。それは自分が招いた行動の良否が原因、軽率な言動は厳禁。忙しい時ほど親身に対応。

◎家庭運……家族に頼りにされるので、会食やレジャーなど楽しい話題を提供し、中心的なパフォーマンスを。より一層の和を深めます。家の増改築は見送って安泰。

◎恋愛運……注目される時だけに、異性からのアプローチに恵まれ順調に愛を育んでいきましょう。ただし、甘い誘惑に乗せられて、恋愛詐欺に巻き込まれないように。

◎金　運……思いがけない臨時収入も期待出来ますが、冠婚葬祭費等で思わぬ負担が。無駄遣いを抑え貯蓄に。

◎健康運……無理を重ねてきた結果、疲労がピークに。体力に自信があっても過信せず、良質な睡眠時間を確保。

丑の六白の運勢／**36歳**は、金運にも恵まれ運勢も旺盛ですが、その分言葉も辛辣に。強引な行動は反感を買うので注意を払いましょう。**72歳**は、細かいところまで神経過敏にならず、何事も柔軟な姿勢がプラスに。健康管理に例年以上にチェックが重要。

辰の六白の運勢／**9歳**は、行動範囲が広くなるので予期せぬ事故に要注意。**45歳**は、周りから頼りにされる時なので、プライベートの時間が取れない状況に。空き時間の有効活用でストレス発散。**81歳**は、歯周病のトラブルが悪化する前に早めに治療を。

未の六白の運勢／**18歳**は、答案用紙は最後の最後までしっかり確認。簡単に思われる問題ほどケアレスミスが起きます。油断は大敵。**54歳**は、運気好調で思惑通りに進展しますが、得意の絶頂からの行き過ぎ行動は自ら波乱を招く。親しき仲にも礼儀あり。

戌の六白の運勢／**27歳**は、交友関係を広げて見識や世界観を広げていきましょう。目標を定め自分への投資は惜しまずに実行しよう。**63歳**は、安易な儲け話には用心しましょう。お金に関わることは正規な内容か慎重に見定めよう。ギャンブルも程々に。

六白

1月の運勢⦶小吉運

吉　方↓なし
小吉方↓北
己丑六白金星の月

吉方○北＝小吉方。根気強くなり地道に勉強や仕事に取り組める。身近な仲間と心を一つにして活動できる。
凶方●北西＝主張がぶつかり目上の反感を買って支援を失う。南東＝言いがかりを付けられて関係悪化。流行性感冒や病気再発の恐れ。南西＝準備不足でトラブル。

運勢／新春、アレコレ用が舞い込み多忙なスタート。思い通りにならずとも笑顔を絶やさずに。無理に我慢せず話し合いで解決。新規方針を打ち立てるも邪魔が入りやすい。誠実な行動を取り時機を待つ。交際費が膨らむ。周りに流されないで。過労や呼吸器疾患注意。

歳破→南
年で暗剣殺→西
年で五黄殺→東
年で本命殺→南東
年で本命的殺→北西

1㊎　●家内安全願い家族と氏神様参拝
2土　⦶年賀のお酒嗜《たしな》む程度でおいとま
3㊐　⦶お年玉奮発するより財布と相談
4月　◐仕事始めの挨拶は笑顔で好印象
5火　○七福神巡りで一年の幸運を祈る
6水　●足元冷やさずに頭寒足熱を実践
7木　○七草がゆで胃腸を整え健康願う
8金　○さわやかな挨拶は良い運を招く
9土　◎迷っていた事柄が明白になる日
10㊐　◐出しゃばると相手の心を逆なで
11㊊　⦶晴れ姿の記念写真で家族に感謝
12火　⦶価値ある事に出費は惜しまずに
13水　◐人の言葉より自分の目を信じて
14木　○友達の輪を広げて友情を大切に
15金　●冬のバーゲン安物買いの銭失い
16土　◐新年会では盛り上げ役に徹して
17㊐　○残ったお餅でアレンジ料理挑戦
18月　◐センスを磨く時間を作り努力を
19火　◐使っていないアプリは削除して
20水　⦶ヘッドスパでリラックスタイム
21木　◐アドバイスは真摯に受け止めて
22金　◎お洒落《しゃれ》なランチでリフレッシュ
23土　○スマホの電源を切りプチ瞑想を
24㊐　○善事は人の見ていないところで
25月　●根拠ない噂話に注意発信慎重に
26火　⦶昔は昔今は今も状況たえず変化
27水　⦶早起きで一日のリズムが絶好調
28木　⦶二兎を追わず目的を絞り行動を
29金　⦶相手への一途さアピール伝わる
30土　◐悪条件を克服すれば良き材料に
31㊐　◎アートに触れると美意識がＵＰ

六白

2月の運勢◐自重運

吉　方→北・西
小吉方→北東
庚寅五黄土星の月

吉方○北＝家族や友人との結束強固に。西＝社交面が華やぎ飲食や趣味が楽しい。異性との良縁あり。北東＝小吉方。状況が好転する。凶方●南西＝精彩を欠いて意欲を失う。北西＝交通事故やケガの恐れ。南東＝悪い噂を立てられて信用を無くす。縁談や取引が不調。

運勢／意欲満々も、思い上がった強気な言動は反発を招く。当たって砕けては元も子もなし。慢心せずに目上には礼儀正しくトラブルを避けて。不満や反抗心は立場を悪くする因。冷静に受け止めて。賭け事や投資にツキ無し。車や自転車事故に警戒。体調管理に留意。

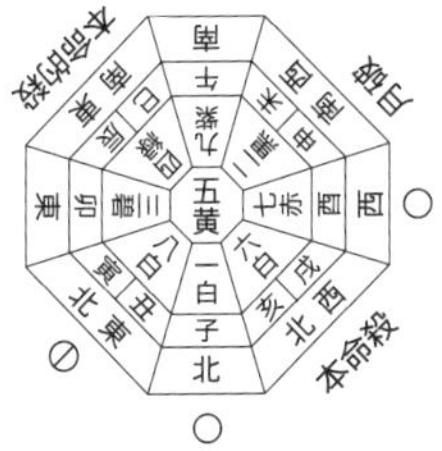

歳破→南西
年で暗剣殺→北西
年で五黄殺→南東
年で本命中宮

1	月	○何事にも七転び八起きの精神で
2	火	○招福豆で気合い入れ心機一転を
3	水	●先手必勝で早い対応が吉を得る
4	木	○今朝の味噌汁はハッピーフード
5	金	◐楽な逃げ道は結果に結びつかず
6	土	⦶有酸素運動で心身の健康保持を
7	㊐	⦶些細《ささい》な事と疎《おろそ》かにせず全力投球
8	月	●シーツを取り替え良い眠りの日
9	火	◎アプリの活用で快適な暮らしに
10	水	○臨時の出費あっても後から倍に
11	㊍	⦶建国記念の日先人の功績に感謝
12	金	●小手先の対処ではボロが出そう
13	土	⦶スキルアップはウエブから選択
14	㊐	◐本命チョコで交際急展開の予感
15	月	⦶長風呂で汗流し気分もスッキリ
16	火	⦶本にどっぷり浸かり憂さ晴らす
17	水	◐和して同ぜず信念を貫いて行動
18	木	◎公明正大な態度信頼を得られる
19	金	○捻挫予防に履き慣れた靴で外出
20	土	○カルシウム補給し骨粗鬆症予防
21	㊐	●金運低迷確実な資金計画立てて
22	月	⦶以前の人より良い人が現れそう
23	㊋	◐千里の道も一歩から万事努力を
24	水	◐最初の気持ち忘れず原点に戻る
25	木	◐シャボンフラワーでアロマ気分
26	金	◐二度ある事は三度あると心得て
27	土	◎気分爽快何事も順調に運ぶとき
28	㊐	○次々とアイデアが閃《ひらめ》き良き日に

六白金星　☆めくっておみくじ【九十二番】――吉　スタートは苦労はあるが、やれば出来るもの。幸運の矢を掴んでみよう。

六白　3月の運勢◐自重運

吉　方↓南
小吉方↓北東
辛卯四緑木星の月

吉方○南＝発想を転換して認められる。北東＝小吉方。親戚縁故関係が円滑に。
凶方●南東＝誹謗中傷され人間不信になる。北西＝活力が低下して統率力を失う。西＝体裁を繕う出費が多く資金難に陥る。上から目線で嫌われる。東＝もう一歩が踏み出せずに中途挫折に。

運勢／プライド高い仕切り屋は、周囲との摩擦を引き起こす。損得勘定が絡むとなお根深い。臨機応変に対処して。周りからのアドバイスに聞く耳を持ち開運。金銭トラブルに警戒。気前よくどんぶり勘定にならぬよう計画性を持つ。腹八分で健康維持。口腔内ケアを。

1月　○家庭円満で真の平安が生まれる
2火　●曖昧に承諾しては収拾とれぬ日
3水　○カーテンを桃色にリフレッシュ
4木　◐エコバッグ地球に優しい心掛け
5金　⦶去る者は追わず大らかさが吉運
6土　⦶曇りのち晴れ悩みも自然に消え
7㊐　◐日の届かぬ場所こそ奇麗に掃除
8月　◎底力試すとき実力才能発揮して
9火　○筋を立てて話せばトラブル回避
10水　○ラインからヒントアイデア続出

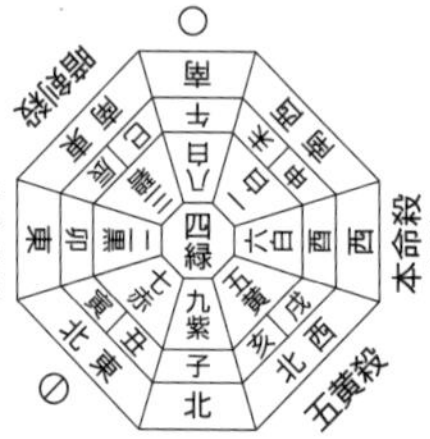

歳破→南西
年で暗剣殺→北西
年で五黄殺→南東
年で本命中宮

11木　●派手な装い妬《ねた》みや中傷を受ける
12金　⦶確定申告手続き書類の再確認を
13土　◐今日の宴会予算も量も程々が吉
14㊐　◐情報掴んでもメールは時期尚早
15月　⦶子供への過干渉自発性重視して
16火　◐好き嫌い顔や態度に出さないで
17水　◎ヤングと情報交換が発展の兆し
18木　○立つ鳥跡を濁さず信頼ある行動
19金　⦶一番を狙うより二番で満足して
20㊏　●ご先祖敬い感謝込めてお墓参り
21㊐　⦶リビング奇麗にして福を招いて
22月　◐ブランド品購入衝動買いに注意
23火　⦶忙しい思いをしても得る物あり
24水　⦶弁舌より誠実さが好感持たれる
25木　◐外出前には火の元よく点検して
26金　◎今日のプレゼン才力兼備で登場
27土　○家のリフォーム知人の知恵拝借
28㊐　○ＧＷのプラン早めにネット予約
29月　●咳や熱はＳＯＳ信号即検査して
30火　⦶スタミナ食で自分の体にご褒美
31水　◐節約心掛けても交際費は潤沢に

六白

4月の運勢⦶小吉運

吉　方→北・南
小吉方→なし
壬辰三碧木星の月

吉方○北＝家族の絆が強まり応援を受ける。へそくり貯金が増える。南＝愛嬌あり注目を集めて人気者に。**凶方**●東＝隠し事が暴露される。西＝遊び呆けて生活が乱れる。北西＝引き立てなく孤立無援。北東＝プライドが邪魔をして生活が暗転。南西＝家庭争議。離職。

運勢／身辺に変化あり。転機を意識して心が落ち着かず。新規方針は十分に準備を整えてから。見切り発車は虚しい結果に。円滑な人間関係を心掛けて安泰。模様替えなど家庭の事で出費が出そう。不動産売買は慎重に検討。段差で踏み外し用心。足腰、関節炎に注意。

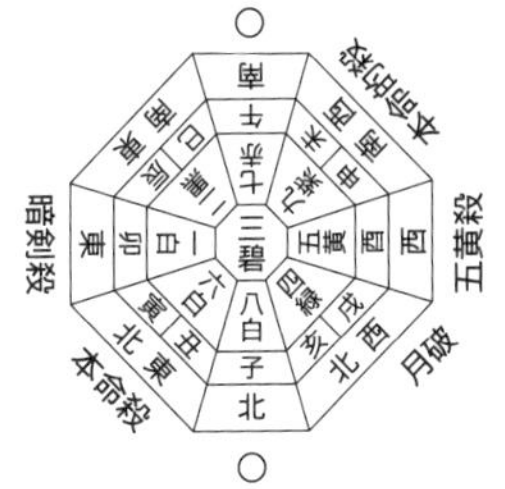

歳破→南西
年で暗剣殺→北西
年で五黄殺→南東
年で本命中宮

1木　◐入社式新人研修そつなく務めて
2金　◐同じ事三度も注意されるのは恥
3土　●アポ取らず訪問すれば無駄足に
4㊐　◎入学を祝って家族で日帰り旅行
5月　○有力情報を共有し互いに向上を
6火　○義理で行くイベントでも収穫が
7水　●人の噂も七十五日八つ当たり損
8木　○花祭り釈迦の教えに感謝し合掌
9金　◐節約料理腕次第で美味しくなる
10土　⦶フィトンチッドで森林セラピー
11㊐　⦶スパイス料理で運気アップ図る
12月　◐災い転じて福となす未来に希望
13火　◎丁寧な挨拶は良運を招く第一歩
14水　○スキンケアグッズ時には一新を
15木　○メリットとデメリットを再確認
16金　●ケンカ売るのも買うのも止めて
17土　○前向きな心と言葉が幸せを招く
18㊐　◐新規より長年のお客様を最優先
19月　⦶耳の痛い話も素直に受け入れて
20火　⦶贈り物の金額より誠実さで勝負
21水　◐心惹かれぬ事には関わらないで
22木　◎余裕シャクシャクありのままで
23金　○花金はスイーツ店で気分転換を
24土　⦶家族の記念日忘れぬ思い出作り
25㊐　●辛口の助言を受け入れ心機一転
26月　⦶友人の手料理で感謝の褒め言葉
27火　⦶スマホ料金見直して経費を節約
28水　⦶有給利用してパワーをチャージ
29㊍　⦶一意専心の姿勢で目標達成して
30金　◐未練きっぱり捨て前進あるのみ

六白金星　☆めくっておみくじ【十四番】――**末吉**　未だ玉石混合、これから磨く。努力を積み重ねていくのが成功への道。

六白金星　☆めくっておみくじ【四十八番】――小吉　山海の珍味を前に食べられず。欲しいものを我慢して人の助けを待つこと。

六白　5月の運勢○吉運

吉　方→なし
小吉方→なし
癸巳二黒土星の月

歳破→南西
年で暗剣殺→北西
年で五黄殺→南東
年で本命中宮

吉方○小吉方ともになし。外出時はスケジュールに余裕を持たせて。余計な寄り道はしない心づもりで。

凶方●南西＝家庭でもめ事。北東＝欲深くなり事態が悪い方へ転がる。北西＝軽率な言動で目上の反感を買う。南＝自信過剰になり失敗。北＝異性関係トラブル。

運勢／礼儀をわきまえた物腰が支持されて一目置かれる。頭角を現して責任ある立場に。おだてられても舞い上がらず冷静に振る舞って。温故知新、ベテランの知恵を借りて吉。オンとオフを上手く使い分けるよう。金銭面、華美にならないよう。頭痛や血圧、目に注意。

1土　◎心ときめく出会いのチャンスが
2㊐　○GWの旅行は吉方確認して出発
3㊊　○頭を使い体を動かして健康維持
4㊋　●病は気からプラス思考で頑張る
5㊌　○菖蒲湯で健やかな子の成長願う
6木　⦶四十の手習い心身共に気分壮快
7金　◐ねずみ講に騙されぬ確かな目を
8土　◐不用品も工夫次第で有効に活用
9㊐　◐歯を食いしばり我慢が成功の道
10月　◎諦めた恋でも挽回のチャンスが
11火　○プレゼンのコピー早めに用意を
12水　○本日の外出素肌美が清潔で好感
13木　●交通渋滞には急がば回れで対処
14金　⦶大金タンス預金より銀行預金へ
15土　⦶晴れの日もある果報は寝て待て
16㊐　⦶一日だけのデートでも楽しんで
17月　⦶案ずるより産むが易し心配無用
18火　◐貧すれば鈍する苦しいが後一歩
19水　◎素敵な花を咲かせ景気を付けて
20木　○焦らず相手の考え忖度《そんたく》して判断
21金　○ママ友とのゴタゴタ自然に解消
22土　●三角関係で家庭の平和が揺らぐ
23㊐　⦶二世帯同居旅行は親に声かけて
24月　◐ヘビースモーカー今は時代遅れ
25火　⦶女性のポスト尊敬されれば本物
26水　⦶途中で波乱あっても結果は良好
27木　◐親戚の不幸わが身にも及びそう
28金　○体力アップの計画実行に移して
29土　○頑張り過ぎ赤色シグナルが点灯
30㊐　⦶軽い返事に重い腰は信頼が失墜
31月　◐月末の支払い身内の援助で解決

六白

6月の運勢●警戒運

吉　方→なし
小吉方→東
甲午一白水星の月

吉方○東＝小吉方。迷いを払拭し新規方針に向け追い風が吹く。現状打開策あり。
凶方●北＝家族や後輩とギクシャクして悩み深く。ストレス過多で体調不良に。親密な相手とケンカ。南＝悪知恵や誘惑に乗せられ立場が悪化する。感情的な行き違いから出世を阻まれる。

運勢／ぽっかりと穴に落ちたかのように進む道が浮かばず。無理をすると裏目に。家族や住まいの問題で頭を悩ませられることも。危なげな誘いに乗らず堅実に歩を進めて。信用できる仲間を大切に。倹約第一で小銭を貯めて。夜更かしせず睡眠を十分に。気力体力温存。

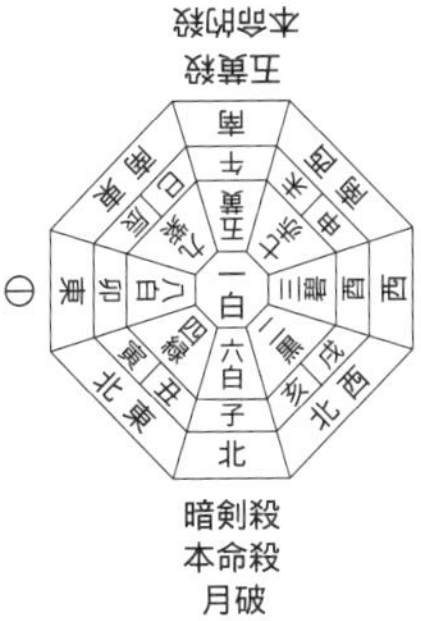

歳破→南西
年で暗剣殺→北西
年で五黄殺→南東
年で本命中宮

1火　⦶衣替え爽やかな服でツキを呼ぶ
2水　◐お得なプランへの切り替え検討
3木　◐興味なくても無視や無言はＮＧ
4金　⦶パワースポットで暫《しば》しの瞑想を
5土　●厳しい一言も真摯に受け止めて
6㊐　◎早起きは三文の徳で全てが捗《はかど》る
7月　○良い挨拶が良運を招く第一歩に
8火　⦶ビジネスの場では敬語を最優先
9水　●三日坊主のカルチャー再活動を
10木　⦶大きな観葉植物で空気の浄化を
11金　◐安請け合いせずに本業を重点に
12土　⦶友達とオタク話で盛り上がる日
13㊐　◐気が向かない集まりは参加せず
14月　●天の邪鬼マイナスの結果を招く
15火　◎セクシーな雰囲気で周囲を魅了
16水　○家族とサマープラン早めに準備
17木　○パワーストーンは開運のお守り
18金　●歯のクリーニングで歯周病予防
19土　⦶紫陽花見頃ドライブで気分一新
20㊐　◐ロマンチックな映画鑑賞し充電
21月　◐念には念で石橋を叩いて渡る日
22火　⦶プチ断食で五臓六腑いたわって
23水　◐好きな音楽に浸って至福の時を
24木　○梅雨時おしゃれな傘で心が弾む
25金　○異業種交流会に参加し人脈拡大
26土　○今日は家で過ごして美容を研究
27㊐　●御無沙汰メールでランチを約束
28月　⦶薬膳料理を採り入れ夏バテ予防
29火　◐部下の失敗何気なくフォローし
30水　◐孤立無援になりそう周囲に配慮

六白金星　☆めくっておみくじ【一番】——**大吉**　運は手元にあり　何事も順調、前向きに進めるが正攻法でいくこと。

六白

7月の運勢⦶小吉運

吉　方↓西
小吉方↓東
乙未九紫火星の月

吉方○西＝金回りが良くなり金運が安定する。東＝小吉方。恋愛や婚活運が上昇。
凶方●南＝悪い噂を立てられて信用を無くす。通販で散財。北＝うまい話に騙される。北東＝後継者問題がこじれる。準備不足で頓挫。南西＝意欲を失い怠惰に。職を失う。急性胃炎の恐れ。

運勢／美辞麗句を並べるより勤勉さと粘り強さで明るい展望が。軽率な行動を慎み用意周到に。家族や友人と過ごす時間を惜しむことなく絆を強く。予算を守って夏のレジャー費用を工面。ウオーキングやスポーツはサイズの合う靴で。病気の再発や逆流性胃炎に注意。

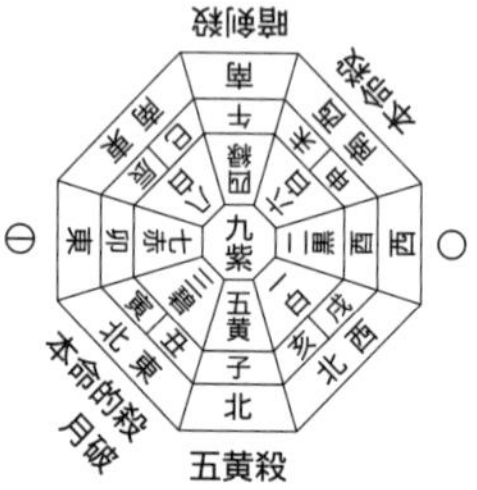

歳破→南西
年で暗剣殺→北西
年で五黄殺→南東
年で本命中宮

1 木 ⦶自分の才能信じて努力で伸ばす
2 金 ◐落ち着きのない時柔軟に対応を
3 土 ◎弛《たゆ》まぬ精進で明るい見通し立つ
4 ㊐ ○平常心失わず現状維持で力蓄え
5 月 ⦶仕事に変化が生じ易く油断大敵
6 火 ●よそ見せず本業一筋に邁進して
7 水 ⦶腰痛予防は正しい姿勢の習慣を
8 木 ◐投資やうまい話に絶対に乗らず
9 金 ◐何事も順序立て丁寧に計画実行
10 土 ⦶感謝の心で生活すれば満足多し
11 ㊐ ●疲労を感じたら迷わず養生第一
12 月 ◎正しき行動に吉運舞い込みそう
13 火 ○新規計画への挑戦には心が躍る
14 水 ○アイデア生かした改善が大事に
15 木 ⦶交際費予算をオーバー倹約して
16 金 ○ポジティブに進んでピンチ脱出
17 土 ◎身内のトラブルは早期解決が鍵
18 ㊐ ●独走すれば不利な結果招く事態
19 月 ⦶浪費を慎み必要な支出に留める
20 火 ◐人手不足で右往左往仲間で協力
21 水 ◐愛情問題は微妙な時急がず慎重
22 ㊍ ⦶上長との会話トーンを柔らかく
23 ㊎ ●その情報本当に拡散して大丈夫
24 土 ○家を整理整頓し心のゴミも処分
25 ㊐ ○ヘルシー料理で心身を軽やかに
26 月 ○運気に波あるが最善を尽くして
27 火 ◐冷房対策を万全に夏バテ予防を
28 水 ⦶割り勘会計で人間関係が良好に
29 木 ⦶子供の長所を褒め明るい家庭を
30 金 ◐急がず慎重に進めて失敗を回避
31 土 ⦶揉め事見て見ぬ振りが賢明かも

六白

8月の運勢◎大吉運

吉　方↓なし
小吉方↓なし
丙申八白土星の月

吉方○小吉方ともになし。外出や旅行はその方位が吉方になる人のリードに従い無難。時間に余裕をもって。
凶方●北東＝親戚関係のいざこざに巻き込まれる。南西＝仕事や生活が不安定になり投げやりになる。東＝タイミングを逃して頓挫。西＝浪費癖がつき困窮する。

運勢／これまで準備を進めてきたことを実践するチャンス到来。迷うことがあれば周りに相談すると良い助言がもらえそう。単独プレーにならないよう共同歩調で進め臨機応変に対処。交際費やレジャー費用がかさむ。計画性を持ち衝動買い注意。神経症や足元に注意。

歳破→南西
年で暗剣殺→北西
年で五黄殺→南東
年で本命中宮

1㊐ ●暴飲暴食を抑えて体を労ること
2月 ○甘い言葉に注意して無視が一番
3火 ○多くの経験で知識の獲得が重要
4水 ◎運気に恵まれ実力を見せつけて
5木 ◐早めに帰宅し家庭サービス大切
6金 ⦶旅行計画は余裕持ち安全が一番
7土 ⦶見込み違いで思わぬ出費に用心
8㊐ ◐家族一緒に出掛けて楽しい日に
9㊊ ○苦手分野の克服に一歩一歩前進
10火 ●お盆前気の緩みからのミス防止
11水 ○足元ご用心転んでのケガに注意
12木 ○初めてのネットで頭パニックに
13金 ◎縁談話が目上の女性から縁あり
14土 ◐頼まれ事は上手に断る処世術で
15㊐ ⦶年一度の花火観賞家族で楽しむ
16月 ⦶計画的に支出を抑え収入増やす
17火 ◐諸事不調に終わる意で現状維持
18水 ⦶規則正しい生活で体内時計回復
19木 ●足元を固める運気で急がず進む
20金 ○一日中忙《せわ》しなく落ち着いて行動
21土 ○ランク一段上げ資格に挑戦して
22㊐ ◎相手を思いやる人間関係が良好
23月 ◐肩肘張らず周囲と足並み揃えて
24火 ⦶対人面でトラブル言葉選び大事
25水 ⦶勝負事や投機は凶を招く控えて
26木 ◐土地等の不動産問題プロに相談
27金 ⦶知識欲旺盛でカルチャーに参加
28土 ◐困難時下手に動かず我慢と忍耐
29㊐ ○外出先の落とし物は盗難も覚悟
30月 ○上司を立てアイデアで勝負して
31火 ○地道に育んだ信頼関係が順調に

六白金星　☆めくっておみくじ【五十九番】——**凶**　何事も用心に勝るものなし。思い当たらぬ誤解や陰口などに不快さあり。

六白　9月の運勢○吉運

吉　方→南
小吉方→北東
丁酉七赤金星の月

吉方○南＝堅実に積み重ねた実力が認められる。北東＝小吉方。親戚知己との関係が好転。手詰まりを打開。**凶方**●西＝見えの出費で家計が火の車に。東＝意気盛んに暴走して失敗する。南東＝尊大な言動で信用を落とす。北西＝自己過信で目上の反感を買い支援を失う。

運勢／積み上げてきた信頼関係から人脈が広がる。取引など多く知人からも声がかかり意気揚々。腐れ縁的なしがらみが煩わしく、深入りをせず適度なおつき合いを。お金は賢く使って失費を防いで。金銭貸借は避けて安心。風邪をこじらすと長引く。胃腸疾患に注意。

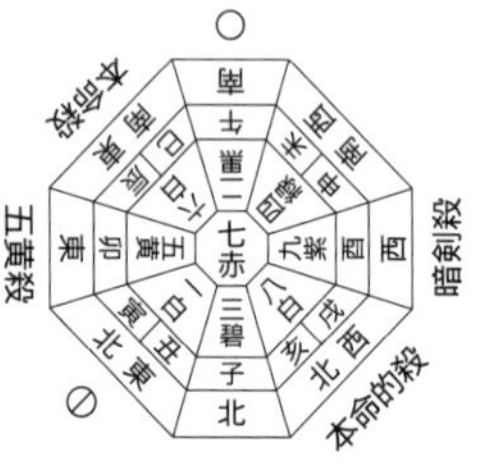

歳破→南西
年で暗剣殺→北西
年で五黄殺→南東
年で本命中宮

1水　◐体を労《いたわ》って涼しい朝に散策して
2木　⦶欲しかった商品はネットで購入
3金　⦶資金面軽率な行動慎み安全策で
4土　◐趣味仲間と会話を楽しむ時間を
5㊐　○車の点検を怠らずに安全運転で
6月　●困難発生急がば回れの方針が吉
7火　○他に頼り過ぎず協力体制が一番
8水　◎冷静な思考力を生かし仕事適進
9木　◎商売は強欲より適正利益めざす
10金　◐難問は賢者の知恵と助言を拝借
11土　○配偶者を大切にして安泰を得る
12㊐　⦶家庭の中の思わぬ問題で苦労も
13月　◐持病の悪化や病再発の恐れあり
14火　○転業開業は分を守り行えば無事
15水　●隠し事が露見し運気は下降気味
16木　○知人とのトラブル発生の兆しが
17金　○新規計画は丁寧に対応し順調に
18土　◎自然を楽しめる旅行で疲労回復
19㊐　◐かねてからの努力実り名誉得る
20㊊　⦶敬老の精神で思いやりと労りを
21火　⦶共存共栄で対話を心掛け円満に
22水　⦶柔軟な姿勢を堅持して良運招く
23㊍　○一貫した方針を手堅く進めて吉
24金　●不平不満を抑え建設的な思考を
25土　○ストレスで胃腸に負担が生じる
26㊐　○子供と心を合わせて楽しい日に
27月　◎仕事が順調に進み金運が安定に
28火　◐活動的に行動すると成績が向上
29水　⦶金銭の支出が多く財布引き締め
30木　⦶感情的になると争いが生じがち

六白

10月の運勢◐自重運

吉　方→西・北・南
小吉方→なし
戊戌六白金星の月

吉方○西＝蓄財が上手くいきお金に困らず。不動産取得のきっかけが。北＝心の通い合うパートナーを得て生活が安定する。南＝見通しが立って素質が開花する。**凶方**●北西＝口車に乗せられて大損害を被る。南東＝気遣いのない言動で信用失墜。取引や人間関係にひび。

運勢／見せ所とばかりに意気込むとアテが外れて空回りする。持ち上げられても自分のペースを守り無理は禁物。あちこち首を突っ込むと迷路に迷い込む、自重。買い物はレシート管理。無駄を省いて堅実に。スポーツの秋、食欲の秋もほどほどに疲労をためず健康維持。

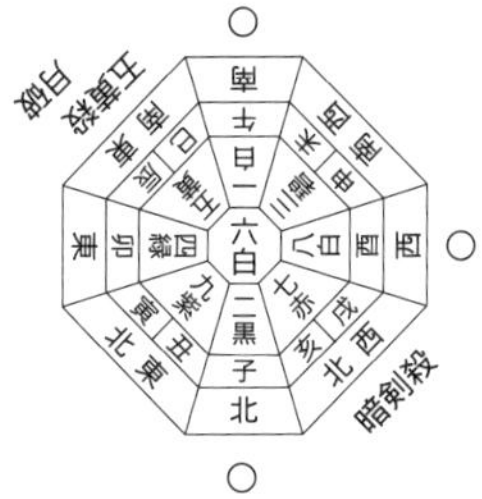

歳破→南西
年で暗剣殺→北西
年で五黄殺→南東
年で本命中宮

1金　◐友人間の情報網活用で仕事順調
2土　⦶体調管理も仕事のうち休養上手
3㊐　●専門家の意見を参考にして判断
4月　○基礎が安定し目上の引き立てが
5火　○自己過信のしすぎ中途挫折招く
6水　○意欲的な仕事ぶりに評価も上昇
7木　◐直感が冴えプランを実行出来る
8金　⦶調子に乗って無駄な出費控えて
9土　◐誰に対しても謙虚な態度で接す
10㊐　◐こだわり捨てて実質本位で前進

11月　⦶公事多忙に礼儀礼節を重んじて
12火　●甘言に乗れば後々に悔いが残る
13水　○周囲に協力を求めて取り組んで
14木　◎相手の欠点を見ず長所を学んで
15金　◎ママ友と情報交換は気分転換に
16土　◐多忙な中での小さなミスに用心
17㊐　⦶自信過剰は失敗の元対人面注意
18月　⦶気力が充実し行動力が拡大する
19火　◐一心不乱にやり抜く根性も大切
20水　⦶失敗は成功の元くよくよするな
21木　●頑張っても成果出ず焦りは禁物
22金　○健康作りは歩く事から始めよう
23土　○妻の愛情に感謝し笑顔で会話を
24㊐　◎ユーモアで社交運がスムーズに
25月　◐目先よりも長い将来を見据えて
26火　⦶判断を迫られ冷静沈着に対応を
27水　⦶愛情関係が活発化しラブラブに
28木　◐趣味の家庭菜園で作る安心食材
29金　⦶文書印鑑の取り扱い再確認して
30土　●難題は時間をかけ解決を図って
31㊐　○秋の行楽シーズン友人と楽しむ

　☆めくっておみくじ【九十六番】――**大吉**　大吉を大事にしないと意味がない。人の真似や邪心があると不調和。

☆めくっておみくじ【七番】――凶　船に乗ったが追い風がなく日延べするのみ。他の方法もウマクいかない。

六白

11月の運勢◐自重運

吉　方→北・西
小吉方→北東
己亥五黄土星の月

吉方○北＝愛情豊かな家庭生活。気心知れる協力者を得る。西＝金運がついて金回り良くなる。飲食の喜び。北東＝小吉方。親戚との関係が良好に。財運アップ。
凶方●南東＝八方美人な振る舞いで信用を失う。北西＝頭を下げられずに目上と不協和音に。車の事故ケガ。

運勢／気力充実。公私共に多忙。新規の予定は歯車が狂いがち。甘い言葉につられ欲をかいて突き進むと面倒なことに。誤解や感情的トラブルに警戒。周囲に振り回されず落ち着いて。タイミングを待つ心の余裕を。金銭は予算内に抑えて安心。交通安全。ケガに注意して。

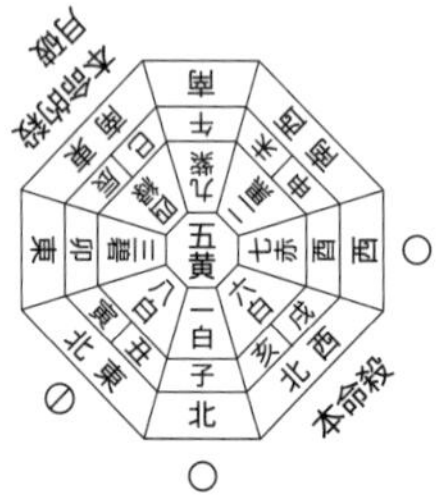

歳破→南西
年で暗剣殺→北西
年で五黄殺→南東
年で本命中宮

1月　○世話ごと初めは良いが後に不調
2火　◎栄養不足サプリの力を活用して
3㊌　◐文化サークル参加し知識を増大
4木　⦶広報面インターネット活用して
5金　◐来るべき時に備え体力を養って
6土　◐祝辞は短く礼節を弁《わきま》えた言葉で
7㊐　⦶冬のスポーツ観戦暖かな服装で
8月　●失敗の言い訳は見苦しい謙虚に
9火　◎向上心高め苦手分野チャレンジ
10水　○夜の付き合い上手に切り上げて
11木　○思慮深く理論的に進み失敗なし
12金　●風邪予防は免疫力UPの食事を
13土　⦶業績向上早めの決断で好結果に
14㊐　⦶デートの誘いに心が浮き足立つ
15月　◐叱る前に子供の言い分も聞いて
16火　⦶内密事が表面化しても無事解決
17水　●お年寄りと話す時はゆっくりと
18木　○ソフトムードで女性と仲良しに
19金　○陰徳の積み重ねでチャンス到来
20土　◎素晴らしい紅葉に目を奪われる
21㊐　◐目先にこだわらず本質だけ見て
22月　⦶アイデア次第で金運が好転する
23㊋　⦶働くことに喜び持ち足場固めて
24水　◐縁の下の力持ちに徹し旧事守る
25木　⦶生活の転換で考え方にも変化が
26金　●お金の貸し借り友情にヒビ入る
27土　⦶レジャーを満喫して気分転換を
28㊐　○計画したことを実行に移す好機
29月　○気合入れて人材を積極的に育成
30火　◐妨害多し浅知恵は失敗の拡大に

六白

12月の運勢 ⦶小吉運

吉　方↓なし
小吉方↓北東
庚子四緑木星の月

吉方○北東＝小吉方。家族や身内と和やかに。貯蓄アップの良きアドバイス得る。凶方●南東＝安請け合いして泥沼状態に。北西＝投機事で大損失。支援者との関係が不調に。南＝こだわり強くトラブルに。西＝見えの出費で困窮。東＝古い問題がぶり返して先行き不安。

運勢／年の瀬、忘年会など飲食の機会が多く交流が楽しみ。目上を尊重し余計な口出しを控えて安泰。大掃除や正月準備も声を掛け合って協力体制で。物入りな時、高額商品に目が行くが収支のバランスを崩さぬよう堅実に。暴飲暴食ご用心。呼吸器疾患や咽喉に注意。

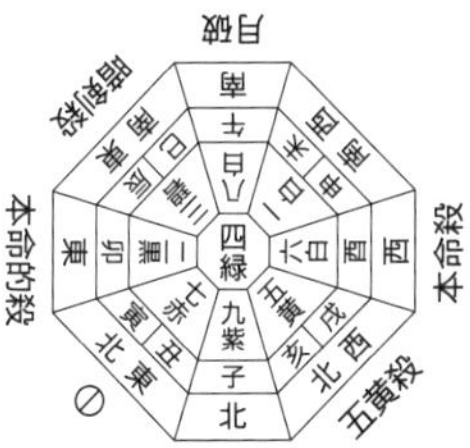

歳破→南西
年で暗剣殺→北西
年で五黄殺→南東
年で本命中宮

1 水 ⦶苦情処理は感情抑え冷静沈着に
2 木 ⦶友人の忠告生かして物事進展す
3 金 ◐方針変更せず目上の意見を採用
4 土 ○楽しい忘年会でのトラブル注意
5 ㊐ ●焦れば仕損ず時間をかけ丁寧に
6 月 ○来年の手帳選び使い勝手第一で
7 火 ○目標を持ちいつも若さを保とう
8 水 ◎お歳暮日頃の感謝を表す品送る
9 木 ●風邪の引き始めこそ温かな食事
10 金 ⦶外出先でのケガや窃盗に要注意
11 土 ◐家庭の中で何かと喜びが多い日
12 ㊐ ◐親しき顔を思い浮かべ賀状書く
13 月 ○中傷されることあり言動に注意
14 火 ●ドライバーはスピードを抑えよ
15 水 ◎積極策より退いて守り大願成就
16 木 ○不安去り開運到来し安泰の日に
17 金 ○一歩退いて他人に花を持たせて
18 土 ◐大きな事に着手するのは危険に
19 ㊐ ⦶努力しても結果には結びつかず
20 月 ⦶目上の人の意見に従って好結果
21 火 ◐失言多く周囲の反感を買う恐れ
22 水 ⦶ゆず湯でほてり体がポカポカに
23 木 ●血行障害の防止は防寒を万全に
24 金 ⦶共存共栄で誠意を尽くし対話を
25 土 ○X《クリス》マス心込めたプレゼント交換
26 ㊐ ◎年末の大掃除家族で協力し合う
27 月 ◐外出は火の元戸締まり再度確認
28 火 ⦶自重し背伸びせず何事も努力を
29 水 ⦶旧友と久々に再会し意気投合す
30 木 ◐正月のお飾りをして開運を招く
31 金 ⦶去る年に感謝来る年に安寧祈る

六白金星　☆めくっておみくじ【四十七番】――**末吉**　急ぐと失敗しやすい、少し立ち止まって考えて。建築や転居は先延ばし。

七赤《しちせき》金星《きんせい》

◐

自重運

一念通天
東奔西走

令和3年 辛丑六白金星
方位盤

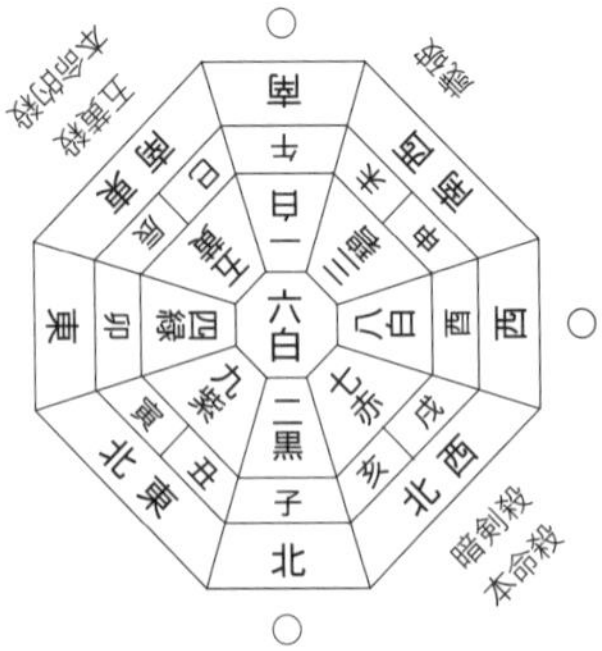

吉方→北・西・南
凶方→北西・南東・南西

「**北**」は、忍耐力が増し辛抱強くなります。人の意見に耳を傾けるようになり真面目になります。海外、長期旅行、引っ越し、転居は、二月、十月、十一月節がベスト。

「**西**」を吉方として活用すると、交際範囲が広がり社交運に恵まれます。必然的に出会いのチャンスが増えて、身内からも喜ばれるお付き合いが出来そうです。

「**南**」は、滞っていた案件を打破し、斬新なアイデアが生まれ、問題解決に。将来リスペクトされるような事も。

性格と人生

社交性があり、明るくて如才ないタイプです。コミュニケーション能力に優れ弁舌巧みです。

多芸多趣味。仕事だけに打ち込むような生活は性に合わず、仕事や遊びや楽しみ事を両立させていく傾向があります。料理作りや味覚に優れグルメな一面があり、会食を好みます。金銭面ではいつも何とか融通がつくので、困るようなことはありませんが、気前が良く派手好きなので出費が多くなりがちです。マイナス面としては、時として楽しいことに流されて贅沢になったり、根気なく気が緩みやすいことがあげられます。

全般的な運の流れとしては、機転が利く処世術のうまさと弁舌で上手に運の波に乗るタイプです。若くして苦労をした人ほど、後半生は順調にいきやすいのですが、周りから甘やかされてわがままに成長すると怠惰な生活に流されがちです。金銭面の管理に留意して浪費癖をつけないように。また、モテるタイプなので異性問題には気をつける必要があります。

七赤金星生まれ

令和２年庚子
平成23年辛卯
〃 14年壬午
〃 ５年癸酉
昭和59年甲子
〃 50年乙卯
〃 41年丙午
〃 32年丁酉
〃 23年戊子
〃 14年己卯

２月４日以前生まれの人は八白生まれで見ます

あなたの今年の運勢　七赤金星

公私にわたり忙しい一年になりそう。身内や上役のサポートもありますが、今年は暗剣殺が同体する影響により不測の事態に。実力を過信せず堅実性を心掛けること。

◎商売運……事業の拡張や支店の増設など外面的な発展に力を注ぎたくなりますが、今年は暗剣殺の影響を受けるので、最初の計画より規模を縮小する事で順調に進展。

◎職場運……主導的な立場が求められる時、様々な面で人の上に立つケースが増えるでしょう。トラブルメーカーにならないよう自己主張を抑え、慈愛の精神が大切。

◎家庭運……公私ともにスケジュールがハードなため、家族と共有する時間が取れず、時には衝突する事も。相手の考え方を尊重して、心ない言葉遣いを控えて安泰。

◎恋愛運……チャンスに恵まれても多忙が原因で、すれ違いで終わりそう。時にはプライドが邪魔する事も。高望みは折角の良縁を逃すので、まずは恋愛対象を広げて。

◎金　運……大きな買い物ほど予算オーバーになるので、再検討が必要です。資金調達も生活レベルの範囲内で。

◎健康運……頑張り過ぎるので、知らぬ間にストレス過多に。体力を過信せず十分な休息を。交通事故にも用心。

子の七赤の運勢／**37歳**は、気力・体力とも充実。頑張っただけの成果が期待出来ます。地道な作業ほど手を抜かず。お墓参りも忘れず。**73歳**は、身体力の衰えは足腰から。日頃から体力強化に励んで、身体を動かす習慣を。階段などの段差に用心しましょう。

卯の七赤の運勢／**10歳**は、飛び出しに注意して、交差点では必ず左右を確認。**46歳**は、独断独行せず周囲との協力でより大きな成果を得ることが出来ます。常に慎重さと冷静さ忘れずに。**82歳**は、車の運転はくれぐれも慎重に。時には免許返納も視野に。

午の七赤の運勢／**19歳**は、家族や兄弟との対立が目立ちます。些細《ささい》な事で譲れない事があっても溝が深くなる前に仲直りしましょう。**55歳**は、頑固さが表立って衝突しそう。一呼吸整えて発言すると物事がスムーズに進捗します。家族への感謝を忘れずに。

酉の七赤の運勢／**28歳**は、目上のサポートや協力に恵まれ、今までの努力の成果が日の目を見ることに。昇進や昇給も期待できます。**64歳**は、金運は良好で資産運用はリスクの少ない商品を選びましょう。一獲千金を夢見る投資は控えたほうが安全です。

七赤

1月の運勢◐自重運

吉　方→なし
小吉方→北
己丑六白金星の月

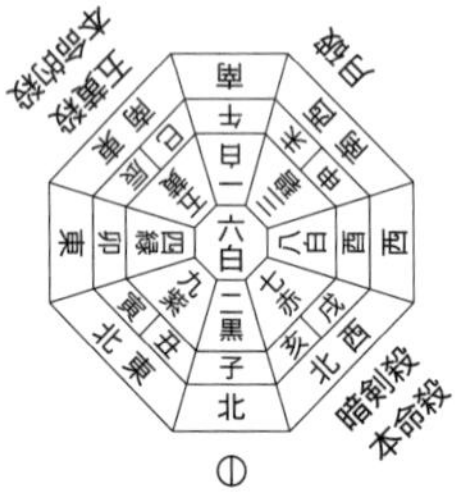

歳破→南
年で暗剣殺→西
年で五黄殺→東
年で本命中宮

吉方○北＝小吉方。家庭円満、家族と心が通い合う関係に。副業が見つかります。**凶方**●北西＝気の緩みから失敗し目上からの支援を失う。南東＝必要以上に相手に深入りして関係を破綻させる。慢性的な腸疾患。南西＝勇み足でタイミングが狂い周囲から浮いた存在に。

運勢／新年、気合も十分にスタート。勢いあまって強気な行動は失敗の元。実力を養いつつじっくり構えて。目上や周囲の反感を買ったり敵を作らないように配慮。謙虚で温和な姿勢がプラスに。金銭貸借や投資は慎重に。身体を冷やさぬよう用心。過労や呼吸器疾患注意。

1㊎ ◐一年の計が実現可能に的を絞る
2土 ⦶金運は使い方次第で豊かに実る
3㊐ ◐鍋囲む食卓に家族の明るい声が
4月 ⦶気持ち新たにして仕事に向かう
5火 ●予め準備して難を避ける工夫を
6水 ⦶柔軟な筋肉ストレッチで保って
7木 ○無病息災を願い春の七草粥食す
8金 ◎培《つちか》ってきた経験が人の役に立つ
9土 ◐自己主張し過ぎず謙虚さ持って
10㊐ ◐年長者の意見に耳を傾けて無事
11㊊ ⦶歩きながらの考え事は危険中止
12火 ◐仕事のプレゼンで好感度アップ
13水 ○正しいと信じたら迷わず従って
14木 ●今日のつまずきが明日の成果に
15金 ○アイデア浮かんだらメモに残す
16土 ○健康のため散歩と食事を見直す
17㊐ ●日常と異なる行動が気分転換に
18月 ○物事クリアになり表に出てくる
19火 ◐迷い生じたら目上に助け求めて
20水 ⦶一度立ち止まり新規巻き返しを
21木 ◐苦味香る蕗《ふき》のとう山菜を楽しむ
22金 ◐行動起こす前に状況を見極めて
23土 ◎親切な言葉は人を明るく満たす
24㊐ ○変化には素早く柔軟に対応して
25月 ○順調に進むが用心の上にも用心
26火 ●現状精査が吉に向かうスタート
27水 ◎離合集散ご縁ある人には丁寧に
28木 ⦶転機を迎え反省し必死に頑張る
29金 ⦶誠意が人の信望を集め順調推移
30土 ⦶疲れは十分な睡眠と高蛋白食で
31㊐ ⦶頭を空っぽに散歩リフレッシュ

七赤

2月の運勢⦶小吉運

吉　方→北
小吉方→北東
庚寅五黄土星の月

吉方○北＝目下や後輩と良縁が出来る。内職や研究に打ち込める。北東＝小吉方。現状を見直して前向きに。
凶方●南西＝日常生活がマンネリ化して張りを無くす。西＝金銭にルーズになり浪費グセがつく。虫歯や歯肉炎。東＝周りの空気を読まない言動で孤立、悪目立ち。

運勢／社交面好調。有力な支援者とのご縁も期待出来て、円満な交際関係に感謝。和やかな集いの場での失言注意。言葉遣いに配慮を。家庭内でも会話を絶やさず。娯楽費がオーバーしやすく、支出を減らして。腹八分過食を避けバランス良い栄養を。歯や口腔ケアに注意。

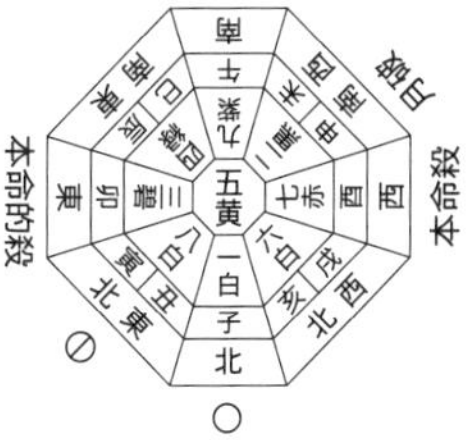

歳破→南西
年で暗剣殺・本命殺→北西
年で五黄殺・本命的殺→南東

1月 ◎心を平らかに夢に向かって着手
2火 ○良き協力者を得て懸案事が解決
3水 ○努力の積み重ねが喜びの結果に
4木 ●泰然として光が射す時機を待つ
5金 ○物事の原因を見通し改善を図る
6土 ◐二者択一は冷静に生かせる道を
7㊐ ⦶楽しい買い物予想外の出費注意
8月 ⦶仕事相手は互いに息の合う人と
9火 ◐前に進むより引き寄せる作戦で
10水 ◎重大な問題は時間かけて纏める
11㊍ ○晴れ晴れの気分で一日スムーズ
12金 ○情けは人の為ならず奉仕の精神
13土 ●手つかず案件は順番に熟慮して
14㊐ ⦶丁寧に精査し経過の核心を辿る
15月 ◐納得出来ない事柄は冷静に対処
16火 ⦶反対意見にも耳傾け対話を継続
17水 ⦶目上との解釈の相違に注意払う
18木 ◐遠くより目の前にある喜び幸せ
19金 ⦶夢の実現に向け焦らず準備周到
20土 ○電化製品ゆっくり選ぶに良き日
21㊐ ○明日葉のお浸しで胃もたれ解消
22月 ●身支度キリリと整えヤル気漲《みなぎ》る
23㊋ ○現状を理解し臨機応変に動こう
24水 ◐次のステップのため迷いも必要
25木 ⦶楽しみや学びあり柔軟に動いて
26金 ◐飛び出したい気持ちを抑え自重
27土 ●どんな状況でも前向きに捉えて
28㊐ ◎散歩道の草木の若芽に春の兆し

七赤金星　☆めくっておみくじ【五十三番】――吉　ここ久しく心労が多かったが回復に至るので安心。暦が変われば来福あり。

七赤

3月の運勢◐自重運

吉　方↓南
小吉方↓東
辛卯四緑木星の月

吉方○南＝イメージチェンジ成功。東＝小吉方。粘り強い取り組みで活路を開く。
凶方●南東＝騙されたり、悪い噂を立てられたり。北西＝無節操に手を広げて責任を負わされる。西＝格好をつけ散財に。北東＝親戚知己との金銭的トラブル。南西＝ご近所ともめ事に。

運勢／身辺の変転に影響を受けて生活上に変化が起きやすい。資金その他、準備が出来ていなければ時期尚早。夢や計画を思い付きで実行に移さぬように自重を。周囲とは感情的にならず調和を保って安泰。模様替えやリフォームは会社を選んで。腰痛や関節炎に注意。

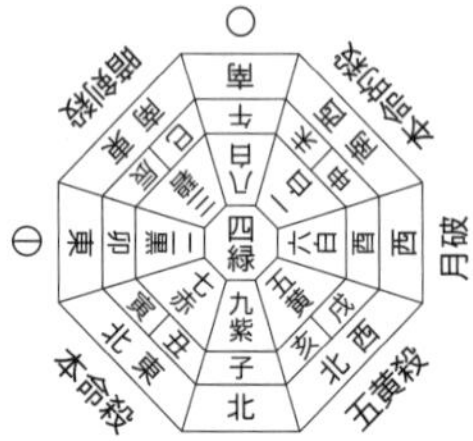

歳破→南西
年で暗剣殺・本命殺→北西
年で五黄殺・本命的殺→南東

1 月 ○積極策より現状維持を目指して
2 火 ⦶我が家にも歴史前進の原動力に
3 水 ●沈思黙考し思いもせぬ新境地に
4 木 ⦶暖かさ寒さの繰り返しで草萌え
5 金 ◐立てた目標に向かい志を捨てず
6 土 ⦶神経疲れ体調にも早めに回復を
7 ㊐ ⦶言葉の行き違いお互い様の欠如
8 月 ◐思わず出た一言からトラブルに
9 火 ◎遠距離と諦めず工夫を凝らして
10 水 ○急がずに話し合いで事を進める
11 木 ○現状を踏まえてやる気を高めて
12 金 ●助言で知った事柄に素直に感謝
13 土 ○高い評価を受けて自己チェック
14 ㊐ ◐家庭内のもめ事温かく見守って
15 月 ⦶的外れな努力無駄にせず正道を
16 火 ◐油断大敵気を引き締めスタート
17 水 ◐楽しい事を考えると自然に笑顔
18 木 ◎焦らず腹を据えてゴール目指す
19 金 ○好調のときも思わぬ落とし穴が
20 ㊏ ○奇麗にした墓に供花と手合わせ
21 ㊐ ●読書で視野広がり選択肢アップ
22 月 ○人に助けられ恵まれ感慨も一入《ひとしお》
23 火 ◐視野を広げ変化を果敢に掴んで
24 水 ⦶楽しみ多く財布の中身と相談を
25 木 ⦶投機事や賭け事はやらぬが賢明
26 金 ◐継続は力なり中途で諦めないで
27 土 ○普段と違う行動でリフレッシュ
28 ㊐ ◎十分な睡眠は心と体を軽やかに
29 月 ⦶マンネリを打破し新企画に挑戦
30 火 ●意見交換会で思いもせぬ出会い
31 水 ○繰り返す事により成長していく

七赤

4月の運勢○吉運

吉　方↓なし
小吉方↓北東
壬辰三碧木星の月

吉方○北東＝小吉方。頼りになる縁あり、相続問題や不動産関係の状況が好転。
凶方●東＝隠し事がバレて悩み深く。西＝何もかも上手くいかずに苦労の連続の日々に。北西＝目上の信頼を失って路頭に迷う。南＝感情的な言動で悪目立ち。北＝家庭内がゴタゴタする。

運勢／内に秘めた才能にスポットライトがあたる時。周囲から称賛されてもおごらず控えめに。他人に礼を尽くして腰を低く振る舞って高評価。隠し事が露見しやすいので自粛。契約事や書類など慎重に。生活が華美になり派手出費警戒。頭痛や目の疲れ、火傷注意。

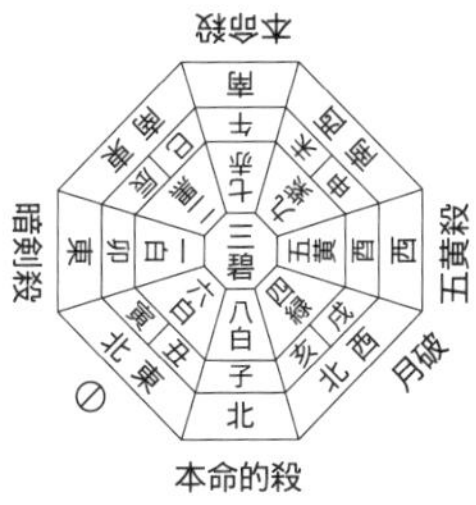

歳破→南西
年で暗剣殺・本命殺→北西
年で五黄殺・本命的殺→南東

1 木 ◐依頼事は目立たぬようにそっと
2 金 ⦶桜の蕾開き寒冷前線春雷が通る
3 土 ◐考えに固執せず発想を転換して
4 ㊐ ◐夏は赤秋は白冬は黒で春は青色
5 月 ◎変化を受け入れ楽しむ余裕持つ
6 火 ○弾ける思い素直に相手に伝える
7 水 ○努力の成果が実となり花となる
8 木 ●疲れを感じる時こそ一呼吸置く
9 金 ○転居や転職に心が揺れ動くとき
10 土 ⦶つばめが飛来し縁起がよくなる
11 ㊐ ◐新芽香る魔除け草をよもぎ餅に
12 月 ◐成功すると頭にインプットして
13 火 ○今日の事は今日の内に片づける
14 水 ◎ソフトな態度が相手を軟化させ
15 木 ○異性運あり良縁には心眼を磨く
16 金 ○共同で行う仕事にスイッチ入る
17 土 ●映画主役に感情移入し気分爽快
18 ㊐ ○休日ランチ家族間を微調整して
19 月 ⦶鏡の中の姿に及第点は幸先良し
20 火 ⦶上司と打ち合わせ得るもの多い
21 水 ◐苦労の中に協調性持ち光明得る
22 木 ◐金銭感覚に留意して健全生活を
23 金 ◎思いが通じ整う気配に希望満つ
24 土 ○安易に同調や雷同せず現実直視
25 ㊐ ○今から学ぶに遅すぎることなし
26 月 ●嵐が過ぎ去るのを待つのが常道
27 火 ○幸運抱えず人のために役立てて
28 水 ○目標見えにくい時は離れて見る
29 ㊍ ⦶先に立たず後から進むほど良し
30 金 ○他の価値観尊重し信頼関係構築

七赤

5月の運勢●警戒運

吉　方→なし
小吉方→なし
癸巳二黒土星の月

吉方○小吉方ともになし。旅行はその方位が吉方になる人のリードに従って。
凶方●南西＝家族関係がこじれて二転三転。北東＝進む道が悪い方へ転がる。北西＝思慮を欠いた言動で引き立てを失う。南＝お山の大将的振る舞いで孤立する。北＝色情問題。口の災いが。

運勢／なかなか決着のつかない問題に心を悩ませそう。焦ってもがくとかえって迷路に迷い込む。しばし静観の構えで現状維持を。家族や身近な人からの応援が元気のもと。隠し事はマイナスに。金銭は倹約第一。へそくり貯金吉。夜更かし、泌尿器系に注意。

歳破→南西
年で暗剣殺・本命殺→北西
年で五黄殺・本命的殺→南東

1土　◐新茶は無病息災八十八夜に摘む
2㊐　○大型連休の混雑避け近場で休養
3㊊　⦶小物を取り換え部屋を一新して
4㊋　⦶平穏に過ごして胃腸の負担軽く
5㊌　●端午の節句は菖蒲湯で邪気払う
6木　○オーバーワークによる心身ケア
7金　◐焦らず角を曲がれば目の前開く
8土　⦶友とワインで若き日の思い出話
9㊐　◐母思い白いカーネーション飾る
10月　◐朝食メニューは体調管理に有効
11火　○薫風に青いシフォンの色香漂う
12水　⦶勢いのまま進めず周囲と横並び
13木　○躓《つまず》いても尚めげぬ強い気持ちを
14金　●街歩き流行キャッチの情報源に
15土　○書類整理じっくりと落ち着いて
16㊐　●身内とも気配り上手で和気藹々
17月　⦶想像力を働かせ言葉遣いに留意
18火　◐達成感は苦労して行った結果に
19水　◐負けん気の能力は新しい可能性
20木　◎楽しい気持ちが持続する良き日
21金　⦶成果よりもトライする事が大事
22土　◐前向き発進結果は後からついて
23㊐　●森林浴で五感センサーを磨いて
24月　○日々努力の仕事が一目置かれる
25火　●情報の信憑性を見極めて行動を
26水　⦶和風ハーブの紫蘇葉で消化促進
27木　◐笑って過ごせば運気良好に変化
28金　◐喉の不快は早め処置で切り抜け
29土　◎遠方との縁を大切に深めていく
30㊐　○急ぎ過ぎると見落としが増える
31月　⦶古い物を大事に新旧の融合成す

七赤

6月の運勢⦶小吉運

吉　方→なし
小吉方→東
甲午一白水星の月

吉方○東＝小吉方。方針転換で活路を開き順調に。悪い縁を断ち切って信用得る。凶方●北＝パワハラに遭う。誘惑あり投機事で大損。南＝傍若無人な振る舞いで孤立。文書や契約トラブル長引く。南西＝気の緩みでミス。急性胃炎の恐れ。北東＝意に沿わぬ転勤や異動が。

運勢／皆と協力し合って順調に。個人主義にならず周囲を支える側に回って吉。新規スタートは時機待ちながらも意欲を持って備えたい。先輩やベテランからの助言は金言。外食より野菜たっぷりの家庭の食事が健康を促進。持病再発や皮膚のアレルギー性疾患に注意。

歳破→南西
年で暗剣殺・本命殺→北西
年で五黄殺・本命的殺→南東

1火 ●若人との協力体制で実績が躍進
2水 ○びわ茶で免疫力アップ体感して
3木 ◐試行錯誤を重ねて生み出す喜び
4金 ⦶現実を受け入れ将来への展望を
5土 ◐難しい上司との和解の道さぐる
6㊐ ○初夏の緑に鮮やか紅色ざくろ花
7月 ○咳風邪に注意し栄養と睡眠とる
8火 ◎自ら積極的に動き好感度アップ
9水 ○家庭を大事に考え無理しないで
10木 ●再挑戦には情報と分析が必須に
11金 ⦶退社後の飲み会が明日の希望に
12土 ⦶食欲減退に茗荷《みょうが》を添え消化促進
13㊐ ○静かな読書の日紫陽花に心和む
14月 ◐早朝会議で仕事の能率をアップ
15火 ◐八方を睨《にら》み周りに関心を深めて
16水 ◎信用を得て取引交際が広くなる
17木 ○物事が表面化しやすい状況あり
18金 ○計画が熟するまで更に努力して
19土 ●買い物楽しんで疲れも解消する
20㊐ ⦶文書に押印や電話勧誘に要警戒
21月 ○週初め段取り頭に入り元気溌剌
22火 ○収支バランスの見直しを再検討
23水 ◐投機事や賭け事には冷静さ必要
24木 ◐スポーツで仕事疲れ癒やし快眠
25金 ◎大人の奇麗は素敵な身嗜《みだしな》みから
26土 ○明日を信じ頑張る自分にご褒美
27㊐ ○家族団欒で平穏な日常を再確認
28月 ●勉強もうひと頑張りと奮起する
29火 ○誠意と細心の注意を払い説明を
30水 ⦶選択肢を広げて今後に生かして

七赤金星　☆めくっておみくじ【十番】――**大吉**　過去にこだわらず新風を入れる。希望の芽が伸びるので期待できるでしょう。

☆めくっておみくじ【七十九番】——吉　年老いても若返りの勢い、一歩踏み出したいときの答えは進めていく。

七赤

7月の運勢◎大吉運

吉　方→なし
小吉方→なし
乙未九紫火星の月

吉方○小吉方ともになし。外出は時間やスケジュールに十分に余裕を持って。
凶方●南＝悪い噂を立てられて評判落とす。通販で偽物購入。北＝無理がたたって体調を崩す。北東＝親戚関係ともめ事が。相続問題。東＝気が散って中だるみ。西＝金回りが悪くなる。

運勢／エネルギッシュに夏を満喫。これまであたためてきた計画を実行に移す好機。交際上手であれば人気も上昇して更に有意義に。目標を明確にして迷いを払拭して。甘言につられて余計なことをしゃべらぬよう自重。金銭面は計画的に。睡眠不足や足元に注意して。

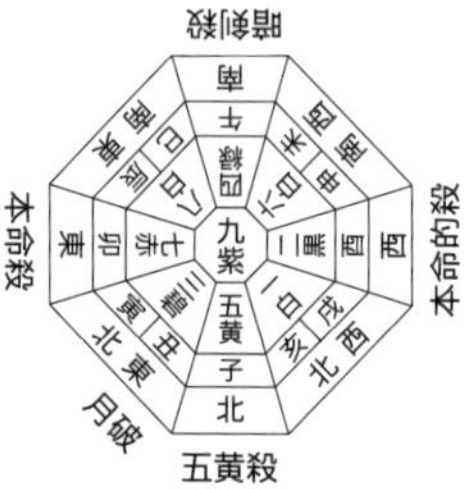

歳破→南西
年で暗剣殺・本命殺→北西
年で五黄殺・本命的殺→南東

1木 ⦶屋外での暑さ対策携帯扇風機で
2金 ◐イベント情報は何より確実性を
3土 ◐夕方の電動自転車スピード注意
4㊐ ◎スキルとモチベーションをＵＰ
5月 ○室内の模様替えをして心機一転
6火 ○完璧主義になるより臨機応変に
7水 ●人間関係思わぬ事で誤解を招く
8木 ⦶先方の出方次第で企画練り直し
9金 ◐外勤内勤でエアコン温度調整を
10土 ○ネット情報で流行の知識を得る
11㊐ ⦶紫外線と冷房で傷む肌お手入れ
12月 ◐業務繁多でも手抜きせず万全を
13火 ○新盆迎え火を焚いて仏壇に合掌
14水 ◎有益な対話で誠意を示し運上昇
15木 ○マンネリ状態から脱出する好機
16金 ◎友達と遠慮いらぬバイキングを
17土 ◐職場環境すぐ変えられぬが努力
18㊐ ⦶早く深く読書して自分を高めて
19月 ○二者択一の選択が幸せの分岐点
20火 ⦶ネットサーファー時間を考えて
21水 ○日陰を選んで水分補給し一呼吸
22㊍ ●甘い話には裏があると注意して
23㊎ ○大自然での森林浴リフレッシュ
24土 ⦶仕事のペース配分こそ必須条件
25㊐ ○機先を制し主導権を握り大成功
26月 ◐カラオケ友との和の潤滑剤なり
27火 ◐笑顔と迅速な行動で営業力増大
28水 ⦶土用の鰻はスタミナ効果も絶大
29木 ◐物事は焦らずにタイミング図る
30金 ⦶クールビズは見た目より機能性
31土 ●知謀知略を練るより自然に対処

七赤

8月の運勢〇吉運

吉　方↓西
小吉方↓東
丙申八白土星の月

吉方〇西＝楽しい集い和気あいあい。恋愛のチャンスあり。東＝小吉方。活動的になり発展拡大の流れに乗る。**凶方●北東**＝縁故関係から経済的負担あり。南西＝処遇の変化や失職。意欲を無くし堕落。南東＝交渉事が不調。夏風邪。北西＝目上の怒りを買いギスギスする。

運勢／順風満帆。追い風を受けて交友関係が広がる。信頼できる相手との交渉事や契約も良好。断り切れない約束や欲深い相手との付き合いに用心。社交辞令に惑わされず冷静に判断。婚活や恋愛は慎重に。予定外の出費多い。胃腸に負担かけぬよう食生活を見直して。

歳破→南西
年で暗剣殺・本命殺→北西
年で五黄殺・本命的殺→南東

1 ㊐ ○行動力を一気に高めて新規開拓
2 月 ○環境保護に協力エコバッグ使用
3 火 ◎計画力と実行力が成功の第一歩
4 水 ◐サギ電話巧妙になるので録音を
5 木 ⦶朝採り新鮮野菜でシンプル料理
6 金 ⦶千里の道も一歩から趣味が上達
7 土 ◐歩きスマホ危険が伴い人に迷惑
8 ㊐ ⦶カーナビに頼り過ぎず標識確認
9 ㊊ ●心の動揺を鎮めて冷静に判断を
10 火 ⦶計画等は手を広げずに一意専心
11 水 ○意中の人に自然体でアプローチ
12 木 ◎人間関係は気配り笑顔を忘れず
13 金 ⦶親族との思い出話に会話が弾む
14 土 ⦶後悔先に立たずスマホ充電確認
15 ㊐ ○平和と幸せを願ってご先祖供養
16 月 ◐義理と人情の板挟み冷静に対応
17 火 ○夏休みに深めて親子の会話と絆
18 水 ●ながら運転は危険で事故を誘発
19 木 ○ネット情報上手に使い目標達成
20 金 ◎万事好調モード無理難題クリア
21 土 ◎パートナー同じ価値観で幸運日
22 ㊐ ◐張り合っても無駄マイペースで
23 月 ⦶暑中見舞い時期外れ残暑見舞い
24 火 ⦶滋養強壮の食べ物で体力回復を
25 水 ◐冷えからの体調不良を克服して
26 木 ○気分新たに再チャレンジ精神で
27 金 ●自信過剰も度を越せば立場不利
28 土 ○音楽は明日への活力源と癒しに
29 ㊐ ⦶後でバタバタせぬよう事前準備
30 月 ○計画は余裕を持って初志貫徹を
31 火 ◐交渉は力むより柔軟な推進力で

七赤金星　☆めくっておみくじ【二十五番】――**吉**　枯れ木から新芽が出るのは春。新たな佳い事、目上の引き立てなどあり。

☆めくっておみくじ【七十一番】――凶　一つではなく二つを求めて決着つかず。新たな事柄に手出しはしない。

七赤　9月の運勢◐自重運

吉　方→南
小吉方→北東
丁酉七赤金星の月

吉方○南＝積み上げてきた実力が認められて高評価。チームワークで結果が出る。北東＝小吉方。後継者問題が解決。友人との交流復活。**凶方**●西＝金銭的ダメージ損害大。一見良さそうな契約話がトラブルに。東＝助言に耳を傾けず新規計画が頓挫。先行きが不透明に。

運勢／能力を買われて請け合うも荷の重さに辟易。体裁にとらわれずに断る勇気を持って。過去の問題が蒸し返される恐れもあり、関わらずにトラブルを避けて。家庭を大切にして向き合う時間を。金銭貸借は不可。必要な物だけを購入。体力消耗しがち、過労に注意。

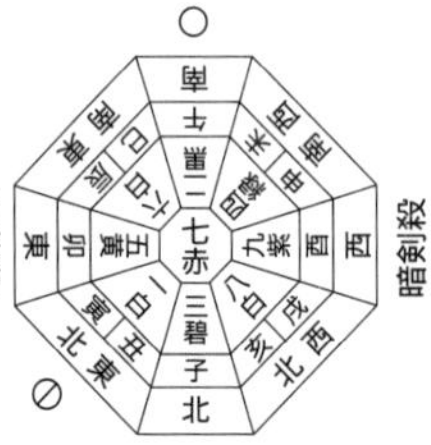

歳破→南西
年で暗剣殺・本命殺→北西
年で五黄殺・本命的殺→南東

1水　⦶災害に備え日常から危機管理を
2木　⦶公共の場所ではマナーモードに
3金　◐アクセルよりブレーキが大事に
4土　○情報まとめて新規プロジェクト
5㊐　●私利私欲に走れば損失も多大に
6月　○シルバーシート利用譲り合って
7火　○リーダーよりも参謀役に徹して
8水　◎目上を立てて謙虚に取り組んで
9木　◐胃腸不快ストレス食べ過ぎから
10金　⦶夏の疲れは睡眠と身体を小休止
11土　⦶隣近所の付き合い節度を守って
12㊐　◐机上の計算通り行かず時期尚早
13月　⦶上司に相談すれば難問解決でき
14火　●主義主張は通じぬ妥協が最善策
15水　⦶茨の道も弱気にならず大道歩む
16木　○短所を個性と認める寛容精神を
17金　◎目標達成小さな努力の積み重ね
18土　◐電車内で思わぬリアクションが
19㊐　⦶冷蔵庫を過信せず賞味期限確認
20㊊　⦶シルバー世代の恋愛大人対応で
21火　◐暴飲暴食や運動不足は病気の元
22水　○ネットの危険なサイト厳重注意
23㊍　●お彼岸は家族揃ってお墓参りへ
24金　○開運の兆し流れに乗り夢を実現
25土　○気のおけない仲間と割り勘で酒
26㊐　◎足元を固めた行動で経過は良好
27月　◐食生活の見直し改善で脱メタボ
28火　●古い諸問題の蒸し返しは避ける
29水　⦶自己コントロールは揺らぎなし
30木　◐どんな問題でも創意工夫が重要

七赤

10月の運勢◐自重運

吉　方→西・北・南
小吉方→なし
戊戌六白金星の月

吉方○西＝付き合い上手で支援が期待できる。婚活が進展。北＝家族や身近な人間関係が良好。信用できる後輩出現。南＝知的能力を発揮。資格取得のチャンス。**凶方**●北西＝その場逃れの無責任な発言は非難集中。南東＝身勝手さ傲慢さで信用ガタ落ち。交渉が頓挫。

運勢／意欲はあるものの思い通りにならず気持ちがギスギスしがち。周囲とのトラブルが起きやすいので言動を抑制して。自らの能力を過信することなく謙虚に取り組んで。金銭感覚が狂いがち。投資やギャンブルは警戒。規則正しい生活を心掛けて過労や怪我に注意。

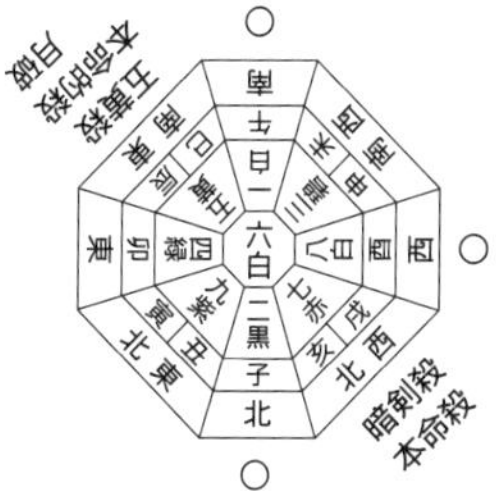

歳破→南西
年で暗剣殺・本命殺→北西
年で五黄殺・本命的殺→南東

1金　○資格挑戦は来春からの必須課題
2土　●力量以上の向上心が疲労の根源
3㊐　○新規発展を望むよりも現状維持
4月　⦶物事は押して引いての繰り返し
5火　○熱風サウナ温浴施設で気分爽快
6水　◐勝ち負けに拘《こだわ》っては虚しくなる
7木　⦶残暑続きで衣替えは言葉だけに
8金　⦶努力を惜しまずにスキルアップ
9土　◐海外旅行は置き引きスリに注意
10㊐　○話し上手は聞き上手と心掛けて
11月　●長時間のスマホ眼精疲労の原因
12火　⦶隣の芝生と見比べずマイペース
13水　◎社交性を発揮して親睦が深まる
14木　○吉方位小旅行に参加し気分転換
15金　◐慌てず手順を整えると好結果に
16土　◐程良い距離感を保つ付き合いを
17㊐　⦶闘志みなぎる運動会は一致団結
18月　◐闇雲に引き受けず丁寧に断って
19火　⦶停滞していた問題が思わぬ進展
20水　●直感力を過信し意外な逆転現象
21木　⦶趣味や美術鑑賞で感性に刺激を
22金　◎歴史をひもとく旅で知識を吸収
23土　○遠方の友人と再会し話が尽きず
24㊐　◐観光地ライトアップ紅葉楽しむ
25月　◐食欲の秋も腹八分目の自制心で
26火　⦶備えあれば憂いなし慌てず行動
27水　◐交通情報チェックしてから外出
28木　○努力が実りチャンス到来の兆し
29金　●感情的にならずワンクッション
30土　⦶誠実に物事を運ぶのが幸運の鍵
31㊐　◎びっくり仰天なハロウィン仮装

七赤金星　☆めくっておみくじ【六番】——末吉　家の中の未解決問題あり。金銭財産の倹約と損失を防ぐように対処。

七赤

11月の運勢⦶小吉運

吉　方→北
小吉方→北東
己亥五黄土星の月

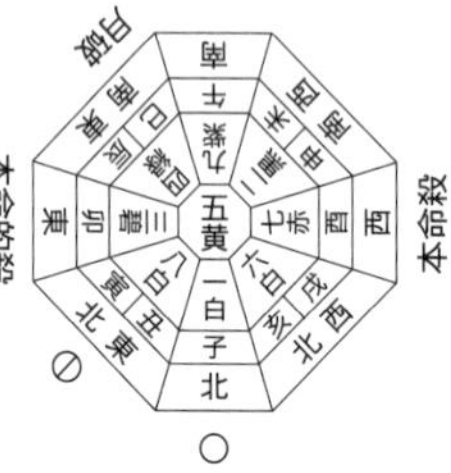

歳破→南西
年で暗剣殺・本命殺→北西
年で五黄殺・本命的殺→南東

吉方○北＝研究や知的作業がはかどる。親子関係良好。北東＝小吉方。状況の改善や改革のチャンスを得る。凶方●南東＝迷いが多く決断できない。噂に左右されて信頼関係を損ねる。西＝浪費で赤信号。異性間でトラブル。東＝焦って行動を起こしてタイミングを逃す。

運勢／芸術の秋、食欲の秋。趣味活動や旅行など楽しみが広がる。目上との交際も期待出来て実り多い。必要以上に自分を大きく見せたりせず和やかに。家族との会話の時間を大切に。交際費オーバー。飾ることなく不意の出費を避けて。風邪こじらせず、歯槽膿漏ケア。

1月　○去る者は追わず復縁の機会待つ
2火　◐運動不足解消はスポーツジムで
3㊌　●正論に拘《こだわ》り過ぎず聞く耳持って
4木　⦶キノコ類が美味のシーズン到来
5金　◐金木犀の香りに包まれ昔を偲ぶ
6土　◎一日一善の心ボランティア精神
7㊐　●単純ミスは自信過剰と確認不足
8月　○実力を付け時機が来るのを待つ
9火　○火災予防は家族全員で呼称点検
10水　⦶ラインやメールに一喜一憂の日
11木　◐短所より長所を認めて進展あり
12金　⦶滞っていた難問題が解決の兆し
13土　⦶アイデア生かし広がる活躍の場
14㊐　◐日帰り旅で十分にリフレッシュ
15月　○神社は七五三の家族で大賑わい
16火　●勢いに任せた単独行動は回避を
17水　○相談事は心情を察し確実に対処
18木　◎常にアンテナ立て情報キャッチ
19金　○センス生かして自分らしさ演出
20土　◐頑張り過ぎず人に任せ協力得る
21㊐　⦶身を捨ててこそ浮かぶ瀬もある
22月　⦶年末に備えてダイエット計画を
23㊋　◐ガス抜きを上手にストレス発散
24水　⦶ライバル登場でマンネリを打開
25木　●物事の矢面に立たず裏方に徹す
26金　⦶インフルエンザ対策は予防注射
27土　◎素直な心と表現力で意思疎通を
28㊐　○いかようにも機転が利く鍋料理
29月　◐臨時収入あっても自由にならず
30火　⦶独断を控え一歩譲って円満解決

七赤

12月の運勢⦶小吉運

吉　方→西
小吉方→東
庚子四緑木星の月

吉方○西＝金回りが良くなる。交際が賑やかに広がり引き立てあり。東＝小吉方。地道な活動で発展の可能性。凶方●南東＝急ぎの案件に振り回される。北西＝後手に回り成果が上がらない。南＝偏屈になり孤立。北東＝打撲や関節炎。南西＝友人との人間関係疑心暗鬼に。

運勢／年末、世間の変化に合わせて身辺を整理整頓。やり残したことはきっちりと締めくくり新年に向けて気持ちを切り替えて。家庭の雑務に追われるも知恵を絞って上手にやり繰りを。契約事は慎重に。倹約第一。どんぶり勘定にならぬよう。肩こり腰痛など関節痛注意。

歳破→南西
年で暗剣殺・本命殺→北西
年で五黄殺・本命的殺→南東

1水　⦶ネットウイルスにクリック危険
2木　◐電話詐欺対策に留守電の活用を
3金　○過密なスケジュール調整をして
4土　●カード決済こそ便利な落とし穴
5㊐　○孤軍奮闘するより多勢の力で吉
6月　◎香り立つ湯気を囲む家族で団欒
7火　○今年も残りわずか家計を再確認
8水　◐思惑外れ損失補てんに東奔西走
9木　◐単独行動より協調性を発揮して
10金　⦶ボーナスは目的絞り有効に活用
11土　◐電車の乗り継ぎロスタイム計算
12㊐　⦶仕事か恋愛か優先順位を明確に
13月　●軽率な行動は誤解を招く慎重に
14火　○主導権を人に委ねて余裕を持つ
15水　○若くても肩こり腰痛は養生第一
16木　⦶アロマの香りで心身リラックス
17金　⦶うがい手洗いが風邪予防の基本
18土　◐状況に応じそれぞれの対応策を
19㊐　⦶聖夜に贈る品を選ぶ楽しさ満喫
20月　◐過信と油断が思わぬ事故のもと
21火　⦶仕事納めまで処理能力を発揮し
22水　●何も考えず心休めてゆず湯風呂
23木　○余計な物を片付けて断捨離して
24金　◎キャンドル煌《きら》めき歌うは讃美歌
25土　○夜景に輝くはイルミネーション
26㊐　◐受験勉強ゴール目指し頑張ろう
27月　⦶押し迫った年の瀬は八分で満足
28火　⦶来年の抱負は夢や希望の実現化
29水　◐衣類に貼るカイロで寒さ知らず
30木　◐忙しい時ほど心を穏やかに保つ
31金　●除夜の鐘に祈願する来年の安寧

七赤金星　☆めくっておみくじ【六十二番】――**大吉**　吉事の喜びと安泰を願うとき。あまりに吉すぎて位負けの様子あり。

八白《はっぱく》土星《どせい》

小吉運

秋高馬肥
欣喜雀躍

令和3年 辛丑六白金星
方位盤

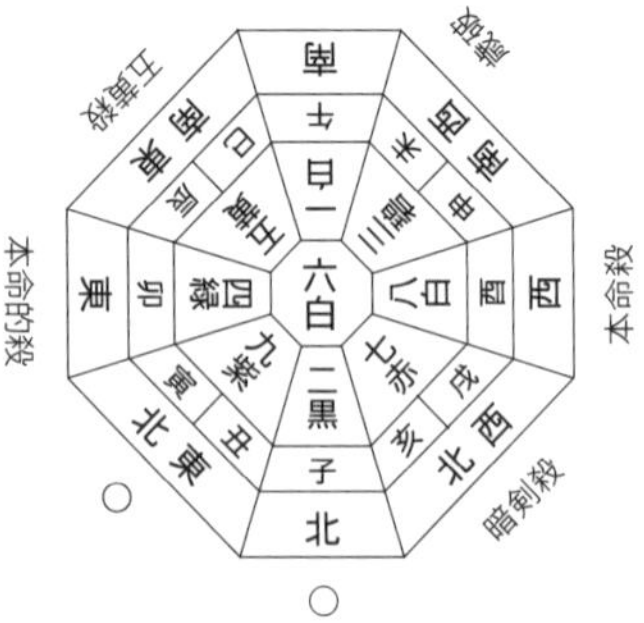

吉方→北東・北
凶方→北西・南東・南西・西・東

「北東」を吉方として活用すると、人間関係によい変化が起こります。疎遠になっていた方と親交を深める事が出来たり、時には仲直りをする事が可能になります。跡継ぎ問題や相続もスムーズに展開、遺徳に恵まれます。**「北」**は、洞察力に優れ、物事の着眼点がよくなります。新しい交友関係が始まり輪を広げます。従業員や部下との関係が改善され職場に生き甲斐が生まれます。長期、海外旅行、転居、引っ越しは、五月、十月節がお勧め。

性格と人生

山のようにどっしりした印象を与える人が多いでしょう。意志強固で信念が固く、努力を惜しまず続けていくタイプですが、頑固で言い出したら聞かない偏屈なマイナスの一面も。協調性に欠けて他人と争いがちなので、社交性が無く傲慢だと周りから誤解されやすいのですが、内面には優しさや情のもろさを秘めています。目上運は強いほうで、内柔外剛の愛される一面があります。蓄財の星といわれ、所有欲が旺盛です。

全般的な運の流れとしては、一獲千金を狙うような冒険は不向きです。初めは思うようにいかなくても、一歩一歩、山を築いていくように努力を積み重ねていくことで運を伸ばしていきます。独りよがりになって孤立しないよう相手の立場に立って考える姿勢を身につけて。物事を改革していく傾向があり、人生に起伏が多いのですが、七転び八起きの運で盛り返す力が強いのです。

対人面では心を広く持ち社交性を身につければ晩年にかけて開運につながります。

八白土星生まれ

平成31年己亥
〃 22年庚寅
〃 13年辛巳
〃 4年壬申
昭和58年癸亥
〃 49年甲寅
〃 40年乙巳
〃 31年丙申
〃 22年丁亥
〃 13年戊寅

2月4日以前生まれの人は九紫生まれで見ます

あなたの今年の運勢　八白土星

これまで研鑽を積み重ねてきた人は、収穫の喜びを味わう事で一息つけそうですが、努力不足の人は金銭面で債務超過になり、資金繰りに汲々とする状況に陥ります。

◎商売運……油断して甘さが露呈する時。口約束から後々トラブルに発展しかねないので注意が必要。対応策は、一本化せずに必ず代替案も準備しておきましょう。

◎職場運……二者択一の問題に迫られる時。その場しのぎの行動は、一歩間違えると争い事に発展しかねないので慎重な判断が必要。日頃からコミュニケーションを。

◎家庭運……家庭サービスが求められる年。レジャー・観劇・グルメなどを通じて、家族との絆を深めましょう。日頃の感謝を込めて、家庭円満は皆で楽しむ笑顔から。

◎恋愛運……恋愛運は好調です。イベントやサークル活動などに積極的に参加してみましょう。想像もつかなかった意中の人物に巡り合えるかも。お洒落《しゃれ》を心掛けて。

◎金　運……趣味や遊興に熱中して財布の紐が緩む時。油断すると借金が膨らみローン返済に追われる羽目に。

◎健康運……歯、喉の炎症、気管支炎、火傷に気をつけ、怪我にも注意の年。時には外科的治療を要することも。

寅の八白の運勢／**11歳**は、遊びの誘惑が目白押し。友達選びが大切な一年に。**47歳**は、飲食の機会が増えるので知らぬ間に体重オーバーに。インナーマッスルを鍛えて太りにくい身体作りを。**83歳**は、口腔関係。視力障害は、早めの治療がお勧めです。

巳の八白の運勢／**20歳**は、恋愛運は大変好調です。劇的な出会いや旧友との再会から恋愛に発展。節度ある交際でチャンスを掴もう。**56歳**は、長年の功績が称えられ結実する時。表彰や栄誉を得て、更に臨時収入の期待も大。自分へのご褒美を考えて。

申の八白の運勢／**29歳**は、交際運が華やぎ外出の機会も増えてドラマチックな出会いに期待が膨らむ。いつも以上にドレスアップして。**65歳**は、体力の衰えを痛感する時。日頃から体力強化をコンセプトに。薬の服用は自分で判断せず、処方箋通りに。

亥の八白の運勢／**38歳**は、交際範囲が広がり、趣味やレジャーなどの遊興費が嵩む傾向です。一時のギャンブルも見送って安心です。**74歳**は、軽率な言動は誤解を招くので注意が必要です。転倒による怪我やヒートショックに例年以上の注意が必要です。

八白

1月の運勢◐自重運

吉　方↓なし
小吉方↓北東・北
己丑六白金星の月

吉方〇北東＝小吉方。滞っていた物事が好転しスムーズに。北＝小吉方。後輩や若者との交流が盛んになる。
凶方●北西＝自分勝手な発言で目上の支援を失う。南東＝横柄な態度で信用を無くす。南西＝ことを急いで末を遂げず。西＝見えで散財。東＝暗中模索で棚上げ。

運勢／新春、家族団欒や新年会、皆で笑顔のスタートを心掛けて関係良好な滑り出し。言葉遣いに配慮して気配り上手に。周囲への感謝の心を忘れずに自己主張や争い事を無くして。派手な振る舞いは悪目立ちご法度。衝動的散財に警戒。口腔ケアに留意。胃炎に注意。

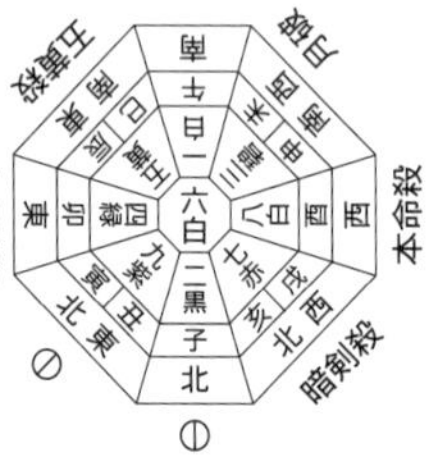

歳破→南
年で暗剣殺→西
年で五黄殺→東
年で本命殺→北西
年で本命的殺→南東

1㊎　⦶初詣り神は公平に福を降り注ぐ
2土　◐暴飲暴食は後悔が先に立たずに
3㊐　〇お年玉は金額より喜ぶ工夫して
4月　●体重計の数字が示す現状を確認
5火　⦶初仕事控えめスタート好印象に
6水　◎計画立て実行し望み叶う幸運日
7木　◎素敵な出会いに運命だと期待が
8金　◐一日を無難にこなし感謝の好日
9土　⦶心に余裕持ち焦らずにじっくり
10㊐　〇女子会は楽しい話題で花も満開
11㊊　◐家庭の中は笑顔で不機嫌は禁物
12火　〇頭脳フル回転で積極的に行動を
13水　●進展事ないが辛抱強く時を待つ
14木　⦶口は災いの元に言動に注意して
15金　〇良いアイデアは有効に活用して
16土　〇手本示す絶好の日率先して実践
17㊐　◐時には母の忠告を素直に聞いて
18月　●休養日静かに瞑想し心を整える
19火　〇くよくよ悩まず気持ちを明るく
20水　◐不動産取引チェックを念入りに
21木　⦶収入と支出のバランス考え交際
22金　⦶ご先祖に手を合わせ日々に感謝
23土　◐勇み足を抑え周囲の状況を確認
24㊐　◎南方より幸福運ぶ便り届きそう
25月　⦶デート一方的な喋《しゃべ》りすぎは禁物
26火　⦶完璧を求め過ぎると負担が増大
27水　●人間ドックでチェックと管理を
28木　⦶重要書類の紛失注意し安全確認
29金　◐鍋を囲み家族団欒で絆が深まる
30土　〇ランチ会で旧知の友と幸福交換
31㊐　⦶大きな買い物は事前に検討して

八白

2月の運勢⦶小吉運

吉　方→なし
小吉方→南
庚寅五黄土星の月

吉方○南＝小吉方。秘めた能力発揮。周りから認められ地位向上。感性豊かになる。知的研究の成果が出る。
凶方●南西＝気遣いのない言動で周囲と折り合いが悪化。精彩を欠いて堕落する。北東＝親戚絡みで損害を被る。突発的に状況が暗転。相続関係で争い事。関節炎。

運勢／変化の気運。身辺に変動が多い。気持ちが一新して改革に着手したいところだが、十分な準備が整っているか自問自答を。思い付きは却下。タイミングを計って。家族や親戚絡みの事で義理の出費が多い。蓄財の方針を検討して。段差でのつまずき、腰痛に注意。

歳破→南西
年で暗剣殺→北西
年で五黄殺→南東
年で本命殺→西
年で本命的殺→東

1月　◐休養して明日への活力を再構築
2火　◎福と鬼がともに仲良く心に宿る
3水　○とんとん拍子で大願成就の気配
4木　⦶雑用でイラッとしても平静さを
5金　●アロマ体験で癒やしのひと時を
6土　○直感が問題解決への誘引ヒント
7㊐　◐家族の談笑が何にも負けぬ宝物
8月　⦶社交性を発揮して好感度アップ
9火　⦶リーダーシップが力の見せ場に
10水　◐マイペースを改めて周囲と同調
11㊍　◎婚活に少し期待を持って良い日
12金　○決定したら意欲的に取り組んで
13土　⦶仲間との意見対立やめ譲歩して
14㊐　●ペースダウンし坐禅で精神統一
15月　○ライバル意識を外し交渉に臨む
16火　◐家族に我が儘出さず感謝の心で
17水　⦶友達同士で早春のグルメ旅行吉
18木　⦶知識の備蓄がいずれ役立つ日が
19金　◐手の広げ過ぎ中途半端のもとに
20土　○噂話は耳に留めずに受け流して
21㊐　◎朗報は親しい友にも分け喜びが
22月　⦶言葉に注意人を傷つける道具に
23㊋　●スタミナ不足一工夫した食事を
24水　○人望も人気もアップで勇気出る
25木　◐欲張らず今の幸福に十分感謝を
26金　⦶マネーの知識を高めて家計運営
27土　⦶高価商品は独断せず家族で相談
28㊐　◐上手な気分転換が次への飛躍に

八白土星　☆めくっておみくじ【五十二番】――**凶**　苦労の種を蒔かない、過失は早く刈り取るように。失せ物はなかなか出にくい。

八白　3月の運勢○吉運

吉　方→北東
小吉方→なし
辛卯四緑木星の月

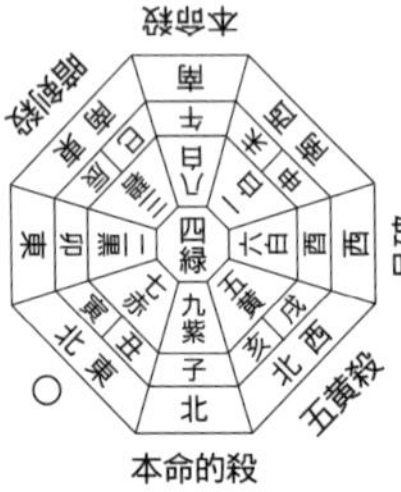

歳破→南西
年で暗剣殺→北西
年で五黄殺→南東
年で本命殺→西
年で本命的殺→東

吉方○北東＝周囲の賛同を得て転身。良き後継ぎ得る。凶方●南東＝厄介な話に振り回される。騙されて信用を失う。北西＝油断大敵、怪我や事故の恐れ。引き立てを失う。西＝太っ腹になり散財する。南＝隠し事が露呈する。頭痛。北＝家庭内不和。後輩とギクシャク。

運勢／日頃の努力が認められて注目される。昇進のチャンスあり。調子に乗って身の程知らずな振る舞いはご法度。好き嫌いとわがままを出さずに謙虚さを失わないで。契約関係は専門家の助言を受ければ安心。高額品の購入、カード使用は慎重に。頭痛や血圧に注意。

1月　○良い縁談話が舞い込む兆しあり
2火　○依頼心は失敗のもと自己責任で
3水　⦶雛祭り白酒手に子供の成長祝う
4木　●深読み禁物単純に考えるが賢明
5金　○思い込みに注意し再度見直して
6土　◐カルチャーで仲間と趣味の一日
7㊐　⦶計画にない買い物は悔いが残る
8月　⦶にわかチャレンジは成功率低下
9火　◐心にゆとり持ち生き方を見直す
10水　○出しゃばれば出る杭を打たれる
11木　◎地道な努力が上司に認められる
12金　⦶冷静な判断こそが幸運への一歩
13土　●エクササイズで体力増強を図る
14㊐　○不動産探し慌てずも好物件入手
15月　◐コミュニケーションが功を奏す
16火　⦶知識のひけらかしは白けるもと
17水　⦶達成感少し抑えて満足度アップ
18木　◐新たな挑戦より今を充実させて
19金　○スマホにチャレンジしボケ防止
20㊏　◎春彼岸に家族揃って先祖供養を
21㊐　○ポジティブな考えを持って前進
22月　●派手な行動は目立つ態度抑えて
23火　○整理整頓して紛失物の発見ある
24水　◐相続問題は欲のかき過ぎ損招く
25木　⦶高価な買い物ほど十分に品定め
26金　⦶交渉事は焦らずに時間をかけて
27土　◐新たな挑戦よりも原点に帰って
28㊐　○日陰の花に光当たり開花の予感
29月　◎人との出会いが進出のきっかけ
30火　◐今日一日我慢が成長への道のり
31水　●健康診断で不安解消し生き生き

八白　4月の運勢●警戒運

吉　方↓北東
小吉方↓なし
壬辰三碧木星の月

吉方○北東＝運気好転。良き転職や栄転。相続関係トントン拍子に解決し金運も。**凶方**●東＝苦労ばかりで前進できない。西＝気の緩みから生活が荒れて体調不良。北西＝目上と反目して援助を打ち切られる。北＝親子関係に問題が生じる。南＝慢心からボロが出て自滅。

運勢／疲れがたまりやすく本調子が出ない。十分に休息をとって英気を養って。無理に背伸びするよりも自分らしくマイペースで進んで。攻めより守りの姿勢がプラスに。家族や親しい人間関係に心癒される。小銭を貯める心掛け。生活習慣を見直して体調の管理を。

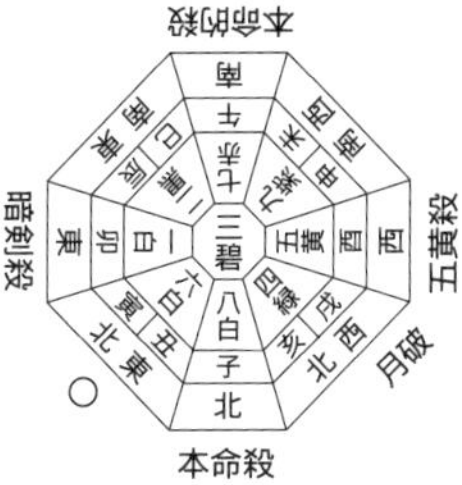

歳破→南西
年で暗剣殺→北西
年で五黄殺→南東
年で本命殺→西
年で本命的殺→東

1木 ○身辺の断捨離で爽やかスタート
2金 ◐コツコツと積み立て貯金を開始
3土 ⌽ローン組む買い物は計画性大切
4㊐ ◐チャレンジ精神も無理を通さず
5月 ◐音楽鑑賞のあとの余韻を楽しむ
6火 ○いい人との出会いに期待持てる
7水 ◐水難や足元に注意を気を抜かず
8木 ⌽目立つ行動は控え謙虚な態度で
9金 ●寺社に詣でて心身を洗い清めて
10土 ○ヘソクリの置き場所に策を練る
11㊐ ◐主婦の仕事は奉仕で家族への愛
12月 ⌽時には父親の存在感を発揮して
13火 ●油断大敵伊達の薄着が風邪の元
14水 ◐うっかりミスが火事の元注意を
15木 ◎思い切った行動が吉と出る福日
16金 ⌽期待の持ち過ぎ肩透かしのもと
17土 ○仕事は慢心せず集中力を持って
18㊐ ●奉仕の精神が明日への活力源に
19月 ○頭の体操にもなるロト6に挑戦
20火 ◐仲間からパワー情報を共有して
21水 ⌽平凡に代わる幸福はなし感謝で
22木 ●信用を第一に誠実に取り組んで
23金 ◐物事都合良い進展は無し焦らず
24土 ◎先の見通しは良好期待を持って
25㊐ ⌽気持ち散漫がミスへの引き金に
26月 ⌽人の世話も程々に自分を高めて
27火 ●季節の変わり目体調不良に警戒
28水 ○投資は大金避け先ずは小口から
29㊍ ◐父の小言も愛情の証と耳傾けて
30金 ⌽財布の口固く締めショッピング

☆めくっておみくじ【十二番】――**大吉**　春になると柳は緑で百花は匂うごとし、好機到来の時でしょう。

八白

5月の運勢⦶小吉運

吉　方→北
小吉方→南
癸巳二黒土星の月

吉方○北＝やり繰り上手でへそくり貯金増える。異性との縁あり。南＝小吉方。引き立てられ立場良くなる。
凶方●南西＝身辺が落ち着かずに生活の悩みを抱える。北東＝縁故や腐れ縁的しがらみにとらわれて自由に行動できない。北西＝せっかちになり手痛いミスを犯す。

運勢／一足飛びに成果を出したくても無謀なチャレンジは周りから叩かれるもと。相手を立てる側に回ってコツコツと努力を積み重ねて漸進《ぜんしん》。配慮ある言動が福を呼ぶ。内助の功で家庭円満。嫁姑問題にも気配りして。節約第一。暴飲暴食を避けて胃腸炎、消化不良に注意。

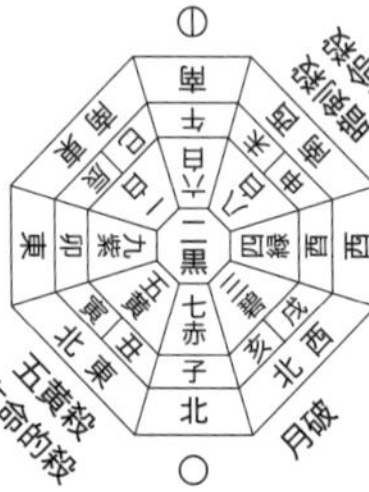

歳破→南西
年で暗剣殺→北西
年で五黄殺→南東
年で本命殺→西
年で本命的殺→東

1土 ●風評被害を信じず自ら確認して
2㊐ ◐懐メロを聞いて心に安穏の一日
3㊊ ○母の注意素直に聞き受け止めて
4㊋ ⦶行き詰まるもプラス思考で開運
5㊌ ⦶成長した子と肩を組める幸福感
6木 ●恋人とのケンカは早めに謝って
7金 ○思い切った意見成功し評価得る
8土 ◐独り善がりは誤解のもと相談を
9㊐ ⦶西より嬉しい吉報話が舞い込む
10月 ◐当てが外れがち過剰な期待禁物
11火 ◐交流の場頑固さ抑え融通利かす
12水 ◎レジャー日和アウトドアを満喫
13木 ○思いつき行動も少し考えてから
14金 ⦶気遣いこそ営業のキーポイント
15土 ●年に一度レントゲン検査は必須
16㊐ ⦶重要書類は手元でしっかり管理
17月 ◐強行突破より順序を追って行動
18火 ⦶思い切りの良さが良結果を招く
19水 ⦶孤軍奮闘せず仲間に協力要請を
20木 ◐行うべき事を継続が成功のカギ
21金 ◎個性輝くとき社交性を発揮して
22土 ○情報収集が知識の向上に役立つ
23㊐ ⦶裏方の仕事でも笑顔でこなして
24月 ●偏食は体調不良の元に改善して
25火 ○頭を低くして理想は高くで臨む
26水 ◐家族に甘え過ぎず感謝を伝えて
27木 ⦶再会の友からの刺激が原動力に
28金 ⦶慎重な行動でミス最小限に止め
29土 ◐深呼吸して精神をリフレッシュ
30㊐ ◎青写真を描き夢に向かって発進
31月 ○期待を背負った責任感で頑張る

八白

6月の運勢◎大吉運

吉　方→なし
小吉方→なし
甲午一白水星の月

吉方○小吉方ともになし。外出は交通手段と所要時間を確認して余裕を持って。凶方●北＝やることなすこと骨折り損で疲労困憊。南＝法律問題でトラブルを起こし信用ガタ落ち。東＝想定外のゴタゴタで前途多難に。分不相応の欲は却下に。西＝口車に乗せられて散財。

運勢／追い風に乗って順調な滑り出し。これまでの積み重ねが行く先を照らす。信念を持ちながらも臨機応変な柔軟策が他人との信頼関係を築く。実力以上の高望みをせずに裏表の無い行動を。必要経費で支出増大。気を引き締めて。肝臓や精神的ストレス、足元に注意。

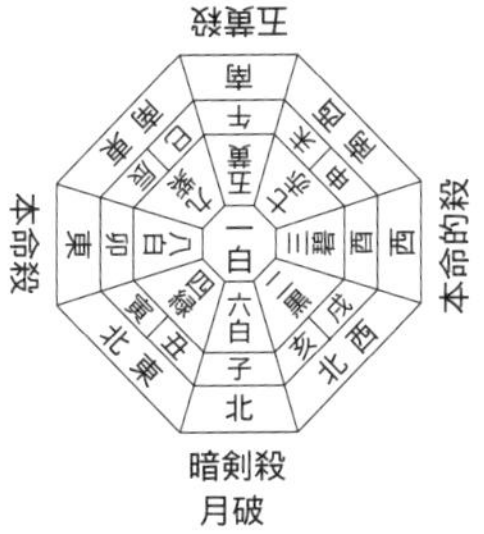

歳破→南西
年で暗剣殺→北西
年で五黄殺→南東
年で本命殺→西
年で本命的殺→東

1 火　⦶内面が十分に熟してから行動を
2 水　●ケチケチした考え却って逆効果
3 木　○自分の力を信じ実力発揮する日
4 金　◐誠意をもって尽くし真心伝える
5 土　⦶手抜きしない行動が次への信用
6 ㊐　⦶他人にも福を分け与え徳を積む
7 月　◐争いを回避ゆったりと穏やかに
8 火　○親しき仲にも礼儀をもって接す
9 水　◎日頃の心掛けが報われご褒美が
10 木　◐甘い話にはリスクあり再検討を
11 金　●書類の置き忘れうっかりに注意
12 土　○何事も一歩下がり謙虚さが必要
13 ㊐　◐家族サービスに努めて安穏得る
14 月　⦶カラオケでストレス発散し充電
15 火　⦶強引な態度が敬遠されるもとに
16 水　◐人には寛容に己には厳しく戒め
17 木　◎嬉しい便りが風と共に舞い込む
18 金　○焦り過ぎはチャンス逃すもとに
19 土　⦶部下への小言は最小限に止めて
20 ㊐　●諸事停滞も度量の大きさ見せて
21 月　○自己の発信控え相手の話を聞く
22 火　◐生活習慣を改め気分を一新する
23 水　⦶遊興と勉強とのバランスを図る
24 木　⦶多くの人から学び知識の向上を
25 金　◐冷静な立ち居振る舞い頼もしい
26 土　◎思いが届きチャンス手に入れる
27 ㊐　⦶年少者には思いやりある指導を
28 月　○家族旅行で心に残る思い出作り
29 火　●ギャンブルには注意運の衰退日
30 水　○人の忠告は素直に聞いて難予防

八白土星　☆めくっておみくじ【三十八番】――**半吉**　月光が明るく喜び、黒雲に隠れて悲嘆あり。人生の善し悪しは交互に。

八白　7月の運勢○吉運

吉方↓なし
小吉方↓なし
乙未九紫火星の月

吉方○南西＝小吉方ともになし。夏の旅行はその方位が吉方になる人に従って。**凶方**●南＝信頼していた相手と争いが。北＝表沙汰に出来ぬ腐れ縁に。北東＝意気込みの割には成果が上げられず。南東＝約束事が二転三転して棚上げ。北西＝活躍の場を失う。体力消耗。

運勢／交際関係良好ながら、信頼関係には十分な気配りが必要。お互いに理解し合い協力し合えるように誠意をもって向き合って。年配者を立てて分け隔てない交流を。流行りの品に手を出すと後悔の因。実用的な定番商品を。夏風邪や胃腸炎に注意。食生活を見直して。

歳破→南西
年で暗剣殺→北西
年で五黄殺→南東
年で本命殺→西
年で本命的殺→東

1木　◐やる気は十分でも状況は厳しい
2金　⦶買い物と会食の浪費避け堅実に
3土　○大成功は小さな成功の積み重ね
4㊐　◐面倒な問題は深入り避けて無難
5月　◎待ち望んだ良縁に恵まれる吉日
6火　○チャンスの女神が到来逃さずに
7水　○願い込めた短冊笹の葉に吊るす
8木　●健康に赤信号無理をしては危険
9金　○海外旅行の計画作成を楽しんで
10土　◐公私にけじめを付け礼儀を守る
11㊐　⦶軽い運動と高タンパクの食事を
12月　○環境が整えば歯車が回り始める
13火　◐人に迷惑かけぬよう心配り大切
14水　○同僚と協調して業務もスムーズ
15木　◎今日のご縁から信頼関係を築く
16金　◐自信過剰を戒め地道な姿勢貫く
17土　⦶デートの場所は天気次第で変更
18㊐　⦶寝不足と過労には休養し充電を
19月　⦶準備してきた事が実現の運びに
20火　○旧友との食事と雑談に花が咲く
21水　●改善のためでも慎重に検討して
22㊍　○水の事故に注意し家族で海水浴
23㊎　◎軽い運動で体力作りに励んで吉
24土　◎社交場で思わぬ異性と出会いが
25㊐　◐強い日差し紫外線から身を守る
26月　⦶上司の助言に従って動くのが吉
27火　⦶営業活動の成果が徐々に出る日
28水　⦶向上心を持ち苦しい修業に励む
29木　○頭脳明晰でアイデア生かす一日
30金　●出来ない事には手出し無用の時
31土　○明るい笑顔で周囲から注目浴び

八白

8月の運勢◐自重運

吉　方↓なし
小吉方↓なし
丙申八白土星の月

吉方○小吉方ともになし。他人の事で動き回ることが多く多忙。義理が絡む外出は極力短時間で切り上げて。**凶方**●北東＝逆転を狙うもこれまでのしがらみが足を引っ張り挫折。親戚知己ともめ事が。南西＝意欲を欠き生活が落ちぶれる。家庭内がこじれてドロ沼状態に。

運勢／情に流されて安請け合いをしがち。結果的にゴタゴタに付き合わされ疲弊する。実力以上のことに首を突っ込まず自重を。散財用心。帰省や夏旅、疲れをためて強行スケジュールは危険。余裕を持った行動を。気疲れしやすい。規則正しい生活を。内臓疾患に注意。

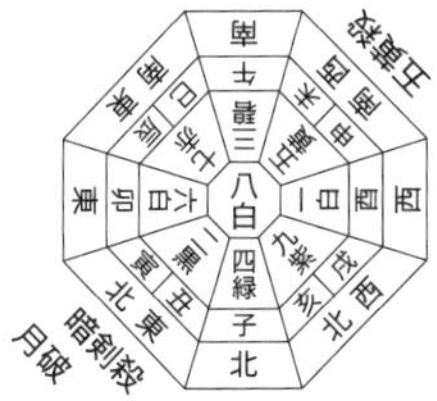

歳破→南西
年で暗剣殺→北西
年で五黄殺→南東
年で本命殺→西
年で本命的殺→東

- 1 ㊐ ○金運良好でも大盤振る舞い厳禁
- 2 月 ◎利益を求めぬ奉仕に徹し評価が
- 3 火 ◐勝手な暴走行為で全て台無しに
- 4 水 ⦶正道歩めば単独行動でも信用が
- 5 木 ⦶楽しみ事の出費を工夫して節約
- 6 金 ◐火照った体がビールで生き返る
- 7 土 ○大胆発言には子供達もびっくり
- 8 ㊐ ●熱帯夜はエアコンの力を借りて
- 9 ㊊ ⦶新規事業の着手に好奇心高ぶる
- 10 火 ○週初めは一段と気合い入れ出勤
- 11 水 ○ハッピー思考が若さを保つ秘訣
- 12 木 ◐年配者は夏バテ健康チェックを
- 13 金 ◐甘く見ると失敗気持ち引き締め
- 14 土 ⦶財布の紐を意識的に固く結んで
- 15 ㊐ ●儲け話には裏があるので要注意
- 16 月 ○力以上の大抜擢にプレッシャー
- 17 火 ●腰痛悪化の懸念には柔軟体操を
- 18 水 ⦶大言を吐かず黙々と業務を遂行
- 19 木 ⦶自然の流れに任せるのが最善策
- 20 金 ◎好条件整うので難題に取り組む
- 21 土 ◐欲望に身を任せれば後戻り不可
- 22 ㊐ ⦶ふとした思いつき発言が反発を
- 23 月 ◐少額を惜しんで巨額の損失生む
- 24 火 ◐常識が変化する時代で臨機応変
- 25 水 ○良い時も問題対処の準備怠らず
- 26 木 ●騙されないよう直感力を鋭敏に
- 27 金 ⦶勢い余っても一気に進めず漸進《ぜんしん》
- 28 土 ○確固たる信念で迅速な対応が吉
- 29 ㊐ ◎母娘で外出しお買い得品ゲット
- 30 月 ◐言葉だけで中身は空虚な空回り
- 31 火 ⦶ついうっかりの忘れ物に要注意

八白土星　☆めくっておみくじ【四十二番】――**吉**　自然は嘘つかず、季節が来れば花開く。懸案事項の処理を急いで仕上げる。

八白

9月の運勢◐自重運

吉　方↓なし
小吉方↓南
丁酉七赤金星の月

吉方○南＝小吉方。積み上げてきた実直さが評価される。気取らぬ庶民派で人気。**凶方**●西＝金銭トラブルで非難ごうごう。東＝油断大敵、暴走して頓挫。気迷い多く神経過敏に。北西＝頼みの支援を打ち切られ、投機で大損。南東＝取引や交友関係でごり押し信用失墜。

運勢／持ち前のパワーで周囲けん引。公私に活躍の場が広がる。義理と責任感から独走すると不和を招く。会話を大切に協調策で。外出時は時間に余裕を持って。気の緩みからの事故やケガに用心。株や投資は思わぬ損失を生む恐れ、慎重に。過労や呼吸器系疾患に注意。

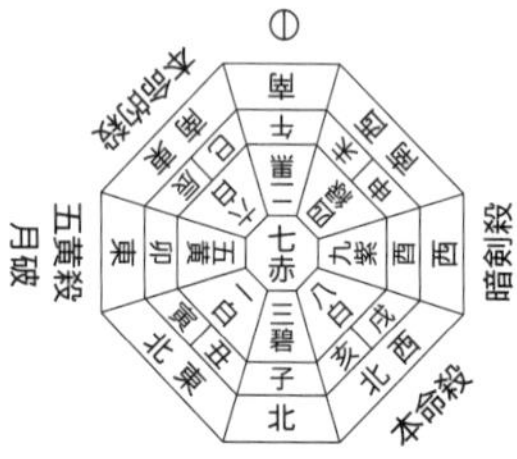

歳破→南西
年で暗剣殺→北西
年で五黄殺→南東
年で本命殺→西
年で本命的殺→東

1水　⦶防災グッズ年に一度は点検必須
2木　◐交際費の支出を抑えて定期預金
3金　○書類の押印時チェックを入念に
4土　●自力での再生は困難援助を要請
5㊐　⦶臨時収入あっても手元に残らず
6月　○仕事にメリハリつけて能率UP
7火　◎一躍スポットライトを浴び恐縮
8水　◐デトックスレシピで体質を改善
9木　⦶目上と良好な関係保てば助言が
10金　⦶目標を一つに絞って基礎固めを
11土　◐現状を少しずつ変化させ軟着陸
12㊐　○地味で堅実な生活を身につける
13月　●八方塞がり動かずに現状維持で
14火　⦶信用は商売を成功に導く貴重品
15水　○家庭環境嘆くより前向き姿勢で
16木　◎他社競合で受注獲得の嬉しい日
17金　◐何事も停滞しがちで焦りは禁物
18土　⦶自分の事より恋人の気持ち優先
19㊐　⦶子供であっても学ぶ点あれば師
20㊊　●祖父母を囲んで一家団欒の夕食
21火　○笑顔で応じれば好感度が上がる
22水　●力まず手抜きせず淡々と作業を
23㊍　⦶墓参り隅々まで清掃で清々しく
24金　○秘密が白日の下に晒《さら》されピンチ
25土　◎真剣に取り組めばトラブル解決
26㊐　◐控えめな姿勢が運を呼び寄せる
27月　⦶利益を最優先して真の友が離反
28火　◐ふとしたはずみぎっくり腰警戒
29水　◐急ぎの来客でも予定通りに行動
30木　○職場の力を結集しチャンス掴む

八白

10月の運勢○吉運

吉　方→北東・北
小吉方→なし
戊戌六白金星の月

吉方○北東＝先々の見通しがつき運気が好転。北＝親子関係や家族関係が円満に。凶方●北西＝感情的になり目上とギスギスする。気の緩みから窮地に陥る。南東＝安物買いの銭失い。価値の無い物にとらわれる。西＝家族のためにお金がかかる。東＝噂に振り回される。

運勢／芸術の秋、食欲の秋。グルメの集いや趣味、旅行と楽しみが広がる。順調な人間関係も気遣いあってこそ。調子づいて不快感を与えぬよう。酒食のトラブルに用心。金銭面は交際費の増大と高級志向が災いしてピンチ。倹約を心掛けて計画的に。歯や口内炎に注意。

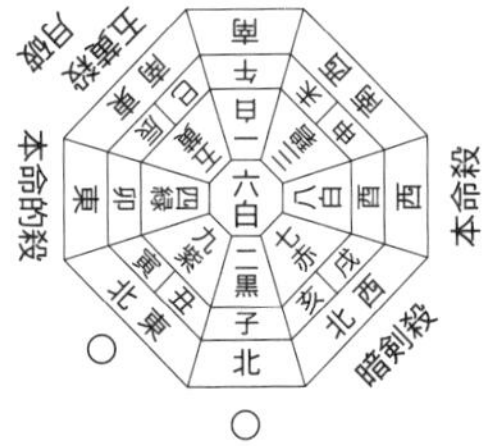

歳破→南西
年で暗剣殺→北西
年で五黄殺→南東
年で本命殺→西
年で本命的殺→東

1金 ●不注意が事故につながる要因に
2土 ○朝からフル回転の気忙しい日に
3㊐ ○穏やかな気持ちで散策を楽しむ
4月 ◎受け身より積極策に打って出る
5火 ◐方針の誤りから万事が後手後手
6水 ⦶先人の言葉に耳を傾け視野広く
7木 ⦶目線を合わせ家族にも愛情深く
8金 ◐進展は厳しい現状を守って無難
9土 ○元カレからの連絡に返信は不要
10㊐ ●感謝する心はオーラまで変える
11月 ○方向転換せず信じた道を歩んで
12火 ○世相を反映して企画を練り直し
13水 ○趣味や娯楽は気分を一新する元
14木 ◐良い時期は過ぎ次回に持ち越し
15金 ⦶独り静かに飲むお酒は格別な味
16土 ⦶遊びからのヒントで脳が活性化
17㊐ ◐周囲の状況を考慮して方向転換
18月 ○中心人物として白羽の矢が立つ
19火 ●部下の失敗で始末書と訓告処分
20水 ⦶睡眠不足で判断を誤る事態用心
21木 ○新しい発想を実現に向けて奔走
22金 ◎腸活で体の調子を万全に整える
23土 ◐出費を抑えて家庭内ビュッフェ
24㊐ ⦶秋のレジャーは夫婦水入らずで
25月 ⦶時間をかけてじっくり説明して
26火 ◐力不足を認め一から勉強の覚悟
27水 ○日頃の交際から思わぬ話が浮上
28木 ◐好きな事ばかりでは業務に支障
29金 ⦶無駄遣いの見直しに家計簿活用
30土 ○中心的存在になって大きな負担
31㊐ ◎友人に誘われ日帰り旅行を満喫

☆めくっておみくじ【四十一番】――末吉　目的や方針が途中で変わりやすい。意外な所で損失を招くので足元用心。

八白

11月の運勢◐自重運

吉　方→なし
小吉方→南
己亥五黄土星の月

吉方○南＝小吉方。勘が冴えて頭脳明晰に。法的な事柄に対し有利な結論を得る。凶方●南東＝話の行き違いや迷いが多く信用問題に。縁談が破れる。北東＝頑固なこだわりで改革失敗。後継者問題でもめる。南西＝活力低下し飽きっぽくなる。仕事をさぼる。胃腸病に。

運勢／周囲を見回して焦りを感じる。アイデアや将来ビジョンはあるものの停滞してジレンマに。こだわりを捨てて、自分のタイミングを素直に図る。協調精神で腰を低く、協力を仰げば対処策もはっきりと。やり繰り上手に貯えを。高所に警戒。腫れ物や足腰に注意。

歳破→南西
年で暗剣殺→北西
年で五黄殺→南東
年で本命殺→西
年で本命的殺→東

1月　◐優柔不断が負の連鎖スパイラル
2火　⦶職務の経験と実行力を生かして
3㊌　⦶優れた芸術に触れ精神面が充実
4木　◐迷い多く愚痴も増え自己嫌悪に
5金　○華やかな服装で大変身の女子会
6土　●ツキない日は覚悟決め下働きを
7㊐　⦶仲間と協力して急場を凌《しの》ぎ安堵
8月　○清潔感ある服装で営業活動開始
9火　◎素直に受け入れ前を向いて歩む
10水　◐人見知りで順応にも時間を要す
11木　⦶初心を貫いて真面目に継続が力
12金　⦶臨時収入は妻に内証のヘソクリ
13土　◐スケジュール変更に即刻再調整
14㊐　○塩分控えた食事で血圧上昇防止
15月　●思いやりの欠如から不満が噴出
16火　⦶見た目変わっても中身変化なし
17水　○夢ばかり追わず現実を見据えて
18木　◎爽やかでそつのない交際が人気
19金　◐情報が錯綜して打つ手見当らず
20土　⦶預金計算し不動産の購入を検討
21㊐　⦶話し上手より聞き上手で人気者
22月　◐対策次第で良くも悪くも変化が
23㊋　○勤労意欲を持って先人達に感謝
24水　●世の中の出来事を正確に把握を
25木　○消化の良い食事で胃腸に優しく
26金　○準備できた事項から順番に処理
27土　◎笑顔と和やかな言葉遣いで招福
28㊐　●肉親でも金銭問題が揉め事の種
29月　◐上司のアドバイス素直に聞いて
30火　⦶歯の痛みは早めの手当てが大切

八白

12月の運勢⦶小吉運

吉　方→北東
小吉方→なし
庚子四緑木星の月

吉方○北東＝親戚知己との関係良好、金品の援助を得る。不動産関係で利益あり。凶方●南東＝詐欺の被害に遭う。悪い噂を立てられて信頼関係を損ねる。北西＝手抜きのツケが回って窮地に。投資で大損。南＝判断力低下。隠し事ばれる。北＝親しい相手と喧嘩別れに。

運勢／年末、慌ただしく落ち着かない。高望みせず現実感覚を持って粛々と進める。好き嫌いの別なく万事に公平に対処を。作業にムラが出やすいので早めの正月準備で手抜かりなく。義理の出費がかさむ。見えを張らずに最低限度で。火傷に用心。眼病や血圧に注意。

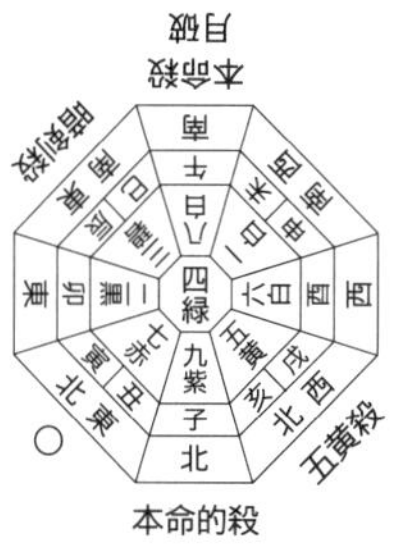

歳破→南西
年で暗剣殺→北西
年で五黄殺→南東
年で本命殺→西
年で本命的殺→東

1水　◐意識改革で自己も社会も光明が
2木　○一つの道に打ち込み本領を発揮
3金　●実力が認められずとも腐らずに
4土　⦶容易な事も疎かにせず一生懸命
5㊐　○アピールのチャンス遠慮は禁物
6月　◎強い団結力の追い風で目標達成
7火　◐無理を押しての行動が後悔の元
8水　⦶頼らず独立独歩で自分に自信を
9木　⦶コーヒータイム束の間の休息を
10金　◐体幹の鍛錬にバランスボールを
11土　○旧知の友へ心を込め年賀状作成
12㊐　●ギャンブル家庭内に不協和音が
13月　⦶規則正しい生活が健康体の原点
14火　○言い分あっても感情的にならず
15水　◎千客万来嬉しい悲鳴の商売繁盛
16木　◐師走の渋滞にも焦らず安全運転
17金　⦶苦楽共にした仕事仲間と忘年会
18土　⦶公私共に喜びは皆で分かち合い
19㊐　◐ダイエットをして膝の痛み解消
20月　○笑顔と丁寧な言葉遣いで人気者
21火　●寒さに負けぬようカイロ必需品
22水　⦶ゆず湯で体を温め疲れを癒して
23木　○効率の良い順で取引先へご挨拶
24金　◎イブ子供のプレゼント用意して
25土　◐心を込めて手作りケーキに挑戦
26㊐　⦶相手への意思表示は人を介して
27月　⦶目立たない事も継続は力となる
28火　◐重荷を下ろし一息つく仕事納め
29水　○人柄の良さが伝わり会話も弾む
30木　●正月準備に追われ忙《せわ》しない一日
31金　⦶一年を無事に過ごし鐘の音聞く

九紫《きゅうし》火星《かせい》

自重運

大賢《たいけん》虎変《こへん》
改過自新

令和3年 辛丑六白金星
方位盤

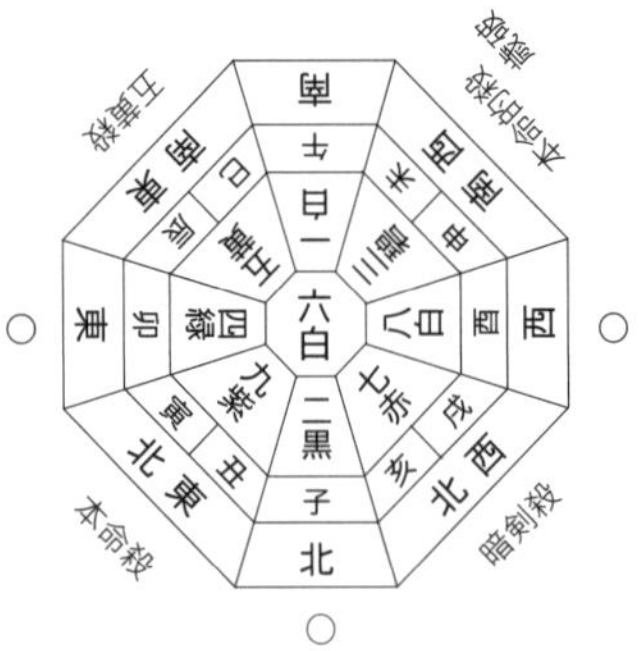

吉方→東・北・西
凶方→北西・南東・南西・北東

「東」を吉方として活用すると、活気に溢れて心身共に若々しくなり、何事も考え方がプラス思考に。活躍の場が広がり営業成績が伸びて信用度もアップします。恋愛運も追い風で、普段よりアンテナを張り巡らせましょう。**「北」**は、我慢強さや最後までやり抜く持久力が身につきます。求職中や転職希望の方は、仕事が見つかります。**「西」**は、金運に恵まれ、資産運用も好調に進展します。無駄遣いをしなくなるので、財政状態が目覚ましく好転。

性格と人生

明るく陽気で頭脳明晰なタイプ。社交性もあります。学問に対する探究心があり、文芸・芸術方面にも関心や才能があります。美的センスがあり、若いときから華やかな存在感で一目置かれますが、派手になりやすく持続力がなくて飽きっぽい一面がマイナス点。先見の明があり、即断即決できる決断力に富んでいるものの、場合によってはあきらめが早すぎると思われることもあります。好き嫌いがはっきりしていて感情の起伏が激しいので、目下の人への思いやりが不足する傾向も。

全般的な運の流れとしては、粘り強く一業に専念し、知恵やセンスを生かして基礎を固めていけば名誉ある立場も可能です。自尊心が強く、自分が主役の生き方を望みますが、他人の意見を素直に受け入れて、人への思いやりの心を持つと人望が集まるでしょう。短気で移り気な面が強く出ると、職業や対人、家庭内に波風が立って孤独になる恐れがあります。嫌なことから目を背けず早い時期から安定を図れば中年期以降に運が安定します。

九紫火星生まれ

平成30年戊戌
〃 21年己丑
〃 12年庚辰
〃 3年辛未
昭和57年壬戌
〃 48年癸丑
〃 39年甲辰
〃 30年乙未
〃 21年丙戌
〃 12年丁丑

2月4日以前生まれの人は一白生まれで見ます

あなたの今年の運勢　九紫火星

運勢の転換期。生活環境が大きく変わり、迷いや焦りから新しい環境を求めたくなりますが、自分を見つめ直し新たな目標に向かう心構えが本年の最重要課題です。

◎商売運……順調に進んでいたことが停滞し、行き詰まりを感じる年。コンプライアンスの問題や、法律問題に抵触する事案も。現状維持が望ましく新規事は控える。

◎職場運……転勤や配置換えで、職種の変化が起こりやすく様々な問題に直面しそう。現状に焦る必要はなく、目前の事実を真摯に対応する事で大きな力に変わります。

◎家庭運……後継者問題やお墓の問題に直面しそうです。家族との話し合いが解決への道しるべ。最善な結果を導き出しましょう。難問には、専門家の意見を参考にして。

◎恋愛運……お互いの生活環境の違いから変化が訪れようとしています。マンネリ脱却にはイメチェンも大切。心の動揺から乱れた恋に走りだしそう、慎重に行動を。

◎金　運……冠婚葬祭費や子供のことで出費が嵩みそうです。無駄な出費は極力抑えて将来に備え、へそくりを。

◎健康運……膝に水が溜まったり、関節痛が例年以上に悪化する恐れがあり、水泳などで負担の少ない負荷を。

丑の九紫の運勢／**12歳**は、期待や不安が募る時。あれこれと試行錯誤を重ねても現状克服にはならず、日々精進。**48歳**は、後継者問題や子供、部下の問題に直面しそう。精神的な苦労が多いので独りで悩まず、有識者の意見を尊重。

辰の九紫の運勢／**21歳**は、不安や動揺から進路に迷いが生じる。性急に方向転換を試みてもよい結果は得られず、現状把握を的確にして。**57歳**は、職場環境で大きな変化が起こりそう。時には畑違いな職場に移動する事も。持ち前のパワーで取り組めば◎。

未の九紫の運勢／**30歳**は、水辺の事故に気をつけましょう。人間関係は、和合を図り良き相談者との接触を深めることが最も重要です。**66歳**は、体調に変化が起きやすい時なので、健康管理に気をつけましょう。下半身の病は甘くみないで早めに受診を。

戌の九紫の運勢／**39歳**は、転職や転業に心揺れる時。水面下での交渉が功を奏する時ですが、現状維持を心掛け今後のリサーチ活動が◎。**75歳**は、強情・頑固な対応は、周囲の反感を買うので控えましょう。血圧の上昇に気をつけ、外出時の事故にご用心。

☆めくっておみくじ【三十六番】—— 末吉　初めは損をしても終わりに益するのを待つ。人に先を譲れば福が来る。

九紫

1月の運勢⦶小吉運

吉　方→北
小吉方→なし
己丑六白金星の月

歳破→南
年で暗剣殺・本命殺→西
年で五黄殺・本命的殺→東

吉方○北＝目下から慕われ立場が安定する。基盤が固まる。副業の話が舞い込む。凶方●北西＝甘い言葉に乗せられて骨折り損に。援助を切られる。南東＝良縁を失い腐れ縁的関係に悩む。南西＝仕事が不安定で落ち着かない。北東＝親戚関係とトラブルが。後継者問題。

運勢／新春、高すぎる目標は荷が重い。欲張ったり先を急ぐと中途挫折に。意固地にならず状況に応じて柔軟策で。自分の実力に合った目標に向けて慎重に進む。家族や身近な人の援助が心丈夫。周囲との調和を大切にして。衝動買い警戒、予算守る。足腰や関節痛注意。

1㊎　◐初日の出を拝み家族で安全祈願
2土　⦶家族サービスが円満になる秘訣
3㊐　●正月休み睡眠でストレスを解消
4月　○目上を敬い自分の知性を磨こう
5火　○好きな音楽で心身共に気分爽快
6水　◎創意工夫して仕事の幅を広げる
7木　◐全てにおいて中立の立場を厳守
8金　◐プライド捨てて慎重さが必要に
9土　◐良い話でも口が災いになりそう
10㊐　⦶迷った時は現状維持を心掛ける

11㊊　○メーンカラーは赤で運気が上昇
12火　●体を冷やさず保温を忘れないで
13水　○コツコツ地道な努力が報われる
14木　○自分の工夫しだいで才能が開花
15金　○遠方の取引はもう一度見直して
16土　◎これまでの交際が結婚へと発展
17㊐　○積極的に参加し目標に一歩前進
18月　⦶転職は慎重に先ずスキルアップ
19火　●苦労も自分を高める良い機会と
20水　○知恵は人を助け我も助けられる
21木　⦶兄弟と持ちつ持たれつ心掛けて
22金　◐その一言が人を傷つけ敵を作る
23土　⦶夫を助ける良き妻で家庭も円満
24㊐　◐自己中心的過ぎると周囲が困惑
25月　◎苦労報われ信用得て良い知らせ
26火　○意見の相違を後に残さず仲直り
27水　⦶母親を気遣う心が親孝行になる
28木　●秘密事項は持たぬが身のために
29金　○ユーモア忘れぬ感性で上昇運に
30土　◐軽率な行動が結果を左右しそう
31㊐　◐勝負運ツキに見放され大打撃に

九紫

2月の運勢⦶小吉運

吉　方→東
小吉方→なし
庚寅五黄土星の月

吉方○東＝新企画や新方針を掲げて大きく飛躍する。目標達成へ好調なスタート。凶方●南西＝意欲を喪失して怠惰になる。投げやりな生活態度で体調不良。南＝虚飾に走り高慢に。書類や契約関係のトラブルに巻き込まれる。北＝家庭問題や子供のことで悩みを抱える。

運勢／努力が花開き評価を得る。いい気になって調子づいたりせず謙虚な姿勢で。初心忘れずに。思いやりの心で対人面に配慮が必要。隠し事は露見しやすい。証書や公的書類は再度確認して手落ちなく。生活が華美になりがち。見えの出費に警戒。疲れ目や血圧に注意。

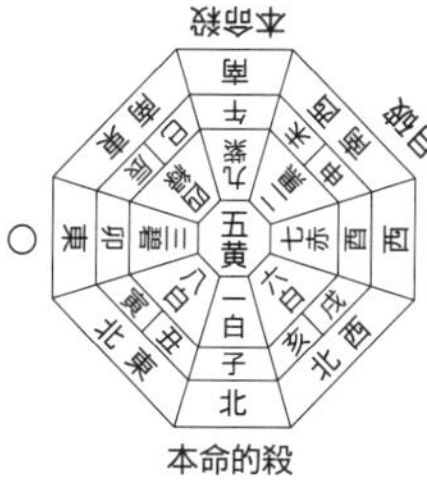

歳破・年で本命的殺→南西
年で暗剣殺→北西
年で五黄殺→南東
年で本命殺→北東

1 月 ◐油断から足元のケガに注意して
2 火 ◐謙虚な姿勢で信頼関係が築ける
3 水 ◎物心ともに幸福を感じる良き日
4 木 ○周囲の状況を確認し最善の道を
5 金 ○堅実な生活は未来の自分を作る
6 土 ●気苦労で意気消沈も努めて笑顔
7 ㊐ ○仕事での成果が自信に繋がる日
8 月 ⦶積極行動を控えて無難に過ごす
9 火 ◐感情を抑えて表に出さぬが得策
10 水 ⦶堅実な低姿勢に援助者が現れる
11 ㊍ ◐無理な行動は自らの窮地を招く
12 金 ◎何事も順調な進展がある幸運日
13 土 ○体力増強し流感の感染を防いで
14 ㊐ ○柔軟な姿勢が好印象になり開運
15 月 ●困難多く中途挫折の恐れ注意を
16 火 ○眼精疲労は適度な休息で予防を
17 水 ●真心で接すれば仕事も愛も勝利
18 木 ◐金運パワーあると思わず慎重に
19 金 ⦶神社詣り自己を見直す良き日に
20 土 ◐流れに逆らう頑固さは失敗する
21 ㊐ ◎積極的な行動が良縁へと繋がる
22 月 ○好きな音楽で心をときめかせて
23 ㊋ ⦶トラブルも母を思えば許す心で
24 水 ●独り悩まず心の友に打ち明けて
25 木 ○権力に執着しすぎは反発を招く
26 金 ⦶曖昧さを避けて堅実に過ごそう
27 土 ◐口から出た言葉は取り消し不可
28 ㊐ ⦶寛容な心で物事に対処し好結果

☆めくっておみくじ【九十番】――**大吉**　まず一心に励めば誰にでも通じるもの。努力の実りは大きく育つとき。

九紫

3月の運勢◐自重運

吉　方→東
小吉方→なし
辛卯四緑木星の月

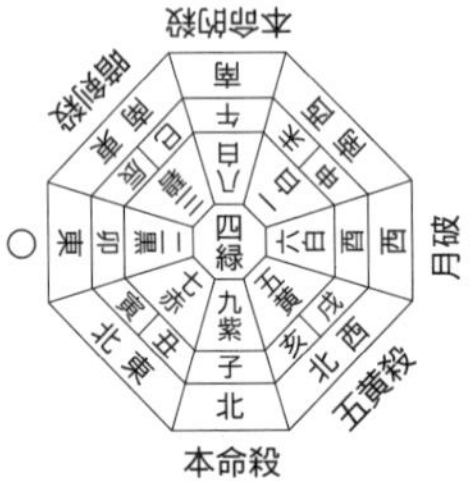

歳破・年で本命的殺→南西
年で暗剣殺→北西
年で五黄殺→南東
年で本命殺→北東

吉方○東＝気力体力に自信が漲《みなぎ》り積極的になれる。他人の応援が期待出来て順調。**凶方**●南東＝周囲から浮いた存在になり悪口を叩かれる。北西＝目上とギクシャクして運気低迷。西＝投機事で大損する。北＝異性関係でトラブルに。南＝身内の法的問題に巻き込まれる。

運勢／思い通りにならず意気消沈しがち。表立った活躍は望めなくても実力を養う良きタイミングに。背伸びをせず何事も冷静に対処。身近な友人や家族との繋がりに心が和む。関係を大切に多少の世話苦労は買って出て。小銭を貯める心掛け。基礎体力作り、足元注意。

1月　◐暴飲暴食では病気リスクが発生
2火　◎信用を得て物事整い運気上昇運
3水　○インターネットで思わぬ情報が
4木　○ウオーキングで運動不足解消を
5金　●力を充電し時機を待ち難を回避
6土　○目上の人の知恵借りて現状打開
7㊐　⦶迷いは自問自答して解決を探る
8月　●口八丁手八丁は慎んで思慮深く
9火　◐勝負事は予算超過で思わぬ損失
10水　◐出る杭は打たれる謙虚さ守って
11木　◎日頃の言動が信用に直結する日
12金　○迅速な行動計画が吉報への糸口
13土　○努力の積み重ねが好結果を生む
14㊐　●冷えは万病のもと保温対策一番
15月　○芸術や文化に親しみ感性高める
16火　⦶決めたら迷わず進むことが大切
17水　◐結婚を急ぎ過ぎると問題が発生
18木　⦶車での外出は安全運転を忘れず
19金　◐心の鏡を磨き慎重な行動で安泰
20㊏　◎墓参り先祖供養で積徳《せきとく》を心掛け
21㊐　○水入らず語り合い和気あいあい
22月　⦶迷ったら立ち止まり現状維持で
23火　●災難の暗示辛抱しチャンス待つ
24水　○悩まずに深呼吸して明るく行動
25木　◐親戚より厄介事が発生迷わずに
26金　◐縁談の話あるが即決せず再考を
27土　⦶権力で押し切るとバランス崩す
28㊐　◐慢心は対人関係の悪化に繋がる
29月　○公私ともに結果が伴い充実感が
30火　○短気な心を抑えて笑顔で対処を
31水　⦶物質面より精神面の充実を図る

九紫 4月の運勢⦶小吉運

吉　方↓北
小吉方↓なし
壬辰三碧木星の月

吉方○北＝日常の積み重ねで底力がつく。身内との関係が良好で家庭運がアップ。**凶方**●東＝中傷されて逆風が吹く。西＝怠惰になり金銭にルーズになる。北西＝決断力を欠いて大失敗。南西＝感情的になりミスを犯す。急性胃炎。北東＝改革改善が頓挫。肩こり関節痛。

運勢／慌てず騒がず目標を見直して。見切り発車せずに堅実に足元を固めていく方針で。日常に新しいアイデアを取り入れてマンネリ打破。周囲との意見交換をしながら円満に。家庭を疎かにしないよう。経費がかかる。やり繰り上手に。胃炎や古い病気の再発に注意。

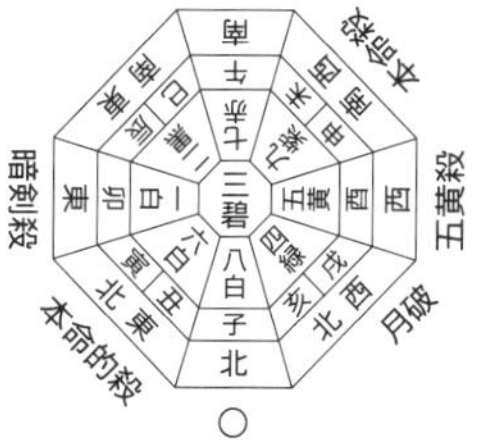

歳破・年で本命的殺→南西
年で暗剣殺→北西
年で五黄殺→南東
年で本命殺→北東

1 木 ●持病の再発防止に定期検診必要
2 金 ○求める心より与える心を大切に
3 土 ⦶案ずるより産むが易しの精神で
4 ㊐ ◐実らぬ恋早めの決断が身のため
5 月 ⦶家族揃い先祖に感謝の花手向く
6 火 ◐頑固を通せば運気がマイナスへ
7 水 ◎遠方より良縁ある時快い返事を
8 木 ○エネルギッシュな行動でツキが
9 金 ○家族旅行で楽しい思い出作りを
10 土 ●要らぬ心配が心身の負担になる
11 ㊐ ○ポジティブな思考で運気上昇へ
12 月 ⦶欲張るとマイナス手堅い姿勢で
13 火 ◐空回りで苦しい立場になりそう
14 水 ◐世話事多く忙しいが体を大事に
15 木 ◐自我を通せば人との摩擦生じる
16 金 ◎真面目な行動が信頼関係を築く
17 土 ○周囲の意見に耳を傾け決断が吉
18 ㊐ ○柔和な対応が好結果に繋がる日
19 月 ●労して功なしひたすら努力して
20 火 ○やる気に燃えて名誉名声を得る
21 水 ⦶退く勇気も時には身の安全守る
22 木 ◐言葉尻を取られずに発言に注意
23 金 ⦶青空の下自然と触れ合って休息
24 土 ◐欲を出さず謙虚な気持ちで対応
25 ㊐ ◎微風に乗り心ときめく出会いが
26 月 ○冷静沈着な心がツキを呼びそう
27 火 ○家族サービスで皆の心が団結す
28 水 ●今日はハッスルせず平穏を保つ
29 ㊍ ○頭に来る事も才知でカバーして
30 金 ◐気をつけて遅刻は信用に汚点が

九紫火星　☆めくっておみくじ【十五番】――**凶**　心得違いがあり不満・上下不和。体調不良など身辺の状況に注意。

九紫　5月の運勢◎大吉運

吉　方→なし
小吉方→なし
癸巳二黒土星の月

吉方○小吉方ともになし。外出は時間に余裕を持って、落ち着いて行動すること。凶方●南西＝近親者とのいざこざで不利な立場に。北東＝欲が絡んで墓穴を掘る。北西＝不用意な発言で目上に敵対視される。東＝感情的に行動して失敗する。西＝無駄な交際費で負担増に。

運勢／周りの応援もあり積極的にチャレンジする好機に。実力不足でボロが出やすい。独走せずに周囲との協力体制で着実に。情報量が多いので迷わぬように目標を定める。衝動買いやつられ買いに警戒して。飲酒は控えめに肝臓を労《いたわ》って。神経のイライラ足元に注意。

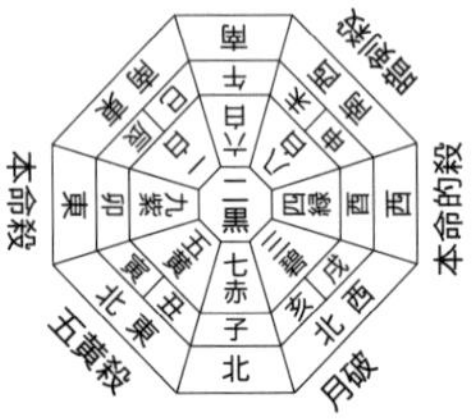

歳破・年で本命的殺→南西
年で暗剣殺→北西
年で五黄殺→南東
年で本命殺→北東

1土　◐人には人の考えあり口出し無用
2㊐　⦶健康という宝物守る心を大切に
3㊊　◐苦労は自分への肥やしと心得て
4㊋　◎良き出会いに恵まれ恋愛へ発展
5㊌　○賑やかな子供の成長祝う良き日
6木　⦶迷う心変化を求めずマイペース
7金　●善かれと思ってした好意が裏目
8土　○夢に向かって才能発揮の兆しが
9㊐　⦶発した言葉は最後まで責任持つ
10月　◐甘い言葉には裏がある誘惑注意
11火　⦶欲出さず円満解決の方針が賢明
12水　◐見えと自慢は控えて謙虚が一番
13木　◎恋愛運上昇前向き姿勢が良縁に
14金　○短気は損気冷静な行動で保身を
15土　○地道な努力が好評価への糸口に
16㊐　●情に流されず的確な判断が必要
17月　○金銭運より名誉運が良好に運ぶ
18火　⦶歩みを止めて周囲を見る余裕を
19水　◐縁談は身元調査の後に判断して
20木　◐印鑑を押す前には再度確かめて
21金　◐新しい事には手を出さぬが賢明
22土　◎玄関清め運気上昇し陽気の風が
23㊐　○自己の向上心をステップＵＰへ
24月　○職場も家庭の中も明るく楽しく
25火　●過労で警戒警報が心身を労《いたわ》って
26水　○目上のアドバイスで仕事運順調
27木　⦶進む事より止まる事が大切な日
28金　◐欲のかき過ぎは必ずツケが回る
29土　⦶首と腰のストレッチで健康維持
30㊐　◐ストレス溜まってもじっと我慢
31月　○優しい心遣いが異性に届きそう

九紫 6月の運勢○吉運

吉方↓東・西
小吉方↓なし
甲午一白水星の月

吉方○東＝創意工夫が好進展に。西＝和気あいあい交友が広がり良きご縁もある。凶方●北＝パワハラで四苦八苦。小遣いが足りない。南＝タイミングが合わず徒労に終わる。南東＝腐れ縁的関係に疲弊。風邪が長引く。北西＝慇懃無礼な態度に逆風。目上の反感を買う。

運勢／社交性を発揮。気配りと協調性ある振る舞いで人脈が広がる。私欲からの身勝手やガサツな対応は運を逃す。信頼関係を大切にしがらみある人間関係に用心。貸借関係は避けて安心。出費増、予算内に収める努力を。住まいを風通し良く。暴飲暴食や夏風邪に注意。

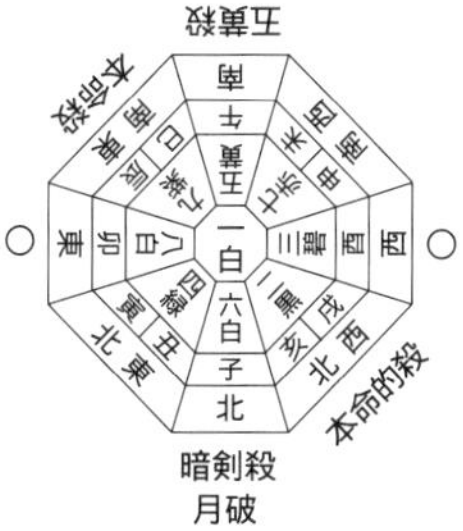

歳破・年で本命的殺→南西
年で暗剣殺→北西
年で五黄殺→南東
年で本命殺→北東

1火 ◎立つ鳥跡を濁さずの精神が重要
2水 ○文書の行き違い発生臨機応変に
3木 ●緊張感ゆるめず前向きな姿勢で
4金 ○アクシデントも状況を見て対処
5土 ◐変化変動を求めず継続が大切に
6㊐ ◐無理強いで周囲との摩擦に注意
7月 ⦶尊敬できる人に意見を求めて吉
8火 ◐中庸の精神を保ちバランス図る
9水 ◎人の話を進んで取り入れ良好に
10木 ○これまでの苦労が報いられ解決
11金 ⦶本質が見抜けずピンチに遭遇す
12土 ●陰湿な中傷に用心リセットして
13㊐ ○相手に合わせ自分の筋を通して
14月 ⦶成り行きに任せて状況の把握を
15火 ◐仕事のオーバーワーク注意して
16水 ⦶半年の無事に感謝産土《うぶすな》神社詣り
17木 ◐謙虚さを貫けば希望が叶いそう
18金 ◎程良く協力し合い持ち味生かす
19土 ○スローな展開でも才能が芽生え
20㊐ ○アットホームで笑顔がはずむ日
21月 ●自分に力をつけ心にゆとり持つ
22火 ○単独行動よりグループ行動が吉
23水 ⦶実力あるが一歩下がる心掛けで
24木 ◐驚き事二度あっても平常心大事
25金 ◐忙しい時ほど車の運転に注意を
26土 ◐慢心で周囲からの反感買いそう
27㊐ ◎従順な態度で人に接し好感触に
28月 ○気配りを忘れ暴走しがち慎んで
29火 ○目立つ行動は控え従順な態度で
30水 ◐体力過信と不摂生が不調の原因

☆めくっておみくじ【二十一番】――吉　古傷問題が再発するが収まる。また小さな願い事が叶う喜びあり。

九紫

7月の運勢◐自重運

吉　方→西
小吉方→なし
乙未九紫火星の月

歳破・年で本命的殺→南西
年で暗剣殺→北西
年で五黄殺→南東
年で本命殺→北東

吉方○西＝金回りが良くなり満足のいく安定した生活に。婚活で良縁に恵まれる。**凶方**●南＝悪い噂を立てられて名誉に傷がつく。頭の回転が鈍く物忘れも。北＝我が物顔な振る舞いで孤立する。家庭内が荒れる。北東＝物事が悪い方へ転がり落ち着かない。後継者問題。

運勢／人のために動き回る機会が多い。責任ある役目を引き受け荷が重いことも。受け身の姿勢ながらもおだてに乗って必要以上に頑張り過ぎないよう。古い問題が蒸し返されることがあり長引くものには関わらないで。急な出費用心。浪費を慎む。過労や慢性疾患注意。

1木　⦶外ではテキパキ家ではノンビリ
2金　◐長所認めてもらう姿勢アピール
3土　◐気儘な手出し結果出ず逆効果に
4㊐　⦶経験者の意見に従って事を行う
5月　◐何事も控えめに過ごす心掛けで
6火　◎世話役を引き受けても災いなし
7水　○七夕はおまじないの赤い短冊を
8木　○礼儀常識を守って行動すること
9金　●相手の意見素直に受け入れ対処
10土　○度胸ある思い切った冒険もよし
11㊐　●お付き合いじっくりと腰据えて
12月　◐目標を一つに絞って実利を追う
13火　⦶スポーツ水分と栄養を補給して
14水　◐進まずに静観して環境を整えて
15木　◐先頭に立つより知恵袋でいる日
16金　⦶衝動買いに気を付け冷静に判断
17土　◐些細《ささい》なミスも苛《いら》立たず太っ腹で
18㊐　⦶雑事は手早く処理し余裕を持つ
19月　○集中力を高め効率的に処理する
20火　●二つの目標気持ち確かめ絞って
21水　○必要書類や資料の整理が重要に
22㊍　○海山へ行楽の計画立て幸運の日
23㊎　◎互いに相手の長所を引き出して
24土　◐気配りで心労招く恐れ自然体で
25㊐　⦶盆踊りなど夏の風情を楽しんで
26月　◐バランスの取れた食事で健康に
27火　⦶論争を避け自制心で立場守って
28水　○誠意をもって臨めば信頼が増す
29木　●交際は軽挙妄動を慎み協調精神
30金　○意見の食い違いは自省し堅固に
31土　◎好調日でもやり過ぎに注意して

九紫 8月の運勢◐自重運

吉　方↓北
小吉方↓南
丙申八白土星の月

吉方○北＝身近な良縁に恵まれる。異性運が向上する。南＝小吉方。はつらつと魅力をアピール。能力向上。
凶方●北東＝昔の話を持ち出されて行き詰まる。親戚知己とトラブルが。南西＝継続してきたことを手放す。北西＝実行力に乏しく挫折。南東＝甘い言葉に騙される。

運勢／能力発揮のチャンス。焦って感情的になると思惑が外れて挫折の暗示。我を通さずに、不平不満を抑えて誠意ある行動を。目上の助言は耳に痛い言葉も受け止めて成長の糧に。車の整備や点検怠りなく、交通安全を。ギャンブル的な支出に警戒。頭痛やケガに注意。

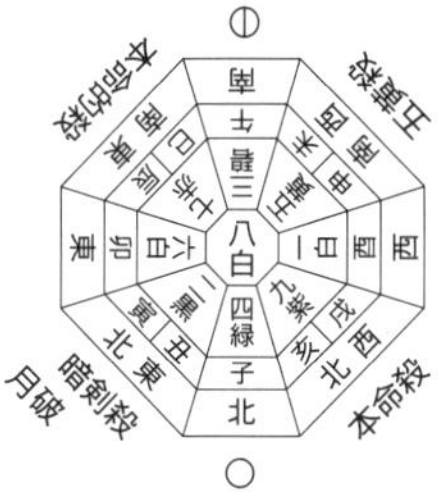

歳破・年で本命的殺→南西
年で暗剣殺→北西
年で五黄殺→南東
年で本命殺→北東

1㊐ ◎夏バテ予防に栄養食を奮発して
2月 ◐小さなミスが問題注意を払って
3火 ⦶不慣れでも進んでチャレンジを
4水 ◐発言を慎重に言動不一致は危険
5木 ◐予定変更あるも無理押しせずに
6金 ○周囲からの期待に強気で応える
7土 ●親切が過剰すぎて裏目に出る日
8㊐ ○レジャー経験者に従って行動を
9㊊ ○活気あるが急用は冷静な対応を
10火 ◎真剣さが相手のハートに伝わる
11水 ◐暴走しやすくブレーキ忘れずに
12木 ◐目上の援助があれば希望は叶う
13金 ◐交際は供応も考慮し印象高めて
14土 ●家庭問題はよく話し合えば解決
15㊐ ○旅行や帰省楽しい良い思い出に
16月 ●親しき仲間も礼儀守り立場尊重
17火 ○知人の話から重大なヒント得る
18水 ○欲を出しやり過ぎには注意して
19木 ○積極的に進めて新開拓を目指す
20金 ◐周囲の意見を参考に謙虚が無難
21土 ⦶行動範囲を広げて新境地を開く
22㊐ ◐日中にやれる事は頑張り通して
23月 ◐病気ケガの回復に細心の注意を
24火 ○勘が冴える日手法を変えてみる
25水 ●心が不安定に誘惑に負けないで
26木 ○丁寧な態度と言葉で用意十分に
27金 ○元気アピールし好機を生かして
28土 ◎ボランティアで和やかに過ごす
29㊐ ◐ムード同情心からの出費に警戒
30月 ⦶汗水流して頑張るも休息忘れず
31火 ◐思わぬ付き合い出費も予算内で

☆めぐっておみくじ【六十七番】——凶　枯れ木に芽が出ないのは時至らず。手の届かぬ夢を追わないように。

九紫

9月の運勢◐自重運

吉　方↓北
小吉方↓南
丁酉七赤金星の月

吉方○北＝後輩や若者との縁が強くなり交流深まる。会話を大切に家庭円満。南＝小吉方。堅実に積み上げてきたことが評価される。凶方●西＝生活が華美になり浪費する。カード支払いや電子マネーでトラブル。東＝やることなすこと頓挫して先の見通しが立たない。

運勢／食欲の秋。趣味や飲食の機会が多く交流が盛ん。楽しみが多いが人付き合いで行き違いが多く、自尊心や頑固さが誤解される原因に。十分な配慮が必要。慎重に行動して大難を小難に。家庭へも心配りで円満に。飲食や交際費がかさみがち。口内炎や気管支に注意して。

1 水 ◐誰とも当たらず触らずの関係を
2 木 ○スキルUPは工夫と努力が肝心
3 金 ●もつれた交際は断つ勇気が必要
4 土 ○開運のパワースポット探訪出立
5 ㊐ ○不明問題は専門家に相談が安全
6 月 ◎遠い親戚より近くの他人に頼る
7 火 ◐金運は波あり倹約しメリハリを
8 水 ⦶問題は仲間の知恵を借りて解決
9 木 ◐目上の人や実力者の信頼が一番
10 金 ◐リサイクル商品に掘り出し物が

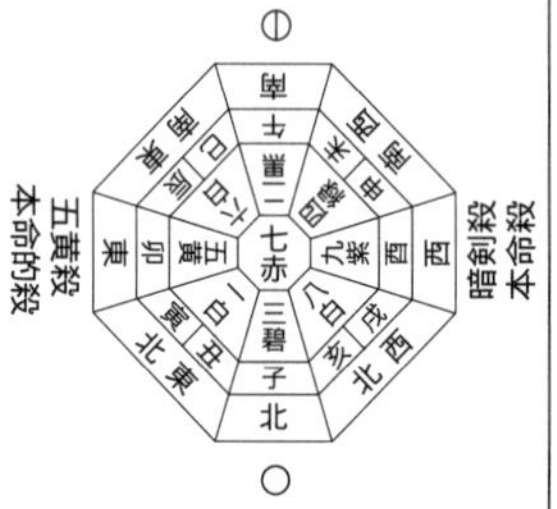

歳破・年で本命的殺→南西
年で暗剣殺→北西
年で五黄殺→南東
年で本命殺→北東

11 土 ○物事は工夫次第で好結果になる
12 ㊐ ●思うように出来ない日は小休止
13 月 ○自分の考えハッキリと主張する
14 火 ○機転を利かせ何事にも先手必勝
15 水 ◎ユーモア精神で人と強調する事
16 木 ◐室内を清掃換気してクリーンに
17 金 ◐拡張の方針を控えてやり過ぎず
18 土 ◐異性交際慎重に交際費用も検討
19 ㊐ ◐電話による勧誘は聞き直し確認
20 ㊊ ○高齢者には親切に聞き役に徹す
21 火 ●何をやっても欲求不満出やすい
22 水 ○意欲増し仕事を順調にこなせる
23 ㊍ ◎決めた事は即実行し集中力発揮
24 金 ○先輩の助言受けてから活動する
25 土 ◐飲食の席では量を抑え行儀良く
26 ㊐ ⦶余暇にはスポーツやDVD鑑賞
27 月 ◐対人面で不用意な発言は控えて
28 火 ◐打ち合わせ丁寧に不十分は失敗
29 水 ○熟慮工夫が良い結果を招いて吉
30 木 ●身分不相応な行動は控えて無難

九紫

10月の運勢⦶小吉運

吉　方↓東・西・北
小吉方↓なし
戊戌六白金星の月

吉方○東＝周囲の信用や応援を味方に快進撃。西＝金運が上がり貯蓄に弾みがつく。北＝平穏で堅実な生活。
凶方●北西＝不用意な一言で目上の怒りを買う。南東＝信頼や人脈を失う。取引が不調。北東＝家族や親族間でもめ事。関節炎。南西＝意欲を失い怠惰な生活に。

運勢／秋空のように気持ちが変わりやすく変化を求める。身勝手な判断で急進すると周囲とのバランスを欠いてトラブルを招く。十分な下準備や見通しが必要。家のリフォームや義理の出費はあらかじめ予算を組んで。足腰関節の冷えに用心。段差でのつまずきに要注意。

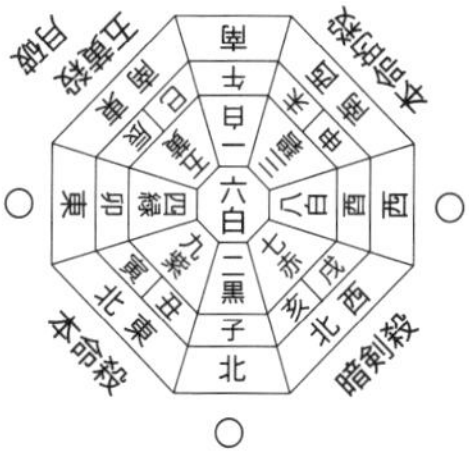

歳破・年で本命的殺→南西
年で暗剣殺→北西
年で五黄殺→南東
年で本命殺→北東

1金　○効率よく仕事や勉強が捗《はかど》る日に
2土　○甘い誘いには引いて現状維持で
3㊐　◎外出は遠出より近くの方が得策
4月　◐脇見をせず仕事に専念すること
5火　⦶欲を出しうまい話に乗らぬよう
6水　◐クイズ番組を見て知識を広げる
7木　◐待ち合わせ場所と時刻を再確認
8金　○外見や体裁より人柄を観察して
9土　●交渉事は無理を通せばこじれる
10㊐　○用事に追われる上手に気分転換

11月　◎新しい経験に興味がわき探検へ
12火　○年長者より全面協力を得て成功
13水　◐公私のけじめはきちんと付けて
14木　⦶資金の借り入れなど無理せずに
15金　◐財布の口はしっかりと締める事
16土　◐打ち合わせ念入りにし活動開始
17㊐　○観劇や芸術鑑賞で感性を磨こう
18月　●勉強も仕事も慌てずにこなして
19火　○競争心が湧いてきてやる気満々
20水　○活動的な運気に恵まれ積極的に
21木　○何でも挑戦し多くの体験を積む
22金　◐予定外の出費に警戒を投機は損
23土　●落ち着いて休養できず疲労蓄積
24㊐　◐期待に応えるように頑張ること
25月　◐友人と過ごす時間が活力のもと
26火　○肝心なことメールや文書で報告
27水　●何事も早めに対応して取り組む
28木　○秋の味覚を満喫し季節を味わう
29金　◎アルバムなど思い出の品に夢中
30土　○目標を決めて一つに専念する事
31㊐　◐相手とはよく意思疎通を図って

☆めくっておみくじ【五十番】――吉　目的を達したら次の目標に更新するとき。内容の改善が出来れば成就する。

九紫

11月の運勢〇吉運

吉　方→東
小吉方→なし
己亥五黄土星の月

吉方〇東＝先見の明あり。ひらめきから進む道が開ける。話術で物事が順調に。
凶方●南東＝結婚話や紹介がご破算に。腐れ縁で身を持ち崩す。南＝法的なトラブルに巻き込まれる。短気を起こして孤立する。火傷に注意。北＝情の絡む問題で悩み多し。色情問題発生。

運勢／読書の秋、芸術の秋。探究心旺盛に感性を刺激して実りある月に。手掛けてきた事が成果に繋がる。褒められて天狗になると孤立する。他人への思いやりを大切に謙虚に。浪費傾向。高額品購入は要検討、カード利用慎重に。血圧や眼病、歯の被せ物の不具合に注意。

1月　⦶好きな場所を訪問ゆっくり滞在
2火　◐過去と同じ失敗は繰り返さずに
3㊌　⦶部屋を模様替えし変化を楽しむ
4木　○調べ物はネットや参考書を活用
5金　●性急に事を進めず慎重な対応を
6土　○商品はよく検討してから購入を
7㊐　◎目の前の予定を確実に仕上げて
8月　○交際は価値観や趣味の一致が鍵
9火　◐何事も最後まで気を抜かず努力
10水　⦶向上の気運増す自信を持ち実行

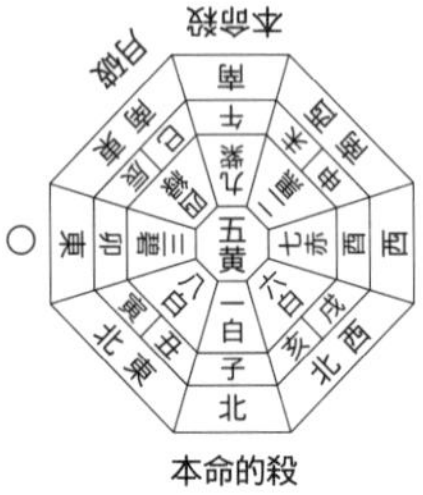

歳破・年で本命的殺→南西
年で暗剣殺→北西
年で五黄殺→南東
年で本命殺→北東

11木　◐趣味に熱中すると時間を忘れる
12金　⦶カルチャースクールで学力向上
13土　○納得できぬ相手から距離置いて
14㊐　●知人に助言を求めて迷いも解消
15月　○神社に参拝し心身共に清められ
16火　◎アンテナを伸ばして情報収集を
17水　○運気良好もリーダーは辞退して
18木　◐世話苦労あるが順序立てて処理
19金　○仕事の優先順位を考え実行して
20土　◐過去を話題にしない気配り大切
21㊐　⦶計画は実行前に再度検討が必要
22月　○長所が認められて評価を受ける
23㊋　●不都合な事が生じやすく警戒を
24水　○普段通りに誠心誠意取り組んで
25木　◎活気出て人望も集まる良好な日
26金　○取引は仲介を頼めば無事に成立
27土　◐高齢者に参考意見を聞いてみる
28㊐　⦶家族での外食絆を深めて楽しむ
29月　◐家庭用品で必要な物は買い替え
30火　⦶決断は早めに行って能率アップ

九紫　12月の運勢●警戒運

吉　方↓東
小吉方↓なし
庚子四緑木星の月

吉方○東＝夢の実現に向けて着実に進む。仲間の後押しが追い風になり順調に。凶方●南東＝宣伝アピールに騙される。急用に右往左往。北西＝勢いに任せたゴリ押しで失敗する。南＝突然の邪魔が入り失速する。こだわりを捨てられず低迷。北＝身近な相手とケンカが。

運勢／年末、全て予定クリアしたくても思うようにはいかず。公私共に余裕を持ったスケジュールで無理をせずに。飲食の付き合いはほどほどに。大掃除や正月準備は家族の絆を深める好機。協力して作業を進めて。十分に睡眠時間をとり健康を管理。冷えは万病の元。

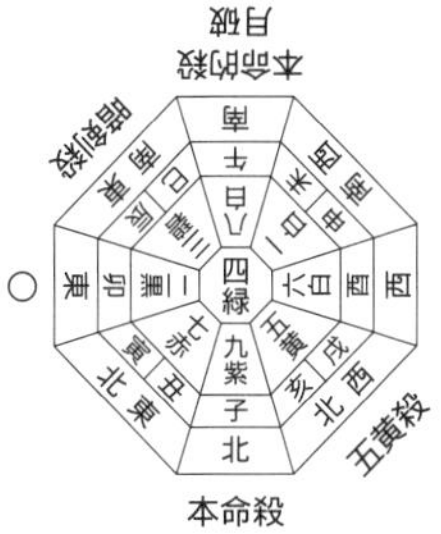

歳破・年で本命的殺→南西
年で暗剣殺→北西
年で五黄殺→南東
年で本命殺→北東

1水　○地位や名誉に関して良い知らせ
2木　●面倒に巻き込まれぬよう注意を
3金　○家庭の和やかさが明日への糧に
4土　◎上手に段取り手順を踏み進める
5㊐　○心の揺れも家庭運に恵まれ安泰
6月　◐人に振り回されず冷静な対応を
7火　⦶独自の道を歩むが交流も大切に
8水　◐通常よりも発言には気を付けて
9木　◐必要経費以外の出費セーブして
10金　○読書などで心を穏やかに保って
11土　●苦境は責任感の強さで乗り切る
12㊐　○経験の積み重ねで大輪の花開く
13月　○軽挙妄動を慎んで待てば結果吉
14火　○丁寧に対応していく心掛け必要
15水　◐何事も準備しっかり手抜きせず
16木　◐逃げるが勝ち方針で深入りせず
17金　◐大言壮語を控えて聞き役に徹す
18土　◐一家団欒で鍋料理を囲み和らぐ
19㊐　○目的ハッキリと決めたら実行へ
20月　●冒険すると人間関係に支障来す
21火　○集中力高め効率よく作業進めて
22水　◎意気投合した相手に相談事良し
23木　○急がず焦らず待ちの姿勢で有利
24金　◐中庸の精神を発揮すれば安泰へ
25土　⦶サプライズな演出が好評を得る
26㊐　◐愚痴は厳禁縁の下の力持ち方針
27月　●話し合いは重要で力を結集して
28火　○混雑する場所では慌てず安全に
29水　●急用に備え外出など連絡を密に
30木　○部屋の掃除や正月飾りを整える
31金　○笑う門には福来る年越しに感謝

九紫火星　☆めくっておみくじ【四十三番】——吉　満月の光に照らされて浪漫、わが身に喜びが満たされる一時となるでしょう。

開運吉方

久保田恵都予

開運を図る手段として用いられる方法に「祐気《ゆうき》吉方取り」があります。実践方法としては、清新な気を受けながらの森林浴、山野の散策、神社仏閣の参拝や観光旅行、温泉巡りなどです。年、月、日の重なりを調べたら（自宅を基点に）各人の九星の吉方になる方位を決めて、時間帯を選びます。一般的に活用される祐気取りの作法としては「お水取り」があり、有意義な結果を得られると思います。採水は神社の御神水、湧水、井戸水が良く、その場で飲み、持ち帰って自宅で毎朝飲みます。日帰りの場合は目的地に2時間は留まり十分に気を受け、温泉入浴もお勧めです。本暦九星の1月～12月の月運に方位図の吉凶が記されているので参考にして下さい。同じ日取りに複数の方位が生じる時は各方位の意味を参考に。

※お水取りは、吉方位と吉方時間を併せて行うこと。

※第1が取れない場合は第2、第3の時間を用いる。

注意：土用中は土剋水《どこくすい》で水が濁るのでお水取りは避ける。

令和3年の土用期間は1月17日～2月3日、4月17日～5月4日、7月19日～8月6日、10月20日～11月6日。

一白水星生まれ

❷月○東7・16・25（pm7～9～11、am9～11）新規の計画に着手で成果あり。吉。

❼月○東14（am3～5、pm1～3～5、pm9～11）仕事、取引が順調に運ぶ。吉。

⓫月○東13・22（pm7～9、am11～pm1）チャレンジ精神が旺盛になる。吉。

⓬月○東1（pm7～9、am11～pm1）気分も若返り心機一転前向きに。吉。

二黒土星生まれ

❷月○西7・16・25（pm7～9～11、am3～5）良縁の喜びを得る。吉。

❸月○東北14・23（am5～7、am9～11）現状を打開して発展へ繋がる。吉。

❹月○東北1（am5～7、am9～11）人との絆が広がり心豊かに。吉。

○東北9（am9～11～pm1）問題解決が有利に運ぶ。吉。

❿月○東北16（am5～7、am9～11～pm1）停滞から好転への希望が叶う。大吉。

○西16（am7～9）対人関係が円滑に、身内から支援も得られ良い結果。大吉。

⓫月○西13・22（pm5～7～9）仲間からの信頼を得て人気も上昇。吉。

⓬月○西1（pm5～7～9）副収入で経済面にも余裕が。吉

○東北11・20・29（am11～pm1、pm5～7）新規に方向性を見い出す。吉。

三碧木星生まれ

❷月○南7・16・25（p.m.7〜9〜11）昇進や技術面の向上にチャンスが。吉。
❺月○東14・23（p.m.1〜3、p.m.9〜11）気力充実、信用と評価に繋がる。吉。
❻月○東1（p.m.1〜3、p.m.9〜11）投資事に見通しが立てられる。吉。
❿月○南16（a.m.5〜7〜9）実力が発揮され実績を上げて名誉を得られる。大吉。
⓫月○南13・22（p.m.5〜7〜9）交渉、取引が有利に運ぶ。吉。
⓬月○南1（p.m.5〜7〜9）プラス思考が働き自信となる。吉。

四緑木星生まれ

❷月○南7・16・25（p.m.7〜9〜11）学芸のスキルアップに役立つ。吉。
❿月○東北16（a.m.5〜7、p.m.5〜7）周囲の協力、引き立ての援助を受けて開運。大吉。
　○南16（a.m.5〜7〜9）上昇志向が漲り、体力、気力、活力で充実感味わう。大吉。
⓫月○南13・22（p.m.5〜7〜9）知識欲が高まり、才能開花で成長。吉。
⓬月○南1（p.m.5〜7〜9）良縁の出会いが目標に向かう励みとなる。吉。

五黄土星生まれ

❷月○東北7・25（p.m.7〜9〜11、p.m.5〜7）後継者問題に進展の道筋が。吉。
　○西7・16・25（p.m.5〜7〜9、a.m.9〜11）仕事関係の収益に期待。吉。
❸月○北14（a.m.5〜7、a.m.9〜11）副業の話が舞い込む縁があり。吉。
　○東北14・23（a.m.5〜7〜9〜11）穏やかな日常を保つ日々を望む。吉。
❹月○北1（a.m.5〜7、a.m.9〜11）体質改善、健康維持を図る。吉。
　○東北1（a.m.5〜7〜9〜11）身近な人との信頼関係が良好に運ぶ。吉。
　○北9（a.m.9〜11、p.m.3〜5）子孫の繁栄と家庭安泰の喜び得る。吉。
　○東北9（a.m.9〜11〜p.m.1）目標に向かい諸事順調に取り組む。吉。
❺月○北14・23（p.m.1〜3〜5〜7）結婚に向けての出会いのチャンス掴む。吉。
❻月○北1（p.m.1〜3〜5〜7）目下、部下との協力と調和の絆が深まる。吉。
❼月○西14（a.m.3〜5、a.m.11〜p.m.1〜3〜5）交際面が活発になり楽しみが。吉。
❿月○北16（a.m.5〜7、a.m.9〜11、p.m.1〜3）才能開花、実績ＵＰに役立つ。吉。
　○東北16（a.m.5〜7〜9〜11〜p.m.1）実力向上でチャンス掴み前進を。大吉。
　○西16（a.m.7〜9〜11、p.m.5〜7）知人、縁者の応援受け将来の展望開く。大吉。
⓫月○東北13・22（p.m.7〜9〜11、a.m.5〜7）知識欲増し飛躍に繋がる。吉。
　○西13・22（p.m.7〜9、a.m.11〜p.m.1）異性運に恵まれる嬉しさあり。吉。

⓬月○西1（pm.7～9、am.11～pm.1）機転の良さ、目上に好印象で評価を受ける。吉。
○北11・20・29（pm.3～5～7～9）夫婦円満、住居の安定、心の安らぎ。吉。
○東北11・20・29（am.11～pm.1、pm.5～7）新規の挑戦に意欲高まる。吉。
○西11・20・29（pm.3～5、am.11～pm.1～3）営業力で収入の道開く。吉。

六白金星生まれ

❷月○北7・16・25（pm.7～9～11、pm.3～5）親子の関係が良好、快適生活。吉。
○西7・16・25（pm.7～9～11、am.9～11）会食での良縁出会い得る。吉。
❸月○南14・23（am.5～7、am.9～11～pm.1）有言実行が活路を開くことに。吉。
❹月○南1（am.5～7、am.9～11～pm.1）勤勉努力が認められて日の目を見る。吉。
○北9（am.9～11、pm.1～3～5）堅実な歩みが希望達成へ近づく。吉。
○南9（am.9～11～pm.1、pm.3～5～7）金銭面の融通、働く意欲の向上。吉。
❼月○西14（am.3～5、pm.1～3～5）趣味への取り組みが教養を深める。吉。
❾月○南9・18・27（am.9～11～pm.1、pm.3～5～7）勘が冴え社交運順調。吉。
❿月○南6（am.9～11～pm.1、pm.3～5～7）交渉事、取引が有利な展開に。吉。
○北16（am.5～7～9）新たな企画事に発展の足掛かりを掴める。大吉。
○南16（am.5～7、am.9～11～pm.1）昇進、昇給に開運を呼び込む効果が。大吉。
○西16（am.7～9、pm.5～7）交流で有利な情報を得て活躍できる方位。大吉。
⓫月○北13・22（pm.7～9、pm.5～7）経済観念の意識が貯蓄への計画認識生む。吉。
○西13・22（pm.7～9、am.11～pm.1）表現力の豊かさ得て交際面広がる。吉。
⓬月○北1（pm.7～9、pm.5～7）サイドビジネスのチャンスが舞い込む喜び。吉。
○西1（pm.7～9、am.11～pm.1）目上の引き立て、指導力発揮で信用得る。吉。

七赤金星生まれ

❷月○北7・16・25（pm.7～9～11）将来の見通し安定のための基礎固め。吉。
❸月○南14・23（am.5～7、am.9～11～pm.1）積極行動が目的成就に繋がる。吉。
❹月○南1（am.5～7、am.9～11～pm.1）身内の応援を受け自信と気力アップ。吉。
❽月○西12・21・30（pm.1～3、pm.5～7）商売、事業に業績向上結果良し。吉。
❾月○南9・18・27（am.9～11～pm.1、pm.3～5）心身充実、目上の引き立てあり。吉。
❿月○南6（am.9～11～pm.1、pm.3～5）今後の見通しに明るい兆しを得る。吉。
○北16（am.5～7～9）奉仕の行いが認められ収入安定のステップに。大吉。
○南16（am.5～7、am.9～11）好感対応が名誉を得て仕事拡大に結び付く。大吉。
○西16（am.9～11、pm.7～9）交友縁から仕事、取引順調な流れを得る。大吉。

⓫月○北13·22（pm7～9、pm5～7）素族との絆が深まり無難で和やかに。吉。

⓬月○北 1（pm7～9、am5～7）目下への思いやりに相互の信頼関係厚く。吉。

○西11·20·29（pm3～5、am11～pm1）物質面で嬉しさに期待。吉。

八白土星生まれ

❸月○東北14·23（am5～7、am9～11）知人、友人の協力と応援を得る。吉。

❹月○東北 1（am5～7、am9～11）進歩的な発の想実行が開運に向かう。吉。

○東北 9（am9～11～pm1）不動産に関する有益な情報を掴める。吉。

❺月○北14·23（pm1～3、pm9～11）知人の紹介で異性運に恵まれる嬉しさが。吉。

❻月○北 1（pm1～3、pm9～11）副業の依頼と臨時収入に期待が高まる。吉。

❿月○北16（am5～7、pm1～3）部下や親子関係の穏やかさに幸福感得る。大吉。

○東北16（am5～7、am9～11～pm1）旧から新への方向転換に自信決断。大吉。

⓬月○東北11·20·29（pm5～7、am11～pm1）相続問題の解決法に役立つ。吉。

九紫火星生まれ

❷月○東 7·16·25（pm7～9～11、am11～pm1）友素早い対応が実現可能。吉。

❸月○東23（am5～7～9～11）知人からのアドバイスが開運に繋がる。吉。

❹月○東 1（am5～7～9～11）努力が報われ意欲を持って取り組み成果が。吉。

○北 9（am9～11、pm3～5～7～9）労を惜しまぬ忍耐が周りから支援。吉。

❻月○東 9·27（am5～7～9～11）目標に向かい活動、躍進順調な運び。吉。

○西 9·18·27（pm5～7、pm3～5、am9～11）新規依頼の朗報得る。吉。

❼月○東 6（am5～7～9～11）未婚、再婚の人に縁談の喜び事あり。吉。

○西14（am3～5、pm3～5、am9～11）人材恵まれ営業取引成績向上。吉。

❽月○北12·21·30（pm1～3～5～7）交際範囲が広がり人脈の宝に感謝。吉。

❾月○北 9·18·27（am9～11、am7～9、pm5～7）悩み事の解消と前進。吉。

❿月○北 6（am9～11、am7～9、pm5～7）公私で素敵な出会いのチャンスが。吉。

○北16（am5～7、pm7～9～11）親類縁者の理解が精神面に余裕と癒し。大吉。

○西16（pm3～5～7）商売、事業の業績向上と収入増の期待あり。大吉。

⓫月○東13·22（pm7～9～11、am9～11）得意分野で活躍の場を得る。吉。

⓬月○東 1（pm7～9～11、am9～11）積極的に行動起こして開運の道を。吉。

○東11·20·29（pm3～5、am11～pm1～3）精神的苦痛和らぐ、忍耐力養う。吉。

暦の読み方

佐藤宗眩

一年の中で最も良い日はいつか選んでみましょう。暦は「暦注《れきちゅう》」といい、毎日いろいろな運気があり、吉凶の意味を有しているのです。

パーソナル分野では行事や冠婚葬祭を決める時、大安や仏滅の六曜、十二直は12種類の吉凶、二十八宿は毎日の月の位置や動き方で日々の吉凶などを基盤にしてた吉日です。パブリックでは「行事、六曜、十二直、二十八宿」の中から3つ以上の吉を備える日を出し、パーソナルの九星により細分化して最良の日取りを決めます。

ただし、行事は不成就日、六曜では仏滅・赤口、十二直ではとず、二十八宿では心・危・翼は取り除いていきます。（心は引っ越し・旅行に限り吉日とします）。

また、九星での吉凶は坎宮《かんきゅう》（北）中宮（中央）、暗剣殺が在位した日は取り除くことです。

●「見合い・婚活・紹介」に良い日は？　異性運に恵まれる兆しのある日（パブリック）

六曜……大安。

十二直……たつ（最良日）、みつ、たいら、さだん、

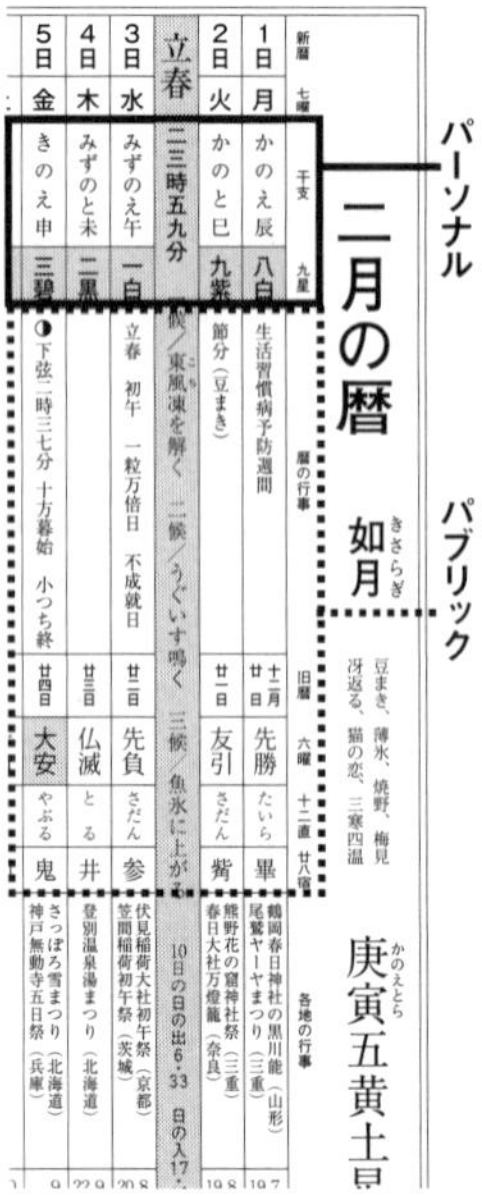

ひらく、なる。

二十八宿…張、角、氐、房、尾、室、壁、奎、婁、胃、参、軫、亢。

【吉日】――1月2日・8日・15日・27日・30日、2月13日・16日・25日、3月3日・8日・12日・16日・24日・28日、4月3日・5日・9日・14日・22日・24日・26日、5月11日・13日・19日・21日・25日、6月4日・6日・16日・18日・19日・28日、7月1日・4日・6日・13日、8月12日・28日、9月10日・22日・25日・26日・28日、10月8日・20日・26日、11月6日・15日・18日・30日、12月10日・18日・22日・28日。

●「結婚」に良い日は誰にでも好日があります（パブリック）

六曜……大安、友引、先勝。

十二直……たつ（最大吉）、みつ、たいら、さだん、

とる、なる、ひらく。

二十八宿…角、氐、房、尾、室、壁、婁、畢、参、軫、張。

【吉日】――1月5日・8日・10日・11日・14日・15日・20日・21日・27日、2月1日・2日・7日・8日・13日・16日・19日・24日・25日・26日・28日、3月3日・6日・8日・12日・13日・16日・18日・24日・28日、4月3日・5日・11日・14日・16日・17日・22日・23日・26日・29日、5月5日・11日・13日・19日・21日・25日、6月2日・3日・6日・13日・16日・18日・19日・25日・28日、7月1日・4日・6日・13日・18日・24日・29日・30日、8月5日・8日・12日・14日・16日・20日・21日・28日、9月1日・2日・5日・7日・10日・12日・13日・18日・20日・22日・25日・26日・28日・30日、10月8日・10日・11日・17日・20日・23日・26日・29日、11月3日・6日・9日・14日・15日・18日・20日・21日・26日・30日、12月3日・6日・10日・13日・18日・19日・22日・28日・30日。

●合格成就、学業向上を願うなら心一つです（パブリック）

二十八宿の室、昴、張の日に「祈願者の吉方位の神社仏閣」へ祈願すれば叶う。ただし、不成就日は避ける。

【吉日】――1月11日、2月8日・28日、3月8日・28日、4月5日、6月20日・28日、7月13日・18日、9月7日・12日・20日、10月10日・18日、11月15日・30日、12月13日・28日。

●引っ越しは良い吉日を選ぶことです（パブリック）

六曜……大安。

十二直……たつ、みつ、さだん、ひらく。

二十八宿…房、心、張、軫。

【吉日】――1月2日、3月6日・8日・12日、4月3日・14日・26日、5月13日・19日・25日、6月2日・6日・28日、7月4日、8月30日、9月10日・20日・22日・26日、10月20日、11月15日・21日、12月10日・20日・22日・28日。

※方位については本書「開運吉方」頁を参考に。

●金運を上げる日には気合いを込める（パブリック）

六曜……大安、先勝。

十二直……たつ、みつ。

二十八宿…角、亢、箕。

【吉日】――1月14日・20日、2月12日、3月8日・12日、4月3日・9日・14日・16日・26日、5月21日、6月2日・4日、7月29日、8月4日、9月10日・12日・22日、11月18日、12月18日・22日・30日。

五黄土星	六白金星	七赤金星	八白土星	九紫火星
5・8・10・14・15・21・27	5・8・11・14・20・27	8・11・15・20・27	10・11・15・20・21	5・8・10・11・14・15・20・21・27
1・8・13・19・24・26・28	1・2・7・13・16・19・24・25・28	1・2・7・16・19・24・25・28	2・7・8・16・24・25・26	1・7・8・13・16・19・25・26・28
3・8・12・13・16・18	3・6・8・12・13・18・24・28	6・13・18・24・28	6・8・16・24・28	3・6・12・13・16・18・24
3・5・14・16・17・22・23・26	5・11・14・17・22・23・26・29	5・11・14・16・23・29	3・11・16・22・29	3・5・11・14・16・17・23・26・29
5・11・13・19・25	5・11・16・19・25	11・13・21・25	13・19・21・25	5・11・13
2・3・6・16・18・19・25・28	2・3・6・13・16・19・25・28	2・3・13・16・18・25	3・6・13・18	2・13・16・18・19・25・28
4・6・13・18・29・30	1・4・13・24・29・30	1・4・6・13・24・29・30	1・6・18・24・29	1・4・6・13・18・30
5・8・12・14・16・21・28	8・12・16・20・21	8・12・16・20・21・28	5・14・16・20・28	5・8・12・14・21・28・
1・5・10・12・13・18・22・26・28・30	2・5・7・12・13・18・20・22・25・26・30	2・7・12・13・20・22・25・26・30	1・2・7・10・12・18・20・25・28・30	1・2・5・10・13・20・22・26・28
10・11・20・23・29	8・10・11・17・20・23・26・29	8・10・17・23・26	8・17・26	8・10・11・17・20・23・26・29
3・6・14・15・20・21・26・30	6・9・14・15・18・20	6・9・14・15・18・26	3・9・14・18・20・21・26・30	3・6・15・21・26・30
3・13・18・22・30	3・6・10・13・19・22・28・30	3・6・10・19・28・30	6・10・18・19・28	3・10・13・18・19・22・28・30

◎**結婚に良い日**（パーソナル）

	一白水星	二黒土星	三碧木星	四緑木星
1月	5・8・10・14・21	11・15・20・27	5・8・10・11・14・15・20・21	5・10・11・14・15・20・21・27
2月	1・2・8・13・19・24・26・28	2・7・16・24・25	1・2・7・8・13・16・19・25・26・28	7・8・13・16・25・26
3月	3・8・12・16・18・28	6・8・13・24・28	3・6・12・16・18・24・28	3・6・8・12・13・16・24
4月	3・5・14・17・22・23・26	11・16・22・29	3・5・11・14・16・17・23・26・29	3・11・16・17・22・26・29
5月	5・11・19・21・25	13・19・21・25	5・11・13・21	5・13・19
6月	3・6・16・19・25・28	2・3・6・13・18	13・16・18・19・25・28	2・6・13・18・19・28
7月	4・13・18・24・29	1・6・24・29・30	1・4・6・13・18・24	1・6・18・30
8月	5・12・14・16・20・21	8・16・20・28	5・12・14・20・21・28	5・8・14・28
9月	1・5・7・10・12・18・25・26・28・30	2・7・12・13・18・20・22・25・30	1・2・5・7・10・20・25・26・28	1・2・5・10・13・18・20・22・28
10月	11・20・23・29	8・10・17・26	8・11・17・20・23・26・29	8・10・11・17・20・26・29
11月	3・9・14・18・20・21・30	6・9・14・15・18・20・26	3・9・18・21・26・30	3・6・15・20・21・26・30
12月	6・13・18・22	3・6・10・19・28・30	6・10・13・18・19・22・28	3・10・13・18・19・22・28・30

◎**見合い・婚活・紹介に良い日**（パーソナル）

	一白水星	二黒土星	三碧木星	四緑木星	五黄土星	六白金星	七赤金星	八白土星	九紫火星
1月	8・30・	2・15・27	2・8・15・30	2・15・27・30	8・15・27・30	2・8・27	2・8・15・27	2・15・30	2・8・15 27・30
2月	13	16・25	13・25	13・16・25	13	13・16・25	16・25	16・25	13・16・25
3月	3・8・12・28	8・24・28	3・12・16・24・28	3・8・12・16	3・8・12・16	3・8・12・24・28	24・28	8・16・24・28	3・12・16・24
4月	3・5・14・22・24・26	9・22・24	3・5・14 24・26	3・9・22 26	3・5・9・14・22	5・9・14・22・24・26	5・9・14・24	3・22・24	3・5・9・14・26
5月	11・19・21・25	13・19・21・25	11・13・21	13・19	11・13・19・25	11・19・21・25	11・13・21・25	13・19・21・25	11・13
6月	6・16・19・28	4・6・18	4・16・18 19・28	4・6・18・19・28	6・16・18・19・28	4・6・16・19・28	4・16・18	4・6・18	4・16・19・28
7月	4・13	1・6	1・4・6・13	1・6	4・6・13	1・4・13	1・4・6・13	1・6	1・4・6・13
8月	12	28	12・28	28	12・28	12	12・28	28	12・28
9月	10・25・26・28	22・25	10・25・26・28	10・22・28	10・22・26・28	22・25・26	22・25・26	10・25・28	10・22・26・28
10月	20	8・26	8・20・26	8・20・26	20	8・20・26	8・26	8・26	8・20・26
11月	18・30	6・15・18	18・30	6・15・30	6・15・30	6・15・18	6・15・18	18・30	6・15・30
12月	18・22	10・28	10・18・22・28	10・18・22・28	18・22・30	10・22・28	10・28・30	10・18・28	10・18・22・28

◎**合格成就・学力向上に良い日**（パーソナル）

	一白水星	二黒土星	三碧木星	四緑木星	五黄土星	六白金星	七赤金星	八白土星	九紫火星
1月	－	11	11	11	－	11	11	11	11
2月	8・28	－	8・28	8	8・28	28	28	8	8・28
3月	8・28	8・28	28	8	8	8・28	28	8・28	－
4月	5	－	5	－	5	5	5	－	5
5月	－	－	－	－	－	－	－	－	－
6月	28	20	28	20・28	20・28	20・28	20	－	20・28
7月	13・18	－	13・18	18	13・18	13	13	18	13・18
8月	－	－	－	－	－	－	－	－	－
9月	7・12	7・12	7	－	12	7・12	7・12	7・12	－
10月	18	10・18	－	10	10・18	10・18	10・18	18	10
11月	30	15	30	15・30	15・30	15	15	30	15・30
12月	13	28	13・28	13・28	13	13・28	28	28	13・28

◎引っ越しに良い日（パーソナル）

	一白水星	二黒土星	三碧木星	四緑木星	五黄土星	六白金星	七赤金星	八白土星	九紫火星
1月	－	2	2	2	－	2	2	2	2
2月	－	－	－	－	－	－	－	－	－
3月	8・12	6・8	6・12	6・8・12	8・12	6・8・12	6	6・8	6・12
4月	3・14・26	－	3・14・26	3・26	3・14・26	14・26	14	3	3・14・2
5月	19・25	13・19・25	13	13・19	13・19・25	19・25	13・25	13・19・25	13
6月	6・28	2・6	28	2・6・28	2・6・28	2・6・28	2	6	2・28
7月	4	－	4	－	4	4	4	－	4
8月	30	－	30	－	30	30	30	－	30
9月	10・26	20・22	10・20・26	10・20・22	10・22・26	20・22・26	20・22・26	10・20	10・20 22・26
10月	20	－	20	20	20	20	－	－	20
11月	21	15	21	15・21	15・21	15	15	21	15・21
12月	20・22	10・20・28	10・22・28	10・22・28	20・22	10・20・22・28	10・20・28	10・20・28	10・22 28

◎金運を上げるのに良い日（パーソナル）

	一白水星	二黒土星	三碧木星	四緑木星	五黄土星	六白金星	七赤金星	八白土星	九紫火星
1月	14	20	14・20	14・20	14	14・20	20	20	14・20
2月	－	12	12	12	12	－	12	12	12
3月	8・12	8	12	8・12	8・12	8・12	－	8	12
4月	3・14・26	9・16	3・14・16・26	3・9・16・26	3・9・14・16・26	9・14・26	9・14・16	3・16	3・9・1 16・26
5月	21	21	21	－	－	21	21	21	－
6月	－	2・4	4	2・4	2	2・4	2・4	4	2・4
7月	29	29	－	－	29	29	29	29	－
8月	－	4	－	4	4	4	－	4	－
9月	10・12	12・22	10	10・22	10・12・22	12・22	12・22	10・12	10・22
10月	－	－	－	－	－	－	－	－	－
11月	18	18	18	－	－	18	18	18	－
12月	18・22	30	18・22	18・22・30	18・22・30	22・30	30	18	18・22 30

易で見るコイン占い

福田有宵

易とは、中国の古典といわれる四書五経の一つで、「易経」の思想をもとにした運命学です。

易経は三千年以上の歴史があり、占いのほかにも哲学書としても一般に活用されてきました。易経の中には社会生活の対処法なり、処世術の心得など、有益なものが書かれています。

毎日の生活をしていく上で、これから先はどうなるのだろうかと、誰でも未知の様子を知りたいと願うものです。ですので現在から未来にかけての見通しが分かれば生活が楽しくなります。易は未来を知る占いです。

●占い方――コイン易占法

正式には筮竹《ぜいちく》（50本）と算木《さんぎ》の筮具を用いますが、初心者に分かりやすい方法として、硬貨（コイン）六枚を用意して（どの硬貨でもよい）使用します。

まず、初めに何を占うか目的（占的）を決めて、精神を集中し心の中で強く念じます。

次に六枚の硬貨を両手の中で軽く振り、数回振り終えたあと手前から一枚ずつ取り出し、図のように下から上へと一列に並べます。表か裏で陰陽を出します。

●卦の見方――表と裏で陰陽をみる

硬貨は、日本国の文字側が表で陽（⚊）、数字側が裏で陰（⚋）とします。そして硬貨六枚の表や裏を組み立てると、六十四卦の中の一つが出現します。

●判断の方法

例題の答えは「☷☰」地天泰です。判断としては安定しているときは上手に現状を維持し、新条件の決断は採用しないこと。

本式には爻《こう》といい下記の配列の何番目に意味や変化があるかを出しますが、ここでは略式ですので判断のポイントを六十四卦に絞り、分かりやすくしました。

上爻《じょうこう》	陰	100 裏	裏	6枚目
五爻	陰	100 裏	裏	5枚目
四爻	陰	100 裏	裏	4枚目
三爻	陽	100 表	表	3枚目
二爻	陽	100 表	表	2枚目
初爻《しょこう》	陽	100 表	表	1枚目

●六十四卦の意味

1 ☰☰乾為天（けんいてん）…志望や理想高く急進しやすい。年長者の助言参考に冷静に対処。実利は期待薄。

六十四卦

坤《こん》 ☷	艮《ごん》 ☶	坎《かん》 ☵	巽《そん》 ☴	震《しん》 ☳	離《り》 ☲	兌《だ》 ☱	乾《けん》 ☰	上の卦／下の卦
11 地天泰《ちてんたい》	26 山天大畜《さんてんたいちく》	5 水天需《すいてんじゅ》	9 風天小畜《ふうてんしょうちく》	34 雷天大壮《らいてんたいそう》	14 火天大有《かてんたいゆう》	43 沢天夬《たくてんかい》	1 乾為天《けんいてん》	けん ☰
19 地沢臨《ちたくりん》	41 山沢損《さんたくそん》	60 水沢節《すいたくせつ》	61 風沢中孚《ふうたくちゅうふ》	54 雷沢帰妹《らいたくきまい》	38 火沢睽《かたくけい》	58 兌為沢《だいたく》	10 天沢履《てんたくり》	だ ☱
36 地火明夷《ちかめいい》	22 山火賁《さんかひ》	63 水火既済《すいかきせい》	37 風火家人《ふうかかじん》	55 雷火豊《らいかほう》	30 離為火《りいか》	49 沢火革《たくかかく》	13 天火同人《てんかどうじん》	り ☲
24 地雷復《ちらいふく》	27 山雷頤《さんらいい》	3 水雷屯《すいらいちゅん》	42 風雷益《ふうらいえき》	51 震為雷《しんいらい》	21 火雷噬嗑《からいぜいごう》	17 沢雷随《たくらいずい》	25 天雷无妄《てんらいむもう》	しん ☳
46 地風升《ちふうしょう》	18 山風蠱《さんぷうこ》	48 水風井《すいふうせい》	57 巽為風《そんいふう》	32 雷風恒《らいふうこう》	50 火風鼎《かふうてい》	28 沢風大過《たくふうたいか》	44 天風姤《てんぷうこう》	そん ☴
7 地水師《ちすいし》	4 山水蒙《さんすいもう》	29 坎為水《かんいすい》	59 風水渙《ふうすいかん》	40 雷水解《らいすいかい》	64 火水未済《かすいびせい》	47 沢水困《たくすいこん》	6 天水訟《てんすいしょう》	かん ☵
15 地山謙《ちざんけん》	52 艮為山《ごんいざん》	39 水山蹇《すいざんけん》	53 風山漸《ふうざんぜん》	62 雷山小過《らいさんしょうか》	56 火山旅《かざんりょ》	31 沢山咸《たくさんかん》	33 天山遯《てんざんとん》	ごん ☶
2 坤為地《こんいち》	23 山地剥《さんちはく》	8 水地比《すいちひ》	20 風地観《ふうちかん》	16 雷地予《らいちよ》	35 火地晋《かちしん》	45 沢地萃《たくちすい》	12 天地否《てんちひ》	こん ☷

2 ☷☷ 坤為地（こんいち）…堅実第一に待機し自ら手を下さず実力を蓄える。女性の知恵を生かすなら吉。

3 ☵☳ 水雷屯（すいらいちゅん）…諸事伸び悩み見通しがつかないので無理押し禁物。結論は忍耐して待つ。

4 ☶☵ 山水蒙（さんすいもう）…今は霧の中で先が見えず安易に答えを出さない。専門家や賢人の知恵借りる。

5 ☵☰ 水天需（すいてんじゅ）…待てば海路の日和吉。前向きに進めたいが頭を押さえられる。急がば回れで。

6 ☰☵ 天水訟（てんすいしょう）…何事もトラブルを避け公平で中庸の道を。前半不調でも後半時機選ぶ。

7 ☷☵ 地水師（ちすいし）…変化や波乱に冷静に対処し揉め事は深入り避け問題解決は正攻法で臨めば小事吉。

8 ☵☷ 水地比（すいちひ）…諸事先手必勝で後手に回ると好機を失う。人の協力や目上を頼るのが賢明な策。

9 ☴☰ 風天小畜（ふうてんしょうちく）…しばらく止まり条件整えて進行、柔よく剛を制する交際交渉がカギ。

10 ☰☱ 天沢履（てんたくり）…虎の尾を踏む危うさで新規事や勝負は自重し、礼儀や習慣を守り安全策が良い。

11 ☷☰ 地天泰（ちてんたい）…現在は安定維持に努め、対人面は和を図り、妥協策は良いが最後の仕上げが大切。

12 ☰☷ 天地否（てんちひ）…初め塞がり困難さがあるので忍耐が大切。対人面では意思疎通を図り好機を待つ。

13 ☰☲ 天火同人（てんかどうじん）…小事は進めて吉。単独より共同方針が有利で相談事は目上やプロに聞く。

14 ☲☰ 火天大有（かてんたいゆう）…日が輝き盛運に向かうが自己過信を慎む。目上の知恵と援助で通る。

15 ☷☶ 地山謙（ちざんけん）…努力し謙虚であれば光る。将来に重点を置いて行動するが今は実力を蓄える。

16 ☳☷ 雷地予（らいちよ）…備えあれば憂いなし。何事も計画的に進めるが途中で道楽に溺れる。挫折に用心。

17 ☱☳ 沢雷随（たくらいずい）…時運や状況に従い臨機応変に合わせる。複雑な対人関係は上長者を選んで吉。

18 ☶☴ 山風蠱（さんぷうこ）…マンネリで欲求不満多いが時機を見て改善する。金銭や異性は腐れ縁に注意。

19 ☷☱ 地沢臨（ちたくりん）…新しい企画や希望は進めて吉。基礎を固めたら積極方針で事業や学業など好機。

20 ☴☷ 風地観（ふうちかん）…現実より理想と信念を貫き努力が実を結ぶが、軽々しく変化求めず現状維持を。

21 ☲☳ 火雷噬嗑（からいぜいごう）…口論やトラブルは冷静に対処。運気は障害や妨害あり多難、急進せず。

22 ☶☲ 山火賁（さんかひ）…表面を飾り中身が薄いので実力以上に背伸びをしない。大事は不利でも小事は吉。

23☶☷山地剥（さんちはく）…剥は削り取る、奪うという意味。万事進めず守りを固め約束の不履行に対処。

24☷☳地雷復（ちらいふく）…一陽来復の卦で春気が次第に伸びるので幸運。就職や再縁、二度目の挑戦吉。

25☰☳天雷无妄（てんらいむもう）…人為や策略は無用。自然の成り行きに任せて良く、過信して動くは不利。

26☶☰山天大畜（さんてんたいちく）…初めの苦労は終わりに喜びあり。実力や財運を蓄えて将来好機を得る。

27☶☳山雷頤（さんらいい）…頤は下顎で言語や飲食を表し、仕事や生活面の向上を図る方針で。失言に用心。

28☱☴沢風大過（たくふうたいか）…何事も過ぎたるは及ばずで、実力以上に背伸びせず。金銭貸借や投資不利。

29☵☵坎為水（かんいすい）…諸事苦難多く今は希望停滞、トラブルが長引き対処策が少ないので忍耐強く。

30☲☲離為火（りいか）…社交面で接近や別離が生じたり、華美散財や文書印鑑など管理を堅実にすれば安心。

31☱☶沢山咸（たくさんかん）…希望が叶うチャンスあり物事が早く進展する。異性運は相感じて愛情がわく。

32☳☴雷風恒（らいふうこう）…現在のペースを守り新規計画は見合わせる。結婚や夫婦の問題は固めて吉。

33☰☶天山遯（てんざんとん）…問題の処理は消極的が良く、交際や交渉事は効果少なく深入りを避ける。

34☳☰雷天大壮（らいてんたいそう）…運気や自我の勢いが強すぎる。忠告を聞き急進を避け安全策が賢明。

35☲☷火地晋（かちしん）…地上に太陽が輝き活気多く計画や願望は見通しがつく。内容充実し目上運は吉。

36☷☲地火明夷（ちかめいい）…地中に太陽没し、見通しが暗い。時機を誤り決断がつかないときは自重第一。

37☴☲風火家人（ふうかかじん）…本業を守り家庭の安泰を願う。対人面は協調精神を忘れず婦人中心で吉。

38☲☱火沢睽（かたくけい）…睽は背く意味で人や物など対立あり、二兎を追わない。家庭の内輪揉め注意。

39☵☶水山蹇（すいざんけん）…蹇はいざりで足腰を痛めやすく運気は進退に窮し善後策がなく困難に耐える。

40☳☵雷水解（らいすいかい）…苦労や心配事の解決好転を図る。新規計画は不調なので現状維持守り安全。

41☶☱山沢損（さんたくそん）…金銭や物質面は損しやすいか努力のわりに益少ない。欲張らず奉仕し好転。

42☴☳風雷益（ふうらいえき）…諸事進めて利益あり。人と協同して順調に伸びていくが先手を取るのが良策。

43☱☰沢天夬（たくてんかい）…決壊を表し不慮の災い多く、強行策や目的を急ぐと失敗。短慮と軽率注意。

44 ☰☴ 天風姤（てんぷうこう）…予期しない出来事に遭い吉凶両面を示す。対人面で噂や巧言と不実を含む。

45 ☱☷ 沢地萃（たくちすい）…人や物と財が集まり吉。五穀豊作の意があり活気旺盛で二者は名実のライバル。

46 ☷☴ 地風升（ちふうしょう）…種をまき基礎を固めて将来性吉。昇進や昇給の期待あり。目上の助力を求める。

47 ☱☵ 沢水困（たくすいこん）…悩みや困難を表し、現在は耐えて待つ。不平不満や破談、不調なれど自重を。

48 ☵☴ 水風井（すいふうせい）…旧状を守り軽々しく動かぬこと。新規計画は延ばし学問研究や交際大切に。

49 ☱☲ 沢火革（たくかかく）…時機熟せば公私などの状況の改革が可能。新旧交代や人事の刷新、転業は良い。

50 ☲☴ 火風鼎（かふうてい）…本体はそのままで内部内容改善して吉。三人共同や、交際や飲食の機会が多い。

51 ☳☳ 震為雷（しんいらい）…目的や行動に積極性があるが予期するほど実利なし。堅実に焦らず急がば回れ。

52 ☶☶ 艮為山（ごんいざん）…山のごとく止まり静観。用件が滞り相談事が不調、意地や偏見を避け信念守る。

53 ☴☶ 風山漸（ふうざんぜん）…何事も順序を守り一歩ずつ着実に進めて吉。最後まで続行努力を怠らず。

54 ☳☱ 雷沢帰妹（らいたくきまい）…時期外れになり後手に回りチャンス逃す。予定や約束は入念に対処。

55 ☳☲ 雷火豊（らいかほう）…表面は盛運でも内部に苦労あり。慢心や散財を避け安定方針で有終の美を飾る。

56 ☲☶ 火山旅（かざんりょ）…人に親しみ薄く孤立しやすい。移転や旅行の意味あるが物心共に不足に配慮。

57 ☴☴ 巽為風（そんいふう）…迷いや考え過ぎて進退問題やビジネスに決断つかず。甘い話や利欲に用心を。

58 ☱☱ 兌為沢（だいたく）…社交面で飲食や趣味の楽しみ多い。口車に乗ると後悔あり、口論舌禍に用心。

59 ☴☵ 風水渙（ふうすいかん）…悩みや困難が消散する。好機でも今後の志望は通じにくい。年長者の助言活用。

60 ☵☱ 水沢節（すいたくせつ）…公私ともに常識や節度を守り無事。現状維持で交際や金銭は質素に無駄省く。

61 ☴☱ 風沢中孚（ふうたくちゅうふ）…真心を表し人に誠意を尽くして吉で情愛も深い。物質運乏しく淡白。

62 ☳☶ 雷山小過（らいさんしょうか）…小事は良いが大事は行わない。不和誤解や対立あり、進めると失敗。

63 ☵☲ 水火既済（すいかきせい）…初めは吉で終わりに乱れあり。諸事先手良く現在は安泰でも将来は不安定。

64 ☲☵ 火水未済（かすいびせい）…初めは凶でも後に好転。現在整わないが将来は目標可能でも新規事慎重に。

手相占い

浅野八郎

手のひらの中でもっとも目立つ3本のスジが、生命線、頭脳戦、感情線です。その中で、小指の下から人差し指のほうに向かってゆるやかなカーブを描きながら伸びている線が「感情線」です。この感情線が示しているものは、その人の感情表現の仕方や対人関係などです。

今回は、この感情線の長さや形で、あなたの感性や人との接し方を占ってみましょう。

●感情線の長さ

あなたの感情線は次のうちどれに近い？

①ちょうど人さし指と中指の間までのびている

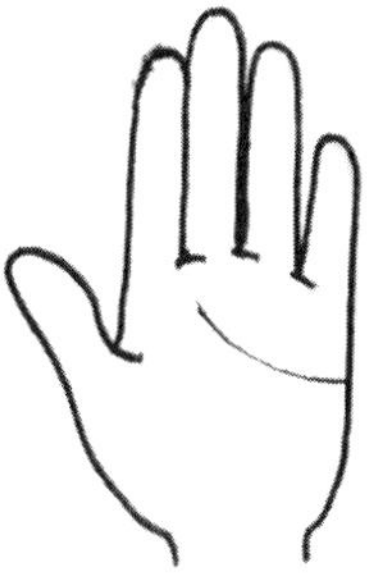

温和な人で、人の心をとらえるソフトな感性を持っている人です。人の気持ちを感じとる感性のある、やさしい人でもあります。

相手の立場になってあれこれ気を使ったり、思いやりを示していけます。イヤなことがあったときは、感性のよさから人一倍心を悩ませたりしますが、それを表に出すこともありません。

人づきあいだけでなく、いろいろな場面で感性の豊かさを示していきますが、ときどき気を使いすぎて疲れてしまうことも。

②人さし指と中指の間より短い

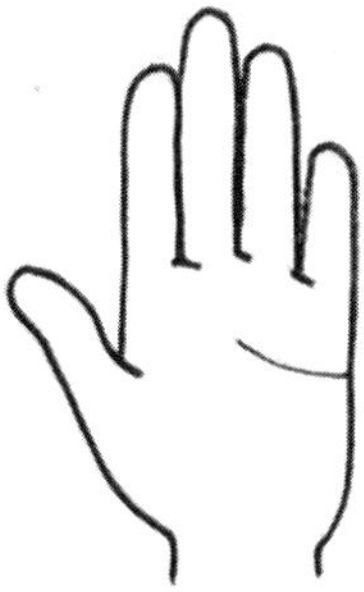

とても感性の鋭い人で、ちょっとしたことですぐカッとなったり、涙が出てきます。とくに線が切れ切れになっている場合は、感性が鋭すぎて神経質。気まぐれで人の好き嫌いが激しいでしょう。

自分の感性に合わない人とは、トラブルを起こしがちかもしれません。あまり細かいことを気にしないで楽天的になることで、豊かな感性が育ってくるはず。人の好き嫌いを抑えて、いろいろな人と語ってみることがプラスになります。

③人さし指の下のあたりまでのびている

冷静で、自分の感情をめったに外に表しません。いつも自分の感情にブレーキをかけているような人です。リーダーとしてグループをまとめていくため、自分を抑えているのかもしれません。

豊かな感性を持っていても、それを外に表現するのが苦手なので、ニブい人や冷たい人だと思われることもありそう。ときには自分の感情をもう少し押し出していくようにすれば、豊かな感性がもっと育ってくるし、さらに人づきあいもうまくいくはずです。

●感情線の先端の形

「感情線の先端」はどのような形になっていますか?

①先端が上に上がっている

誰とでもほどほどに合わせていく人です。どんな人ともフレンドリーに接していくので、みんなから好感を持たれているでしょう。初めてでも話しかけやすいタイプだと思われていそう。

ただ、どうしても広く浅いつきあいになったり、八方美人だと思われてしまうことが。TPOを心得て、ときには一対一でじっくりつきあっていくことで、もっとみんなに自分のいいところを知ってもらえるし、人づきあいに深みがでてくるでしょう。

②先端が曲がって下がっている

みんなの中のあなたは、一人だけ目立っているかも。みんなを引っぱって導いて行く、リーダータイプでもあります。とくにひとつの目的を持っているグループでは、力を発揮していくことができます。

ただ、自尊心が強すぎて、ときどき暴走することがあるかも。もっと人の意見に耳を傾け、ときには自分が折れることも大事です。へんなプライドにこだわるよりも、みんなの輪を考えながら行動することで、さらにいいリーダーになれます。

③途中から何又にも分かれている

きまぐれタイプです。みんなと気さくに接しうまくやっていくこともあれば、急に個人主義な行動に走ることがあります。さっきまでニコニコしていたと思ったら急にカッとなることがあるので、何を考えているのかわからないと、警戒されることもありそう。

ときには、自分の気持ちを抑え、みんなに合わせていくことが大事です。人の好き嫌いをなるべくなくし、いろいろな人と語り合ってみることが、みんなの中でうまくやっていくためのカギになります。

④先端が二又に分かれている

みんなでワイワイ盛り上がっているときでも、常に冷静さを忘れない人です。物事を客観的に捉ようという姿勢のあるまじめな人で、えこひいきや好き嫌いで判断することはなさそう。

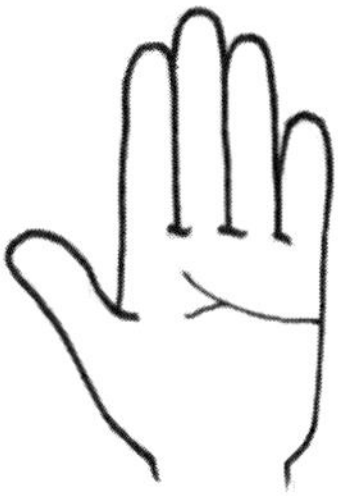

あまりの冷静さに、ときには冷たいと思われることもありそうですが、本当は義理人情にあつい人でもあります。

ただ、みんなで盛り上がっているときに、ハメをはずしてみると、親しみやすさが出てきて、あなたの本当のいい所を、みんなにわかってもらえそう。

⑤先端が三又以上に分かれている

みんなの中で常に気づかいをして、やさしい心配りをしていく人でしょう。どこにいても細かな気づかいを忘れません。

あなたがいると団体行動もやりやすいので、何かと重宝されますが、都合よく利用されたり、イヤな役回りばかりがまわってくることもありそうです。

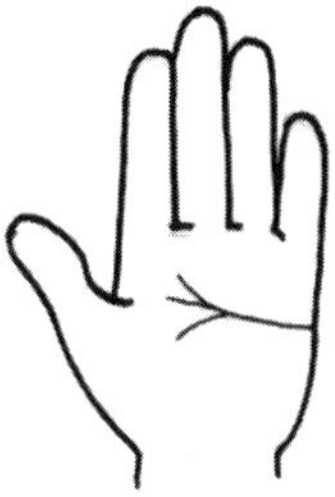

あなた自身もときどき疲れてしまいます。人の世話ばかりやいていないで、ときには自分が思いっきり楽しむことで、親しみもわき、自分の気持ちをみんなにわかってもらえます。

人相の五官占い

佐藤宗眩

人相学は三千年の歴史があり、占いでは最も興味深い。判断の基本は五官、即ち、眉、目、鼻、口、耳です。

●眉（保寿宮《ほじゅきゅう》）は人間性・品性を表す。「男眉」の代表は一文字眉、三角眉で意地強く精力的、苦労に耐えて貫く。「女眉」の良相は新月眉（三日月）で理想が高い。繊細で感情的、芸術性があり、親の恩恵を受けます。

運勢の流れは眉頭《まゆがしら》側が初年であり、年齢と共に眉尻《まゆじり》側を晩年とする。前箒眉《そうび》（眉頭が太く濃い）は初年運で始めは家庭が良い。後箒眉（眉尻が濃い）は初年は苦労しても後に良くなる。八字眉は処世術上手、締まり屋で財運あり、要領が良い。両眉の間が広いのは気持ちよく交際広いが気楽さ、大雑把で細心さが欠ける面あり。両眉の間が狭いのは気が細かい、神経質で感情的になりやすい。

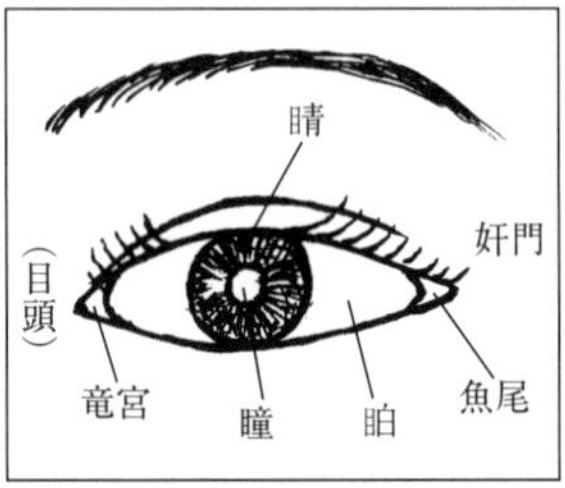

男性の左眉は兄弟で右眉が姉妹、眉頭が兄姉を眉尻が弟妹を表すが、女性の場合は右眉が兄弟、左眉が姉妹を表す。眉毛の間が切れたり薄くなる部分が出るときは健康が不調か、寿命を示すことがありそう。

●目（監察宮《かんさつきゅう》）は〝心の窓〟といわれ精神を表し、最も感情表現が豊かで、正直さと考えが表情に現れます。「軽眼」（大きい眼、出張った眼）は情熱家で感受性に富み、勘が良く事業の才能や交渉上手。お洒落《しゃれ》で美食家、熱しやすく冷めやすい面あり。「重眼」（小さな眼、窪んだ眼）は意志が強く責任感あり、粘りがあって最後まで貫く。真面目で誠実、自分の考えや意見に拘りやすく、遠慮がちで消極的なタイプです。

愛情面では、竜宮は内面的愛情や性愛の様子を示し、魚尾《ぎょび》・奸門《かんもん》は妻妾宮《さいしょうきゅう》といわれ夫婦関係や異性との色情問題を観て、紅潤色は吉、蒙色《もうしょく》（黒いくすみ）は複雑な状況を示します。

●鼻（審弁宮《しんべんきゅう》）は顔の中央にあるので主人公で、性格や個性を表す。特徴として財帛《ざいはく》宮・牢獄宮といわれ、金運や体の内臓関係がわかり、人生においては中年運の強弱を知るところです。

顔を三等分し中間位置の鼻が豊かで長く見える人は心

豊かで身分相応の福分あり。短い鼻の人は気楽さと妥協しやすく軽率さがあるので慎重に。

鼻高きは自尊心が高く、鼻低きは自尊心が低い。丸鼻は金運や物質運あり。段鼻（鷲鼻《わし》）は個性が強く負けず嫌い、攻撃的で妥協しない傾向、頑張るのはよいが柔軟さも必要。袋鼻は鼻先が下がり丸味あり、金運があり欲もあるので一家を成すが、人情を重んじると伸びる。曲がった鼻筋は生活や金銭に変化が多く、背骨を傷めたり反抗心が出やすい。小鼻（金甲《きんこう》）がふっくらと張りがあるのは金運ありと観ます。

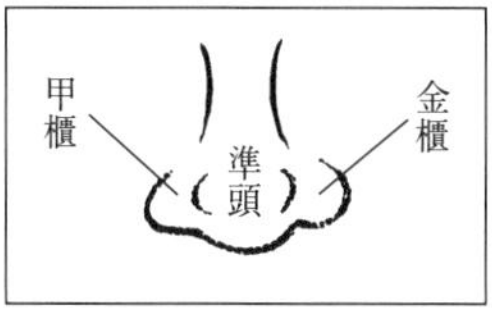

●口（出納宮《すいとうきゅう》）は仕事の活動力、金銭の出入り、愛情の強弱、子孫の有無などを観る部位です。

上唇、下唇、口角、歓待紋（縦皺）を水星《すいせい》という。大きい口は積極的で活動家。小さい口は安全を図り小事に拘りやすく消極的なので、自信を付けることが伸展の鍵。

愛情面では、上唇は積極性があり父系の情熱で、下唇は受け身で母性的な意味を持っている。上唇と下唇の標準の厚さは、下唇の1に対して上唇が4分の3。その厚さを比較し、上下の強さを決めること。厚い唇は情の豊かさ、薄い唇は理知的なので冷静な愛情表現となります。

水星は食欲、性欲が本能のまま強く表れるが、歓待紋は愛欲に敏感であり、豊かな艶を持ちます。口角は両端の部分で、意志の強弱や金銭と愛情の締まり具合を表し、口角が緩いと出費散財といわれます。

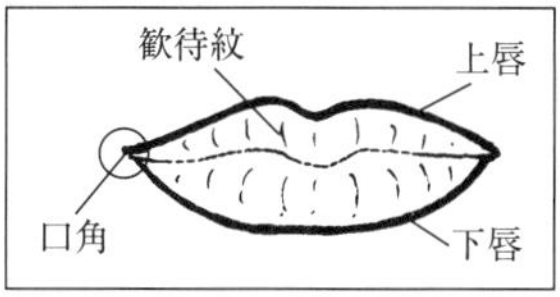

●耳（採聴宮《さいちょうきゅう》）は様々なことを聞く働きで知識を集め智を司るので、頭脳と結び付いたことを表します。

耳の形が長く上のほうに伸びているのは頭がよく才能あり、仕事は努力を重ねて成功するでしょう。耳の小さい人は理想が小さく、仕事に対しても心配するが、耳輪《じりん》が上向きであれば人の上に立つリーダーの才智があり、相応の福分を供えています。

外輪と郭《かく》（内輪）がしっかりしている人は聡明で垂珠《すいじゅ》（耳たぼ）の肉が厚くあるのは財と寿を有する。

金運については耳を蔵にたとえられ、耳が厚い人は金運が良く晩年は良好。耳が極めて薄いのは蔵が小さくお金が収まりにくい。

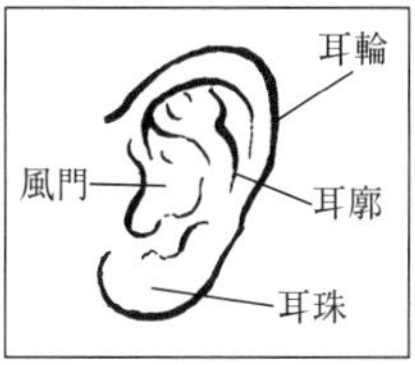

姓名判断

栗原里央子

●赤ちゃんの名前のつけ方

この世に「生」を受け、一番初めの赤ちゃんへのプレゼントが名づけです。たった2字や3字で作る名前に心おきなく願いを込めるのは簡単なことではありません。

本項では、より幸せになれる名づけを、いろいろご紹介していきたいと思います。

◎名前の響きにこだわる名づけ方法

名前は一日に何回も声（音）に出して呼ばれる大切なものです。古来より、言葉には「ことだま」という不思議な力が宿っていると言われていますので、それぞれの持っている音の組み合わせを参考にして、良い相生の音、響きを作ってみてください。

【土性】あいうえお　【木性】かきくけこ
【金性】さしすせそ　【火性】たちつてと
【火性】なにぬねの　【水性】はひふへほ
【水性】まみむめも　【土性】や　ゆ　よ
【火性】らりるれろ　【土性】わ　　を
【土性】ん

隣り合う五行（木→火→土→金→水）の流れが、調和のとれた良い関係です。

相性が良くて、調和する組み合わせを「相生《そうしょう》」といい、不調和でマイナスな組み合わせを「相剋《そうこく》」といいます。

五行の関係

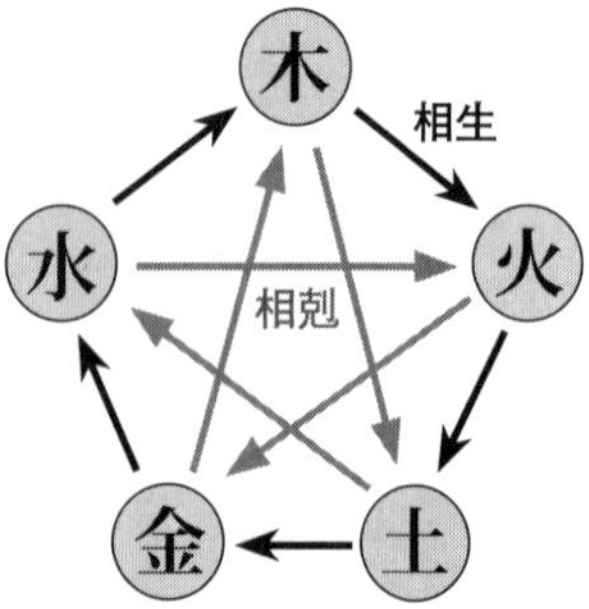

ことだまを生かすには、姓（名字）の最後の字と、名前の最初の字に、相生の良い関係の「音」を持ってくるのがポイントといえるでしょう。

名字《みょうじ》　名前《なまえ》

じ→金性
な→火性」相剋

◎運のよい名前

最初に「総格」です。これは単純に姓名（名字と名前）に使われている全ての文字の画数を足せば、その数になります。

次に「天格」です。姓、つまり名字の画数そのもので、

渋 16
沢 17
栄 14
一 1

㉝ 天格
㉛ 人格
⑮ 地格
⑰ 外格
㊽ 総格

総格㊽（16＋17＋14＋１）
外格⑰（16＋１）または
外格⑰（48－31）
総格　人格

「渋」は「澁」で16画
「沢」は「澤」で17画
「栄」は「榮」で14画

池 7
江 7
璃 16
花 10
子 3

⑭ 天格
㉓ 人格
㉙ 地格
⑳ 外格
㊸ 総格

外格⑳（10＋３＋７）
５文字の場合「３文字名の下２文字」と天格の「上１文字」をプラスする。または
外格⑳（43－23）
総格　人格

佐 7
々 7
木 4
朗 11
希 7

⑱ 天格
⑮ 人格
⑱ 地格
㉑ 外格
㊱ 総格

外格㉑（７＋７＋７）
５文字の場合「３文字姓の上２文字」と地格の「下１文字」をプラスする。または
外格㉑（36－15）
総格　人格

「々」は繰り返し「佐」で７画
「朗」は「朗」で１１画

先祖から受け継いでいるもので、吉凶は見ません。

「人格」これを「主運」ともいい、その人の中心運であり性格を表す。天格、地格とのバランスの中心になります。姓の下一字と名前の上一字を合わせた数。

「地格」は、姓名の名前の画数がそのまま格数となり、比較的「前運」といって幼少の頃が出やすい性格。

「外格」は、総格から人格を差し引いた数。主に外部の交際面、家庭などをみています。

◎正しい画数の数え方

氵（サンズイ）は水から来る字で3画ではなく4画
艹（クサカンムリ）は艸から来る字で4画ではなく6画
忄（リッシンベン）は心から来る字で3画ではなく4画
犭（ケモノヘン）は犬から来る字で3画ではなく4画
辶（シンニュウ）は辵から来る字で3画ではなく7画
阝（コザトヘン）は阜から来る字で3画ではなく8画
阝（オオザトヘン）は邑から来る字で3画ではなく7画
扌（テヘン）は手から来る字で3画ではなく4画
王（タマヘン）は玉から来る字で4画ではなく5画
糸（イトヘン）は糸から来る字で7画ではなく6画
月（ニクヅキ）は肉から来る字で6画
衤（コロモヘン）は衣から来る字で5画ではなく6画

一から十までの画数は、数の単位から成り立っているのでその数をもって画数と定めます。ですので、五＝5画、九＝9画、十＝10画ですが、百は6画、千は3画、万（萬）は15画、億は15画と普通の字画に従います。

ひらがな、カタカナの画数

1画＝く、し、つ、の、へ。

2画＝い、う、こ、て、と、ひ、め、り、る、ろ、ん。

3画＝あ、え、か、け、さ、す、せ、そ、ち、に、み、も、や、ゆ、よ、ら、れ、わ。

4画＝お、き、た、ぬ、ね、は、ふ、ま、む、を。

5画＝な、ほ。

1画＝ノ、フ、ヘ、レ。

2画＝ア、イ、カ、ク、コ、ス、セ、ソ、ト、ナ、ニ、ヌ、ハ、ヒ、マ、ム、メ、ヤ、ユ、ラ、リ、ル、ワ、ン。

3画＝ウ、エ、オ、キ、ケ、サ、シ、タ、チ、ツ、テ、ミ、モ、ヨ、ロ、オ。

4画＝ネ、ホ。

◎それぞれの格数に宿る運と意味

画数による姓名判断を支えているのは、算出した格数ごとにみられる「数意」です。これは文字通り、数が持っている意味のことです。

数意は、それぞれ吉凶さまざまな運に分かれ、吉凶を呼び起こす原因や回避するための知恵も、数ごとにかなりの違いがあります。

そこで、それぞれの数が持つ意味を参考にして命名などに役立ててください。

①（1、11、21、31、41など）

だいたい、どのような職業、職種にも適応できます。とくに学問、才能、技術を生かせることに向いていて、努力を惜しまず、社交面もよく、目上や目下運にも恵まれる数です。財運も兼ね備えています。

②（2、12、22、32、42など）

ここ一番という時に弱さがあり、決断力にやや欠けるところが迷いを生じやすいでしょう。対人面でも不平不満が多く、円滑さに欠けることがあります。そのため孤立しやすいので、気を付けることです。

③（3、13、23、33、43など）

行動力があり、頭の回転もよくチャンスをつかむのも上手ですが、時々、感情に左右され、バランスが崩れることがあります。多方面に適した能力を持っているのですから、五行の配置に注意すれば吉祥数です。

④（4、14、24、34、44など）

この数はいつも落ち着きがなく、不安でイライラしたり、気持ちに余裕がないため、周囲との和を保ちにくいのがマイナスです。健康面での不安が生じやすいので、あまり使いたくない数字です。

⑤（5、15、25、35、45など）

女性は優しくて家庭思いで、大切にするタイプです。男性は穏やかで情があり、周囲と和を図るタイプです。男女とも目標を持ったら努力を惜しまずやりぬくので、才能が発揮できるでしょう。健康面も順調です。

⑥（6、16、26、36、46など）

誠意と努力が報われる数で、凶を吉に変える誘導数でもあります。初めのうちは縁の下の力持ちのようですが、その苦労が身になりトップになるでしょう。ただ、名誉を好み、思いつきの行動が盛運を弱めます。

⑦（7、17、27、37、47など）

独立心が強く行動力もあって、苦労を乗り越えていく信念があって良いのですが、自我が強かったりプライドが高すぎるため、人情の機微に欠ける面があるので、誤解を招きやすいでしょう。

⑧（8、18、28、38、48など）

困難に負けない忍耐力と、チャンスを生かして行動を起こす勇気、進取性を表す数といわれています。温和に見えても強気でテクニックが上手ではないので、反感を買うことがある傾向でしょう。

⑨（9、19、29、39、49など）

多方面において意見の対立や行き違いが生じやすい数です。マイペースで進めるので冷たく思われ孤独になりがちです。穏やかで几帳面な性格ですが、財と権力に弱いところがマイナスの要因です。

⑩（10、20、30、40、50など）

周囲に対して気遣いができ協調性がありますが、時には利用されやすく、強気で行動するとトラブルに巻き込まれるところがあります。夢や希望に時間をかけて取り組むことが望ましいでしょう。

◎吉祥数として喜ばれる画数

1、3、5、6、8、11、13、15、16、21、23、24、25、31、32、33、35、37、41、45、47、48、52、57、61、65、67などの数は安定したラッキーな数。

姓名判断、命名は、画数だけではなく、天格、人格、地格、外格、総格を総合して判断していくものなので、分からない点があれば、専門家に問い合わせて下さい。

（熊崎式、大熊茅楊式判断法を参考）

家相の吉凶

藤 瑛梨賀

家はただ寝起きする場所ではなく、心身を癒し、明日への英気を養う場所です。人にとって最も身近な環境である家は、そこに住む人の精神や健康そして運勢に大きな影響を与えるのです。人にも相があるように、家にも相があります。家相とは家の形状、間取り、方位などから住む人の吉凶をみるものですが、基本となるのは家の造りが自然と調和しているかどうか、ということです。

つまり、良い家相の家とは太陽の陽が射しこんで明るく、北からの冷気が遮断され、風通しが良く湿気が少ないなどの条件を満たした家です。

【家相方位盤】

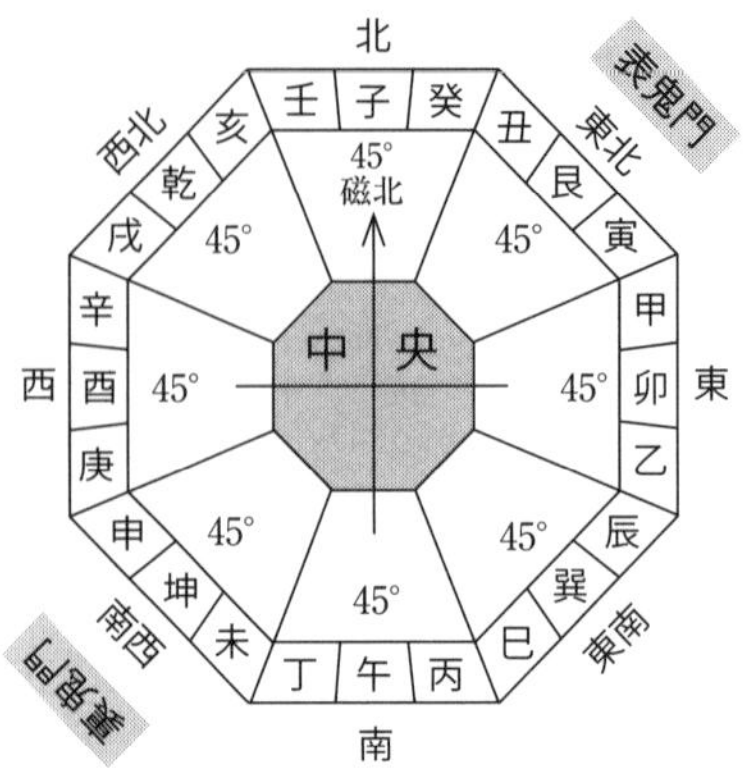

●中心の求め方

家相の吉凶を知るには、家の中心を探すことから始まります。中心は家の形が四角形ならその対角線の交差した点になります。形に凸凹がある場合はこれを平均して四角形を作り、対角線を交差させます。その中心に方位磁石を置き、東西南北を確認します。さらにその中心に家相盤を重ね、家の間取りや設備が、二十四方位のどの方位に当たるかを調べます。

方位を定める基準となるのは北ですが、家相上での正しい北とは、方位磁石の示す北です。これを「磁北《じほく》」と呼び、市販の地図に書かれている北「真北《しんぼく》」と区別しています。図面だけで調べる場合には注意が必要です。「磁北」は「真北」より札幌で約9度、仙台で約8度、東京、大阪、福岡で約7度、鹿児島で約6度西に傾いています。

【中心】

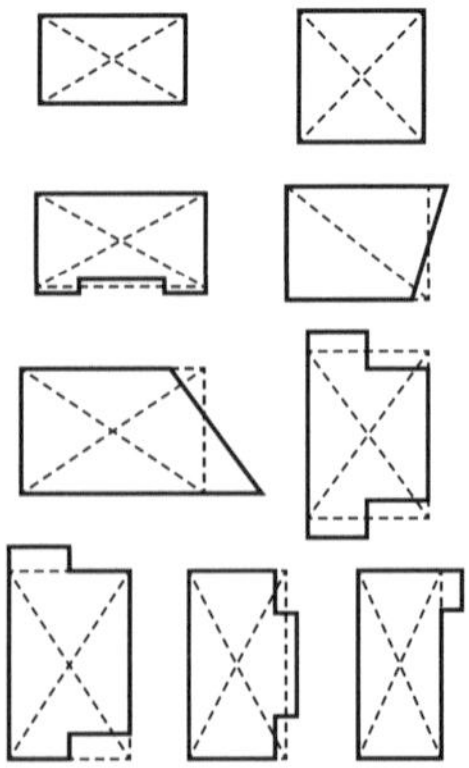

土地、建物ともに、図のようにして中心を定めます。主人の居間をみて中心とはしません。

●家の形状―「張り」と「欠け」

「張り」とは宅地や建物の一部が張り出している状態をいいます。間口、奥行きともに一辺の3分の1を基準として、それ以内の出っ張りを「張り」と称し、3分の2以内のへこみを「欠け」と考えます。

「張り」はその方位のエネルギーを増大させ、「欠け」は減少させます。つまり、「張り」は住んでいる人にプラスに作用し、運勢が強くなると共に健康面でも恵まれます。「欠け」は住んでいる人にマイナスに作用します。消極的になり活気や活力が衰えて健康を害し、悪い現象が起こります。どの方位に「張り」「欠け」があるのかによって意味や影響が大きく変わります。

【張りと欠けの判断基準】

張りと見る凸部分

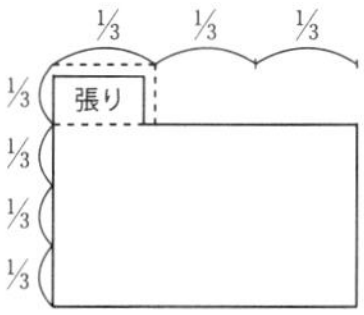

どの辺からも3分の1以内の出っ張りは「張り」。

欠けとなる凹部分

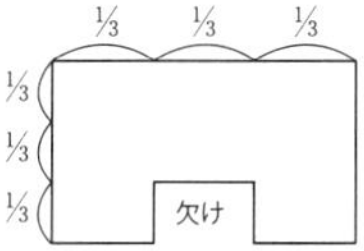

一辺に対して3分の1以上の出っ張りは「欠け」。

●各方位の吉凶

○東方位の張り＝吉相

積極的になり、新しいことに挑戦する意欲が湧いてきます。事業家は新規開拓や新企画で成功し、会社員は業績アップ。聡明な跡継ぎに恵まれ一家は繁栄します。

▲東方位の欠け＝凶相

決断力が乏しく無気力になる傾向があります。特に長男に影響し、親の期待通りには育ちません。突発的な事故や肝臓病、ノイローゼ、神経系の病気に注意が必要です。

○東南の張り＝吉相

家庭円満で世間からの信用も厚く評判も良好です。特に女性は良縁に恵まれ幸せな家庭を築きます。社交運も良く人の出入りが多いので一家繁栄、商売は繁盛します。

▲東南の欠け＝凶相

人間関係がスムーズにいかず信用を失い、苦労しがちです。子女の異性関係や縁談にも問題が生じやすくなります。呼吸器や腸疾患、感染症に気をつけましょう。

○南の張り＝吉相

知識欲、研究心が旺盛で知的な分野で活躍します。高い見識と先見の明が備わり、社会に名声を博します。学者、医師、芸術家の住まいは南の張りが成功の鍵です。

▲南の欠け＝凶相

周囲との争い事が多くなり、裁判沙汰に発展する可能性も。家族の心が離れ離れになり、平穏無事を維持する努力が必要です。心臓病や頭痛、眼病、乳がんに注意。

▲南西（裏鬼門）の張り＝凶相

少々の張りなら女性上位で、いわゆる〝女丈夫〟です。男性は怠けるようになるか病気がちに。女性は地味ながら堅実に仕事をこなし、努力して家庭を支えます。

▲南西の欠け＝凶相

主婦や老婦に影響し、始終病気がちで不定愁訴の症状が出、胃腸疾患や持病の再発に注意。その家の住人は真面目に努力する気持ちが薄れ、運勢は次第に下降気味に。

○西の張り＝吉相

金運面、交際面共に良好で、周囲の人に好かれ楽しい生活が送れますが、とかく派手になりやすいのが玉にキズ。バランスのとれた生活を心掛ければ老後も安泰です。

▲西の欠け＝凶相

放蕩による散財や浪費で金銭的な苦労が付きまといます。異性関係も失敗しやすく縁談に支障が出たり、家庭不和になることも。呼吸器や口腔内の疾患に要注意です。

○西北の張り＝吉相

家運隆盛に至ります。主人は剛健で実行力を備え、能力、才能を発揮。社会的地位や名誉を得て、財産を築くことができます。家族をしっかり守り家庭円満です。

▲西北の欠け＝凶相

主人の体力、気力が衰えて力を発揮できません。ギャンブルや投機的な取引で大きな損失を招く恐れ。血圧、心臓病、頭部の病気、交通事故にも遭いやすく要注意。

○北の張り＝吉相

冷静な行動と判断力に優れ、有能な部下や使用人にも恵まれて仕事が順調に運びます。夫婦仲は睦まじく親孝行な子供にも恵まれ、幸せな家庭を築けます。

▲北の欠け＝凶相

体が冷えて健康を害しやすく、腎臓や泌尿器系、婦人科の疾患を患いやすい。異性関係のトラブルに要注意。夫婦の和合、親子の絆に亀裂が入り関係が冷え込みます。

▲東北（表鬼門）の張り・欠け＝凶相

親子、兄弟、親戚関係で不和が生じます。相続問題も起きやすく、財運面では蓄財より借財が多く衰退していく傾向に。腰痛や手足の関節、骨折、鼻の病気に注意。

◎東南と西北の両方に張り＝大吉相

吉相が2つある「複合相」です。東南方位が意味する交際関係、人からの信頼と、西北方位の社会的な地位や名誉という意味が結びついて家運が隆盛します。

●間取りによる吉凶

《玄関》吉・可――北の壬・癸、東の甲・乙、東南、南の丙・丁、西の庚・辛、西北。**凶**――北の子、東北、東の卯、南の午、西南、西の酉。

《台所》吉・可――北の壬・癸、東、東南、西の庚・辛、西北の戌・亥。**凶**――北の子、東北、南、西南、西の酉、西北の乾。

《トイレ》吉・可――北の壬・癸、東の甲・乙、東南の辰・巳、西の庚・辛、西北の戌・亥。**凶**――北の子、東北、東の卯、東南の巽、南、西南、西の酉、西北の乾。

《浴室・洗面所》吉・可――北の壬・癸、東の甲・乙、東南の辰・巳、西の庚・辛、西北の戌・亥。**凶**――北の子、東北、東の卯、東南の巽、南、西南、西の酉、西北の乾。

《階段》吉・可――北の壬・癸、東の甲・乙、東南の辰・巳、西の庚・辛、西北の戌・亥。**凶**――北の子、東北、東の卯、東南の巽、南、西南、西の酉、西北の乾、家の中央。

●マンションやアパートの選び方

　集合住宅の家相の見方は戸建て住宅の場合と基本は同じですが、専有スペースだけではなく共同スペースも含めてみる見方もあることに留意しなければなりません。

①敷地と建物の形状――三角形や複雑な形状をしていないこと。建物がL字型、コの字型、ロの字型のマンションは中心が建物の外に出てしまうことになるので、できれば避けたほうが無難です。

②玄関の向き――マンションの顔ともいうべき建物のエントランスと個別の玄関がありますが、個別の玄関が吉相であれば、エントランスに多少の問題があっても大きな影響はありません。

③建物全体から見た部屋の位置――マンションの中心から見て東、東南、南側が吉。中でも朝日が入って日中の陽気が差し込む、東南の角が第一位です。

④部屋の階数――周辺環境やマンションの建っている土壌に問題がなければ、地面に近い低層階が家相の面からは良好です。高層マンションが増え、日当たりと眺望のよい高層階が人気ですが、家相上はあまりお勧めできません。大地の気・エネルギーが届かず、そのパワーを享受できないからです。

　地面から遠ざかることは精神的に不安定になり、他人との行き違いやトラブルが生じやすくなります。5～6階までが目安と言えますが、もし高層階に住むことになったら、室内やベランダに観葉植物や鉢植えを置き、植物や大地の気を補う工夫が必要です。

子平推命（八字推命）

半田晴詠

子平《しへい》術とは人が生まれた年・月・日・時間を十干《じっかん》十二支で四柱《しちゅう》を組み立てた命式《めいしき》を五行の数値で表し、格局《かっきょく》を区分し天干《てんかん》相互の干関係の良否を見、調候《ちょうこう》や扶抑《ふよく》など八字の配合を重視する独立した分野の推命です。子《ね》は北の水局《すいきょく》で水を示し、平は平衡すなわち水が平である如く、バランスが取れていることを吉とする意味があり、また中国宋代の学者「徐子平《じょしへい》」から「徐大昇《たいしょう》」へと伝わり、この命術を纏めたことより、名前から由来するとも言われています。子平の歴史は長く古典から現代版へと進化しましたが、中国では国家側の人材育成や登用の為の儒教的運命学で、秘伝でしたから門外不出でした。原書は既に中国で失われて韓国と日本に伝わっていた物を合わせ近年『子平三命通變淵源《つうへんえんげん》』が奇跡的に復刻されました。

●命式の分類（格局）内格と外格

内格《ないかく》～文に適している。公的立場や家庭を両立できる。

外格《がいかく》～武に適し、また文武両道でもある、専門職タイプ。

内格・外格とも更に多種の象意があります。徐大昇の原書『通変淵源』で論じられた「定十八格」は子平の本幹で奥深い解釈がありますが、今回は初歩の命式を記します。

●子平推命でみる吉方位

子平推命での吉方位とは、生誕地から判断します。命式の時柱《じちゅう》と気学の日盤《ひばん》を基に方位盤を作成し、命式の喜《き》神《しん》・忌神《いむがみ》で吉凶を判断。流年《りゅうねん》（毎年）の気学吉方位と合致した年に活用しますと最大効果があり開運に繋がります。

従財格《じゅうざい》　喜神～食傷《しょくしょう》・官殺《かんさつ》・財帛《ざいはく》　忌神～比劫《ひごう》・印綬《いんじゅ》

印綬
戊２　子
財帛
甲９　寅（甲）
庚１　午
比劫
庚１　辰

<table>
<tr><td>辛</td><td>×</td><td>壬</td><td>○</td><td>癸</td><td>○</td><td>空</td><td>×</td></tr>
<tr><td>巳</td><td>△</td><td>午</td><td>○</td><td>未</td><td>△</td><td>申</td><td>×</td></tr>
<tr><td>庚</td><td>×</td><td colspan="4" rowspan="4"><table><tr><td>3
ア</td><td>8</td><td>1</td></tr><tr><td>2</td><td>4</td><td>6</td></tr><tr><td>7</td><td>9
ハ</td><td>5</td></tr></table></td><td>空</td><td>×</td></tr>
<tr><td>辰</td><td>△</td><td>酉</td><td>×</td></tr>
<tr><td>己</td><td>×</td><td>甲</td><td>○</td></tr>
<tr><td>卯</td><td>○</td><td>戌</td><td>△</td></tr>
<tr><td>戊</td><td>×</td><td>丁</td><td>○</td><td>丙</td><td>○</td><td>乙</td><td>○</td></tr>
<tr><td>寅</td><td>○</td><td>丑</td><td>△</td><td>子</td><td>○</td><td>亥</td><td>△</td></tr>
</table>

この方は、右図の子平方位盤から大吉方位は、南方位令和三年、九星（七赤金星）は吉方位になり、生誕地からと現住居から南方位が合致する地点が、最大吉方位。

身強《みきょう》の外格《がいかく》（従旺格《じゅうおうかく》）

食傷
癸1　酉
比却
辛27　酉（辛）当令《とうれい》
日主　庚27　戌
食傷
癸1　未

日主《にっしゅ》27　比劫27　食傷2

日柱庚戌は、魁罡《かいごう》で強烈な運勢を持ち、更に身旺《みおう》で特殊な才能があり社会的に自立して、自分の好きなように生きるが、女性は結婚に不向き。喜神～比劫・印綬・食傷　忌神～官殺・財帛。今年は流年（辛丑）大運《たいうん》（子）で喜神が増え大活躍の兆し。大運や流年で官殺・財帛が増える年は仕事や異性とのトラブル・病気また怪我・金銭的災難が起こりやすい。

身強の外格（従強格《じゅうきょうかく》）

印綬
戊4　辰
印綬
戊4　午（丁）
日主　辛4　酉
印綬
己4　丑

日主4　印綬12

印綬に偏り学問・芸術で身を立てる、月干《げっかん》戊と日干《にっかん》辛は、二干一組の吉格（朝陽戊子）非常に魅力的で人を癒やす才能があり、清命にて更に学術的な名誉名声を得る。喜神～比劫・印綬　忌神～食傷・財帛・官殺。今年は喜神印綬と日主も倍増し大吉運。大運や流年で食傷・官殺・財帛に根が付く年は、病気・怪我・異性とのトラブル、名誉の失脚に注意。

身強の外格（一行得気格《いちぎょうとくきかく》）

比劫
丁81　巳
比劫
丙81　午（丁）当令
日主　丙81　午
比劫
甲1　午

日主81　比劫162　印綬1

比劫と印綬のみで官殺が一点も無く、日主が54点以上ある。日主丙・丁の命式は、三合《さんごう》（寅・午・戌）と方合《ほうごう》（巳・午・未）が重要。強烈な運気を持ち社会的に地位を得るが、家庭的に恵まれないことが多い。喜神～比劫・印綬　忌神～官殺・財帛・食傷。今年は流年辛で月干丙が合去《ごうきょ》しますが大運の戊で日主・比劫で486点、パワーアップ!

身弱《みじゃく》の外格（従児《じゅうじ》格）

食傷　丁4　未
財帛　己4　酉（辛）
日主　乙2　酉
食傷　丙4　戌

日主2　財帛4　食傷8

日主陰干《いんかん》で食傷に偏り君側《くんそく》が全て喜神、月干己・日干乙・時干丙は三干一組の上吉格（錦繍大地《きんしゅうだいち》）大地の草花が太陽に照らされ美しく咲いている様、また日干乙と時干丙は二干一組の吉格（艶陽麗花《えんようれいか》）飛び抜けた美しさを持っている象意から誰からも好まれる。喜神〜食傷・財帛　忌神〜印綬・比劫・官殺。今年は喜神丙が辛と合去し、少々パワーダウン。

身弱の外格（従殺《じゅうさつ》格）

財帛　甲27　寅
官殺　丙16　寅（甲）当令
日主　庚2　寅
官殺　丙16　戌

日主2　官殺32　財帛27

官殺に日主が抑えられて弱まる命式、君側がすべて喜神で経営能力に優れ管理職や、女性は異性運が吉運で良縁に恵まれる、ただし官殺が多すぎると一人の男性では満足しないという危うさもある。男女共に仕事が目標。喜神〜官殺・財帛　忌神〜印綬・比劫・食傷。今年は大運の辛と流年の辛が月干丙・時干丙と合去し喜神が減り、仕事と病気に要注意。

身弱の外格（従財《じゅうざい》格）

食傷　戊2　寅
財帛　辛18　酉（辛）当令
一倍加
日主　丙4　寅
食傷　己2　丑

日主4　財帛18　食傷4

日主身弱で財が多い命式、経営能力あり財を生む、男性は女性運吉、特に正財《せいざい》なので良い妻に恵まれる。女性も異性運吉。経営能力あるが雇われ社長向き、仕事を第一に考え、家庭は仕事の二の次位だが安泰。喜神〜財帛・食傷・官殺　忌神〜比劫・印綬。今年は日主と君側の点数のバランスが良く、命式が清命となり仕事で財を生む安定の一年。

両神成象格《りょうしんせいしょう》（官タイプ・財タイプ）

（日主と君側が剋《こく》し合う外格）

印綬　己9　丑
官殺　丁2　丑(己)　当令
日主　庚4　午
官殺　丁2　亥

日主（金）と官殺（火）が同点の官タイプの両神成象格、印綬9点の通関用神《つうかんようじん》が応じているので成局。また月干丁と日干庚は二干一組の吉格（煉鉄成鋼《れんてつせいこう》）自分の求める物事に溶け込み、その物事と一体化し自己を完成、公的仕事で成功。ただし日主と官殺が同点であることが重要で波乱あり。今年は日主が強くなり過ぎてバランスに欠け、病気・仕事の災難に要注意、頭を低くする事が大切。

身強の内格《ないかく》

比劫　丙27　辰
官殺　癸2　巳(丙)　当令
日主　丙27　戌
印綬　甲2　午

日主27　比劫27　官殺2　印綬2点、日主と比劫で54点あるが官殺の根《ね》があり内格の身強。内格はバランスを重視する為、比劫の悪さで協調性に欠け社会性が無くなる。また日干丙と時干忌神の甲は二干一組の凶格（木盛火晦）常に目上に媚《こ》び依頼心の強い傾向になる。喜神～食傷・官殺・財帛　忌神～印綬・比劫。今年は年干丙と流年の辛が丑の大運で仮干合《かんごう》し喜神が増えるので安定。

身弱の内格

比劫　己1　酉
印綬　丙4　寅(甲)
日主　戊1　午
食傷　辛4　酉

日主1　比劫1　印綬4　食傷4　無根《むこん》の身弱の命式。自信が無く常に不安感を抱いてしまうが、年干《ねんかん》の喜神比劫己と月干喜神印綬丙は、二干一組の吉格（大地普照）で落ち着きがあり穏やかで人を惹きつける魅力もあり、学術的な名誉と名声を手にする。喜神～比劫・印綬　忌神～食傷・財帛・官殺。今年は喜神の丙印綬が流年辛と合去し、大運庚で忌神（食傷）が増え体力低下に要注意。

西洋占星術

惑星開運術　上田享矢
星座運　アイラ・アリス

【2021年】惑星（火星、木星、土星、天王星、海王星、冥王星）イングレス・チャート

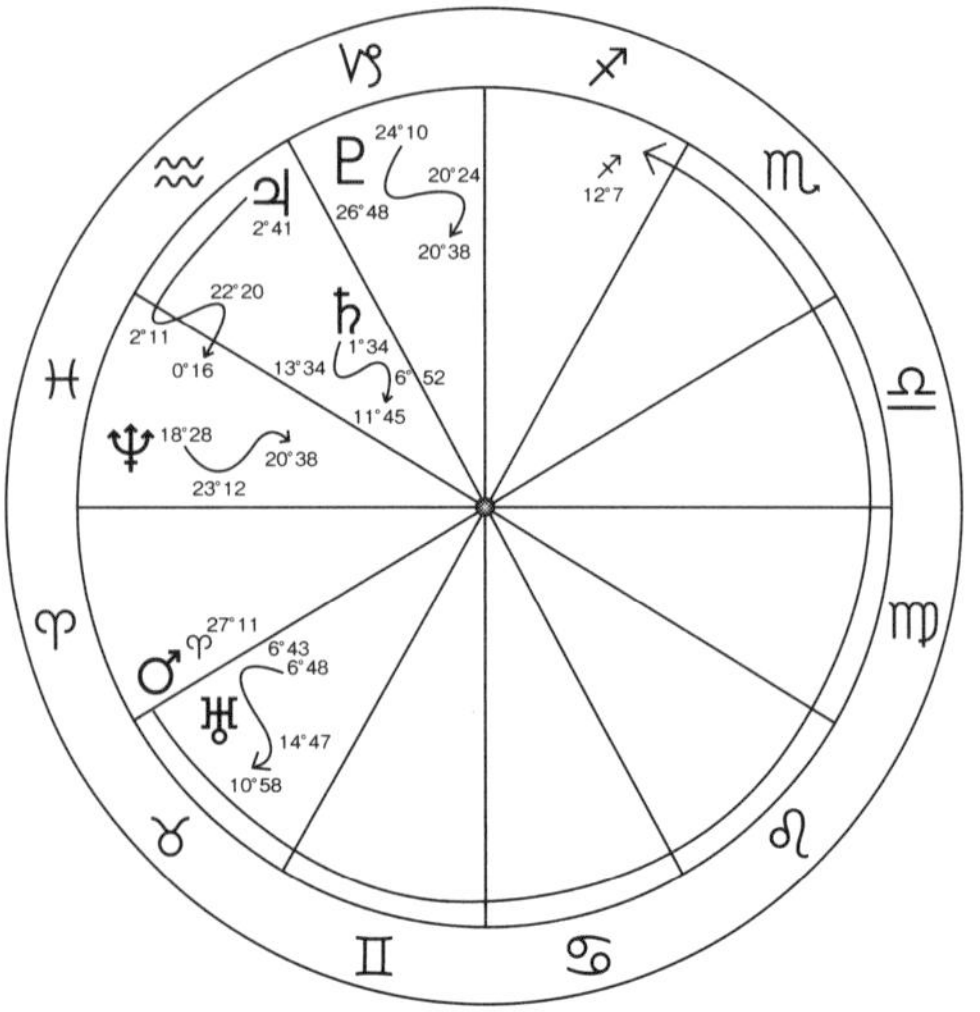

☉	☽	☿	♀	♂	♃	♄	♅	♆	♇
太陽	月	水星	金星	火星	木星	土星	天王星	海王星	冥王星

♈	♉	♊	♋	♌	♍	♎	♏	♐	♑	♒	♓
牡羊座	牡牛座	双子座	蟹　座	獅子座	乙女座	天秤座	蠍　座	射手座	山羊座	水瓶座	魚　座

［資料提供］ハイブリッド占星学研究所

惑星開運術

●各天体の動きと概要

年初、幸運の星木星・制御の星土星ともに水瓶座にあり、全体としては風の星座の個性を強めますが、そのあいだ時々木星だけが魚座に出たり戻ったりします。（5月14日に魚座に移動し、8月28日の夜に再び水瓶座に戻り、年末12月の29日に再び魚座に入ります。

以下、天王星は牡牛座6°から14°、海王星は魚座18°から23°、冥王星は山羊座24°から26°を行ったり来たりしています。

火の星座：牡羊座、獅子座、射手座
地の星座：牡牛座、乙女座、山羊座
風の星座：双子座、天秤座、水瓶座
水の星座：蟹　座、蠍　座、魚　座

【表（次ページ）の見方】

各月の最初に、惑星が次の星座に移る時のその惑星名（～星）、日にち、星座（～座）、時間（24時間制）の順で記してあります。太陽だけ太字で最初に記してありますが、後は起きる日にち順です。

〈例〉1月なら「1月・太陽―20日―水瓶―05：41」となっていますが、これは「1月20日5時24分に太陽が山羊座から水瓶座に移行する」ということです。その他の惑星の移行日と時間もここに記してあります。

動きが速い月（moon）だけは別表（枠罫で囲み部分）になっています。また、〝逆行〟の情報は月の表の下側に記してあります。

水瓶座にある木星と土星の他、木星以遠のほとんどの星が冬の星座にあり、全体としては、風の星座に有利な一年になります。世の中は理知性を求められ、２０２０年より明るい希望の光が見えますが、定期的に困難な問題に遭遇します。５～８月が一番物事が動きます。

　　　　1月→→→5月→→→8月→→→→12月
木　星：水瓶座→→→魚座→→→水瓶座→→→魚座
土　星：水瓶座→→→→→→→→→→→水瓶座
天王星：牡牛座→→→→→→→→→→→牡牛座
海王星：魚　座→→→→→→→→→→→魚　座
冥王星：山羊座→→→→→→→→→→→山羊座

また、6月から10月は逆行になる星が多いです。いつもと調子が変わることがあるり、小さなミスに注意しましょう。

【星の動き・利用の仕方】

ホロスコープが詳しく分からなくても、この表は利用できます。まず、今、あなたが訳もなく気分が良かった日（悪かった日）をチェックしてみて下さい。これはたいていの場合、月（Moon）の位置によって起きます。

たとえば、1月1日は気分が悪かったけれど、3日の午後からうきうきしてきたというのであれば、あなたは月が獅子座の時に調子が悪く、乙女座の時に調子が良いのだということが分かります。ですから、次に乙女座に月が来る1月30日午後から2月1日は狙い目です。

また、ずばり乙女座でなくとも同じ〝地の星座〟の山羊座や牡牛座に月が来た時も調子が上がるはずです。

こうして、まず分かりやすい月の位置の情報を自分に取り込み、次に金星や火星など別の星の影響も見てみましょう。

一度データが取れれば、次回より繰り返し使えます。

1月

太陽-20日-水瓶-05:41
火星-7日-牡牛-07:28
水星-8日-水瓶-21:01
金星-9日-山羊-00:42

月

1日	獅子	03:59
3日	乙女	10:14
5日	天秤	14:43
7日	蠍	17:55
9日	射手	20:16
11日	山羊	22:31
14日	水瓶	01:45
16日	魚	07:18
18日	牡羊	16:08
21日	牡牛	03:57
23日	双子	16:44
26日	蟹	03:53
28日	獅子	11:55
30日	乙女	17:04

天王-14日-牡牛-6°D
水星-31日-山羊-26°R

2月

太陽-18日-魚-19:45
金星-1日-水瓶-23:07
金星-25日-魚-22:13

月

1日	天秤	20:26
3日	蠍	23:16
6日	射手	02:18
8日	山羊	05:53
10日	水瓶	10:21
12日	魚	16:24
15日	牡羊	00:55
17日	牡牛	12:13
20日	双子	01:05
22日	蟹	12:54
24日	獅子	21:24
27日	乙女	02:08

水星-21日-水瓶-11°D

3月

太陽-20日-牡羊-18:39
火星-4日-双子-12:31
水星-16日-魚-07:28
金星-21日-牡羊-23:17

月

1日	天秤	04:18
3日	蠍	05:39
5日	射手	07:44
7日	山羊	11:21
9日	水瓶	16:42
11日	魚	23:45
14日	牡羊	08:45
16日	牡牛	19:57
19日	双子	08:48
21日	蟹	21:19
24日	獅子	06:57
26日	乙女	12:27
28日	天秤	14:23
30日	蠍	14:34

4月

太陽-20日-牡牛-05:35
水星-4日-牡羊-12:42
金星-15日-牡牛-03:23
水星-19日-牡牛-19:30
火星-23日-蟹-20:50

月

1日	射手	15:00
3日	山羊	17:14
5日	水瓶	22:05
8日	魚	05:32
10日	牡羊	15:12
13日	牡牛	02:45
15日	双子	15:36
18日	蟹	04:26
20日	獅子	15:12
22日	乙女	22:09
25日	天秤	01:07
27日	蠍	01:19
29日	射手	00:44

冥王-28日-山羊-26°R

5月

太陽-21日-双子-04:38
水星-4日-双子-11:50
金星-9日-双子-11:02
木星-14日-魚-07:36

月

1日	山羊	01:17
3日	水瓶	04:32
5日	魚	11:10
7日	牡羊	20:54
10日	牡牛	08:48
12日	双子	21:44
15日	蟹	10:32
17日	獅子	21:45
20日	乙女	06:00
22日	天秤	10:37
24日	蠍	12:02
26日	射手	11:40
28日	山羊	11:25
30日	水瓶	13:05

土星-23日-水瓶-13°R
水星-30日-双子-24°R

6月

太陽-21日-蟹-12:33
金星-2日-蟹-22:20
火星-11日-獅子-22:35
金星-27日-獅子-13:28

月

1日	魚	18:09
4日	牡羊	03:00
6日	牡牛	14:47
9日	双子	03:49
11日	蟹	16:24
14日	獅子	03:24
16日	乙女	12:03
18日	天秤	17:55
20日	蠍	20:59
22日	射手	21:57
24日	山羊	22:06
26日	水瓶	23:10
29日	魚	02:52

木星-21日-魚-2°R
水星-23日-双子-16°D
海王-26日-魚-23°R

7月

太陽－22日－獅子－23:28
水星－12日－蟹－05:36
金星－22日－乙女－09:38
水星－28日－獅子－10:13
木星－28日－水瓶－21:44
火星－30日－乙女－05:34

月

1日	牡羊	10:22
3日	牡牛	21:29
6日	双子	10:25
8日	蟹	22:52
11日	獅子	09:22
13日	乙女	17:32
15日	天秤	23:33
18日	蠍	03:39
20日	射手	06:09
22日	山羊	07:37
24日	水瓶	09:14
26日	魚	12:31
28日	牡羊	18:59
31日	牡牛	05:09

8月

太陽－23日－乙女－06:36
水星－12日－乙女－06:58
金星－16日－天秤－13:28
水星－30日－天秤－14:11

月

2日	双子	17:47
5日	蟹	06:18
7日	獅子	16:33
9日	乙女	23:57
12日	天秤	05:09
14日	蠍	09:02
16日	射手	12:13
18日	山羊	14:59
20日	水瓶	17:50
22日	魚	21:44
25日	牡羊	03:58
27日	牡牛	13:28
30日	双子	01:43

天王－20日－牡牛－14°R

9月

太陽－23日－天秤－04:22
金星－11日－蠍－05:40
火星－15日－天秤－09:15

月

1日	蟹	14:27
4日	獅子	00:59
6日	乙女	08:07
8日	天秤	12:22
10日	蠍	15:06
12日	射手	17:36
14日	山羊	20:35
17日	水瓶	00:24
19日	魚	05:24
21日	牡羊	12:14
23日	牡牛	21:39
26日	双子	09:38
28日	蟹	22:35

水星－27日－天秤－25°R

10月

太陽－23日－蠍－13:52
金星－7日－射手－20:22
火星－30日－蠍－23:22

月

1日	獅子	09:55
3日	乙女	17:39
5日	天秤	21:42
7日	蠍	23:23
10日	射手	00:25
12日	山羊	02:16
14日	水瓶	05:48
16日	魚	11:23
18日	牡羊	19:05
21日	牡牛	05:00
23日	双子	16:58
26日	蟹	06:01
28日	獅子	18:08
31日	乙女	03:11

冥王－7日－山羊－24°D
土星－11日－水瓶－6°D
木星－18日－水瓶－22°D
水星－19日－天秤－10°D

11月

太陽－22日－射手－11:35
金星－5日－山羊－19:45
水星－6日－蠍－07:36
水星－25日－射手－00:38

月

2日	天秤	08:12
4日	蠍	09:54
6日	射手	09:54
8日	山羊	10:05
10日	水瓶	12:04
12日	魚	16:55
15日	牡羊	00:49
17日	牡牛	11:19
19日	双子	23:34
22日	蟹	12:34
25日	獅子	01:00
27日	乙女	11:13
29日	天秤	17:56

12月

太陽－22日－山羊－01:00
火星－13日－射手－18:54
水星－14日－山羊－02:53
木星－29日－魚－13:10

月

1日	蠍	20:57
3日	射手	21:14
5日	山羊	20:32
7日	水瓶	20:50
9日	魚	23:54
12日	牡羊	06:47
14日	牡牛	17:12
17日	双子	05:44
19日	蟹	18:43
22日	獅子	06:55
24日	乙女	17:25
27日	天秤	01:25
29日	蠍	06:17
31日	射手	08:09

金星－19日－山羊－26°R

牡羊《おひつじ》座　3月21〜4月20

総合運＝バラエティーに富んだ運気。状況が目まぐるしく変化するので、退屈知らずの毎日を送れるでしょう。インターネットを上手に活用すると、さらに楽しめる展開になります。
愛情運＝柔軟な恋愛観を持って。こだわりを捨てたとたんに良縁が。
仕事・対人運＝「忖度なし」の交友が心の支えに。仕事やプライベートで悩みを抱えたとき、目からウロコのアドバイスをもらえそうです。
金運＝電子マネーの利用にツキ。知らない間に恩恵を受けられます。
健康運＝動画を観ながらエクササイズ。運動不足が楽に解消できそう。
1月＝今の仕事を頑張ることが大切。陰であなたを評価している人が。
2月＝変化の波をキャッチ。周囲が

牡牛《おうし》座　4月21〜5月21

総合運＝ウイークポイントの克服に最適。自己否定や人との比較をやめると、短所を「個性」として認められるはず。これまでの努力が、信頼や名誉となって戻ってくる幸運も。
愛情運＝大人の恋に期待。お互いを尊重し合える相手を選ぶのがコツ。
仕事・対人運＝ハードワークが実るとき。実力を見込まれて、昇進の可能性も。SNSでもリアルでも、交友関係のスリム化は開運効果あり。
金運＝浪費抑え質素倹約を心掛けて。浮いたお金は貯蓄に回すのがベター。
健康運＝口内環境をクリーンに保って。風邪知らずの一年を送れそう。
1月＝地道な努力が報われる年明けに。新しい目標は更に高く大きく。
2月＝自己嫌悪に陥りがち。「完璧

双子《ふたご》座　5月22〜6月21

総合運＝インスピレーションが冴える一年に。直感に従ってのチャレンジも吉と出る可能性が高め。国内外のニュースサイトを閲覧し、社会の動きを先取りする習慣をつけて。
愛情運＝「運命の人」は目の前に。相手も同じ感覚を抱いている模様。
仕事・対人運＝オールラウンドな才能が開花。どんな役回りも器用にこなすあなたに、周囲も称賛を惜しまないでしょう。転職にもツキが。
金運＝臨時収入の予感。欲しかったものを購入すると開運にも貢献。
健康運＝基礎体力をUP。まずは足腰を鍛えるトレーニングを開始。
1月＝思い出の中に、現状を改善するヒントが。同窓会の出席は吉。
2月＝合言葉は「行動あるのみ」。

慌てる頃には、高みの見物状態に。
3月＝運気は流動的。状況の変化に惑わされずニュートラルな対応を。
4月＝直感が研ぎ澄まされる月。相手の考えがクリアに理解できそう。
5月＝忍耐力がカギに。先を焦らずに最高のタイミングを見極めて。
6月＝人気運が高まっている模様。どこに行っても話題の中心へと。
7月＝メンタルを消耗しがち。休日は家で過ごすと心がフラットに。
8月＝協力体制が万全。最強メンバーに囲まれ、向かうところ敵なし。
9月＝事務処理に適性あり。煩雑な作業もテキパキとこなせるはず。
10月＝広々とした場所がラッキープレイス。自然と気持ちが大らかに。
11月＝謙虚さは最高の美徳。最後の最後で逆転勝利を呼び込みます。
12月＝新たな価値観を学べるとき。世代や立場の異なる人との交流吉。

さ」を求めすぎないほうが賢明。
3月＝軌道修正を試みたい月。思い切った決断が功を奏しそうです。
4月＝ときには誰かを頼ってＯＫ。快く手を貸してくれるでしょう。
5月＝力試しの運気。思い切った挑戦が大きな成果につながりそう。
6月＝自分で自分を育てる気持ちが◎。誰よりも寛大な心で見守って。
7月＝サービス精神あふれるとき。取引先や家族からの評価も上々。
8月＝ないものねだりはＮＧ。不足分より今手元にある資源に注目を。
9月＝成功までのプロセスを楽しむと吉。失敗も笑い話になるはず。
10月＝人間関係は縮小傾向。新規の出会いより身近な人との絆を強化。
11月＝相手の立場に立って物事の判断を。対人関係が劇的に改善へ。
12月＝大掃除に着手。新しい雑巾やスポンジを使うと開運効果が大。

チャンスには迷わず手を伸ばして。
3月＝冷静沈着な振る舞いにツキあり。あなたの聡明さが光ります。
4月＝オリジナルの発想がカギ。自分のセンスを信じて独自色で勝負！
5月＝優しさが運気改善のポイント。困っている人には援助の申し出を。
6月＝吹っ切れたムード。新しいことに挑戦し始める絶好のチャンス。
7月＝少々ものぐさな気分。面倒なことほど早めに済ませたほうが◎。
8月＝瞬発力が大事。即断即決を心掛けると、厄介事も素早く解消。
9月＝アットホームな一ヶ月。親しい人と賑やかに過ごせてハッピー。
10月＝限界を突き破れる予感。今まで出来なかったことにチャレンジ！
11月＝仕事最優先の時期。忙しく動き回るほど充足感を味わえるはず。
12月＝支援体制が整います。あなたの右腕となる人物との出会いも。

蟹《かに》座

6月22～7月23

総合運＝発言力が増します。あなたの一言で状況が一変することも。一年かけて達成する目標をしっかり立てることで、充実した年に。焦らず地道に取り組むのが達成の秘訣。

愛情運＝言葉より態度やしぐさが恋を呼びます。細部にも配慮して。

仕事・対人運＝天職と巡り合える予感。あえて「不得意な業務」「人が敬遠する仕事」に注目してみて。対人面では、旧交を温めると大吉。

金運＝大きな買い物が続きそう。「相見積もり」をとることで経費削減。

健康運＝気力の充電がカギ。ときには長めの休暇を取るのもよさそう。

1月＝強力な引き立て運あり。あなたのポジションが盤石になりそう。

2月＝少数意見の中に真実あり。普

獅《し》子《し》座

7月24～8月23

総合運＝相手の喜びが自分の喜びに。人の笑顔を見るだけで幸せを実感できそう。ファッションセンスを磨くと、見た目だけでなく気分もグンと若返り、開運にもつながります。

愛情運＝出会い運が上昇中。誰からも祝福される素晴らしい恋に発展。

仕事・対人運＝チームプレーがカギ。周囲と密に連携を取りながら、仕事や遊びの計画を練りましょう。一年を通じて女性がキーパーソンになる。

金運＝人が財産となる星回り。交際費は気持ちよく出すとツキがＵＰ！

健康運＝頻繁に空気の入れ替えを。疲労の回復がスピーディーです。

1月＝社会人マナーを再学習。周囲の見る目がガラッと変わります。

2月＝パートナー運吉。公私共に

乙女《おとめ》座

8月24～9月23

総合運＝持ち前の細やかな性質を最大限に活かせる年。日々の小さなことにも感謝をしながら暮らすと、日常の質が格段にレベルアップします。定期的な掃除も開運アクション。

愛情運＝結婚や交際を焦る必要はなし。あなたのタイミングを重視して。

仕事・対人運＝慣れ親しんだ仕事にツキ。転職に不安があるなら、しばらくは現状維持の選択もあり。梅雨の頃になると交友関係に賑わいが。

金運＝訳あり品や型落ち品をチェック。予想外のお宝が見つかるはず。

健康運＝規則正しい生活が◎。早起きを心掛けると「三文の徳」に。

1月＝人間的な魅力が備わる月。周囲に媚びないスタイルが評判に。

2月＝シェイプアップ運が高め。痩

段は無口な人の発言に耳を傾けて。

3月＝行動エリアが拡大。ちょっとした「冒険」を楽しむと充足感が。

4月＝孤軍奮闘を強いられる暗示。今は目の前のノルマ達成に没頭を。

5月＝特技を生かせる副業を発見できる気配。求人情報を確認して。

6月＝ボランティアがテーマ。誰かのための行動がいつか自分の元へ。

7月＝大きな幸運をつかめるとき。夢を周囲にも公言しておいて進展。

8月＝サポートする力が冴えます。黒子役を進んで引き受けると開運。

9月＝人が人を呼ぶ気配。普段あまり交流のない人たちにも声掛けを。

10月＝散財の危険が大。一晩じっくり考えた上で現実的な判断をして。

11月＝信念を貫いて正解。思いきった決断が、新たな扉を開きます。

12月＝一年の反省点や改善点を書き出して。「運の禊《みそぎ》」ができるはず。

パーフェクトな相棒に恵まれるかも。

3月＝大事なものほど隠れている傾向が。真実は心の目で探り当てて。

4月＝未来に照準を定めたい月。自分の可能性は限定しないほうが◎。

5月＝疲れから免疫力が下がりがち。栄養バランスや運動を見直して。

6月＝足取りは軽やか。興味のあることはさっそく挑戦してみて正解。

7月＝「お互い様」の気持ちが大切。相手のミスも責めず寛容な対応を。

8月＝物怖じしない姿勢が◎。初対面の人とも意気投合できるはず。

9月＝余暇運が充実。手料理や趣味の時間を楽しむと身も心も大満足。

10月＝面倒な雑用もスムーズに終了。空いた時間は誰かのお手伝いを。

11月＝自身の問題から目を逸らす傾向。他人に責任転嫁するのはNG。

12月＝一致団結がテーマ。皆の心をひとつにすると驚くべき力が湧く。

せたい部分を集中的に絞ると吉。

3月＝敵と味方が浮き彫りに。肩書ではなく人間性で判断しましょう。

4月＝「自己鍛錬」がテーマ。手強い状況を乗り越えた先に希望が。

5月＝探究心が芽生えるとき。専門分野を極めると、仕事面に好影響。

6月＝我慢の時。誠実に取り組めば、トラブルが早く通り過ぎるはず。

7月＝通信運がUP！　こまめにネットを確認すると好情報が次々に。

8月＝見えないリスクを注視。順調なときほど気を引き締めましょう。

9月＝適度な緊張感が成功への刺激に。いつも以上のパワーを発揮！

10月＝お財布の買い替えにツキ。お金に好かれる体質に変わりそう。

11月＝ムードメーカーとして活躍。元気のない相手を明るく激励して。

12月＝ぬか喜びの傾向。噂話を信じ込むと恥ずかしい思いをするかも。

天秤《てんびん》座　9月24〜10月23

総合運＝「人間力」が高まる気配。様々な立場を経験したり、喜怒哀楽の感情を味わったりすることで、人としての幅が広がるはず。芸術的な表現力がアップするおまけもあり。
愛情運＝ドラマチックな恋模様。憧れの人とゴールインできるかも。
仕事・対人運＝働く幸せを噛みしめる一年。社会人としての責任感や使命感が強まります。対人面においても、仲間のために力を尽くすと吉。
金運＝楽しむ気持ちが金運を呼ぶ気配。趣味が高じて副業になるかも。
健康運＝無理せずとも健康体を保てそう。スポーツへのチャレンジ吉。
1月＝親孝行をすると開運。お正月は一家だんらんの時間を確保して。
2月＝夢を実現するチャンス大！

蠍《さそり》座　10月24〜11月22

総合運＝生まれ育った土地との絆が深まりそう。諸々の事情により「故郷」や「親元」へと引き戻される出来事も。住まいの環境や生活パターンのリニューアルは吉と出るはず。
愛情運＝自然体のあなたでＯＫ。「結婚したい異性」として人気上昇。
仕事・対人運＝仕事人間からの脱却を図りたいとき。家庭や私生活とのバランスを見直すのも良さそう。対人問題は6月前後に解消の兆し。
金運＝不要な契約をリストアップして見直す。家計節約の効果が絶大。
健康運＝心の声に耳を傾けて。我慢をしすぎると、健康面にも影響が。
1月＝等身大をモットーに。誰とでも気楽にコミュニケーションを。
2月＝小さなダメージが重なる月。

射手《いて》座　11月23〜12月22

総合運＝好奇心の赴《おもむ》くままに過ごして。先々のことを考えすぎず、「今」という貴重な時間を楽しむことで充実した一年に。毎日の読書を習慣にし、幅広い知識を得ると有意義。
愛情運＝友人のひとりが恋人に昇格。思わぬきっかけでホットな仲に。
仕事・対人運＝自分なりの働き方改革を。テレワーク等にも進んで着手すれば、仕事の効率が上がります。対人面は顔なじみとの交流にツキ。
金運＝ネットショッピング吉。狙っていた商品をセール価格でゲット！
健康運＝こまめに血圧や脈、体温を測りましょう。体調管理に役立ち。
1月＝求めている幸せはすぐそばに。暮らしに小さな恩恵を見つけて。
2月＝プラス思考がカギ。いつの間

応援してくれる人が集まる兆し。
3月＝丁寧な仕事ぶりが評判に。厄介な依頼も嫌がらずにこなすと◎。
4月＝「喜び事」に縁あり。祝福したり祝福されたりと気分も上々。
5月＝敗因を分析。ワンパターンから脱却すれば、勝ち組へと昇格。
6月＝ジョギングにトライ。体力作りと気分転換が同時にできるはず。
7月＝開き直りも大切です。不要なプライドを捨て素の自分で勝負を。
8月＝クリエイティブな才能あり。無から有を生み出せるあなたに。
9月＝誰かの言葉に救われる場面が。悩みあれば迷わず打ち明けてみて。
10月＝意志力が試される月。一度やると決めたら前だけを向いてGO！
11月＝物質運が好調。周囲に欲しいものを伝えておくと好反応あり。
12月＝臨機応変な対応を。計画にはB案も準備しておけば安心です。

些細なミスを引きずるのは禁物。
3月＝人情味あふれるとき。弱い立場の人々を積極的にかばってあげて。
4月＝問題解決までには時間が。今は無理に答えを出す必要はなし。
5月＝協調性がキーワード。周囲に合わせることで、結果オーライに。
6月＝保留になっている案件に再チャレンジ。期待以上の好感触あり。
7月＝確固たる決意が芽生えそう。とまどいつつも一歩前に進めます。
8月＝気の強さがアダに。ときには素直に負けを認めることも大切。
9月＝理性的な対応にツキ。対人トラブルが円満解決するでしょう。
10月＝アンニュイな気分。音楽などの芸術鑑賞で疲れた心を慰めて。
11月＝気合いで突破口が開くとき。多少の障害なら熱意で乗り越えて。
12月＝心身のメンテナンスに時間を費やして。満ち足りた年越しに。

にか運を味方につけられるはず。
3月＝家族会議を開催して。家や不動産についてじっくり話し合いを。
4月＝イメージチェンジにツキ。異性の視線が急に熱を帯びるかも。
5月＝スケジュールには余裕を持たせて。ケアレスミスが減ります。
6月＝好き嫌いが顔に出がち。苦手な相手にもクールに接しましょう。
7月＝身の回りを整理整頓。気になっていた案件がすっきりと解決。
8月＝旅気分が高まるとき。ひとり旅を計画すると得るものが多め。
9月＝職場の救世主として活躍。あなたの機転で、難なく窮地を脱出。
10月＝変化の波がやってきます。無理をせず運を天に託せば好結果に。
11月＝感受性が鋭くなる時期。泣きたいときは思いきり涙を流して。
12月＝フットワークが勝負の月。ライバルを置き去りにできるでしょう。

山羊《やぎ》座

12月23〜1月20

総合運＝「好きこそ物の上手なれ」をモットーに。どうしても手放せないものがあるなら、人生のライフワークとなるはず。趣味を極めたり習い事を始めるのもおすすめです。
愛情運＝ハートフルな運気です。特に初夏のお相手探しは吉と出そう。
仕事・対人運＝自分のペースで動ける安定期。苦手な人やものとの接触が減り、肩の荷が下りるでしょう。手に職をつけると将来への展望が。
金運＝円滑なマネー運。収入に見合ったお金の使い方ができるはず。
健康運＝「食」を極めたい年。身体によい食材を選ぶと病気知らずに。
1月＝「原点回帰」がテーマ。自分の本心とじっくり向き合うと吉。
2月＝粘り強い対応を。手間を惜し

水瓶《みずがめ》座

1月21〜2月19

総合運＝幸運の星と試練の星がタッグを組み、あなたの運気を鍛え上げます。ストイックになるほど大きな手ごたえが。頑張り次第では不可能も可能になるチャレンジ運です。
愛情運＝捨てる神あれば拾う神あり。失恋のあとに理想の相手が登場。
仕事・対人運＝一からキャリアを積み上げられる年。新たな仕事に着手したり、新たな業務を引き受けたりするうちに、対人面にも新風が。
金運＝バックアップ運。ピンチに陥っても奇跡的な援助がありそう。
健康運＝体力を過信しがち。特に梅雨の頃はダウンしやすいので注意。
1月＝献身的な態度にツキが。後々うれしい恩返しがあるでしょう。
2月＝ターニングポイントの月。抗《あらが》

魚《うお》　座

2月20〜3月20

総合運＝精算期に相当するこの年は、前向きな意味での「リセット」がおすすめです。幸運の入るスペースを空けておくと、来年以降にチャンスが舞い込みやすくなるでしょう。
愛情運＝楽しいだけの恋からは卒業。心と心の触れ合いを大切にして。
仕事・対人運＝待ちの姿勢に徹して吉。仕事も人間関係の悩みも、時間が解決してくれるはず。夏の気配が近づく頃、思わぬ吉報がありそう。
金運＝「得る」より「与える」意識を。被災地などへの募金も大吉。
健康運＝脱力がカギ。何事も程々を心掛けると、ストレスが最小限に。
1月＝先読みの才、勘の冴えあり。「損して得とれ」をモットーにして。
2月＝周囲に甘えすぎないように注

まず、最善の形に仕上げましょう。

3月＝ＳＮＳを積極活用すると耳寄り情報が。自分をＰＲするのも◎。

4月＝他人への不平文句は控えるべき。ほめ言葉を口に出して悪運退散。

5月＝プレゼント運が好調です。あなたが贈り物をするのも開運に。

6月＝出しゃばらない態度にツキが。誰にでも温和な雰囲気で接して。

7月＝連帯感が強まる気配。同じ目的を持つ人との出会いにも期待大。

8月＝親せきとの交流を持って。懐かしい話題に花が咲き癒やしに。

9月＝新しいフィールドを開拓。誰もが手掛けていない分野に注目を。

10月＝現状に限界を感じるかも。潔く撤退の判断をするのもありです。

11月＝今後の方針が定まる月。曇りがちだった視界が一気にクリアに。

12月＝メリハリがポイント。休むときはしっかり休んで明日に備えて。

わずに運命を受け入れる姿勢が◎。

3月＝周囲の雑音をシャットアウト。流されずに自分のペースを守って。

4月＝創意工夫がキーワード。単調な作業も効率良くこなせるはず。

5月＝ネガティブな思い出が残る品を処分。過去への執着が消えます。

6月＝チャレンジ精神、意欲が上昇。今月は何ごとにも前向きな返答を。

7月＝気づかぬうちに夏バテが進行。寝不足は早めの帰宅で解消すべき。

8月＝結論を急がない方がよいとき。待てない場合はすぐ周囲に相談を。

9月＝思いつめてしまいがち。悶々とするときは太陽の光を浴びて。

10月＝ビッグウェーブの到来。バラ色の未来を予感させる出来事あり。

11月＝社会的地位が向上しそう。周囲の期待が心地よいプレッシャーに。

12月＝最先端の技術やシステムと好相性。発想力に磨きがかかるはず。

意。自分でできることは自分で。

3月＝スタートラインに立てる月。ポジティブムードで満たされそう。

4月＝買い物は近場の商店街を有効活用。無駄遣いが減り、節約に。

5月＝マニュアルに頼らない知恵、工夫を。物事が滞りなく進展する。

6月＝家庭運吉。アクシデントをきっかけに家族の結びつきが強化。

7月＝確かな手ごたえあり。「よく頑張った」と自画自賛するのも◎。

8月＝不安定な星回り。上手く進まない案件は、とりあえず保留を。

9月＝しなやかさをキープ。臨機応変な対応で、幸運の女神を味方に。

10月＝再会の兆し。久々に訪れたスポットで、懐かしい人とばったり。

11月＝視野を広げると勝運。哲学や心理学の入門書にチャレンジを。

12月＝注意力散漫になりがち。マメに息抜きをしながら作業を進めて。

カバラ占い

浅野八郎

カバラ占いとは、ヨーロッパに古くから伝わる「数」を元に判断する占いで、生年月日から「運命数」を出して占います。その運命数によって、その人の運勢や性格など、さまざまなことがわかるといわれています。

今回は、カバラ占いであなたの「健康運」を占ってみましょう。

■カバラ「運命数」の出し方

生年月日（西暦）の数字を合計して、2桁になったら1桁目と2桁目の数字を合計し、最終的に1桁になるまで足し算を続けます。その1桁の数が、「運命数」です。（ただし11と22になった場合は、2桁のままで、そのままストップします）

（例）生年月日が1974年6月12日の場合

1＋9＋7＋4＋6＋1＋2＝30→3＋0＝3→運命数『3』。

●運命数【1】

もともと健康でスタミナもあり、強い運と個性を持った人。ただ、一度病気やケガをしたときは、大ごとになりやすい人ともいえます。起きるはずがないところでケガをしたり、信じられないような事故に巻き込まれてしまうことも。健康に自信を持ちすぎず、体調管理をしっかり行うことが大事です。

●運命数【2】

もともと調和を考えようとする温和な人柄です。周りに気をつかいすぎるために、ストレスをため込んでしまい、いろいろな病気になるキケン性があります。ふだんからストレスを発散する工夫をしていくことが、健康運アップのカギになります。

●運命数【3】

カバラで、いちばん安定したバランスのとれた体格、体型の人が多いでしょう。元気があふれ、その気になると、信じられないぐらい大きな力を発揮することがあります。スポーツで力をのばすこともできそうです。ただ、頑張りすぎて、疲労をためてしまうので、注意を。

●運命数【4】

安全でバランスのとれた人です。基礎体力がしっかりしているのが特徴でしょう。ふつうの人ならあきらめるようなことでも、あきらめずにコツコツ努力をしたり粘りを見せて、一つひとつ夢を実現していく、安定発展型ともいえます。

●運命数【5】

元気にイキイキと活動していても、環境の変化、予期しない異動が原因で、ストレスが高まってしまうことがあります。自分でも知らないうちに、身体に影響が出てしまうことも。新鮮な空気を取り入れたり、大自然と接することを定期的に繰り返すことが効果的です。

●運命数【6】

気管支、呼吸器系の病気と関係が深く、自然環境の中で、空気の影響を多分に受けます。外気の汚れているところでは、ガードしているつもりでも、気管支系を蝕まれたり、予期しない病気のもとになることがあるので注意を。一年中、うがいを徹底することが効果的です。

●運命数【7】

生命力が旺盛で、生きようとする信念の強さが健康運につながっていきます。他の人がもうダメだと思うようなときでも生き残っていくしぶとさがあります。混乱時に強く、困難な環境の中でも元気を取り戻し、自分や家族を守っていくような行動力を発揮します。

●運命数【8】

知らず知らずのうちに、健康運がダウンしていることが。とくに血圧には注意しておいて損はないでしょう。また、不思議なのは、曜日に左右されやすいこと。とくに週の仕事始めや月曜日に体調を崩したり、異変が起きることがあるので、体調管理をしっかりと。

●運命数【9】

吉凶両極端で、良いときはずば抜けて安定し、元気にイキイキと活動しますが、少しでもダメなことがあるとすぐ弱気になり、健康運までダウンしてしまうことがあります。小さなことでも相談できる身近な主治医がいると、健康運が安定しそうです。

●運命数【11】

何かに夢中になると、健康をかえりみずに、情熱を傾けてしまうことが。何か失敗したり、集中力が途切れると、一気に身体の具合が悪くなりそうなので注意を。若い頃の無理がたたり、十年後に影響を及ぼすことも。

●運命数【22】

個性的で、何でも自分流にやっていきたい人。自分ならではの健康法を実践していくことも多そうです。ただ、健康診断はしっかりとしておくと安心です。

タロット占い

ステラ・ボンボヤージュ

●タロット・カウンセリングにおける結婚運

タロット鑑定で愛情運を占う場合、さまざまな質問が想定されますが、中でも最もポピュラーなものは「私はいつ頃結婚できますか？」という質問です。

先にお断りしておきますが、基本的にタロットは「時期」を占う手法としてはあまり適しているとは言えません。なぜなら、タロットカードは相談者の「現在」の心理状況、深層心理を鏡のように映し出すツールであり、人間の心情というものは常に変化するものだからです。些細《ささい》なきっかけや出来事で人の心は大きく動き、その都度、占いたいことも変わります。タロットの場合、とくに特定しない限りは、どのような問題であっても長くても三か月内程度の状況について判断します。

どうしても時期を知りたいときは、「半年以内に恋人ができますか？」などと、あらかじめ質問に組み込むか、仮にスプレッド（展開）するカードが十二枚あれば、それぞれに一月から十二月まで割り当ててリーディングする、といった占法も可能ではあります。

これを踏まえて最初の質問に戻ります。「私はいつ頃結婚できますか？」——このような直球の質問に対して、まずどう返せばよいでしょうか。もちろん交際相手の有無を聞き出すことが先決ですが、ここでは交際相手がいないというシチュエーションで考えてみましょう。

三枚のカードに一年後、二年後、三年後と割り振って、いずれかに吉意のカードが出れば「○年後に結婚する可能性が高いですね」と答えることは素人でさえ難しくありません。でも、そうした内容と結果に対して、どこか薄っぺらさを感じないでしょうか。あまりに漠然とした結果であると、相談者も具体的に行動を起こす気にはなれないでしょう。高校の文化祭の占いコーナーであれば、これでも良いかもしれませんね。では、どうしたらしっかりと実のある鑑定内容になるのでしょうか。

まず、タロットに限ったことではありませんが、鑑定では相談者が知りたいことに関する「ヒアリング」は大変重要です。現実的な状況を聞き出し整理しながら、本当に相談者が知りたいと思っていることをどんどん掘り下げて探っていく作業が必要なのです。

ですから、「私はいつ頃結婚できますか？」と問われたら、「あなたはいつ頃（までに）結婚したいのですか？」

と反対に訊《き》いてみましょう。もしかしたら「明日にでも！」「できれば1年後には」「え？ いつ頃？ う〜ん」……返ってくる反応はきっとさまざまでしょう。そしてさらにこう尋ねます。「そもそもなぜあなたは結婚をしたいのですか？」と。この質問に対しても得られる反応は想像にお任せしますが、答えは十人十色でしょう。もちろんそれでよいのです。

このヒアリングの段階では、相談者がなぜその質問をしているのか、その心理を探り、本当に聞きたいことを明確にあぶりだすことが大切です。この部分を飛ばしていきなりカードに質問をぶつけても、往々にして釈然としない結果が出てしまうものです。

同じ「卜占《ぼくせん》」である「易《えき》」の占的と共通すると存じますが、とにかく質問はハッキリしていないといけません。あいまいな質問では、ボンヤリとした答えが引き出されるだけです。

最もカードが答えやすいのは「いつ結婚できますか？」「素敵なパートナーが現れますか？」といった問いかけよりも、「私が幸せな結婚をするためには、何が必要ですか？」といった〝自分を主体とした〟質問です。

では、この相談をもとに三枚引きで占ってみましょう。

＊展開図＊

①戦車（逆）

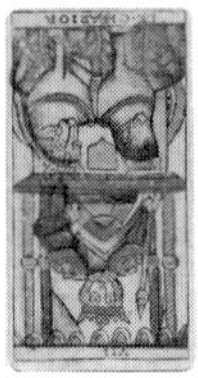

③恋人（逆）

②月（正）

①の位置の意味は「（本人も気づいていない）結婚したい理由」、②の位置の意味は「結婚に何を求めているか」、③の位置の意味で「幸せな結婚をするためにどうすればいいのか」で占断します。①には「戦車（逆位置）」、②に「月（正位置）」、③に「恋人（逆位置）」のカードが出ました。では、リーディングしてみましょう。

相談者がなぜ結婚したいのか？「戦車（逆位置）」によると焦燥感が強く表れています。年齢的な焦りや身内からのプレッシャー、結婚していく友人たちからの刺激……などその要因はいくつか考えられそうです。逆位置であるがゆえに、その焦りが内にこもって無意識にストレスとなっているようです。

次に、相談者は結婚にいったい何を求めているのでしょうか？「月（正位置）」のカードが告げるところによると、「迷い」がキーワードに挙げられます。つまり、相談者自身も何を結婚に求めているのかがよく分かっていない状況である、と推察できるでしょう。前のカードの「焦り」がマイナスの影響を与えていて、そもそも本当に結婚したいのかどうかさえ曖昧にしています。

では、どうすれば相談者は幸せな結婚ができるのでしょうか？　結果のカードは「恋人（逆位置）」ですから、まず異性と気軽にコミュニケーションをとること、自ら出会いの場に赴くことが大切であることが分かります。

ここで「恋人」が出たからといって、「すぐに素敵な恋人が見つかってゴールインできますよ」などと安易に喜ばせてはいけません。それでは、相談者は安心しきって何もせずに待っているだけ、で終わってしまいそうです。それに、先に出た二枚のカードを見れば、だれもが違和感を覚えるはずです。何よりも交際相手のいない状況からのスタートですから、まずは出会うための行動を起こさねばなりません。幸い「恋人」のカードには、出会いのチャンスが暗示されていますから、相談者さえその気になれば結婚を意識するような素敵な異性とめぐりあえる可能性が高いでしょう。

こうしたポジティブなアドバイスを織り交ぜて、背中をそっと押してあげることが単純に占いを当てものとして「当てる・当てない」ということより数倍も大切なのです。整理しますと、ヒアリングの段階で相談者の「本当に聞きたいこと」「なぜそれを知りたいのか」を掘り下げて、質問を明確化することが第一に大切です。

このやりとりだけで、相談者が自分自身で「気づき」を得ることも十分考えられますし、それに呼応して出てくるカードもかなり変わってくるものです。そう、まるでその時の心理状態を鏡に映し出したように。ましてや相談する相手が初対面の鑑定士の場合、最初から本音を打ち明ける相談者は意外と少ないものです。

鑑定が終わりに近づく時間になってはじめて、「実は本当に聞きたいことは…」と打ち明けられることも少なくありません。そうした時間のロスを防ぐためにも、最初の段階でできるかぎりの情報を引き出し、それを受容し共感しながら信頼関係（ラポール）を築こうとする姿勢を崩してはなりません。

タロットカードは単純に未来を言い当てるための道具ではなく、相談者の深層心理をくみ取りながらやさしく寄り添い、必要なメッセージを与えてくれる実生活に役立てるためのツールなのです。

占術家名鑑

一般社団法人 日本占術協会 役職者名簿

(五十音順:平成31年4月1日～令和3年3月31日)

【会　長】	福田有宵
【副会長】	エミール・シェラザード
〃	佐藤宗昡
【事務総局長】	半田晴詠
【専務理事】	アイラ・アリス
〃	藤 瑛梨賀
【常務理事】	栗原里央子
〃	肥留川喜聖
〃	前田龍徳
〃	美園環希
【常任理事】	今宮由晞
〃	後藤青衣山
〃	ステラ・ボンボヤージュ
〃	濱野延珠
〃	星 美友己
〃	巳幸万祐
〃	モナ・カサンドラ
【理　事】	安芸実
〃	秋山勉登務
〃	稲葉光信
〃	上田享矢
〃	川﨑有紗
〃	吉祥水茄
〃	久保田恵都予
〃	乾　象
〃	田辺山陽
【理　事】	つちや郁子
〃	巾 聖加
〃	二見眞有
〃	マダムベーラ・モンテ
〃	マーク・矢崎
〃	松岡能子
〃	みほし朱夏
〃	山本楓花
〃	瑶 紫葉
【監　査】	グレース怜奈
〃	平泉 優
【名誉会長】	浅野八郎
【最高顧問】	富塚崇史
【顧　問】	井上陽姿子
〃	牧野有峰
【相談役】	伊藤璃香
〃	小山眞樹代
〃	清水 誠
〃	杉本蘭華
〃	泰 承苑
〃	峰 阿弓美
【参　与】	秋山勉唯絵
〃	田中恵祥
〃	吉田侑加

支　部

【大阪支部】

支部長	松岡能子
副支部長	萩野重徳

【京都支部】

支部長	山本楓花
副支部長	中村天祐

【東海支部】

支部長	田辺山陽
副支部長	山下照世

【北関東支部】

支部長	安蔵妙和
副支部長	小林妙昌

【九州支部】

支部長	桑原鶴雲
副支部長	環　舟

【広島支部】

支部長	山中康示
副支部長	リリーマリンカ

【群馬支部】

支部長	川﨑有紗
副支部長	窪田鏡月

開運への扉　会員名簿の使い方

このページは順に日本占術協会会員の方々の写真ならびに名前が掲載されております。

それは、この開運暦をお読みになった皆さまが、ときには人生に対する種々のお悩みがあり、「さて誰かに相談したいけれど、よく分からない。占いという専門分野の中でなにかアドバイスを」と思っても、誰がどこにいるのか？　電話は？というような時のためのご便宜にと考えて掲載されているものです。平成10年6月より日本占術協会の「占術士認定制度」がスタートし、有資格者がこの名鑑に掲載されてあります。

元来、占いというものは単に当てるだけのものではありません。もちろん、当てなくてはいけません。しかし、困った問題、苦しい問題などに対してのアドバイスとともに、どうしたらよいかという開運法、これが大切なことと思います。

そのためにも、この中からよい占者を選んでいただければ幸いです。いろいろな分野の占者の中から、ご自分の悩みのアドバイスになる占法をだいたい見定め、電話、手紙などで確かめてご利用いただきたいと思います。

占術家氏名
〈所在地〉
①＝主宰または所属している占術会
②＝主な占断方法
③＝鑑定依頼上の注意
☎＝問い合わせ先電話番号
〒＝現住所または事務所

浅野八郎名誉会長

福田有宵会長

佐藤宗眩副会長

エミール・シェラザード
副会長

アイラ・アリス
〈東京〉

①日本占術協会専務理事・認定占術士・㈱ルネ・ヴァン・ダール研究所・日本時空心理学協会副会長 ②西洋占星術・タロット・時空心理学・ケルト占術 ③西洋占星学講座・タロット講座講師
③電話予約 ☎03(3350)6841
〒160-0022 新宿区新宿一-一-一 ビューシティ新宿御苑一二〇一 ルネ・ヴァン・ダール研究所

秋山《アキヤマ》勉《ツ》登《ト》務《ム》
〈東京〉

①日本占術協会理事・認定占術士・日本易推命学会会長・自由が丘開運学院学院長 ②四柱推命・周易・気学・風水・手相・人相・姓名判断・西洋占星術・タロット ③電話予約の上御来院下さい。
☎03（3725）1015
〒152-0035 目黒区自由が丘二-十六-十九-五〇一 自由が丘開運学院内

安《アン》藤《ドウ》和《カズ》明《アキ》
〈兵庫〉

①日本占術協会大阪支部顧問 ②観相を主とした総合判断・姓名判断・方位 ③電話予約
☎06（6494）1110
〒661-0981 尼崎市猪名寺二-二-一-三二一

アイ・恵照《ケイショウ》
〈大阪〉

①日本占術協会・コーセイ占星学研究所・日本数理運命研究所 ②観相・手相・西洋占星術・タロット・数霊・四柱推命 ③アメリカ村三角公園前占いルーム「ラピス」出演12～9時まで
☎090（3868）1218
〒542-0086 大阪市中央区西心斎橋一-七-十一

秋山《アキヤマ》勉《ツ》唯《タ》絵《エ》
〈東京〉

①日本占術協会参与・認定占術士・自由が丘開運学院会長・日本易推命学会相談役 ②四柱推命・易学・気学・風水・手相・人相・西洋占星術・姓名判断・タロット ③電話予約 ☎03(3725)9946
〒152-0035 目黒区自由が丘二-十六-十九-五〇一 自由が丘開運学院内

愛月《アイヅキ》日《ヒ》奈《ナ》子《コ》
〈東京〉

①日本占術協会・占いサロン愛月主宰・小山眞樹代子平推命研究所（旧五術）・横浜開港記念会館眞樹の会理事 ②タロット・子平推命・四柱・西洋占星術・数秘術・手相 ③電話予約 ☎03（6403）3468
〒169-0075 新宿区高田馬場三-一-五 サンパティオ高田馬場三〇九
「占いサロン愛月」で検索

青《アオ》木《キ》泉《セン》蓉《ヨウ》
〈愛知〉

①日本占術協会・占いのオズ代表 ②四柱推命・姓名判断・タロット・手相・西洋占星術 ③名古屋大須・占いのオズ
☎052（243）1078
〒460-0011 名古屋市中区大須三-三〇-八六 第一アメ横ビル一階
http://www.uranaioz.jp

朝風《アサカゼ》かおる
〈東京〉

①日本占術協会・認定占術士・㈱ルネ・ヴァン・ダール研究所・日本時空心理学協会理事 ②西洋占星術・タロット・時空心理学 西洋占星学講座・タロット講座講師 ③電話予約 ☎03（3350）6841
〒160-0022 新宿区新宿一-一-一 ビューシティ新宿御苑一二〇一 ルネ・ヴァン・ダール研究所

相《アイ》賀《ガ》琉《リュウ》予《ショウ》
〈愛知〉

①日本占術協会・認定占術士・占庵《SENAN》・大須店主宰・琉予（プロ養成講座）大須店主宰・文化センター講師 ②手相・気学・家相・カバラ・風水・人相・宿曜占星他 ③予約
☎090（4185）7559
〒460-0011 名古屋市中区大須四-十一-四十四 チサンマンション上前津五〇三号

安《ア》芸《キ》実《ミ》
〈神奈川〉

①日本占術協会理事・認定占術士・日本易推名学会理事・カルチャー講師 ②四柱推命・周易・九星気学・タロット・風水・手相・人相・西洋占星術・姓名判断・心理カウンセリング ③自由が丘占い館・エンジェルガーデン出演 水曜日 一号店 土曜日 二号店
☎090（3240）4123
安芸実HP https://akkimi.tokyo/

天《アマ》里《サト》文《フミ》香《カ》
〈東京〉

①日本占術協会・小山眞樹代子平推命研究所（旧五術）・横浜開港記念会館研究室眞樹の会理事
②子平推命・手相・タロット
③御紹介のみ
☎03（5700）1032
〒146-0084 大田区南久が原二-一-六

安《アン》蔵《ゾウ》妙《ミョウ》和《カ》
〈茨城〉

①日本占術協会・北関東支部支部長・認定占術士・茨城学院
②四柱推命・手相・家相・気学・墓相
③電話予約
☎029（225）0629（同FAX）
〒310-0902 水戸市渡里町三〇八〇

秋《アキ》多《タ》宣《ノブ》慶《ヨシ》
〈愛知〉

①日本占術協会・小山眞樹代子平推命研究所（旧五術）・横浜開港記念会館眞樹の会理事
②子平推命・手相・タロット
③電話予約・御紹介のみ
☎080（7014）0350
名古屋市港区千年

アルタイル・ナスル
〈埼玉〉

①日本占術協会・認定占術士・日本時空心理学協会
②西洋占星術・タロット・時空心理学他
③ミラ・フォーチュン東大島店に偶数週水曜日出演。サイト「ココナラ」にてメール鑑定。個人鑑定します。メールにてお問い合わせ下さい。
✉altair-nassr@ozzio.jp

アクア・マルム
〈埼玉〉

①日本占術協会・日本時空心理学協会
②西洋占星術・タロット・時空心理学
③メール予約
✉aquamalum11@gmail.com

今《イマ》宮《ミヤ》由《ユ》晞《キ》
〈千葉〉

①日本占術協会常任理事・認定占術士・茅楊同人会・運命館ピムカ主宰 ②易占・タロット・家相・手相・方位・命名・改名・中国占星術・四柱推命・数理学・宿曜占星術
③電話予約・通信・出張鑑定
☎043（461）8195（同FAX）
事務所〒285-0837 佐倉市王子台一-十三-九

伊《イ》藤《トウ》璃《リ》香《カ》
〈東京〉

①日本占術協会相談役・認定占術士・岳易館・有宵会常任理事
②周易・気学・家相・人相・手相・姓名
③電話予約・通信鑑定
☎090（5774）8320
東京都

井《イ》田《ダ》樺《カ》信《シン》
〈埼玉〉

①日本占術協会・日本易推命学会理事
②自宅鑑定・出張鑑定・手相・人相・周易・気学風水・姓名判断・イーチンタロット
③自由が丘・西新井・占館出演
☎090（4952）7648（携帯）
〒343-0845 越谷市南越谷三-一-五一-五

樹《イツキ》　紅《ク》実《ミ》
〈群馬〉

①日本占術協会・日本易推命学会理事
②四柱推命・気学・風水・手相・人相・易・姓名判断・タロット・西洋占星術
③電話予約
☎090（1453）7291
〒370-0511 群馬県邑楽郡大泉町北小泉一丁目三一-三

祈《イノリ》　優《ユウ》
〈東京〉

①日本占術協会・Ｉｎｏｒｉ占いスクール
②九星気学・家相・風水・紫薇斗数・手相・人相・タロット
③対面・電話・メール・出張の鑑定を行っています。スクールも開講中
☎03（6261）0268
080（5427）0249
〒102-0085 千代田区六番町十五-二一鳳翔ビル三階

上《ウエ》田《ダ》享《キョウ》矢《ヤ》
〈東京〉
①日本占術協会理事・認定占術士・米国占星学協会永久会員・ハイブリッド占星学研究所所長 ②西洋占星学・算命学・タロット・方位・八卦 ③メール予約
✉helloku01@ybb.ne.jp
〒165-0031 中野区上鷺宮一-六-九 ハイブリッド占星学研究所
http://www.kyoyaueda.com

宇《ウ》月《ツキ》田《タ》麻《マ》裕《ヒロ》
〈東京〉
①日本占術協会・ハッピネスファクトリー代表 ②宿曜占星術・紫薇斗数・姓名術・タロット・西洋占星術・気学・手相ほか
ホームページ http://happiness-f.com
☎03（3490）4902（ホリプロ）
〒107-0061 港区北青山二-七-二〇 猪瀬ビル2F ㈲ハッピネスファクトリー

稲《イナ》葉《バ》光《コウ》信《シン》
〈千葉〉
①日本占術協会理事・認定占術士 ②高尾算命学・諸口流断易・浅野流手相 ③メール・電話予約
☎090（2563）1389
〒270-0014 千葉県松戸市小金一四七
✉yukiya178inaba@gmail.com

岩《イワ》崎《サキ》杏《キョウ》泉《セン》
〈東京〉
①日本占術協会・岳易館・有宵会 ②気学・手相・周易・観相・姓名判断 ③東京駅天佑會エメロード 水曜日出演
☎080（3087）2180
FAX 03（3940）7033

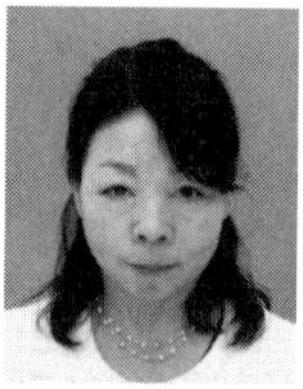

稲《イナ》見《ミ》壽《ジュ》峰《ホウ》
〈茨城〉
①日本占術協会・認定占術士・茨城学院 ②四柱推命・子平・気学・手相・人相・家相・墓相・周易 ③電話予約
☎0296（72）4172（同FAX）
〒309-1604 笠間市大渕一八五九-四

エミリ
〈東京〉
①日本占術協会・日本易推命学会・自由ヶ丘開運学院修了・自由ヶ丘エンジェルガーデン鑑定士・土曜日一号館火曜日二号館に出演 ②気学・四柱推命・手相・タロット・易
☎03（5701）3239 一号館
☎03（5701）3973 二号館

江《エ》ヶ《ガ》崎《サキ》瀞《シズ》加《カ》
〈茨城〉
①日本占術協会 ②九星気学（方位学）・家相 姓名判断（赤ちゃんの命名・改名 ペンネーム・社名） ③電話予約
☎0299（26）1735（同FAX）
☎0299（833）2100
〒315-0046 石岡市石川二七七九

エミール・シェラザード
（神《カミ》野《ノ》さち）
〈東京〉
①日本占術協会副会長・認定占術士・国際予想科学協会理事 ②東洋占術・奇門遁甲・四柱推命・時空心理学・西洋占星術・タロット・カウンセリング・方位・気学・手相 ③電話予約☎03（3354）6830
〒160-0014 新宿区内藤町一-一二-一-八〇四 kamino.co
http://www.kaminosachi.com/

卯《ウ》月《ヅキ》亨《リョウ》
〈東京〉
①日本占術協会・岳易館・有宵会・日本時空心理学協会 ②タロット・九星気学・ヨークカルチャーセンター八柱タロット教室講師・開運サロン暖母ユアエルム八千代台 ③電話・メール予約
☎090（2259）0716
✉uduki.ryo@gmail.com

卯《ウ》月《ヅキ》なな子《コ》
〈東京〉
①日本占術協会 ②タロットカード・西洋占星術 ③対面鑑定・予約制
☎03（3770）7236
〒150-0042 渋谷区宇田川町十二-十一 Uビル3Fフォーチュンカフェ トリン

環《カン》　舟《シュウ》
〈福岡〉
①日本占術協会・九州支部副支部長・認定占術士　②周易・九星気学・人相・手相・見方道アドバイザー　③電話予約・出張鑑定
鑑定室☎０９０（５７３８）０３５８
FAX０９２（６６２）７９５８
〒813-0044　福岡市東区千早三丁目
二-三一五「なごみの部屋」

大《オオ》鳥《トリ》居《イ》龍《リュウ》孝《コウ》
〈三重〉
①日本占術協会・認定占術士・伊勢開運学院学院長・愛占館館長
②算命学・四柱推命・六壬神課・手相・人相・風水・家相・姓名判断・方位・タロット
③対面通信鑑定・イベント出張有（予約優先）　愛占館伊勢店
☎０５９６（２９）１２３０（同FAX）
〒516-0037　伊勢市岩渕　一-十四-八

荻《オギ》原《ワラ》加《カ》夏《ナ》美《ミ》
〈東京〉
①日本占術協会・㈳日本易学連合会・承聖会・至聖会・加夏美易学会主宰
②気学・方位学・家相・四柱推命・断易・周易・奇門遁甲・姓名・タロット他
③電話予約・通信鑑定・出張鑑定可
☎０９０（３４００）９０４６
〒116-0002　荒川区荒川　四-十二-七

尾《オ》花《バナ》愛《アイ》山《ザン》
〈大阪〉
①日本占術協会・一般社団法人全国日本学士会
②四柱推命・易学・気学・断易・家相・姓名
③電話予約
☎０６（６９８１）４１７８（同FAX）
〒537-0013　大阪市東成区大今里南
一-二-一二-一〇〇五

大《オオ》川《カワ》嬉《キ》芳《ホウ》
〈三重〉
①日本占術協会・認定占術士・英国占星学協会終身会員・恵仁志舎主宰・中日文化センター講師
②西洋占星術・周易・四柱推命・人生コンサルタント
③電話予約
☎０５９（２２８）６５１５（同FAX）
〒514-0036　津市丸之内養正町　七-十一

叶《カノウ》　マリア
〈東京〉
①日本占術協会
②タロットカード・四柱推命・算命学・宿曜占星術・西洋占星術・手相・人相・風水
③メールかお電話でお申込み下さい
☎０７０（４４７０）０３１４
✉maria.tarot321@gmail.com
〒150-0012　渋谷区広尾　五-一-三六
〈占いｓａｌｏｎアリス〉

がどう美《ミ》木《キ》
〈愛知〉
①日本占術協会
②四柱推命・手相・タロット
③電話予約・イベント・電話鑑定あり
占いのオズ第４日曜出演
☎０８０（５１５１）８７６９
名古屋市

川《カワ》﨑《サキ》聡《ソウ》苑《エン》
〈大阪〉
①日本占術協会
②四柱推命・気学・花精神易（花占い）
③電話予約・通信・出張鑑定
☎０９０（６５５８）８４２８
〒579-8013　東大阪市西石切町二-十-二八

神《カン》戸《ベ》　美《ミ》水《スイ》
（球英・悠聖）
〈神奈川〉
①日本占術協会・認定占術士・全国占術協会会員・占術鑑定士・関西推命学院講師
②九星気学（方位・易）・四柱推命・手相・カバラ・人相・家相・カウンセリング
③電話予約・メール予約・出張鑑定
☎０９０（７００１）１０２８
✉yukky.red39@gmail.com

加《カ》賀《ガ》宮《ミヤ》　萌《モエ》
〈東京〉
①日本占術協会・㈱ルネ・ヴァン・ダール研究所・日本時空心理学協会理事
②西洋占星術・時空心理学
③電話予約☎０３（３３５０）６８４１
西洋占星学講座・タロット講座講師
〒160-0022　新宿区新宿　二-一-一
ビューシティ新宿御苑一二〇一
ルネ・ヴァン・ダール研究所

川《カワ》崎《サキ》有《アリ》紗《サ》

〈群馬〉

①日本占術協会理事・認定占術士・群馬支部支部長・岳易館・㈱カルチャー講師

②気学・手相・人相・周易・風水・数秘学・姓名判断

③電話予約・スマーク伊勢崎出演

☎０８０（２０１８）２９９９

〒372-0025　伊勢崎市東本町　二三

各《カ》務《ガミ》好《コウ》紀《キ》

〈東京〉

①日本占術協会・認定占術士・国際予想科学会協会員

②西洋占星術・タロット・手相・九星気学

③電話予約「109の扉」にて対面鑑定・イベント・出張鑑定

☎０８０（５０１２）５５５１

〒151-0053　渋谷区代々木　二－二三－一　ニューステートメナー一〇九号「109の扉」

叶《カノ》　佳《カ》

〈神奈川〉

①日本占術協会

②算命学・西洋占星術・九星気学・タロットカード・カルトゥーシュカード

③新大久保　開運の扉（毎週日曜）、町田献血ルーム（月一回）

お問い合わせ　http://uranaishinavi.biz/PEOPLE/DETAIL/ID/981/

賀《カ》音《ノン》諒《リョウ》子《コ》

〈東京〉

①日本占術協会

②姓名判断・四柱推命・手相・タロット・九星気学・五行断

③占いのアリーナ　ＬＩＮＥトーク占い

☎０５２（９５５）５０４０

㈱アリーナ館本部

川《カワ》崎《サキ》貞《ジョウ》命《ミョウ》

〈茨城〉

①日本占術協会・認定占術士・茨城学院

②四柱推命・手相・家相・気学

③電話予約

☎０９０（５９９５）６６４４

〒ひたちなか市東大島一－二五－二〇　占い相談室　ゆめ

岸《キシ》浦《ウラ》光《コウ》伶《レイ》

〈埼玉〉

①日本占術協会・認定占術士・有宵会・日本易学連合会光伶教室（1名から教えております）

②西洋占星術・タロット・気学・易・四柱推命・家相・姓名・手相

③電話予約

☎０９０（３９１９）０７０９

☎０４８（８６６）０３７０〔同FAX〕

〒336-0026　さいたま市南区辻八－二三－一七－二〇一

吉《キッ》祥《ショウ》水《ミ》茄《ナ》

〈東京〉

①日本占術協会理事・認定占術士・岳易館・有宵会

②気学・手相・家相・周易・タロット・メンタルケア（カウンセリング）

③電話予約（カフェ鑑定）

☎０９０（８６８１）１１３７

✉kisshou-eastwind09717@docomo.ne.jp

岐《ギ》風《フウ》尚《ショウ》優《ユウ》

〈岐阜〉

①日本占術協会・「占の城千夜物語」山陽庵グループ・藤金

②算命学・手相・タロット・姓名・家相・易・気学・風水

③電話予約・個人鑑定・イベント・通信

☎０５０（５５８６）９０５１

http://gifuu.web.fc2.com/

〒500-8041　岐阜市靭屋町

貴《キ》島《ジマ》万《マ》里《リ》代《ヨ》

〈神奈川〉

①日本占術協会・岳易館・有宵会

②周易・気学・姓名判断

③電話予約・出張鑑定（カフェ鑑定）

☎０７０（３８８６）５３７２

京《キョウ》本《モト》華《カ》歩《ホ》

〈大阪〉

①日本占術協会

②四柱推命・気学・カラー心理カウンセラー・カラー占い

③個人鑑定は休止

桑《クワ》原《ハラ》鶴《カク》雲《ウン》
〈福岡〉

①日本占術協会・認定占術士・九州支部支部長
②周易・九星気学・命名・推命・家相
③個人鑑定は受け付けておりません
☎090（3412）8200
〒807-0815 北九州市八幡西区本城東二-一-二七
✉kuwahara.kakuun@gmail.com

久《ク》保《ボ》田《タ》恵《エ》都《ツ》予《ヨ》
〈東京〉

①日本占術協会理事・認定占術士・岳易館・有宵会理事
②周易・気学・家相・相学・手相・姓名
③電話予約・通信鑑定
☎090（7256）8806
FAX 03（3838）5062
〒120-0005 足立区綾瀬一-一五-一八-二一六

栗原《クリハラ》里《リ》央《オ》子《コ》
〈東京〉

①日本占術協会常務理事・認定占術士・茅楊同人会・ベネッセたまひよしあわせ名前研究所顧問・ハワイ台湾フォーチュン友の会主宰・林宗毅博士文教基金会特別名誉顧問
②周易・姓命判断・命名・改名・気学・人相・手相・家相 ③電話予約・出張鑑定・通信
☎03（3910）4270〔FAX〕4257
〒114-0023東京都北区滝野川三-三四-六
✉fortune2345@gmail.com

金《キン》原《バラ》玄《ゲン》周《シュウ》
〈栃木〉

①日本占術協会・岳易館・有宵会
②周易・気学・人相・手相
③Eメールでご連絡下さい。
✉ekisen.t.arrow@gmail.com

気《キ》流《リュウ》勉《ツ》貴《キ》美《ミ》
〈東京〉

①日本占術協会・日本易推命学会
②四柱推命・周易・気学・風水・手相・人相・姓名判断・西洋占星術・タロット・フラワーセラピー
③御紹介様のみ（white bouquet）
☎090（3497）6600
〒102-0075 千代田区三番町五-十九-一四一〇
〒141-0031 品川区西五反田四-二八-六-九〇二

後《ゴ》藤《トウ》青《セ》衣《イ》山《ザン》
〈千葉〉

①日本占術協会常任理事・認定占術士・茅楊同人会・一光堂易断所・教室主宰
②周易・九星占い（姿天盤）・気学・哲理姓名学・姓名判断・命名・家相・人相・手相・タロット ③電話予約
☎0474（45）0448〔同FAX〕
〒273-0135 鎌ヶ谷市中佐津間二-七-八

慶《ケイ》　峰《ホウ》
〈神奈川〉

①日本占術協会・岳易館・有宵会
②気学・周易・手相・算命学
③電話予約
☎090（1265）3770

乾《ケン》　象《ショウ》
〈千葉〉

①日本占術協会理事・認定占術士・岳易館・有宵会
②周易・九星気学・観相・姓名・家相・気学推命・聖数命理学
③開運サロン暖母・ユアエルム成田店八千代台出演・成田占術教室講師
☎090（7737）9038
〒285-0867 佐倉市八幡台三-十一-十三

桂《ケイ》サヤカ
〈東京〉

①日本占術協会
②四柱推命・気学・タロット・イーチンタロット・手相・人相
☎0423（95）0776
〒189-0013 東村山市栄町二-五-一〇 クレール久米川四〇三

窪《クボ》田《タ》鏡《キョウ》月《ゲツ》
〈群馬〉

①日本占術協会・群馬支部副支部長・高御産巣日会教室主宰
②気学・手相・人相・姓名判断
③電話予約（ご紹介者のある方のみ）
☎090（1554）3464
〒379-2201 伊勢崎市間野谷町二〇三

小《コ》山《ヤマ》眞《マ》樹《キ》代《ヨ》

〈神奈川〉

①日本占術協会相談役・認定占術士・小山眞樹代子平推命研究所（旧五術）主宰・横浜開港記念会館眞樹の会主宰
②子平推命・四柱・紫薇斗数・太乙神数・奇門遁甲・周易・気学・手相・人相・風水・家相・改名
③予約はＦＡＸにて受付
☎０４５（３９１）３３３９（電・FAX同）
http://www.5jutsu.com/maki.html
〒241-0826 横浜市旭区東希望ヶ丘 五一
E-mail:maki-koyama@5jutsu.com

小《コ》林《バヤシ》多《タ》助《スケ》

〈茨城〉

①日本占術協会・認定占術士・音波姓名学之会長・天道山法梵院霊迎神社神職
②音の響きによる撰名・生前戒名授与開運総合占術指南
③「撰名書」は当院所有の商標です
☎０２９７（８３）０６２３
〒300-1514 取手市宮和田二八三二-二

河《コウ》野《ノ》有《ユウ》泉《セン》

〈千葉〉

①日本占術協会・認定占術士・岳易館・有宵会 ②気学・周易・手相・算命学
③通信鑑定・電話予約
☎０９０（８４５３）３１７０
〒270-0034 松戸市新松戸六-七〇 二-D-一一一四

小《コ》林《バヤシ》花《カ》翠《スイ》

〈東京〉

①日本占術協会・認定占術士・ハナキサロン主宰・毎日文化センター講師
②四柱推命・方位・断易
③電話予約・イベント
☎０３（３８５５）０９５６
FAX０３（３８５７）０５２８
〒121-0836 足立区入谷四-九-八 ハナキサロン

秋櫻《コスモス》萌《モ》心《ココ》

〈広島〉

①日本占術協会・認定占術士・神秘学研究所マリンカの部屋・占術修士・金星の集い会員 ②タロットカード
③占いサロンるみなりえ、個人鑑定は行っておりません
☎０７０（５６７７）０４４０
〒730-0011 広島市中区基町一一-五 和光紙屋町ビル1F 占いサロンるみなりえ内

小《コ》松《マツ》樹《ジュ》幸《コウ》

〈千葉〉

①日本占術協会・岳易館・有宵会
②気学・家相・神綾学（数理）
③電話予約
☎０９０（７２６８）４０３５
〒270-2203 松戸市六高台二-一四七

小《コ》林《バヤシ》妙《ミョウ》昌《ショウ》

〈茨城〉

①日本占術協会・認定占術士・北関東支部副支部長・茨城学院
②気学・手相・人相・家相・墓相・四柱推命・子平・周易
③電話予約
☎０８０（５４７０）９３４２（携帯）
〒300-0062 土浦市都和 一-十三-十七

佐《サ》藤《トウ》宗《ソウ》昡《ゲン》

〈茨城〉

①日本占術協会副会長・認定占術士・岳易館・有宵会理事 ②周易・気学・家相・相学・人相・姓名 ③電話予約
☎０２９７（４５）５５７８
FAX０２９７（４７）０６０１
〒302-0101 守谷市板戸井 二二八六-五

坂《サカ》下《シタ》芳《ホウ》葉《ヨウ》

〈東京〉

①日本占術協会・認定占術士
②周易・四柱推命・気学・人相・手相
③紹介のみ
☎０９０（２２５０）９３３７
〒156-0043 世田谷区松原 三-三〇-一三-六〇八

榊《サカキ》原《バラ》匡《キョウ》章《ショウ》

〈三重〉

①日本占術協会・椿大神社榊椿会会長
②家相・神事お祓い ③電話予約
☎０５９８（２１）４１１１
FAX０５９８（２１）４１２８
〒515-0045 松阪市駅部田町九〇九-六四
http://www.todoland.co.jp/kyosho

三《サエ》枝《グサ》白《ハク》繪《エ》

〈神奈川〉

①日本占術協会・茅楊同人会・国際予想科学協会・岳易館・有宵会
②周易・九星気学・姓名判断・人相・手相・四柱推命
③電話予約
☎045（931）5934
〒226-0003 横浜市緑区鴨居 四-八-八

三《サン》宮《グウ》光《コウ》珠《シュ》

〈群馬〉

①日本占術協会・三宮明日香大社代表
②風水家相・奇門遁甲・紫薇斗数・子平推命四柱・六壬占卜・断易・姓名術・気学・手相・人相・開運神事
③電話予約・出張鑑定
☎0277（76）4970
〒379-2311 みどり市笠懸町阿左美 三六一五-二

櫻《サクラ》　紫《シ》玉《ギョク》

〈東京〉

①日本占術協会・岳易館・有宵会
②周易・九星気学・姓名判断・手相・家相・人相・オーラソーマ・タロット・オラクルカード
③電話予約 原宿占い館「タリム」レギュラー日（水・木・土）
☎03（3497）5825（タリム）
〒150-0001 渋谷区神宮前一-八-二十一 ラレンヌ原宿「タリム」

志《シ》峰《ホウ》鶴《カク》苑《エン》

〈大阪〉

①日本占術協会
②四柱推命
③電話予約
☎080（1495）4094
〒572-0028 寝屋川市日新町 十二-十八

白《シラ》土《ト》愛《ヨシ》眞《ミ》

〈茨城〉

①日本占術協会・認定占術士・岳易館・有宵会
②周易・九星気学・手相・姓名判断・家相・土浦気学教室主宰
③電話予約
☎090（7401）0672
〒300-0061 茨城県土浦市並木 三-三-十三
✉yo.shirato@gmail.com

島《シマ》崎《ザキ》玄《ゲン》運《ウン》

〈埼玉〉

①日本占術協会・認定占術士・玄運占術教室主宰・ルミアンカレッジスペース講師
②手相・人相・数秘術カバラ・ホクロ
③要予約
☎04（2922）0050
〒359-1111 所沢市緑町 一-十八-六 ルミアンカレッジスペース内

秀《シュウ》和《ワ》仙《セン》宵《ショウ》

〈茨城〉

①日本占術協会・認定占術士・岳易館・有宵会・有峰会
②気学・周易・家相・相学
③電話予約
☎090（4067）4735
〒300-1515 取手市平野 一四二-一 山崎方

澄《スミ》田《タ》臨《リン》光《コウ》

〈愛知〉

①日本占術協会・認定占術士・印相運命学研究所（国検一級印刻士・七三-四号）
②四柱推命・姓名・印相・奇門遁甲・花押
③電話予約・通信鑑定
☎052（852）2077
FAX 052（852）2260
〒467-0806 名古屋市瑞穂区瑞穂通 七-二六

ステラ・ボンボヤージュ

〈東京〉

①日本占術協会常任理事・認定占術士・㈱ルネ・ヴァン・ダール研究所・日本時空心理学協会理事
②西洋占星術・タロット・夢診断・時空心理学
③電話予約
西洋占星学講座・タロット講座講師
☎03（3350）6841
〒160-0022 新宿区新宿 二-一-一 ビューシティ新宿御苑一二〇一 ルネ・ヴァン・ダール研究所

鈴《スズ》木《キ》若《ワ》桂《カ》瑚《コ》

〈東京〉

①日本占術協会
②気学・方位学・家相
③電話予約（ご紹介者のある方のみ）
☎080（5434）4593
〒121-0816 足立区梅島 一-十一-五

スピカ

〈愛知〉

①日本占術協会・認定占術士・米国アストロロジャーズ連盟終身会員・NHK・朝日カルチャーセンター講師・アストロサークル講師
②西洋占星術
③電話又はEメール予約
☎０５６２（７４）５８５８〔同FAX〕
〒470-1131 豊明市二村台七-六-二十八 兼松方
✉spica_astro@clock.ocn.ne.jp

杉《スギ》本《モト》侑《ユウ》穂《スイ》

〈千葉〉

①日本占術協会・岳易館・有宵会 學侑堂市川教室主宰
②周易・手相・観相・気学・姓名・開運方位
③電話予約 東京駅八重洲北口、北街ダイニング「エメロード」木曜日出演
☎０４７（３７４）３７８７
☎０９０（２３００）２９８９
〒272-0035 市川市新田 二-一-四-一

鈴《スズ》　かれん

〈東京〉

①日本占術協会・日本易推命学会・自由ヶ丘開運学院修了
②四柱推命・気学・風水・手相・人相・易学・タロット
③自由ヶ丘エンジェルガーデン出演
☎０３（５７０１）３２３９　１号館
☎０９０（１８８０）０７１２

千《セン》手《ジュ》舞《マイ》花《カ》

〈愛知〉

①日本占術協会・NHK文化センター・サーラアカデミー講師
②四柱推命・気学・手相・カバラ・タロット
③メール・電話にて予約 豊橋カルミア・ラ・パレット（東海市）出演
☎０５６４（５１）８７０２
〒愛知県岡崎市
✉cenju555@gmail.com

蒼苑《ソウエン》伽《カ》ノ《ノ》子《コ》

〈兵庫〉

①日本占術協会・認定占術士
②四柱推命・周易・九星気学・風水
③電話予約
☎０７９７（８１）３９３８〔同FAX〕
〒665-0847 宝塚市すみれが丘 三-一-一-九一一
http://www.soenkanoko.jp/

田《タ》中《ナカ》妙《ミョウ》元《ゲン》

〈京都〉

①日本占術協会
②総合鑑定・気学・姓名・カウンセリング
③電話及び通信予約（お電話やFAXでの御相談には応じておりません）
☎０７５（９２２）７６８３〔同FAX〕
〒612-8495 京都市伏見区久我森の宮町 二-一-八七

田《タ》辺《ナベ》山《サン》陽《ヨウ》

〈愛知〉

①日本占術協会理事・認定占術士・東海支部支部長・占い・aube代表・山陽庵主
②四柱推命・タロット・易・手相・人相・家相・風水・姓名・占星術・原稿・イベント出張・教授
③電話予約
☎０５２（２３１）１２３０〔同FAX〕
〒460-0008 名古屋市中区栄 二-七-十三 ヴィア白川一F ネットは山陽庵

高《タカ》田《ダ》玲《レイ》照《ショウ》

〈東京〉

①日本占術協会・岳易館有宵会
②算命学・気学・手相・家相・姓名判断・断易・タロット
③お台場大江戸温泉物語内 占術屋主催・絆の糸教室主宰
☎０９０（３５４）６４０５３
東京都板橋区大山東町 一-五 滕和シティホームズ板橋大山弐番館一〇五

高《タカ》橋《ハシ》信《ノブ》行《ユキ》

〈東京〉

①日本占術協会
②奇門遁甲・家相・方位
③電話予約
☎０３（３６４２）０１８１
〒135-0047 江東区富岡 二-三-七

竹《タケ》澤《ザワ》妙《ミョウ》幸《コウ》

〈栃木〉

①日本占術協会・認定占術士
②易・気学・妙幸のハッピー占い・人相・四柱推命
③電話予約・在宅ハッピーロード（幸《ユキ》画廊内）
☎０２８（６５４）１８６５
〒321-0145 宇都宮市茂原 二-十一-四一

泰《タイ》山《ザン》林《リン》翰《カン》
〈神奈川〉

①日本占術協会・岳易館・有宵会
泰祐堂主宰・泰山易学会代表
②周易・気学・手相・姓名判断
☎050(5438)7229
✉taizaneki@gmail.com
小田急相模原駅より徒歩7分　P有り
HP http://taizaneki.gger.jp/

dainmt《ダイ》
〈東京〉

①日本占術協会
②西洋占星術・数秘術・気学・周易・タロット・ルーン・手相
③電話予約・原宿占い館「タリム」出演
☎03(3497)5825〔タリム〕

髙《タカ》月《ツキ》華《ハナ》乃《ノ》
〈福岡〉

①日本占術協会・慈恵堂開運指導協会
②周易・九星気学・方位・命名・家相・タロット・開運指導
③電話予約
☎090(2583)0087
〒811-0110 福岡県粕屋郡新宮町夜臼五-十二-一-九〇一

高《タカ》田《ダ》美《ミ》智《チ》子《コ》
〈静岡〉

①日本占術協会
②四柱推命・易・気学・数霊
③電話予約
☎053(592)1236〔同FAX〕
〒431-0102 静岡県浜松市西区雄踏町宇布見八五〇一

高《タカ》柳《ヤナギ》壽《ヒサ》子《コ》
〈愛知〉

①日本占術協会
②家相方位学
③電話予約
☎080(6902)0048
FAX 052(719)0127
〒464-0092 名古屋市千種区茶屋が坂一丁目一-三〇 ㈱花菱ギャラリー

DOURYU《ドウリユウ》
〈東京〉

①日本占術協会・認定占術士・日本易推命学会理事・DFP総合占術研究所主宰
②四柱推命・気学・風水・手相・人相・姓名判断・西洋占星術・易・タロット・宿曜
③電話予約 ☎050(3414)5712
http://www.douryu.com
〒155-0031世田谷区北沢二―七―二 中瀬ビル四F-C

富《トミ》塚《ヅカ》崇《タカ》史《フミ》
〈東京〉

①日本占術協会最高顧問・認定占術士・茅楊同人会・方聖閣主宰
②気学・家相・易・人相・手相　③電話予約
☎090(3338)0348
〒102-0072 千代田区飯田橋三-二-一〇-四〇一
☎03(3556)3131
FAX 03(3556)3132

天《テン》川《カワ》鼓《コ》悠《ユウ》

①日本占術協会・岳易館・有宵会
②算命学・四柱推命・気学・周易
③ご紹介のある方のみ

つちや《ツチヤ》郁《イク》子《コ》
〈東京〉

①日本占術協会理事・運命の女神ノルン主宰
②算命学
③メールにて予約
✉nornikuko@gmail.com
☎080(5406)0880
〒104-0061中央区銀座一―二―十二 マドリガル銀座

髙《タカ》松《マツ》佳《カ》修《シュウ》
〈茨城〉

①日本占術協会・認定占術士・茨城学院
②四柱推命・気学・家相・手相
③電話予約
☎029(295)4462〔同FAX〕
〒311-0105 那珂市菅谷一〇〇-七八

戸《ト》嶋《シマ》祥《ショウ》博《ハク》

〈福岡〉

①日本占術協会・無量館
②周易・気学・手相・姓名判断・命名
③電話予約・出張鑑定
☎092（871）8322〔同FAX〕
〒814-0133 福岡市城南区七隈二-一-六-二九

中《ナカ》西《ニシ》政《セイ》山《ザン》

〈奈良〉

①日本占術協会・認定占術士・日本易学連合会・相談役・四柱推命政山教室主宰
②四柱推命・家相・方位・姓名
☎0742（53）6515
〒631-0821 奈良市西大寺東町二-一-三十一-三〇一（りそな銀行西大寺支店の3階）

波《ナミ》間《マ》恵《ケイ》升《ショウ》

〈東京〉

①日本占術協会・中庸運命学会・日本タロットカード占術協会理事
②タロット・周易・気学・四柱推命・姓名判断・風水・家相・手相・人相
③電話予約
☎03（3490）9206〔同FAX〕
☎携帯090（2556）1082
〒141-0032 品川区大崎五-八-五-四〇六

長《ナガ》瀬《セ》皐《コウ》楓《フウ》

〈神奈川〉

①日本占術協会・日本易推命学会理事
②四柱推命・気学・六壬・手相・人相・家相・姓名判断・タロット
「湯河原の母」公式サイト
☎0465（62）6120
✉nagase_koufuu@yahoo.co.jp
〒259-0303 足柄下郡湯河原町土肥四-一-十三-五〇三

長《ナガ》澤《サワ》光《コウ》祐《ユウ》

〈茨城〉

①日本占術協会・認定占術士・岳易館・有宵会
②周易・気学・人相・手相・姓名判断
③電話予約
☎0297（57）0181〔同FAX〕
〒300-2337 茨城県つくばみらい市谷井田一二三九-一

中《ナカ》村《ムラ》天《テン》祐《ユウ》

〈大阪〉

①日本占術協会・京都支部副支部長
②四柱推命・気学・姓名・手相・西洋占星術・カウンセリング
③電話予約
☎06（6466）2718〔同FAX〕
〒554-0002 大阪市此花区伝法一-一-二-七-一三

中《ナカ》谷《タニ》仁《ヒト》美《ミ》

〈東京〉

①日本占術協会会員・岳易館・有宵会会員
②算命・手相・人相・周易
③日本赤十字社・吉祥寺タキオン出演
☎070（3833）2856 電話予約
〒180-0002 武蔵野市吉祥寺東町一-十一-十五

仁《ニ》平《ヘイ》磨《マ》希《キ》

〈茨城〉

①日本占術協会・茨城学院
②気学・四柱推命・家相・墓相・手相・人相・易・姓名・神事開運指導
③電話予約
☎0296（72）1055
〒309-1611 笠間市笠間 三四五 笠間えびす大国（三所神社・八坂神社）社務所内

西《ニシ》　彩《サイ》妙《ミョウ》

〈大阪〉

①日本占術協会・NHK文化センター神戸・京阪守口・梅田・各教室講師・西運命学研究所主宰
②四柱推命・気学・命名・手相・トランプ
③電話予約☎090（1140）9095
〒536-0001 大阪市城東区古市三-九-四-二〇六

西《ニシ》尾《オ》治《ハル》美《ミ》

〈愛知〉

①日本占術協会・認定占術士
②西洋占星術・タロット・手相・姓名判断・四柱推命・気学
③電話予約
☎090（7044）9336
〒460-0012 名古屋市中区千代田三-三一-一三 一三〇六

野《ノ》澤《ザワ》明《ミョウ》永《エイ》

〈栃木〉

①日本占術協会・認定占術士・岳易館・有宵会・紬華の会 ②気学・四柱推命・周易・家相・開運方位・姓名判断・命名 ③電話予約

☎０２８（６２７）４０５６〔同FAX〕

〒321-0974 宇都宮市竹林町五二一-十四

中《ナカ》村《ムラ》文《アヤ》音《ネ》

〈茨城〉

①日本占術協会・認定占術士・茨城学院 ②気学・手相・四柱推命 ③電話予約

☎０９０（３４７７）１１２４

FAX０２９６（７２）４８４８

〒309-1611 茨城県笠間市笠間 二〇一三

濱《ハマ》野《ノ》延《エン》珠《ジュ》

〈千葉〉

①日本占術協会常任理事・認定占術士・（岳易館・有宵会理事） ②気学・家相・姓名・手相・周易 ③電話予約・原宿占い館タリム（火）出演

☎０４（７１４６）８７３８〔同FAX〕

〒277-0863 柏市豊四季 四九四-一七

半《ハン》田《ダ》晴《ハル》詠《ヨ》

〈東京〉

①日本占術協会常任理事・事務総局長・認定占術士・岳易館・有宵会理事・㈱カルチャー講師・開運の會晴詠主宰 ②周易・気学・手相・人相・家相・姓名・子平推命 ③電話予約・ファックス予約

☎０３（３６２８）５６７５

FAX０３（３６０５）１７３９

〒120-0005 足立区綾瀬 六-六-八

濱《ハマ》崎《サキ》範《ノリ》子《コ》

〈茨城〉

①日本占術協会・認定占術士 ②気学・四柱推命・周易・姓名・手相・家相・相性・開運指導 ③予約制・出張鑑定・イベント鑑定

☎０２９（２８５）８７８６〔同FAX〕

☎０９０（４１３６）６３８５

〒312-0001 ひたちなか市佐和 一四二〇の一

巾《ハバ》　聖《セイ》加《カ》

〈東京〉

①日本占術協会理事・認定占術士・方聖閣飯田橋教室 ②九星気学・人相・家相・四柱推命 ③ご紹介者のある方のみ

春《ハル》希《キ》鷺《ロー》来《ラ》

〈愛知〉

①日本占術協会・山陽庵グループ・推命学研究照山会 ②四柱推命・易・タロット・手相・気学・姓名・家相 ③電話又はメールお申込み

☎０５０（５２４２）７４７８

✉h.lauranai@gmail.com 愛知県津島市

ヒーラー暖《ダン》母《ボ》

〈千葉〉

①日本占術協会・認定占術士・成田占術教室 ②気学・方位・家相・四柱推命・算命学・姓名判断・周易・心理カード・心理カウンセリング ③開運サロン暖母（ユアエルム成田＆ユアエルム八千代台）

☎０４３（３１２）２４６１〔同FAX〕

〒285-0867 佐倉市八幡台三-十一-十三 今平方

肥《ヒ》留《ル》川《カワ》喜《キ》聖《ショウ》

〈埼玉〉

①日本占術協会常務理事・認定占術士・方聖閣飯田橋教室 ②九星気学・家相・周易・人相・姓名判断・手相・四柱推命 ③電話予約

☎０４８（５４３）４７７５〔同FAX〕

〒365-0042 鴻巣市松原 二-三-四一

平《ヒラ》泉《イズミ》　優《ユウ》

〈東京〉

①日本占術協会・監査・認定占術士・日本易推命学会理事・自由が丘開運学院専任講師・セブンカルチャー講師 ②四柱推命・気学・易・風水・手相・人相・姓名判断・西洋占星術・タロット・心理カウンセリング ③電話予約 自由が丘エンジェルガーデン一号店出演

☎０３（５７０１）３２３９